ANDRÉ STEIN

VERSTECKT UND VERGESSEN

Kinder des Holocaust

Aus dem Amerikanischen
von Sabine Steinberg

WILHELM HEYNE VERLAG
MÜNCHEN

HEYNE SACHBUCH
Nr. 19/635

Titel der Originalausgabe
HIDDEN CHILDREN
Erschienen 1993 bei Viking London

Umwelthinweis:
Dieses Buch wurde auf
chlor- und säurefreiem Papier gedruckt

Copyright © 1993 by André Stein
Copyright © der deutschsprachigen Ausgabe 1995
by Europa Verlag GmbH, Wien, München
Wilhelm Heyne Verlag GmbH & Co. KG, München
Printed in Germany 2001
http://www.heyne.de
Umschlaggestaltung: Atelier Seidel, Altötting unter
Verwendung des Hardcover-Umschlags von Aniger Design
Druck und Bindung: Elsnerdruck, Berlin

ISBN: 3-453-14857-6

Zur Erinnerung an all die Kinder,
denen kein gütiger Retter erschien und die starben,
weil sie in einer Zeit lebten, in der
das größte Verbrechen darin bestand, Jude zu sein.

Zu Ehren all derer, die ihr Leben riskierten,
damit diese Kinder weiterleben konnten.

Zur Erinnerung an ein Kind, das die Schrecken
der Nazizeit zwar durch das stille Heldentum einer
jüdischen Retterin überlebte, dessen Leben jedoch
durch die verheerende Krankheit Krebs zu früh beendet
wurde – meine Schwester, Agi Stein-Carlton.

AS

Dank

Seit ich angefangen habe, an diesem Projekt zu arbeiten, wußte ich, daß dieses Buch niemals mir allein gehören würde. Bestenfalls würde ich einer der vielen Menschen sein, die daran arbeiteten, denjenigen eine Stimme zu geben, die aus bestimmten Gründen immer noch im verborgenen leben, obwohl sie schon lange nicht mehr öffentlich verfolgt werden. Ohne die Großzügigkeit, den Mut und die Hingabe jedes dieser Menschen hätte keine dieser Geschichten, die den Sieg über die Schrecken der Nacht beschreiben, jemals das Tageslicht erblickt. Deshalb bin ich all denen dankbar, die mich dabei unterstützten, das stille Überleben der versteckten Kinder zu würdigen und ihrer Entschlossenheit Tribut zu zollen, mehr zu tun als »nur« zu überleben.

Besonders herzlich möchte ich meiner Agentin Denise Bukowski danken, die von Anfang an hinter meiner Idee gestanden hatte und dafür sorgte, daß das Buch einen Verleger fand, der nicht nur Geld bei diesem Projekt riskieren wollte, sondern auch mit dem Herzen dabei war.

Und sie fand Cynthia Good, die Verlegerin von *Penguin Books* in Kanada, die von diesen Geschichten sofort ebenso begeistert war wie ich. Sie und ihre Mitarbeiter machten diese mühselige Wallfahrt so sicher und schmerzlos – leichter kann man es keinem Autor machen, ein Buch zu schreiben.

Ich schulde viel meiner Lektorin Meg Masters, die mich sehr unterstützte und die nicht nur den Kindern, die versteckt gelebt hatten, Achtung bezeugte, sondern auch dem Chronisten ihrer Erzählungen. Ohne Megs Erfahrung und Professionalität wäre dieses Buch nicht das, was es ist.

Die Kunstfertigkeit und Sensibilität von Tania Craan und

Renée Cuthbertson haben mich tief berührt, denn ihr Buchcover drückt mit graphischen Mitteln erfolgreich die Dramatik aus, die in diesen zehn Geschichten steckt.

Ebenso schulde ich allen meinen Freunden – nah und fern – und denen, die mich unterstützt haben, für ihre Teilnahme an diesem Projekt Dank. Elie Wiesel und Harry James Cargas bin ich sehr verpflichtet, weil sie mir dabei halfen, diesem Projekt die finanzielle Unterstützung zu sichern. Ich bin Sarah Moscovitz und Robert Krell dankbar, weil sie mich Ruth und Maya vorstellten und sie überredeten, mir ihre Geschichten anzuvertrauen. Cybèle Stein Robinson, Jeff Johnstone, Deirdre Kwiatek und Vicki Rosner Stein haben die mühevolle Aufgabe übernommen, die Gespräche zu Papier zu bringen. Ihre Arbeit war von unschätzbarem Wert.

Für meine Frau Vicki bedeutete meine Beschäftigung mit diesem Buch nicht nur Freude, sondern auch Einsamkeit. Sie hat immer gespürt, wie wichtig mir dieses Projekt beruflich und persönlich war. Das heißt, daß sie mir zur Seite stand, selbst wenn es für sie bedeutete, daß sie meine alltäglichen Aufgaben und Belastungen tragen mußte. Sie war es, die Brücken zwischen mir und meinen Kindern baute, wenn diese wegen meiner »abwesenden Gegenwart« in unserem Zuhause verwirrt waren. Eigentlich hat auch Vicki großen Anteil an diesem Buch.

Und ich möchte auch meinen Kindern – Cybèle, Tristana, Adriana, Eliana und Sacha – danken. Sie mußten mich sehr oft an die Kinder im Versteck »ausleihen«, während sie es vorgezogen hätten, daß ich zu Hause geblieben wäre und wie gewöhnlich an ihrem Leben teilgehabt hätte. Aber trotz ihrer Jugend begriffen sie, wie wichtig diese Arbeit war, und ich kann mir vorstellen, daß sie vielleicht eines Tages auch ihr Leben bereichern wird.

Schließlich möchte ich auch dem Canada Council und dem Minister für multikulturelle Angelegenheiten für ihre finanzielle Unterstützung danken.

Inhalt

Einleitung 11

I. Es geht um die Freude
Die Geschichte des Robert Krell 15

II. Die Frau, die ihr Vertrauen verlor
Die Geschichte der Aniko Berger 41

III. Kind des Schattens, Kind des Lichts
Die Geschichte der Yaffa Eliach 81

IV. Ein Kampf gegen die Schuldgefühle
Die Geschichte der Ada Wynston 119

V. Erinnere dich nicht, denke!
Die Geschichte des Ervin Staub 147

VI. Man muß vergessen, und doch ist es unmöglich
Die Geschichte der Ruth Segal 171

VII. Sie verlor alles – aber niemals ihren Mut
Die Geschichte der Esther Mainemer 209

VIII. Der Krieg kam ins Haus
Die Geschichte der Maya Schwartz 241

IX. Loyalität im Konflikt
Die Geschichte des Abraham Foxman 273

X. Zwei Stimmen gegen das Schweigen und die Einsamkeit
Die Geschichte von Agi Stein-Carlton und André Stein 299

Nachwort 347

Einleitung

Über den Holocaust sind sehr viele Bücher geschrieben worden, aber nur sehr wenige haben sich mit den Kindern beschäftigt, die diese schreckliche Zeit überlebten. Die Gründe für dieses Schweigen sind ebenso kompliziert wie schmerzlich. Noch viele Jahre nach Ende des Traumas war es denen, die als Kinder der Vernichtung entgangen waren, fast unmöglich, über ihre Erlebnisse zu sprechen, und wenn sie es doch taten, wurden ihre Geschichten abgetan mit den Worten: »Was konntest du schon wissen?« oder »Du kannst dich unmöglich erinnern. Und begreifen konntest du das alles auch nicht.« Auf die Jahre im Versteck während des Krieges folgten weitere Jahre im verborgenen – denn die Kinder mußten verbergen, wer sie waren und an was sie sich erinnerten. Weil ihre Erinnerungen fast auf der ganzen Welt von den Erwachsenen, die von vielen als die »wahren Überlebenden« angesehen wurden, diskreditiert wurden, hat diese Gruppe von Menschen nie – von wenigen Ausnahmen abgesehen – laut ihre Erlebnisse kundgetan, noch nicht einmal gegenüber ihren eigenen Familien.

Nachdem sie ihre Kinder großgezogen, Häuser gekauft, sich beruflich etabliert hatte und vielleicht auch ermutigt worden war durch Beispiele von Leidensgenossen, beschloß eine Gruppe Überlebender einen Blick auf ihre fragmentarische Vergangenheit zu riskieren.

Am Gedenktag 1991 trafen sich zirka 1.500 jener überlebenden Kinder in New York City. Als ich von diesem Treffen erfuhr, brach in mir ein Damm. Ich hatte zwar bereits an Dutzenden von Veranstaltungen zum Thema Holocaust teilgenommen, aber diese hier löste andere Empfindungen aus. Ich wappnete mich innerlich, um diesen geballten schmerzlichen Erinnerungen angemessen begegnen zu können, aber ich zählte auch die Tage bis zum Beginn – ich hatte einfach das Gefühl, ich würde mich auf eine außergewöhnliche Reise begeben.

Ich besuchte das Treffen nicht nur als Mann, der als Kind überlebt hatte, sondern auch als Psychotherapeut. Der Mann war auf der Suche nach neuen Verbindungen in die Vergangenheit und damit auch in die Zukunft, der Psychotherapeut wollte ergründen, wie ein Kind ein Leben im verborgenen übersteht.

In Dutzenden von Workshops und Reden im Plenum, die unter anderem von Nobelpreisträger Elie Wiesel, dem wohl berühmtesten Überlebenden des Holocaust, gehalten wurden, und bei zufälligen Begegnungen vor, während und nach den Sitzungen entwickelte sich ein einzigartiges Drama.

Zwei Tage nach meiner Rückkehr wußte ich, daß ich wirklich eine märchenhafte Reise hinter mir hatte. Ich fuhr als Waise hin, kehrte aber mit einer großartigen Belohnung zurück – ich besaß jetzt 1.500 Schwestern und Brüder; ich fuhr als Mann hin, den noch immer jene unbeirrbare Dunkelheit aus der Fassung bringen konnte, und kehrte mit Licht in meinem Herzen zurück. Die Lichtquelle waren die Überlebensgeschichten der Schwächsten von allen – der Kinder, die man im Dunkel alleingelassen hatte. Ich kehrte zurück mit dem Versprechen einer Handvoll Freunde, mir im Dunkel beizustehen. Nie wieder würde ich mich vor der Dunkelheit fürchten müssen, denn die Berichte dieser Menschen würden mich begleiten.

Während meiner Recherchen zeichnete ich viele Überlebensgeschichten auf, aber der Umfang dieses Buches zwang mich dazu, mich auf zehn Berichte zu beschränken. In jedem dieser Berichte fand ich einen speziellen Aspekt, der die Erfahrung des Lebens im Versteck und dessen Folgen besonders illustrierte. Manche der Menschen, deren Geschichten ich hier erzähle, habe ich in New York an jenem besagten Wochenende kennengelernt; andere meldeten sich mutig bei mir oder wurden mir von einem Freund – einem Therapeuten oder sonstigem Bekannten – geschickt. Die Gespräche waren sowohl schmerzlich als auch erhebend. Sie verbanden mich mit Lebensgeschichten, die geradezu danach verlangten, aufgezeichnet zu werden. Zehn Menschen gestatteten mir, ihre Erlebnisberichte zu veröffentlichen. Die meisten taten das, um eine doppelte Mauer einzureißen – die des Schweigens und die der Unsichtbarkeit. Ein paar fühlten sich verpflichtet, der Welt mitzuteilen, wie sie dank eines Restes von Güte inmitten einer Menschheit, die ihr Herz vernichtet hatte, überlebt hatten und neue Arten zu leben wiederentdeckten.

Um es noch einmal zu betonen: Es wird Zeit, die Geschichte einer Generation zu erzählen, die in Verstecken nur dank der Güte weniger Menschen und der bemerkenswerten, Kindern eigenen Zähigkeit überlebte. Es wird auch Zeit, unsere Geschichten zu erzählen, weil man uns ein Erbe überlassen hat – wir sind die letzten Überlebenden. Nach uns wird niemand mehr aufstehen und sagen: »Ich weiß, was geschehen ist. Ich habe es erlebt.«

Und wir müssen unsere Geschichten noch aus einem anderen Grund erzählen. Wir sind nicht nur die nichtgenannten, sondern auch die vergessenen Helden des Holocaust. Den Opfern hat man Denkmäler errichtet. Die Retter werden vom Staat Israel geehrt. Wir wollen keine Denkmäler – sie zeugen nur von Schuld. Wir wollen *Worte*. Jetzt ist es an der Zeit, der Welt von heute und morgen unsere Geschichten zu erzählen. Es ist an der Zeit, der Welt zu zeigen, daß wir nicht nur überlebt haben, sondern auch noch leben.

Dieses Buch ist der Versuch, den jüdischen Kindern, die zu jener Zeit unter sechzehn waren, eine Stimme zu geben. All denen, die während des Holocaust von Christen und Juden versteckt wurden oder sich in den Wäldern verbargen. All denen, die sich auch als Erwachsene unsichtbar zu machen versuchten. Dieses Buch soll ihnen die Gelegenheit bieten, von einer Welt vernommen zu werden, die endlich bereit ist zuzuhören.

I

Es geht um die Freude
Die Geschichte des Robert Krell

Als Emmy und Eliasz (Leo) Krell aus Den Haag ihren Deportationsbescheid erhielten, überlegten sie nicht lange. Wenn sie sich wirklich am 19. August 1942 meldeten, wie es in dem offiziellen Schriftstück vermerkt war, würden sie einer unsicheren Zukunft entgegengehen. Ein paar ihrer jüdischen Freunde waren bereits deportiert worden, und man hatte nie wieder etwas von ihnen gehört. Leo Krell zog daraus den Schluß, daß das nichts Gutes zu verheißen schien. Ihr Entschluß war schnell gefaßt: Die Krells würden samt ihrem zweijährigen Sohn Robbie dem Deportationsbescheid nicht nachkommen.

Sie hatten keine Zeit zu verschwenden. Emmy Krell besuchte mit Robbie auf dem Arm die Holls, ein älteres, christliches Ehepaar, und bat sie, ihren kleinen Jungen aufzunehmen, bis sie ein besseres Versteck für ihn gefunden hatte.

»Der Junge kann ein paar Tage bei uns bleiben«, erwiderte Herr Holl. »Auch wir werden bald aufs Land umgesiedelt. Es scheint so, als könne man uns Alte in der Stadt nicht brauchen.«

Genau an diesem Tag kam Violette Munnik, eine Freundin der Holls, zu ihrem alljährlichen Besuch.

»Wer ist denn dieser kleine Kerl?« fragte Violette Munnik.

»Das ist Robbie Krell.«

»Was macht er hier?«

»Seine Eltern suchen nach einem Versteck für ihn. Er ist Jude.«

»Und wie lange muß er versteckt werden?«

»Wahrscheinlich ein paar Wochen.«

»Ach, wenn das alles ist, werden Albert und ich ihn aufnehmen.«

Und so kam Robbie zu Violette Munnik, ihrem Mann Albert und ihrer zwölfjährigen Tochter Nora.

Leo Krell fand in der Zwischenzeit Zuflucht auf dem Dachboden seiner Kompagnons, dem Ehepaar Oversloot. Emmy Krell zog mit Hilfe von falschen Papieren um. Als sie merkte, daß man sie als Hausmädchen mißbrauchen wollte, besorgte sie sich erneut falsche Papiere und zog in eine winzige Wohnung in einem Vorort von Den Haag. Von da an schlug sie sich allein durch.

Anders als andere Juden faßten die Krells den Entschluß, daß sie die Harmonie und Sicherheit ihres Lebens in der Suezstraße opfern mußten, um zu überleben. Sie zerstreuten sich in drei Richtungen.

Woher nahmen sie den Mut, ihr kleines Kind Fremden zu überlassen? Für viele Eltern ging dieser Entschluß über ihre Kräfte. Manche versteckten sich mit ihren Kindern, viele schickten sie fort und einige wählten einen Mittelweg – sie versteckten die Kinder und forderten sie regelmäßig wieder zurück. Es gab kein Beispiel, an das sie sich bei ihren Entscheidungen halten konnten. Sie taten also, was sie konnten. Die Konsequenzen dieser Entschlüsse hängen denen, die als Kinder überlebt haben, ebenso nach wie die Fragen: Wie konnten Eltern ihre Kinder Fremden überlassen? Wie konnten sie sie bei sich behalten, anstatt sie an einen sicheren Ort zu schicken? Woher sollte ein Vater oder eine Mutter wissen, was zu tun war?

Bis heute fragen sich viele Menschen (auch diejenigen, die berufsmäßig damit zu tun haben, zum Beispiel Therapeuten), ob diese Eltern wirklich das Beste getan haben. Die meisten von uns haben am eigenen Leib erfahren, daß alle – ohne auf frühere Erfahrungen, wie man das Leben seines Kindes rettet, zurückgreifen zu können – das taten, was sie für die bestmögliche Lösung hielten. Wir haben auch gelernt, mit den Mißfallensbekundungen von Ärzten und Philosophen umzugehen, die in der Sicherheit ihrer Praxen in Nordamerika hochtrabende Theorien über Entscheidungen verbreiteten, die die Eltern aus schierer Verzweiflung getroffen hatten.

Robbie war ein glücklicher und stiller kleiner Junge. Seine Pflegeeltern, die Munniks, zeigten ihm ihre Zuneigung, obgleich sie ihn nicht damit überschütteten. Ihre größte Sorge galt seiner Sicherheit. Sie hatten den Entschluß gefaßt, ihn nicht über die Schwelle ihrer kleinen Wohnung im Zentrum von Den Haag zu lassen. Ausflüge zum Spielplatz und Spaziergänge kamen nicht in Frage. Robbies plötzliches Auftauchen hätte Verdacht erregen können. Doch trotz dieser Beschränkungen, schien Robbie sich wohl zu fühlen. Er war noch zu jung, um die Situation zu begreifen.

Dennoch muß er irgendwie gespürt haben, daß seine Eltern ihn verlassen hatten. Ohne ersichtlichen Grund sah er seine Pflegeeltern oft traurig an, und ab und zu stellte er Fragen über die Vergangenheit, was sie zu dem Schluß kommen ließ, daß in seiner Seele etwas brodelte.

Die meisten Familien, die ein jüdisches Kind versteckten, hatten sich eine Geschichte ausgedacht, um dessen Anwesenheit in ihrer Familie zu erklären – zum Beispiel: Das plötzlich aufgetauchte Kind sei ein kleiner Vetter, den man nach dem schweren Bombenangriff aus Rotterdam evakuiert hatte, oder eine kleine Nichte, die man aufgenommen hatte, weil ihre Eltern zur Zeit nicht für sie sorgen konnten. Doch die Munniks entschieden sich dafür, ihren drei nächsten Nachbarn die Wahrheit zu sagen.

Zuerst erzählten sie jedem, daß Robbie nur ein paar Wochen bleiben würde, während seine Eltern nach einem ständigen Pflegeplatz für ihn suchten. Es war nicht so, daß die Munniks leichtsinnig waren – sie hatten sich nur nicht klargemacht, welches Risiko sie auf sich genommen hatten, als sie einem jüdischen Kind Zuflucht gewährten. Tatsächlich hatten sie nie viel über Juden nachgedacht – weder im negativen noch im positiven Sinne. Robbie war wahrscheinlich der erste Jude überhaupt, mit dem sie Kontakt hatten. Mit Haß oder Menschenjagd hatten sie nichts im Sinn. Sie wollten einzig und allein ein einfaches Leben führen. Sie arbeiteten, kümmerten sich um ihre Wohnung und holten sich Rat bei den Mitgliedern ihrer großen Familie. Das war alles.

Moeder und Vader, wie Robbie seine Retter nannte, waren liebe Menschen, und er brauchte nur wenig Zeit, um sie so zu lieben, wie ein kleines Kind eben seine Mutter und seinen Vater liebt. Und sie sorgten wirklich wie Eltern für ihn. Sie gaben ihm sogar ihren Namen, und so wurde er Robbie Munnik. Sie taten auch ihr Bestes, um das Kind vor der rauhen Wirklichkeit des Krieges zu schützen. Moeder und Vader wollten ihn so normal aufwachsen lassen wie jedes andere Kind seines Alters. Doch so sehr Robbie Moeder und Vader auch liebte – er vergaß nie, daß sie nicht seine richtigen Eltern waren.

»Alles in allem«, erinnert sich Dr. Robert Krell, heute Professor für Kinderpsychiatrie an der Universität in Vancouver, »führte ich ein herrliches Leben. Ich kann mir nicht vorstellen, daß jemand bessere Erfahrungen gemacht hat als ich, denn die Munniks waren wundervolle Menschen. Und während viele Kinder sich in Schränken, Scheunen und dumpfen Kellern verstecken mußten, nannte ich ein schönes Zimmer mein eigen.«

Eines Tages sah Robbie Violette Munnik bei der Zubereitung des Abendessens zu, und er fragte sie, was sie da schälte.

»Das sind Tulpenzwiebeln«, antwortete sie ihm. »Sie sind für uns. Für dich habe ich Kartoffeln.« Aber der Junge wußte es besser. Er merkte sehr wohl, daß das, was er aß, keine Kartoffeln waren. Aber Robbie tat so, als hätte er nichts gemerkt.

»Die Kartoffeln waren großartig«, lobte er Moeder.

Nora, die Tochter der Munniks, war hocherfreut über ihren neuen Bruder. Sie fühlte sich wichtig, wenn sie sich um ihn kümmerte, mit ihm spielte und ihm etwas Neues beibrachte. »Nora war mir eine wundervolle Lehrerin«, erinnert sich Robert Krell. »Wenn sie nicht gewesen wäre, wäre ich noch lange ein einsames und unwissendes Kind gewesen.« Sie spielte stundenlang Gesellschaftsspiele mit ihm, lehrte ihn unter anderem lesen und schreiben, und das alles mit einer für ein so junges Mädchen beispielhaften Geduld.

Auf seine ruhige Art stillte auch Albert Munnik viele Bedürfnisse des kleinen Jungen. Tagsüber arbeitete er im städtischen Amt für Wasserversorgung, aber abends brachte er Holz mit nach Hause und beschäftigte sich damit, Spielzeug für seinen neuen »Sohn« zu fertigen, der ohne Spielsachen in sein neues Zuhause gekommen war. Robbies Liebling war ein Holzhund, der die Beine bewegen und mit dem Schwanz wedeln konnte; Robert Krell besitzt ihn noch heute. Und wenn Albert genug an den Spielsachen gebastelt hatte, nahm er Robbie auf den Schoß und las ihm etwas vor. Oder er setzte sich ans Klavier und spielte einfache Melodien, die er sich selbst beigebracht hatte. Er war wirklich ein Mann mit vielen Talenten, die er alle nutzte, um den kleinen Jungen aufzuheitern, der gezwungen war, quasi in Gefangenschaft zu leben.

Trotz aller Ablenkungen merkte Robbie, daß Gefahr im Verzug war. Niemand sagte ihm, daß man den Juden den Krieg erklärt hatte. Auch wußte er nicht, was es bedeutete, jüdischen Glaubens zu sein. Er spürte einfach, daß er in Lebensgefahr war. Hatte er etwas getan, um den Zorn dieser unbekannten Mächte zu erregen? Man hatte ihm nur gesagt, daß er bei den Munniks wohnte, weil es für ihn bei seinen Eltern nicht sicher war.

Anfangs gelang es Emmy Krell noch, gelegentlich für ein paar Augenblicke mit ihrem Sohn zusammenzusein. Auch Leo besuchte ihn von Zeit zu Zeit. Bei einem dieser Besuche nahm er seinen kleinen Jungen auf den Schoß und brachte ihm bei, ihn Oom (Onkel) Leo zu nennen. Robbies Angst wuchs, denn man nannte ihm keinen Grund für diesen Namenswechsel. Wenn Kinder, besonders die kleineren, ihre Erfahrungen nicht mit klaren, greifbaren Fakten machen, wittern sie oft Gefahr.

Robbies Angst wurde noch gesteigert, als er merkte, daß sein Vater in der linken Innentasche seiner Jacke einen Revolver trug. Wozu brauchte er diese Waffe? War er in Lebensgefahr? »Als mein Vater und ich viele Jahre später Erinnerungen austauschten«, erinnert sich Robert, »sprach ich ihn auf den Revolver an, aber er leugnete, einen besessen zu haben. Wenn Eltern nur mehr Respekt vor den Erinnerungen von Kleinkindern hätten! Dann könnten sie nämlich viel mehr darüber erfahren, was diese Kleinen wirklich ertragen haben. Doch später hat er dann zugegeben, daß meine Beobachtungen korrekt waren. Kinder vergessen nie unerfreuliche Vorfälle oder Gefühle. Dieser Revolver in der Jackentasche meines Vaters war für mich eine Quelle der Angst. Der harte Abdruck der Waffe schien sich nicht aus dem Erinnerungsvermögen streichen zu lassen.«

Und plötzlich, etwa zwei Monate war Robbie nun schon in seinem Versteck, besuchte Onkel Leo ihn nicht mehr. Ausgangssperre und häufige Razzien machten es ihm unmöglich, durch die Straßen von Den Haag zu gehen. Die Machthaber hatten die Ausgangssperren sogar noch dahingehend verschärft, daß Juden, die nach sechs Uhr abends auf der Straße angetroffen wurden, auf der Stelle erschossen wurden. Zusätzlich durchkämmten die deutschen und holländischen Häscher die Straßen mit zäher Härte. Jeder Geschnappte wurde sofort in das Durchgangslager Westerbork, in der Provinz Drente, geschafft, weiter nach Auschwitz und Mauthausen und später, als die deutsche Ostfront auf dem Rückzug war, nach Bergen-Belsen in Deutschland.

Robbie selbst beobachtete alles schweigend. Da er sich nicht zu den Kindern gesellen durfte, die im Park auf der anderen Straßenseite spielten, und er zu jung war, um die Gründe zu verstehen, tat er einfach das, was man ihm sagte. Er wußte nur, daß er nicht auf die Straße gehen durfte, weil ihm dort etwas Schreckliches zustoßen würde. »Also blieb ich drinnen«, erinnert sich Robert Krell. »Weil ich noch zu klein war, um daran gewöhnt zu sein, am Gesellschaftsleben teilzunehmen, war ich natürlich neugierig, litt aber nicht darunter, daß ich nicht zu den Menschen auf der Straße gehörte. Ich war wirklich zufrieden und ging immer auf Nummer sicher.«

Wie Tausende anderer versteckter Kinder verhielt sich Robbie sehr ruhig. Er kannte weder die Worte, um die wirklich wichtigen Fragen zu stellen, noch besaß er das intellektuelle Potential, um seine innere Verwirrung auszudrücken. Außerdem hatte er nicht den Mut dazu. Diese Leute, die ihn aufgenommen hatten, konnten ihn schließlich auch einfach wieder wegschicken.

Wie die meisten untergetauchten Kinder, wußte Robbie, daß seine Aufgabe darin bestand, fügsam und still zu sein. Das Beste und Sicherste, was er tun konnte, war, jeder Anweisung zu folgen, seinen Pflegeeltern keinen Ärger zu machen und ohne Widerrede zu gehorchen. Robbie war wirklich fügsam, und er war glücklich dabei. Er merkte schnell, daß Klagen und Forderungen nicht in Frage kamen. Wer wußte denn, wohin das führen würde? Die meisten Kinder machen sich keine Sorgen darüber, daß man sie auf gefährlichen Straßen aussetzen könnte, wenn sie ihren Eltern widersprechen. Aber sogar bei so wundervollen Pflegeeltern wie den Munniks konnte Robbie es nicht riskieren, ihnen Ärger zu machen oder Wünsche zu äußern, die sie gegen ihn hätten aufbringen können. Schweigen war also wirklich das Klügste. Daher lernte Robbie – wie übrigens die meisten untergetauchten Kinder – die Notwendigkeit, das Schweigen zu zähmen und sich mit ihm anzufreunden. Wie wir später sehen werden, wurde das Schweigen für viele zu einer »zweiten Wunde« und blieb ihnen ihr Leben lang erhalten.

Doch im Gegensatz zu vielen anderen versteckten Kindern schien sich Robbie Krell in seiner stillen Einsamkeit recht wohl zu fühlen. Aber einmal, kurz nach seiner Ankunft bei den Munniks, wurde seine Genügsamkeit auf die Probe gestellt. Eines Tages bat ihn Vader, ihm beim Schlachten eines Kaninchens zu helfen, das er mit heimgebracht hatte. Damals war Fleisch in großen Teilen des Landes eine Rarität.

Der kleine Junge war bei dem bloßen Gedanken, ein Tier zu töten, entsetzt. Er rannte in ein anderes Zimmer und versteckte sich. Robbie hörte den dumpfen Knall der Fahrradpumpe, die Vader benutzte, um das Tier zu erschlagen. Für den gutmütigen Holländer war das alles eher ein Witz. Doch Robbie fand es widerwärtig, beim Schlachten eines Tieres zuzusehen. Albert zwang ihn nicht dazu.

Schließlich überwand Robbie seinen Widerwillen, aß sogar seinen Anteil vom Kaninchenragout und nagte die Knochen sauber ab – der Hunger siegte über seinen Ekel –, aber er hatte weiterhin das Gefühl, daß es falsch war, Kaninchen zu töten. Doch das Schlimmste für den Dreijährigen war, daß er sich nicht traute, mit irgendeinem Menschen über seinen Widerwillen zu sprechen. Ob er gegenüber seinen richtigen Eltern wohl freimütiger gewesen wäre? Wahrscheinlich. Aber statt dessen blieb er höflich und fügsam – Charaktereigenschaften, die bei Kindern in diesem Alter im allgemeinen untypisch sind.

Violette Munnik bekam häufig Besuch von Freundinnen. Dann erzählte sie ihnen die Wahrheit über ihren neuen kleinen Hausgast. Man verschwor sich, um die wahre Identität des Jungen vor Außenstehenden geheimzuhalten. Es ist verblüffend, daß man ihn nicht verraten hat; Robbie und die Munniks hatten großes Glück.

Schräg gegenüber den Munniks lebte Herr de Vries, ein stadtbekannter Kollaborateur – einer von den paar hunderttausend Mitgliedern der Nationalsozialistischen Organisation der Niederlande. Er wäre nur allzu glücklich gewesen, ein verdächtiges Individuum bei der Polizei denunzieren zu können. Als Robert Krell 1961 in seine Geburtsstadt kam, klopfte er an die Wohnungstür der Munniks. Herr de Vries öffnete zuerst seine Tür.

»Robbie?« fragte der alte Mann und traute seinen Augen kaum. »Bist du es?«

»Ja, Herr de Vries, ich bin's.«

»Weißt du was?« fragte er. »Du hast mir nie dafür gedankt, daß ich dich nicht bei der Polizei denunziert habe. Ich hätte euch allen schließlich großen Ärger machen können.«

»Sie meinen, es wäre Ihnen wirklich in den Sinn gekommen, mich zu verraten?« erwiderte Rob ungläubig, obwohl er wußte, daß Denunziationen während des Krieges an der Tagesordnung waren.

Wie dankt man einem Menschen dafür, daß er einen nicht verraten hat? Robert war fassungslos. Erwartete man etwa von ihm, daß er durch die Straßen Den Haags ging und all denen die Hand schüttelte, die ihn nicht verraten und damit den Tod der Familie Munnik verhindert hatten?

Obwohl Robbie nie die Wohnung verließ, konnte jeder das Kind am Fenster Wache halten sehen. Fast drei Jahre war er auf diesem Posten.

Draußen passierte nie etwas, und doch bedeutete ihm das Hinaussehen etwas – weil es eben draußen war. Überall sonst führte Hitler Krieg, in Europa im allgemeinen und gegen die Juden im besonderen. Schlachten wurden geschlagen, Bomben fielen, und Juden wurden in die Todesfabriken in Osteuropa und Deutschland deportiert. Aber vom Fenster der Munniks aus war davon nichts zu sehen.

Was der Junge beobachtete, war die alltägliche Betriebsamkeit in den Straßen einer besetzten Stadt. Er sah deutsche Soldaten im Park, die herumtollten wie große Jungen und an die Mauer pinkelten. Er hatte noch nie Menschen gesehen, die sich so benahmen. Einmal sah er in einem weiter entfernten Park fehlgeleitete Raketen niedergehen.

Im Herbst 1942 bemerkten Violette und Albert, daß der Junge immer bedrückter wurde. Sie wußten beide, daß er darunter litt, ständig in der Wohnung eingesperrt zu sein. Obwohl sie eine Menge Besuch zur Ablenkung bekamen – meistens Verwandte –, durfte der Junge die Schwelle der Wohnung nie übertreten. Sie ahnten, daß hierin seine Schwermut begründet lag. Jeden Tag sah er Nora sehnsüchtig nach, wenn sie zur Schule ging.

Nachdem sie sorgfältig das Für und Wider abgewogen hatten, beschlossen sie, daß Violette ihn doch einmal zum Einkaufen mitnehmen sollte. Wie gefährlich konnte das schon sein? Als Frau Munnik also das nächste Mal ihre Lebensmittelkarten abholen ging, begleitete sie ein aufgeregter kleiner Junge. Ein paar Blocks von ihrem Haus entfernt, kam eine fremde Frau auf sie zu.

»Ist das nicht der kleine Robbie Krell?« fragte die Frau sie ungläubig. »Was machen Sie hier mit ihm? Ich kenne seine Mutter.«

Violette war wie betäubt. Diese überraschende Begegnung raubte ihr die Sprache. Während sie fieberhaft nach einer plausiblen Antwort suchte, kam ihr die Fremde, die merkte, wie entsetzt sie war, zu Hilfe.

»Machen Sie sich keine Sorgen. Ich bin eine Freundin der Familie. Ihr Geheimnis ist bei mir sicher. Hier, wahrscheinlich brauchen Sie das.« Die Fremde reichte Violette eine Lebensmittelkarte, lächelte Robbie freundlich an und verschwand um die nächste Ecke.

Dieser Vorfall machte den Munniks angst. Nie wieder würden sie den Jungen aus der Wohnung lassen. Er würde eben einfach damit fertig werden müssen. Violette versprach sich im stillen, alles zu tun, um die Traurigkeit aus den Augen ihres kleinen Jungen zu verscheuchen. Mit der Intuition, die Kindern eigen ist, spürte Nora irgendwie, daß ihr kleiner »Bruder« Hilfe brauchte. Ohne jemandem etwas zu sagen, setzte sie den Jungen in einen Kinderwagen. Obwohl sein dritter Geburtstag kurz bevorstand, war Robbie nicht allzu groß und paßte noch in das Gefährt. Sie deckte ihn mit einer Decke zu und ermahnte ihn, brav und still zu sein. Und dann ging sie mit ihm hinaus.

Nora hatte den Kinderwagen schon eine ganze Weile geschoben, als sie an ein Viadukt kamen. Sie mußte stehenbleiben, weil der Übergang überflutet war. Einer der deutschen Soldaten, die dort Wache hielten, kam auf sie zu. Als er deutsche Worte hörte, stockte dem kleinen Jungen der Atem, und er zog sich die Decke über den Kopf. Der deutsche Soldat hob den Kinderwagen hoch und trug ihn über den überfluteten Teil.

Vierzig Jahre später fragte Robert Krell Nora, wohin sie denn bei diesem abenteuerlichen Spaziergang gewollt hatte. Nora weigerte sich zu glauben, daß er sich daran erinnern konnte. »Du warst noch nicht einmal drei Jahre alt! Du kannst dich doch unmöglich daran erinnern!« sagte sie immer wieder.

»Ich erinnere mich an alles, Nora«, erwiderte Robert. »Du hast mich in den Kinderwagen gesetzt, mit einer Decke zugedeckt, und dann kamen wir an den überfluteten Viadukt. Ich erinnere mich an den Deutschen und weiß noch, welche große Angst ich hatte, weil ich erwartete, daß er mich entlarven würde. Wohin wolltest du mit mir? Warum bist du mit mir spazierengefahren – trotz all der Risiken und trotz der Entscheidung deiner Eltern, mich nicht aus der Wohnung zu lassen?«

»Nun ja«, erwiderte sie, »ich war damals erst zwölf. Du warst ein kleines Kind, kaum größer als ein Baby. Ich habe mir gedacht, du müßtest deine Mutter sehen. Also wollte ich dich zu ihr bringen.«

»Haben wir es geschafft, Nora?«

»Nein. Nachdem der deutsche Soldat uns geholfen hatte, drehte ich sofort um. Als wir heimkamen, bekam ich die erste und einzige Tracht Prügel meines Lebens. Ich bin nie wieder mit dir ausgefahren.«

Sein weiteres Leben verlief für den Jungen ereignislos, abgesehen von der großen Hungersnot während des extrem kalten Winters 1945. Zu diesem Zeitpunkt waren zweieinhalb Jahre seit seinem Untertauchen vergangen. Und fast so lange hatte er auch seine Eltern nicht gesehen. Eine Weile noch war sein komischer »Onkel« gekommen, hatte ihn auf den Schoß genommen und ihm Geschichten erzählt. Aber diese Erinnerungen verflüchtigten sich im kindlichen Vergessen. Stück für Stück verlor er seine Erinnerungen an das Leben, das er geführt hatte, bevor ihn die Munniks aufgenommen hatten. Für ihn waren Albert und Violette seine Eltern.

Dann geschah an einem Tag im Mai 1945 etwas Außergewöhnliches. Die Erwachsenen in Robbies Umgebung lachten und weinten, Fremde umarmten sich und sangen. Von seinem Aussichtsplatz am Fenster sah Robbie, wie es auf der Straße lebendig wurde; wirklich ein höchst ungewöhnlicher Anblick. Auch daß ihm niemand befahl, vom Fenster wegzugehen, war merkwürdig. Und die Munniks? Trotz ihrer sonstigen Reserviertheit drückten Violette und Albert den verwirrten kleinen Jungen an sich und sagten ihm immer wieder, daß er von jetzt an frei wäre.

Sie nahmen ihn mit auf das flache Dach ihres Hauses und beobachteten von dort aus, wie die britischen Geschwader über die Stadt flogen und große Pakete an Fallschirmen abwarfen. Darin waren ganze Ladungen an Weißbrot, die die Briten über ganz Holland verteilten. Das überzeugte schließlich selbst Robbie davon, daß eine Befreiung ein fröhliches Ereignis war.

Ein paar Tage nach der Befreiung klingelte ein Paar an der Tür der Munniks. Robbie wußte nicht, wer die Leute waren, obwohl sie ihm bekannt vorkamen.

Nachdem sie sich ein paar Minuten leise mit den Munniks unterhalten hatten, gingen die Fremden auf Robbie zu. Moeder und Vader standen hinter ihnen, ohne ein Wort zu sagen. Die Frau umarmte Robbie, und der Mann legte ihm seine zitternde Hand auf die Schulter. Der Junge wich vor ihnen zurück. Mit fünf Jahren war er nicht mehr lieb zu jedem Fremden.

»Robbie, Liebling«, sagte die Frau mit sanfter, etwas zittriger Stimme, »erinnerst du dich noch an uns? Ich bin deine Mutter, und das ist dein Vater.«

Der Junge wollte seinen Ohren kaum trauen. Was meinte diese Frau damit? Seine Eltern standen doch direkt hinter den Fremden. Und wieso machten Moeder und Vader diesen Unsinn mit? Warum forderten sie die Fremden nicht auf zu gehen?

Robbie wich noch ein paar Schritte zurück. Seine Augen flehten die Munniks an, ihm zu helfen. Doch beide blickten ihn nur blaß und traurig an.

»Ihr seid nicht meine Eltern!« brüllte er das Paar an. »Moeder, Vader, sagt ihnen doch, daß ihr meine Eltern seid! Die sollen mich in Ruhe lassen!«

Moeder nickte schweigend. Zum ersten Mal sah Robbie Tränen in ihren Augen. Dann bemerkte er, daß die Frau, die behauptete, seine Mutter zu sein, auch still vor sich hinweinte.

Robbie warf sich in die Arme von Albert Munnik.

»Wie kann ich dich nur davon überzeugen, daß du unser kleiner Junge bist?« fragte Emmy unter Tränen. »Wir mußten dich bei den Munniks zurücklassen. Glaub mir, wir mußten es tun. Und sie haben sehr gut für dich gesorgt, du liebst sie, und sie lieben dich. Aber jetzt ist es an der Zeit, daß wir wieder wie eine Familie zusammenleben. Komm, mein Liebling, komm zu deiner Mutter.«

Der Junge klammerte sich noch fester an Alberts Hosenbein. Das alles machte für ihn überhaupt keinen Sinn.

Aber was hätten sie ihm sonst sagen können? Daß sie Juden waren und die Deutschen sie alle umgebracht hätten, wenn sie nicht untergetaucht wären? Daß sie ihn weggegeben hatten, ihn aber jetzt zurückhaben wollten, weil alles wieder ins Lot gekommen war? Das alles hätte das völlig verwirrte Kind noch mehr durcheinandergebracht. Wie hätten sie ihm auch erklären können, was Erwachsene zu Gegnern gemacht hatte, wenn selbst seine Eltern das Ganze als völlig sinnlos ansahen? Was sind Juden? Was ist Untertauchen? Bedeutete Untertauchen etwa, bei den Munniks zu leben, solange er sich erinnern konnte? Bedeutet es, die ganze Zeit in der Wohnung zu bleiben? Was ist falsch daran, drinnen zu bleiben, wenn man nicht weiß, was draußen ist?

»Erinnerst du dich nicht mehr an mich, Robbie?« versuchte jetzt Leo sein Glück. »Ich habe dich vor ein paar Jahren häufiger besucht. Doch ich habe nie behauptet, ich wäre dein Vater. Ich gab mich als dein Onkel Leo aus, um es leichter für dich zu machen. Du hast dann immer auf meinem Schoß gesessen, und ich habe dir Geschichten erzählt.«

Als dieser Mann jetzt vortrat und mit Robbie sprach, fiel es ihm wieder ein. Ja, er erinnerte sich an Onkel Leo. Ja, er hatte gern auf seinem Schoß gesessen und seine Geschichten gehört.

»Und? Was ist, wenn du wirklich mein Onkel Leo bist?« fragte Robbie ihn trotzig. »Das beweist nicht, daß ihr meine Eltern seid. Ich möchte bei Moeder und Vader bleiben. Bitte, laßt mich hier. Das ist nicht fair.«

Die Erwachsenen sahen einander an. Sie mußten dem Jungen beipflichten – es war nicht fair von ihnen zu erwarten, daß er die einzigen Eltern, die er kannte, verließ. Sie mußten es anders versuchen.

Am nächsten Tag kamen die Krells mit einem Fotoalbum zurück. Darin waren Fotos von Robbie mit Emmy und Leo in ihrer Wohnung in der Suezstraße. Anfangs warf der Junge nur kurze Blicke auf die Bilder und wurde traurig. Er erkannte sich als Säugling, zusammen mit diesen Leuten. Es gab kein Bild von ihm und den Munniks.

Robbie kämpfte weiter für seine Sache.

»Und? Was ist, wenn ich früher euer Kind war? Ihr habt mich verlassen, und jetzt bin ich Robbie Munnik. Ich werde nicht mit euch gehen. Ich werde mit euch nirgendwohin gehen.«

Er schrie und war nicht mehr zu beruhigen. Violette Munnik wollte schon ihren kleinen Jungen in die Arme nehmen, als ihr einfiel, daß es jetzt an Emmy Krell war, ihn zu bemuttern.

Kurze Zeit später verließen die Krells zusammen mit ihrem tieftraurigen Sohn die Wohnung der Munniks. Leo trug ihn die Treppe hinunter, während Albert die Tasche mit seinen Kleidern und Spielsachen nahm.

»Du besuchst uns, ja, mein Junge?« sagte Albert, als er ihm zum Abschied zuwinkte. »Unsere Tür steht dir immer offen. Aber erst einmal wünsche ich dir ein schönes Leben zusammen mit deinen wundervollen Eltern.«

Robbie schluchzte während des ganzen Weges in sein neues Zuhause.

Stück für Stück lernte er die Krells wieder lieben, die ihn im Gegenzug dazu ermunterten, die Munniks auch weiterhin zu lieben. Obwohl man ihm erlaubte, Moeder und Vader häufig zu besuchen, fehlte ihm das alltägliche Leben mit ihnen. Diese Traurigkeit hat Robbie nie verlassen. Bis heute verdüstert sich sein Blick, wenn er an die Munniks denkt.

Die Befreiung änderte alles. Es gab keine leise geführten Gespräche mehr, keine Sorgen darüber, daß man gesehen werden könnte, man mußte nicht mehr um sein Leben fürchten. Aber für die Überlebenden brachte die Befreiung – trotz ihrer vielen guten Seiten – eine Menge einschneidender Veränderungen. Die Kleinen, wie Robert Krell, waren gezwungen, zwei Realitäten miteinander zu vereinbaren, wobei keine von beiden viel Sinn machte. Während sie versteckt lebten, hatten die Kinder ihre alltäglichen Sorgen. Auf eine sehr reale Art war Robbie mit den Regeln und Zwängen des Krieges konfrontiert gewesen, obwohl er dessen Auswüchse nicht begreifen konnte. Seine Welt war eng begrenzt gewesen, als wollte sie sich seinem Alter anpassen. 1945 zwang die Befreiung ihn dazu, seinen Horizont zu erweitern, und die stille Ordnung der Munnikschen Welt war dahin.

Obgleich er sich nie zwischen den beiden Elternpaaren hin- und hergerissen fühlte – was ihrer Großzügigkeit und Klugheit zu verdanken war –, machte die Befreiung Robbie Krell-Munnik durchaus nicht frei. Denn er merkte erst da, wie viel er in den Jahren im Versteck verloren hatte. Wie alle untergetauchten Kinder war Robbie aus dem natürlichen Fluß seiner Kindheit gerissen worden. Er konnte nicht mehr spontan seiner Freude Ausdruck geben, wie es ein freies, unbelastetes Kind tut. Der Krieg gegen die Juden hatte ihm auch die schlichte Sicherheit geraubt, nur ein Elternpaar zu haben, die Freiheit, einfach herumzugehen und im Frieden mit einer Welt zu leben, die sein Recht respektierte, Jude zu sein.

»Du bist der glücklichste Junge der Welt«, sagte Leo Krell eines Tages. »Die meisten Kinder haben während des Krieges mindestens ein Elternteil verloren. Du hast jedoch noch ein Elternpaar dazubekommen.«

Leo Krell hatte natürlich recht. Und Robbie war auch mit ihm einer Meinung. Aber die kommenden Jahre sollten ihm beweisen, daß niemand den Holocaust ohne gravierende Schäden überlebte.

Nachdem er wieder in die Wohnung seiner Eltern gezogen war, folgte nun auf Robbies ruhige, überschaubare Tage ein

Leben, das sich jeden Augenblick veränderte. Als die Tore der Hölle sich öffneten, krochen die entstellten Überlebenden überall dorthin zurück, wo sie glaubten, daß eine in irgendeiner Weise vertraute Welt sie erwarten würde. Vor dem Krieg waren die Krells aktive Mitglieder der zionistischen Jugendorganisation gewesen. Sie hatten alle wissen lassen, daß sie einem Deportationsbefehl nicht nachkommen würden. Daher war es keine Überraschung, daß ihre Wohnung zum zentralen Treffpunkt für zurückkehrende Überlebende wurde. Bald war ihr Wohnzimmer zu jeder Tageszeit mit abgemagerten Gestalten gefüllt, die nach Verwandten forschten.

Und so wurde Robbie erneut in eine Welt gestoßen, die ihm völlig fremd war. Zum zweiten Mal in seinem kurzen Leben fand er sich in der Gesellschaft von Fremden wieder. Zusätzlich wurde er noch mit dem konfrontiert, was draußen in der Welt geschehen war, während er von Moeder und Vader beschützt und ernährt worden war.

Die Überlebenden erzählten unaufhörlich von ihren alptraumhaften Erlebnissen. Und Robbie lauschte den meisten. Sie wären für den Jungen fast selbst zu einem Alptraum geworden, wenn das Schicksal ihm nicht eine eigene Welt beschert hätte. Unter den Überlebenden war eine Kusine zweiten Grades. Sie war in die Schweiz geflohen, hieß Millie und war nur drei Jahre älter als er. Bald standen die beiden wie Bruder und Schwester zueinander. Nur wenig später gesellte sich Robbies Vetter Nallie zu den beiden. Alle vierzehn Tage kam er zu den Krells. Die enge Bindung, die sich zwischen den drei Kindern entwickelte, ließ sie den Wirbel, den die Erwachsenen in ihrer Umgebung verursachten, aushalten.

Zusammen lauschten sie den Geschichten der Überlebenden, die vorwiegend in Jiddisch und Deutsch erzählt wurden. Millie, die diese Sprachen verstand, übersetzte stets gewissenhaft. Bald hatte Robbie genug Jiddisch gelernt, um die Geschichten zu verstehen, aber er ließ niemanden wissen, daß er diese Sprache beherrschte. Wenn er den Erzählungen keine Aufmerksamkeit schenkte, konnte er sich besser vormachen, daß das Gehörte nicht stimmte.

Doch nach und nach mußte Robbie lernen zu akzeptieren, daß keine weiteren Mitglieder seiner einst so zahlreichen Familie zurückkehren würden. Seine Großeltern, die zwei Schwestern seines Vaters wie auch zwei Brüder seiner Mutter und deren Schwester – alle waren tot. Seine Eltern waren ebenso verwaist wie sein Vetter Nallie. Je mehr er den Erzählungen der Zurückgekehrten lauschte, desto bewußter wurde ihm, welche Dimension die Verluste hatten. So kehrte ein Freund seines Vaters nur zurück, um herauszufinden, daß seine ganze Familie umgekommen war. Ein anderer reagierte mit einem Nervenzusammenbruch auf das Verschwinden seiner Familie. Die Trauer war überall. Trotz der Unbeschwertheit, die die drei Kinder entwickelten, brannten die Nachwehen von Auschwitz Trauer und Zorn in ihre Seelen.

Diese Dualität sollte Robert Krell sein Leben lang begleiten. Mit der natürlichen Fähigkeit kleiner Kinder, alle Gefühle ihrer Umgebung aufzunehmen, entwickelte er nicht nur einen Sinn für Spaß und Freude, sondern er baute sich auch mit Traurigkeit, Trauer und Selbstbeobachtung seine eigene Welt des Schweigens. Obwohl viele Kinder, deren Kindheit aus einer ähnlichen Reise durch die tragische Welt der Erwachsenen bestand, die Lust am Lachen verloren, entwickelte Robert die Fähigkeit, glücklich zu sein. Doch tief in seinem Unterbewußtsein blieb er der Gefangene der anderen, dunkleren Seite seiner Kindheitserinnerungen.

Die Tatsache, daß es ihn nach all den Erlebnissen drängte, wieder eine Persönlichkeit zu werden, anstatt sich vom Schmerz über all das, was er verloren hatte, zerbrechen zu lassen, ist zum großen Teil auf die Liebe und Fürsorge zurückzuführen, die ihm nicht nur von einem, sondern gleich von zwei Elternpaaren zuteil geworden war. Über die Rettung seines Lebens hinaus besaßen sie die Klugheit, die Rechte und Bedürfnisse des Kindes stets über ihre eigenen zu stellen. Die Krells zum Beispiel versagten sich die Freude, ihren Sohn in nächster Nähe zu haben. Die Munniks ihrerseits respektierten das religiöse Erbe des Jungen und versuchten nie, ihn zum Christentum zu bekehren. Und als es an der Zeit war, ihn gehen zu lassen, wünschten sie ihm ein schönes Leben bei seinen richtigen Eltern, obgleich ihnen dabei das Herz brach.

Die Krells und die Munniks einigten sich lieber darauf, einander zu ergänzen, anstatt um die Zuneigung ihres »Sohnes« zu konkurrieren. Durch diesen Bund konnten sie den Schaden, hervorgerufen durch Krieg und Trennung, so gering wie möglich halten. Bis heute hat Robert Krell das Gefühl, von beiden Paaren gleichermaßen geliebt zu werden.

Und er steht mit seiner doppelten Loyalität und Liebe nicht allein. Obwohl viele Kinder, die der Fürsorge von Fremden überlassen waren, sich nicht nur von ihren wahren Eltern, sondern auch von ihren Pflegeeltern entfremdeten, haben wiederum andere Menschen, die einmal für sie gesorgt haben, sie in die Familie aufgenommen. Robbie Krell gehörte zu den letzteren. Er und andere zogen aus ihrer Kindheit so viel Liebe, daß sie ihre eigenen Familien aufbauen konnten.

Als Robbie sieben war, fing er an, sich in der Wohnung seiner Eltern wohl zu fühlen, obwohl sein Leben immer noch voller Widersprüche war. Einer davon war, daß die Krells ihn eine katholische Schule besuchen ließen. Sie taten es nicht, um ihn vor einer bösen Macht zu schützen, sondern deshalb, weil es die einzige Schule in ihrer Nähe war. Und Robbie war dort glücklich.

Er war zwar der einzige Junge mit dunklem, lockigem Haar in der Schule, aber er fühlte sich dort richtig heimisch. Und bald fühlte er sich von den Heiligenlegenden, den Briefen der Apostel und der friedvollen und dennoch aufwühlenden Musik angezogen. Schon nach kurzer Zeit hatte er sich allem angepaßt, und er war ein guter Schüler. Bald wurde er zum Liebling der Nonnen. Eines Tages meinte der Priester zu ihm, es wäre jetzt Zeit für seine Taufe. Wie immer willigte Robbie ein.

Nicht lange danach nahm Robbies Onkel Isaak ihn mit zu der *Shul* (Kirchengemeinde), die er in Scheveningen neu gegründet hatte. Onkel Isaak, Millies Vater, stellte den Jungen allen vor, und jeder schüttelte ihm die Hand.

»Das ist mein Neffe Robbie Krell«, sagte er. »Und jetzt erzähle ihnen, was du bist, Robbie.«

»Ich bin Katholik«, erwiderte Robbie.

Alle lachten. Robbie lachte mit, obwohl er glaubte, daß man sich mit ihm einen Scherz erlaubte. Er fühlte sich fehl am Platz. Das hier war so ganz anders als das, was er bei den Nonnen erlebte. Weil er sich nicht sicher war, wer er war und was er dort tat, schwieg er lieber.

Später dachte er darüber nach: Jede Hand, die ich dort geschüttelt habe, war die Hand eines Überlebenden. Aber was bin ich? Bin ich auch ein Überlebender? Die Antwort darauf zu finden, war für einen Siebenjährigen unmöglich.

Kinder, die in der gleichen Zwangslage wie Robbie steckten, mußten einen Drahtseilakt vollführen. Für sie ging alles viel zu schnell. Seit er fünfeinhalb war, lebte er in der Welt abgemagerter Überlebender, die über ihre Qualen und über alles, was sie in der Folge verloren hatten, klagten. Und wenn er nicht am Leiden der Juden teilnahm, wurde er vom Katholizismus aufgesogen. Waren diese beiden Welten wirklich real? Welchen Platz hatte er darin? Wie sollte er sich in der einen anpassen, ohne der anderen gegenüber illoyal zu sein? Wenn er eine dieser Welten verriet, würde er Menschen verletzten, die er liebte und die ihn liebten, das wußte er. In diesem Dilemma hatte Robbie nur wenige Wahlmöglichkeiten. Ohne sich dieses Entschlusses bewußt zu sein, beschloß er, sich allem anzupassen. Mußte er einen Preis für dieses Verleugnen seiner persönlichen Vorliebe zahlen? Welche Konsequenzen ergaben sich daraus, in alle Ewigkeit der »brave Junge« zu sein?

»Damals wußte ich das noch nicht«, sagte Robert Krell, »aber heute bin ich davon überzeugt, daß mein Wohlverhalten in der katholischen Schule in großem Maß die natürliche Fortführung des Gefühls von Sicherheit war, das ich hatte, als ich bei den Munniks lebte. Anders ausgedrückt: Ich fühlte mich wohler dabei, weiterhin unterzutauchen und mich nicht nur vor Fragen zu verstecken, deren Antworten ich nicht wissen wollte, sondern mich auch vor einer Welt zu verbergen, die voll von Verlusten war.«

Ein Jahr später, als Robbie ins Gymnasium kam, wurde sein Leben klarer und beständiger. Zu diesem Zeitpunkt war er in der Welt seiner Eltern genug verwurzelt, um zu wissen, daß er Jude war. Er äußerte sogar den Wunsch, Hebräisch zu lernen. Aber seine Bemühungen waren nicht von Erfolg gekrönt. Herr Krakauer, sein Hebräischlehrer und ein Überlebender, war zu sehr damit beschäftigt, darüber nachzugrübeln, was er verloren hatte. Er erleichterte dem Jungen das Lernen nicht. Anstatt in seinen Stunden Hebräisch zu lernen, erfuhr Robbie von der Notwendigkeit und Unmöglichkeit, Jude zu sein. Anstatt kleiner zu werden, hing der Planet Auschwitz immer drohender und größer über dem Jungen. Nicht nur, daß er inzwischen die Klagen der Überlebenden nicht mehr nur tolerierte, nein, er wollte auch die Geheimnisse der Todesfabriken der Nazis ans Tageslicht bringen. »Als Kind kann man das noch nicht wissen«, erinnerte sich Robert, »aber der Versuch, mich mit meinem Judentum zu einer Zeit auseinanderzusetzen, zu der es um mich herum nur Tod gab, grenzt schon an Irrsinn. Tatsächlich weigerte ich mich, Jiddisch zu sprechen, weil ich dachte, es wäre Deutsch und konnte wegen einer Lernblockade auch nicht Hebräisch lernen.«

Größeren Erfolg hatte Robbie in der Schule. Dank dem Beispiel Nora und Albert Munniks und seinem Wissensdurst verschlang er schon in der ersten Klasse ein Buch nach dem anderen. Verunsichert durch die Einschränkungen in seinem Leben, versuchte er in Büchern das Wissen zu finden, das ihm helfen sollte, das Chaos, das in seiner Umgebung herrschte, zu meistern.

Wie so viele andere Niederländer erwogen die Krells eine Auswanderung. Die Stadt war voller schlimmer Erinnerungen, zahlloser Verluste und bitterer Erzählungen, mit denen man sich nie abfinden würde. Außerdem war das Land zu zerstört, um sich so schnell zu erholen, wie es die Überlebenden, die ihr Leben möglichst schnell wieder in geregelte Bahnen lenken wollten, forderten. Die Neue Welt lockte geheimnisvoll und vielversprechend.

Kurz nach der Gründung des Staates Israel im Jahre 1948 besuchten Emmy und Leo den neuen jüdischen Staat. Bei ihrer Rückkehr waren sie entschlossen, sich woanders eine neue Heimat zu suchen. Es war ihnen klar, daß man in Israel erneut Blut vergießen würde, und sie waren nicht bereit, noch mehr Kriege durchzustehen.

Obwohl ihn der Gedanke, die Munniks zurückzulassen, traurig stimmte, wollte Robbie die Niederlande nur zu gern verlassen. Er wollte einen neuen Anfang machen. Er wußte, daß ein neues Leben nur in einem anderen Land möglich war.

Am 24. Februar 1951 gingen die Krells an Bord des Frachters De Diemerdijk. Nach einer fünfwöchigen Seereise trafen sie in Vancouver ein, wo Emmy einen Onkel hatte. Nachdem sie einen Monat lang verzweifelt ein Haus gesucht hatten, bezog Robbie sein erstes Heim in der Neuen Welt.

Ein paar Jahre lang war das Leben für diese frischgebackenen Kanadier sehr hart. Leo arbeitete in der Pelzbranche und konnte seine Familie kaum ernähren. Doch dann erwarb er eine Maklerlizenz und verkaufte Häuser. Dieser Berufswechsel zahlte sich aus. Nach vielen Jahren genossen die Krells endlich finanzielle Sicherheit und Komfort.

Vancouver erschloß sich Robbie nur langsam. Anfangs verbrachte er viel Zeit im Kino, bei Spaziergängen durch die Stadt und versuchte, sich mit der Sprache und der Stadt anzufreunden. Als er mit der Schule anfing, wurde er durch sein mangelhaftes Englisch ein Jahr zurückgesetzt.

Einen Monat später lernte Robbie Connie Michas kennen, einen griechischen Jungen, der gegenüber wohnte. Connie nahm Robbie unter seine Fittiche und zeigte ihm alles. Durch ihn lernte Robbie andere Jungen seines Alters kennen, die nur zu gern bereit waren, ihn in ihren Kreis aufzunehmen.

Robbie fing an sich wohl zu fühlen. Als der Sommer zu Ende war, sprach er bereits Englisch wie ein Einheimischer. Als im Herbst die Schule wieder anfing, merkte sein Lehrer sehr schnell, daß man einen Fehler gemacht hatte, und nach sechs Wochen half Robbie ihm beim Durchsehen der Mathematik-Arbeiten. Die Schulbehörde berichtigte ihren Fehler zwar nicht so schnell, aber Robbie war durch die Erlebnisse in seiner frühen Kindheit gestählt worden. Er lernte besonders eifrig und verdiente sich das Jahr zurück. Dadurch, daß er in der achten Klasse bereits allgemein beliebt war, wurde er gleich zum Klassensprecher gewählt.

Allmählich befreite sich Robbie aus den Klauen der Vergangenheit. Wenn es nicht die Briefe an Moeder und Vader, an Kusine Millie und an Vetter Nallie gegeben hätte, hätte Robbie keinen Gedanken mehr an sein Heimatland verschwendet.

Und auch sein Interesse am Judentum verblaßte. Robbie feierte zwar, wie es die Tradition vorschrieb, im Alter von dreizehn Jahren seine Bar Mitzvah, aber danach kümmerte er sich nicht mehr viel um religiöse Dinge. Doch gegen Ende seiner Teenagerjahre entdeckte er den Zionismus. Er besuchte eine Jugendgruppe. Wieder einmal fand er in der Organisation, der er beitrat, nette Freunde. Aber in erster Linie war er an Israel interessiert. Aus seinen Verbindungen zum Zionismus entstand eine grundsätzlich tolerante Haltung gegenüber jeder Erscheinungsform des Judentums. »Mich kümmert es nicht, was einer im besonderen macht«, sagte er, »solange er nur etwas tut, was ihn mit dem Judentum verbindet. Ich möchte, daß Juden jüdisch sind. Es gibt viele Arten des Judentums. Für jeden ist etwas dabei.«

Das Bewußtsein, einen Verlust erlitten zu haben, hat Robert Krell immer mit seiner Kindheit verbunden, und es hat ihn sensibel für die Verluste von anderen, besonders der Kinder, gemacht. Ob als Chefarzt für Kinderpsychiatrie oder als Vizepräsident des Jüdischen Kongresses von Kanada – er kümmert sich immer um leidende Menschen. Manche, die als Kinder überlebt haben, gehen mit ihren unerträglichen Erinnerungen durchs Leben, sicher im Unterbewußtsein verborgen. Andere erinnern sich wie Robert Krell an alles. Für sie verbindet sich jeder Vorfall mit einer Vergangenheit, der sie nicht entfliehen können.

Täglich eine Diät unverdaulicher Erinnerungen zu ertragen birgt viele Probleme. Und Robert weiß das. Er ist immer den Tränen nahe, wenn er über das nachgrübelt, was er verloren hat. Er durchlebt immer wieder seinen eigenen Schmerz, wenn er anderen, die als Kind überlebt haben, und deren Familien die Hand hinstreckt. Aufgrund persönlicher Erfahrungen und durch die zahllosen Aussagen, die er von anderen gehört hat, weigert er sich, die Schwierigkeiten der Überlebenden als Krankheitsmuster anzusehen. Statt dessen zieht er es vor, das therapeutische Milieu zu verlassen und sich der pädagogischen Arbeit zum Thema Holocaust zu widmen. Er hat über einhundert Berichte von Überlebenden auf Video aufgezeichnet, weil er weiß, daß es den Schmerz der Überlebenden mildert, wenn sie Augenzeugenberichte ihres Lebens abgeben. So werden Überlebende oft für Kinder zum Lehrer.

»Manche Menschen fragen sich, ob es mir nicht meinen Seelenfrieden raubt, so eng mit der Welt des Holocaust verflochten zu sein. Und meine Antwort lautet: Ganz im Gegenteil. Wenn ich an einer Konferenz teilnehme, bei der man lernt, wie man den Holocaust als Lehrmittel einsetzen kann, lerne ich ebensoviel oder sogar noch mehr als bei einem psychiatrischen Kongreß. Ich formuliere neue Themen, bekomme neue Ideen. Die setze ich dann in der Psychiatrie um. Nein, es ist definitiv kein belastendes Erlebnis für mich, den Holocaust zum Lernen zu nutzen. Es bereichert mein Leben. Es ist höchst bereichernd, Kontakt mit Elie Wiesel, Yaffa Eliach und Martin Gilbert zu haben und ihnen als Freund Briefe zu schreiben. Das ist ein Kreis von Privilegierten. Meine Arbeit bringt mich mit den großzügigsten Menschen zusammen, die man sich vorstellen kann.

Ich höre schon, wie die Skeptiker fragen: ›Was gibt es da zu lehren? Ist nicht bereits alles gesagt worden?‹ Was es da zu lehren gibt? Das weiß man nie. Genau aus diesem Grund habe ich in Vancouver die Holocaust-Gesellschaft gegründet. Wir erinnern uns, errichten Mahnmale, und wir erzählen unsere Geschichten. Was könnte größere Heilung bringen? Wie könnten wir besser den Rassismus bekämpfen? In Vancouver haben wir Probleme, die weit über die Juden hinausgehen. Ich wünsche mir ein Bildungszentrum, in dem am Beispiel des Holocaust dokumentiert wird, was alles passieren kann. Und ich möchte, daß es allen Menschen dient, die möglicherweise in Schwierigkeiten kommen könnten.«

Diese Hingabe für das Wohlergehen aller zeichnet das Leben und die Tätigkeit vieler aus, die als Kinder versteckt überlebt haben. Sie sind in ihrem Leben mit verschiedenen Fällen menschlicher Güte in Berührung gekommen. Sie werden dadurch inspiriert. Viele von denen, die als Kinder im Versteck überlebt haben, arbeiten in Berufen, die der Allgemeinheit dienen – als Lehrer, im Gesundheitswesen, als Therapeuten oder im sozialen Dienst. Obwohl es für Nordamerika keine Statistik darüber gibt, ist, laut einer französischen Studie, die Zahl derjenigen, die als Kinder überlebt haben und die jetzt in »sozialen« Berufen tätig sind, dreimal so hoch wie bei der nichtjüdischen französischen Bevölkerung. Es scheint so zu sein, daß Kinder, die am eigenen Leib das Geschenk des Altruismus erfahren haben, dazu neigen, ihre Erfahrungen als Erwachsene zu nutzen – ein Gedanke, der aufmerksam von all denen erwogen werden sollte, die mit Kindern leben und arbeiten.

»Meiner holländischen Moeder ist es zu verdanken, daß ich Medizin studiert habe«, sagt Robert. »Violette Munnik hat mich inspiriert und mein Selbstvertrauen dadurch aufgebaut, daß sie mich lehrte, den Hilfsbedürftigen zu dienen. Ich schulde ihr mehr als nur mein Leben. Ohne das, was sie mich lehrte, wäre ich ein anderer Mensch. Sie betonte immer wieder, daß ich, gerade weil ich als Kind überlebt hätte, anderen Kindern helfen müßte.

Deshalb wechselte ich dauernd vom Lehrberuf zur Therapie

und wieder zurück. Für einen Überlebenden gibt es keine bessere Heilung als den Lehrberuf. Da schließe ich mich nicht aus. Es ist eine wundervolle, zeitaufwendige Arbeit. Meine Frau Marilyn macht sich manchmal Sorgen um mich, weil ich zu sehr gefordert werde. Aber ich erkläre ihr dann stets, daß nichts leicht ist. Und deshalb bürde ich mir die Anforderungen auf, wie sie an mich herangetragen werden. Durch die Macht der Erfahrung werden sie leicht. Und auch deshalb, weil sie und meine Kinder mich so sehr lieben.

Außerdem fühle ich mich wohl bei meinen Überlebenden. Viele Menschen mögen Überlebende des Holocaust nicht. Ich liebe sie. Ich verstehe sie. Ich kann mit ihnen als Patienten oder als Kollegen im Lehrberuf arbeiten. Als ich 1981 zum Treffen der Überlebenden des Holocaust nach Jerusalem fuhr, fragten mich meine Freunde, ob mich das nicht depressiv machen würde. Sie können nicht begreifen (und ich mache ihnen daraus keinen Vorwurf), daß es ein Fest ist, mit Überlebenden zusammenzusein. Nur weil wir echte Tränen wegen realer Verluste weinen, bedeutet das nicht, daß wir depressiv geworden sind.

Ich finde Tränen nicht depressiv. Sie sind angemessen. Ich weine, aber ich lache auch gern. Ich liebe die stärkeren Gefühle, obgleich ich fähig bin, sie in meinem Innern zu verbergen – das kann ich eigentlich am besten. Bis heute gibt es immer wieder Augenblicke, in denen ich gegen den Drang ankämpfen muß, mich zu verstecken.«

II.

Die Frau, die niemandem vertrauen konnte
Die Geschichte der Aniko Berger

Fünfjährige achten gewöhnlich nicht darauf, und daher fiel es Aniko auch gar nicht auf, daß Ella und László Berger, Violinisten beim Budapester Opernorchester, mehr Zeit als früher daheim verbrachten. Im Frühling 1944 genoß Aniko jeden Tag, den sie daheim, im Park oder auf der nahegelegenen Margareteninsel verbrachte. Sie war sich nicht bewußt, unter welchem Damoklesschwert die ungarischen Juden lebten. Seit dem Einmarsch der deutschen Wehrmacht am 19. März hatte sich die Bedrohung ständig gesteigert und durchdrang langsam jeden Bereich ihres Lebens. Die jungen Musiker durften schon lange nicht mehr ihre Plätze im Orchestergraben einnehmen. Auch schränkten inzwischen die neu erlassenen Gesetze ihre Bewegungsfreiheit immer mehr ein; es kursierten Gerüchte über eine Deportation in polnische Lager. Obwohl sie bereit waren, ihr Schicksal auf sich zu nehmen, schmiedeten die Bergers jede Nacht Pläne, um ihr kleines Kind zu retten. Aber keiner dieser Pläne war durchführbar, und sie wußten es.

An einem Abend Mitte Juli schlug ihnen Haushälterin Hilda Bognár folgendes vor: Sie würde Aniko auf den Bauernhof ihrer Eltern in der Nähe von Tihany, zirka achtzig Kilometer von der Hauptstadt entfernt, bringen. Das Kind könnte dort so lange bleiben, wie es erforderlich war.

In keinem der wilden Pläne der Bergers war davon die Rede gewesen, das Kind allein zu Fremden gehen zu lassen. Beide schüttelten resolut den Kopf.

»Welche Alternativen haben Sie denn?« fragte Hilda, die

mehr ein Familienmitglied als ein Dienstbote war. Offiziell war sie als Untermieterin der Bergers registriert, denn ein Gesetz verbot es Juden, christliche Dienstboten zu beschäftigen. Auch sie hatte von den Lagern in Polen gehört. Es war einfacher, auf einem Bauernhof Essen zu bekommen als in der Stadt. Außerdem würden ihre Eltern sich über die Anwesenheit des kleinen Mädchens freuen, da ein paar ihrer Kinder gestorben waren.

Es war zum Großteil ihrer Beharrlichkeit zuzuschreiben, daß die entsetzten Eltern zu diesem rationalen Entschluß kamen: Der Plan bot Aniko die größte Chance zu überleben. Als sie Hilda mitteilten, sie wollten ihre Eltern besuchen, um alles zu arrangieren, mußten sie verblüfft hören, daß sie diesen Gedanken kategorisch ablehnte. Das Kind mußte diskret in ihrer Begleitung dort ankommen, die Bergers aber sollten sich dort nie sehen lassen. Sie bräuchten sich keine Sorgen um das Schicksal ihres Kindes zu machen. Ihre Eltern wären zwar nur einfache Bauern, aber sie würden Aniko Nahrung und Obdach bieten. Hilda würde den Plan ohne Verzögerung ausführen.

In ganz Europa teilten andere jüdische Elternpaare Ellas und Lászlós Entsetzen. Wie konnten sie ihr kleines Kind Fremden überlassen? Wie konnten sie das Kind auf Gedeih und Verderb Menschen ausliefern, die möglicherweise Übles im Schilde führten? Wie konnten sie nur das Grundvertrauen ihrer sprachlosen Kinder erschüttern und ihnen erklären, daß sie sie nicht verrieten, sondern sie im Gegenteil nur deshalb zurückließen, um ihr Leben zu retten? Viele Eltern entschieden sich für das ihrer Meinung nach geringere Übel und behielten die Kinder bei sich. Andere wiederum entdeckten, wie die Krells und die Bergers, daß ihre emotionalen Bindungen belastbarer waren, als sie geglaubt hatten.

Vor dem Krieg hätten sie nicht im Traum daran gedacht, ihre Kinder Fremden zu überlassen. Und doch taten sie jetzt genau das, als die Bedrohung durch die Nazis anfing. Es ist bereits viel über den Altruismus der Retter gesagt worden, die den gefährdeten jüdischen Kindern Obdach gewährten. Dabei vergißt man manchmal, daß die Eltern die Fürsorge für andere über ihr eigenes Glück stellten, indem sie ihren Instinkt, für ihre Kleinen zu sorgen, unterdrückten und sie keinem ungewissen Schicksal überließen. Doch während wir diesen Eltern Tribut zollen, ist es auch wichtig, daß wir nicht jene Eltern verurteilen, für die eine Trennung von ihren Kindern unmöglich war. Für sie waren andere Entschlüsse maßgebend, sie entschieden sich gegen die Trennung und das Risiko, einem Fremden das Leben ihrer Kinder anzuvertrauen.

Ganz gleich, wie ihre Entscheidung auch lautete, alle Eltern waren von Selbstzweifeln gepeinigt: Was war, wenn sie nun doch die falsche Entscheidung getroffen hatten? Und wie sollten sie die kleinen Kinder überzeugen, daß die Trennung für sie klug und sicherer war, während der Schmerz in ihren Augen und auf ihren Lippen brannte? Es war herzzerreißend.

Tagelang sagten die Bergers keinen Ton über die bevorstehende Trennung von ihrer Fünfjährigen. Aber dann mußten sie das Kind auf die Reise vorbereiten. Als die Bergers Aniko endlich ihren Entschluß mitteilten, war sie aufgebracht und beleidigt. Ohne ihre Eltern war sie nie weiter als bis zur Margareteninsel gegangen, und jetzt sollte sie ohne sie leben, mit Fremden an einem unbekannten Ort.

Doch trotz ihres verzweifelten Protestes und endloser Kompromißangebote, fügte sich Aniko schließlich in das Unabänderliche. Daß ihre Freundin Hilda sie begleitete, machte die Sache etwas weniger bedrohlich. Aniko stellte unendlich viele Fragen: Werde ich ein eigenes Zimmer haben? Wer wird mir beim Schreibenlernen helfen? Wer wird zu mir kommen, wenn ich nachts Angst habe? Wie oft werdet ihr mich besuchen? Sie verstand es noch nicht, aber sie spürte, daß dies keine Fahrt in den Urlaub war. Sie mußte kooperieren. Aber wieso wünschten sich die Eltern, weit weg von ihr zu leben? Mit dem verbitterten Gefühl, verraten und verkauft worden zu sein, und voller Angst gehorchte Aniko. Kurz gesagt: Nachdem Aniko mit der legendären Fügsamkeit von Kindern erst einmal das Unausweichliche akzeptiert hatte, nahm sie die Herausforderung an. Genau wie todkranke Kinder, die sich vorstellen können, was sie erwartet, und nicht mehr von dunklen Ängsten gequält werden, wenn man ihre Fragen vernünftig beantwortet hat, fing Aniko an, sich ihre neue Welt auszumalen. Sie stellte viele Fragen über das alltägliche Leben auf dem Bauernhof. Und weil sie das tat, begann sie ihre Zukunft zu meistern, noch ehe sie ihr Zuhause überhaupt verlassen hatte.

Die Bergers versuchten so zu tun, als würde ihr Leben normal weitergehen. Aber das Lachen wurde leiser, das Spielen weniger ausgelassen, und die Musik war von Trauer erfüllt. Tief in ihrem Innern trauerten alle drei um ein Leben, das bald zu Ende sein würde – vielleicht sogar für immer.

Dann war plötzlich der gefürchtete Tag da. »Alles ist bereit«, sagte Hilda. »Meine Eltern erwarten uns.«

Obwohl Aniko sich wie eine »junge Dame« (ihr Vater nannte sie so seit ihrem fünften Geburtstag) benahm, war sie innerlich ein zu Tode geängstigtes Kind, das nur einen Gedanken hatte: Ihre Eltern wollten sie verlassen. Hatte sie irgend etwas getan, daß sie das verdiente? War sie nicht stets eine gehorsame, liebende Tochter gewesen? Ihre Beschwichtigungen isolierten sie noch mehr, denn sie klangen gelogen. Sie »wußte«, daß sie nie zu ihr kommen würden.

Hilda bereitete ein üppiges Mahl mit Anikos Leibspeisen zu, aber die Delikatessen blieben weitgehend unberührt, was niemanden überraschte.

»Ich werde einfach nicht mitgehen«, sagte das Kind plötzlich in der sowieso schon düsteren Atmosphäre des Abschiedsessens.

László lächelte sie still an und liebkoste das schwarze Haar seiner Tochter. Seine Berührung war so sanft, als ob er fürchtete, ihr weh zu tun. Ella saß nur da und beobachtete traurig die Szene.

Plötzlich durchbrach das schrille Türklingeln die Stille. Ella und László sahen sich verstohlen an. Sie wußten, daß das kein freundschaftlicher Besuch sein konnte. Sie hörten barsche Männerstimmen und Hildas bestimmte Antworten.

»Herr Berger, zwei Herren wollen Frau Berger und Sie sofort sprechen. Ich habe ihnen gesagt, Sie würden ins Vestibül kommen. Ich werde bei Ani bleiben.«

Das Ehepaar ging steif zur Tür. Im Geiste hatten sie diesen Moment unzählige Male durchgespielt.

»Ich gehe mit«, verkündete Aniko so resolut wie eine Erwachsene.

Ihre Eltern verwehrten ihr das nicht, vielleicht hörten sie sie nicht einmal.

In dem kleinen Vorzimmer standen zwei Männer. Sie trugen schwarze Anzüge und schwarze Hüte.

»Wir sind in spätestens einer halben Stunde zurück, Liebling«, sagte ihr Vater hölzern. »Auf dem Rückweg kaufen wir dir etwas.« Nach diesen Worten verschwanden Ella und er die Treppe hinunter. Keiner von beiden sah sich noch einmal nach ihrer sprachlosen Fünfjährigen um.

Aniko spürte, daß es falsch wäre, jetzt Wirbel zu machen. Sie klammerte sich mit aller Kraft an Hildas Hand und drückte sie so fest, als wollte sie der jungen Haushälterin ihre ganze Willenskraft übermitteln. Dieser Händedruck gestattete ihr, zumindest äußerlich ruhig wie eine »junge Dame« zu bleiben.

»Meine Mami hat kein Wort gesagt, nicht ein Wort«, klagte Aniko. »Sie hat sich noch nicht einmal umgedreht und auf Wiedersehen gesagt. Ich hasse sie.«

Was das kleine Mädchen natürlich zu diesem Zeitpunkt nicht wissen konnte, war, daß Ella jede Entschlußkraft angesichts der tränennassen, traurigen Augen ihrer Tochter verlassen hätte, hätte sie sie angesehen. Vielleicht wäre sie dann nicht mehr fähig gewesen, sich von ihr zu trennen.

Für Aniko begann ein Leben im Versteck. Die Leute, die sie aufnahmen, waren nicht nur Fremde für sie, sondern ihr Benehmen erschien ihr auch seltsam. Onkel Miklós, ein Weinhändler, war immer mürrisch, und Tante Irén, seine Frau, war nicht viel besser. Sie hatte immer zu tun. Außer wenn sie etwas brauchte, machte sie nie den Mund auf, und sie sang auch keine Lieder.

Niemand in dieser Familie lächelte jemals – nicht einmal die Söhne, der fünfzehnjährige Pista und der vierzehnjährige Imre. Meistens bemerkten sie die Anwesenheit ihres verwirrten kleinen Gastes gar nicht. Nachdem sie in ihrer Familie stets der Mittelpunkt gewesen war, bedeutete die Reise in diesen Abgrund des Schweigens einen Schock.

Nach zwei Tagen kehrte Hilda in die Stadt zurück. Ehe sie abfuhr, nahm sie Aniko an der Hand und führte sie in das Zimmer, in dem nur die Kinder schliefen – jedes in einer Ecke. Den einzigen Schmuck bildete ein kleines schwarzes Kruzifix.

»Also, Ani, sei ein kluges kleines Mädchen. Meine Leute sind gute Menschen. Sie machen zwar nicht viele Worte, aber das heißt nicht, daß sie dich nicht mögen. Schließlich und endlich kann ein falsches Worte von dir ihnen viel Kummer bereiten.«

»Was kann ich ihnen denn Schlimmes antun?« fragte das Kind verwirrt. »Ich bin doch bloß ein kleines Mädchen.«

In diesem Augenblick merkte Hilda, daß das Kind keine Ahnung davon hatte, was es hieß, Jüdin zu sein. Da sie selbst nicht genau wußte, warum die Juden Feinde waren, erklärte sie dem Kind, daß man in einer verrückten Zeit leben würde, in der sie sich verstecken müßte. Aniko war nun völlig durcheinander. Sie war doch auch Ungarin wie Hilda, oder? Sie hatte zwar schon einmal das Wort »jüdisch« gehört, wußte aber nicht, was es bedeutete. Jude zu sein klang irgendwie gefährlich. Und auf einmal begriff sie: Ihre Eltern waren abgeführt worden, weil sie Juden waren.

Sie hatte überhaupt keine Ahnung, warum das passiert war, sie wußte auch nicht, warum man sich als Jude verstecken mußte. Wie so viele andere Juden hatten sich auch die Bergers in Ungarn völlig assimiliert. Das Judentum war kein Gesprächsthema gewesen.

Aniko zog den Schluß daraus, daß es sehr schlimm sein müßte, Jude zu sein. »Ich möchte, daß wir alle Christen werden. Ich hasse meine Eltern, weil sie mich zu einer Jüdin gemacht haben«, sagte sie sich.

Den Großteil der ersten beiden Wochen bei den Bognárs verbrachte Aniko allein. Diese Einsamkeit zwang sie, mehr nachzudenken, als es Fünfjährige gewöhnlich tun. In Tagträumen malte sie sich aus, wie schön das Leben früher gewesen war. Dabei brach sie immer in Tränen aus und vergrub ihr Gesicht im Kopfkissen, damit niemand ihr Schluchzen hörte. Ihr schien es so, als würde man sie nur dann bemerken, wenn man sie zum Weinen bringen wollte. Die Jungen kniffen sie dauernd im Gesicht, um zu prüfen, »wie weich jüdische Haut war«, oder sie griffen unter ihren Rock, um nachzusehen, »wie seidig jüdische Unterhosen waren«. Aniko faßte den Entschluß, nie vor ihnen zu weinen. Sie wollte ihnen zeigen, daß man als Jude stolz und tapfer war. Und dieser Entschluß tröstete sie.

Täglich in diesen zwei Wochen unterwies sie Onkel Miklós in den Verhaltensmaßregeln ihres neuen Lebens. Er sagte ihr immer wieder, daß man sie nur versteckte, weil sie Jüdin war. Und weil sie Jüdin war, mußte sie jetzt Annamária Bognár, seine Nichte, werden. Außerdem mußte sie ihre Familie aus dem Gedächtnis streichen - für den Fall, daß sie jemand fragte, wer ihre Eltern seien, wo sie lebten und warum sie bei den Bognárs war. Sie sollte möglichst unsichtbar bleiben. »Wenn man dich nicht sieht«, sagte Onkel Miklós, »stellt man auch keine dummen Fragen. Wenn man es aber doch tut, kann ich keine gescheite Antwort geben, denn es ist überhaupt nicht klug, einen Juden zu verstecken.«

Und weil sie Jüdin war, mußte sie auch lernen, sich wie eine perfekte Katholikin zu benehmen – sich bekreuzigen, beten und sogar beichten.

»Beichte alles«, befahl Onkel Miklós ihr an ihrem ersten Sonntag, als sie auf dem Weg zur Kirche waren, von da an jeden Sonntag. »Nur nicht, daß du Jüdin bist.«

Tagsüber schenkte man dem kleinen Mädchen nicht viel Aufmerksamkeit. Alle gingen ihren Pflichten nach. Ani bekam ihr Frühstück – warme Milch in einem Emailbecher, der an manchen Stellen gesplittert war, so daß sie glaubte, die Milch wäre schmutzig, und dazu einen Kanten dunkles Bauernbrot. Das Mittagessen bestand aus einer Schüssel fetter Knochensuppe, in der meistens Bohnen oder Linsen schwammen. Zum Abendessen gab es wieder Milch und Brot und hin und wieder einen großen, gelben Apfel.

Zwischen den Mahlzeiten wanderte sie auf dem staubigen Hof umher und beobachtete die Tiere. Weil sie außer im Zoo nie Tiere gesehen hatte, war sie an ihnen interessiert, hielt aber einen gewissen Abstand. Sie sind wie ich, dachte sie. Zwischen den Fütterungen laufen sie zwar umher, aber abends werden sie eingesperrt. Um sie kümmert man sich auch nicht mehr als um mich. Doch trotzdem sind sie glücklich dran, denn sie müssen keine Juden sein.

Viele untergetauchte Kinder, die wie Aniko bei unzugänglichen, beschäftigten oder einfach gleichgültigen Rettern lebten, kamen zum gleichen Schluß: Ihr Leben war von geringem Wert, weil es nicht länger durch Aufmerksamkeit und Zuneigung belohnt wurde. Solche Kinder, die aus assimilierten Familien stammten, in denen ihr Judentum bestenfalls gelegentlich erwähnt wurde, sahen darin nichts anderes als den unmittelbaren Grund für ihre mißliche Lage. Wenn sie erst einmal diesen Schluß gezogen hatten, wuchs in ihnen die Scham, Jude zu sein, wie giftiges Unkraut.

Scham ist ein grausamer Zuchtmeister; wenn sie dauernd gegenwärtig ist, kann sie sogar eine Kinderseele zerbrechen. Um die psychische Wunde zu verbergen, die sie hinterläßt, versteckt sich das Kind unbewußt hinter einem falschen Selbst. Für die untergetauchten Kinder, die wie Aniko alt genug waren, um sich an glücklichere Zeiten zu erinnern, nun aber psychisch und emotional von ihren Rettern allein gelassen oder verraten wurden, wurde Scham zum ständigen Begleiter.

»Ich fragte mich dauernd: ›Warum muß ich mich verstecken? Ich bin bestimmt unansehnlich und häßlich‹«, erinnert sich Aniko Berger. »Ich verstand nicht, warum man sich schämen mußte, Jüdin zu sein, aber ich zweifelte nicht daran, daß ich irgendwie abstoßend sein mußte, weil ich Jüdin war. Weil ich nicht wußte, was es genau war, schien es mir das beste zu sein, mein ganzes Selbst zu verbergen. Aber es war mehr, als ich in meinem Alter begreifen konnte. Wenn man mir zumindest gesagt hätte, daß ich dies oder das falsch gemacht hätte, dann hätte ich mich wenigstens schuldig fühlen können. Aber es lag nicht an etwas, was ich getan hatte, es lag in meinem ganzen Dasein begründet. Wie lebt man mit so etwas? Wie kommt man mit acht Jahren oder später darüber hinweg? Also, mir gelang das nicht. Ich tauchte nur noch tiefer unter. Die Dunkelheit wurde mein bester Freund.«

Jahre vorher hatte Aniko gelernt, ihren Eltern zu vertrauen und ihr Verhalten richtig einzuschätzen. Sie verbrachten viel Zeit mit ihrer Tochter, sie sorgten auf bestimmte Art und Weise für sie, an die sie sich gewöhnte, liebevoll und zärtlich. Eine emotionale Bindung war entstanden. Und diese Bindung gab Aniko die Kraft und den Mut, mit der Trennung von ihren Eltern fertig zu werden. Mit dem Wissen, daß man eine solche Bindung zu Erwachsenen entwickeln konnte, näherte sie sich den Bognárs. Robbie Krell war mit ähnlichen Erwartungen auf die Munniks zugegangen, er hatte Glück und fand Menschen, bei denen sich dieser Bindungsprozeß wiederholen ließ. Es gab eine Kontinuität. Aniko bekam nicht die Gelegenheit, eine solche Beziehung zu den Bognárs herzustellen. Sie widmeten ihr weder Zeit, noch schenkten sie ihr besondere Aufmerksamkeit. Doch was wohl am schwierigsten war, sie setzten ihrer Schutzbefohlenen keine Grenzen, in denen sie sich sicher gefühlt hätte. Ohne diese Grenzen fühlte sich Aniko nackt und orientierungslos. Und weil es ihr schien, als wären die Bognárs von Grund auf schlecht, und sie keine klaren Vorstellungen von der Grenze zwischen sich und den Bognárs hatte, zog Aniko den Schluß, daß auch sie von Grund auf schlecht sei.

»Einerseits«, erklärt sie, »schämte ich mich dafür, Jüdin zu sein, also anders zu sein als sie. Andererseits schämte ich mich jedesmal, wenn ich sie ansah, dafür, daß ich so war wie sie –

schlecht. Die Scham hielt mich auf Trab. Mein ganzes Leben lang habe ich gegen diese zweifache Unterdrückung meines Selbst gekämpft. Das falsche Selbst, hinter dem ich mich stets verstecken mußte, um zu überleben, haftet mir mit bemerkenswerter Zähigkeit an.«

Nicht alle ehemals untergetauchten Kinder sind so beredt und kennen sich in ihrem Innern so gut aus wie Aniko Berger, aber viele von ihnen halten sich für Gefangene dieser Scham. Aus Furcht vor Bloßstellung schufen sie sich eine eigene Welt weit weg von den Blicken der Öffentlichkeit, anstatt sich einer bestehenden Gemeinschaft anzuschließen. Die Konsequenz war, daß Beziehungen für viele problematisch wurden. Da man sie auf verschiedenen Ebenen allein gelassen hatte, trafen viele ehemals untergetauchte Kinder – unter ihnen auch Aniko – niemals wieder auf ein Wesen, das ihnen als Projektionsfläche für ihr wahres Selbst dienen konnte. Ohne die Möglichkeit, sein inneres Wesen preiszugeben, gestalten sich Beziehungen als sehr beschränkt, es wird sogar unmöglich, sie zu entwickeln und aufrechtzuerhalten. Letzten Endes führt diese Art von Einsamkeit zu einer inneren Entfremdung und Isolation – ein seelisches Gefängnis, in dem das eigene Selbst zu einem außerirdischen Wesen wird.

»In meinem Leben gab es Zeiten«, erinnert sich Aniko Berger, »in denen ich mich fortwährend fragte, wer ich wirklich war. War ich das häßliche jüdische Kind, das man vor den Blicken der Öffentlichkeit verstecken mußte, oder war ich jemand, der ein wertvoller und schöner Mensch hätte sein können, wenn ich nicht das Pech gehabt hätte, Jüdin zu sein? Ich brauchte Jahre, um zu dem Schluß zu kommen, daß ich mir vielleicht nie wirklich erlaubt hatte, mein wahres Ich zu sehen, wenn ich in den Spiegel schaute. Der einzige Spiegel, in den ich gelernt hatte, mich zu sehen, reflektierte das Bild, das die Bognárs von mir hatten.«

Anfangs erfüllte das ständige Verstecktwerden vor unerwünschten Blicken Aniko mit Unbehagen. Sie hatte immer Angst davor, das Falsche zu tun. Aber mit der Zeit wurde sie zur

Expertin in Fragen Wahrheit und Lüge. Sie lernte, zwischen der falschen Wahrheit und der richtigen Lüge zu unterscheiden. Wenn ihr dies manchmal zuviel wurde, verließ sich Aniko auf eine andere, sehr gut ausgebildete Fertigkeit: Sie versteckte sich.

Als einmal Borbála, das Hausmädchen des örtlichen Notars, Tante Irén besuchte, mußte sich Aniko in dem Schrank, der die Küche vom Schlafzimmer trennte, verstecken. Man befahl ihr, erst wieder herauszukommen, wenn jemand die Tür öffnete. »Gib keinen Mucks von dir, ganz gleich, was geschieht. Du weißt ja, was passiert, wenn man dich entdeckt.«

Borbála saß in der Küche und hörte nicht auf zu schwatzen. Damit die Zeit schneller verging, zählte Aniko so weit sie konnte und wieder zurück bis null. Dann stellte sie sich im Geiste ihr Zimmer vor und versuchte sich daran zu erinnern, was sie je gegessen hatte. Sie hatte fast alles durch, als sie etwas über den Boden huschen hörte – eine Maus oder eine Ratte!

Aniko war wie gelähmt vor Entsetzen. »Ich soll doch keinen Mucks machen!« Aber irgend etwas in ihr gab nach. Tränen strömten über ihr Gesicht, als sie spürte, daß Urin an ihrem Bein herunterlief. Schon zu diesem Zeitpunkt war jede Zelle ihres Körpers auf Wachsamkeit gedrillt. »Wachsamkeit ist der Unterschied zwischen Leben und Tod«, hatte Onkel Miklós ihr gesagt.

Die Kleine wußte nicht, wie lange sie in dem Schrank war, während das Nagetier über ihre Füße lief. Sie hatte das Gefühl, in bodenlose Dunkelheit zu versinken. Sie dachte nur daran, welche Schande es wäre, wenn man sie entdeckte. Endlich wurde die Schranktür geöffnet, aber Aniko weigerte sich, herauszukommen. Schnell verlor man die Geduld mit diesem »bockigen Gör«, und Onkel Miklós wollte sie gerade herausziehen, als das Nagetier heraussprang.

»Eine Maus, du meine Güte, eine winzig kleine Maus!« Onkel Miklós lachte herzlich. Sie hielten es alle für komisch.

Schließlich hatte Tante Irén Mitleid mit Aniko. Sanft zog sie das beschämte Kind heraus.

»Du hast dich ja überall angepinkelt!« rief sie. »Ein großes Mädchen wie du!«

»Ich habe mich vor der Maus gefürchtet«, flüsterte Aniko. »Entschuldige bitte.«

Ihr Eingeständnis ließ die Küche noch einmal vor Lachen erbeben.

Die Bognárs waren mit ihrer groben und zuweilen sogar unmenschlichen Behandlung des jüdischen Kindes unter ihrem Dach nicht allein. Bis zu diesem Zeitpunkt haben jedoch nur die geretteten Juden, die Glück gehabt und gütige und liebevolle Aufnahme gefunden hatten, die Geschichten ihrer Rettung erzählt. Das führte dazu, daß alle christlichen Retter von Juden idealisiert wurden. Doch in den letzten Jahren haben Menschen, die als Kinder untergetaucht überlebten, Geschichten erzählt, in denen Verlassenheit, Grausamkeit, Selbstsucht und sogar Mißhandlungen vorkamen. Viele haben ihre Erlebnisse immer noch nicht verarbeitet. Manche belastet noch die Wut, die sie für die Menschen, die sie versteckten, empfinden. Andere sind bereit, ihren grausamen Rettern wenigstens dafür zu danken, daß sie durch sie am Leben bleiben konnten. Doch auch sie wissen, welchen Schaden diese ihrem ohnehin schon erschütterten Selbstwertgefühl beigefügt haben.

Es gab wenig, wofür die kleine Aniko den Bognárs dankbar sein konnte. Für Onkel Miklós stand sie nur eine Stufe über den Tieren auf dem Hof. Sein beschränkter Antisemitismus, wie er bei vielen ungarischen Bauern üblich ist, machte alles nur noch schlimmer. Auch Tante Irén war unfreundlich zu Aniko. Obwohl sie glücklich darüber war, ein kleines Mädchen im Haus zu haben, nahm sie Aniko gefühlsmäßig nie an. Die Vermutung drängt sich auf, daß sie einen tiefen Groll gegenüber diesem wertlosen jüdischen Kind hegte, das lebte, während sie ihre Töchter hatte begraben müssen. Aniko hatte keine andere Alternative – sie mußte sich einfach von diesen Menschen distanzieren, die nur eine Stufe über ihren Feinden standen.

Aniko bezeichnete ihre »Gastgeber« im Geiste nur noch als

»Peiniger«. Sie wußte, daß ein Nieser oder ein Schrei ihr das Leben kosten konnte. Sie war total fertig. »Wie lange noch?« fragte sie an jenem Abend die Dunkelheit. Sie schwor sich, niemals wieder zu husten oder zu niesen. Wie die meisten versteckten Kinder merkte auch Aniko bald, daß sie nicht krank werden durfte – es würde nur unerwünschte Aufmerksamkeit erregen, Aufmerksamkeit, die jene Welt ihr lieber nicht widmete. Das gleiche betraf Traurigkeit und Angst – Tränen waren das Privileg der freien Menschen. Während ihrer Zeit im Versteck lernten diese Kinder, daß sie alles Unglück, das ihnen widerfuhr, selbst verschuldet hatten. Deshalb verließen sich diese Kinder ihr Leben lang nur auf sich selbst und zeigten nur selten ihre Gefühle. Weil viele, wie auch Robert Krell, einen Beruf ergriffen, der darauf ausgerichtet war, anderen zu helfen, muß man sich die Frage stellen, ob dahinter die Motivation steckte, die Aufmerksamkeit von sich selbst abzulenken – den eigenen Bedürfnissen, den eigenen Schmerzen.

Ein paar Wochen nach ihrer Ankunft in Tihany unterzog Onkel Miklós Aniko einem Test. Er quetschte sie über ihre »Vergangenheit« aus und fragte alle Gebete ab, die eine Fünfjährige kennen mußte. Er war so zufrieden mit ihren Antworten, daß er ihr die Erlaubnis erteilte, den Hof zu verlassen. Sie durfte mit Tante Irén auf den Markt und in die Kirche gehen. Und er würde sie zum Sammeln von Beeren und Pilzen mit in den Wald nehmen.

Aber zuerst schnitt Onkel Miklós ihr schwarzes Haar kurz. Dann bleichte es Tante Irén mit einem Rest Wasserstoffsuperoxyd. Das entsetzte Mädchen konnte sich nicht vorstellen, warum sie das taten.

»Weil du mit deinem dicken schwarzen Haar zu jüdisch aussiehst«, sagte Tante Irén.

»Aber meine Mami hat kurzes blondes Haar, und sie ist Jüdin«, erwiderte Aniko. »Warum behaltet ihr mich überhaupt, wenn ihr Juden eigentlich nicht mögt?«

»Weil du noch ein Zwerg bist«, antwortete ihr Onkel Miklós.

»Außerdem war es Hildas Idee. Man sollte Kinder ungeschoren lassen.«

Tante Irén gab ihr gebrauchte, aber saubere Kleider. Sie hatten einem ihrer Kinder gehört, das gestorben war.

»Du bist ein jüdischer Zwerg«, sagte Onkel Miklós mit einer Spur Traurigkeit in der Stimme. »Aber nicht mehr lange. Wir werden schon noch eine Bognár aus dir machen.« Und er verhörte sie noch einmal. Er fragte sie nach ihrem Namen, woher sie kam und warum sie hergekommen war und ob ihre Eltern jüdische Freunde gehabt hätten. »Nein, mein Herr – ein Freund der Juden ist ein Feind des Gottes der Magyaren!«

An diesem Abend wußte Aniko nicht mehr so genau, ob sie jemals eine andere Person als Annamária Bognár gewesen war. Trotzdem hatte sie das Gefühl, sie müßte sich bei allen Juden für ihren Verrat an ihnen entschuldigen. Im Bett betete sie ein Ave Maria für alle Juden und ganz besonders für ihre Familie.

Solche paradoxen emotionalen Schachzüge verwirrten untergetauchte Kinder und suchten sie oft heim. Sie waren in den Krallen einander widersprechender Wahrheiten, die sie in ein tranceähnliches Schweigen versetzten, was im Gegenzug ihr Gefühl von Verlassenheit und Entfremdung verstärkte. Ihr Leben basierte nicht auf einem Netz gegenseitiger Bemühungen. Statt dessen erlebten sie jeden Tag ihr Dasein als einsamen Kampf gegen Feinde, die manchmal zu überwinden waren, aber sie auch oftmals zu erdrücken schienen. Auf dem Hof der Bognárs war dieses Schweigen Anikos täglicher Begleiter.

Die Ausflüge in die Welt außerhalb des Bognárschen Besitzes waren mit Angst und Schrecken erfüllt. Wie kann man sich in der Öffentlichkeit verstecken? fragte sie sich (noch ein Paradoxon, das untergetauchte Kinder belastet).

»Was ist, wenn ich mich verspreche? Was ist, wenn man mich mit Tricks dazu bringt, die falsche Wahrheit zu sagen?« fragte sie.

»Ein falsches Wort, ein falscher Blick, eine falsche Geste, und du hast es überstanden«, mahnte Onkel Miklós sie ständig.

An einem Sonntag, zwei Monate nach ihrer Ankunft, als sie gerade die Kirche verließen, bemerkte Aniko, daß ein Mädchen ihr Gesichter schnitt und sie dann absichtlich anrempelte, um sie wütend zu machen. Das Mädchen schimpfte sie: »Dussel, Blödmann, Dummkopf!« Aniko blieb ruhig, also fuhr das Mädchen mit stärkeren Geschützen auf.

»Nein, du bist nicht bloß ein Dussel, du bist ein jüdischer Dussel, ein stinkender Jid«, sagte es.

Aniko wurden die Knie weich. »Das ist nicht wahr«, erwiderte sie, so tapfer sie konnte. »Ich bin kein stinkender Jude, nein!«

An diesem Wochenende kam Hilda zu einem Besuch nach Hause. Aniko wich ihr nicht von den Fersen. Sie hatte förmlich nach lieben Worten und einer zärtlichen Umarmung gehungert. »Endlich jemand aus meiner Welt, jemand, der mich unter dem Namen Aniko kennt.«

Hilda brachte entmutigende Nachrichten von den Bergers mit. Die Polizei hatte sie wegen irgendeiner absurden jüdischen Verschwörung verhört. Als man sie dann den Deutschen ausliefern wollte, machte das junge Paar mit Hilfe einer geheimnisvollen Gruppe einen Fluchtversuch. László wurde geschnappt, und über Ellas Verbleib war nichts bekannt.

»Wo sind meine Eltern, Hilda?« Das Kind kam gleich zur Sache, als die beiden auf Anikos Bett zusammensaßen.

»Ich kann nicht darauf antworten, was du gerne hören willst, mein Kleines«, erwiderte Hilda traurig. »Ich wünschte, ich hätte dir etwas mitzuteilen, Ani, aber es ist nicht so.«

»Wann, wann werde ich meine Eltern wiedersehen, Hilda?« fragte Aniko.

Hilda erzählte auf eine Art und Weise, die die Fünfjährige verstehen konnte, alles, was sie über die Bergers wußte. Hilda konnte nicht von László berichten, aber ihre Mutter befand sich wahrscheinlich immer noch auf freiem Fuß. Aniko konnte also die Hoffnung hegen, daß ihre Mutter kommen würde, um sie zu holen.

Immer wenn sie in die Stadt ging, nahm Aniko eine aufrechte Haltung ein. Sie schritt dahin wie eine Prinzessin. Wenn jemand sie ansprach, erinnerte sie sich daran, daß sie sich das Versprechen gegeben hatte, immer stark und unsichtbar zu sein. Nichts durchdrang mehr ihren Schutzpanzer. Jeder sah nur das selbstbewußte kleine Mädchen, das mit den Füßen fest auf dem Boden stand. Aber in ihrem Innern war sie eine verwirrte, verängstigte Fünfjährige. Sie konnte mitlachen, wenn andere Witze über Juden rissen, aber innerlich spürte sie Scham und Verrat wie Messerstiche.

In der Nacht nach Hildas Abreise fühlte sich Aniko niedergeschlagen und wütend. Wieder einmal hatte man sie zurückgelassen. Sie hatte ihr Bestes getan, Hilda zu überreden, sie wieder mit in die Stadt zu nehmen, aber Hilda hatte sich geweigert. Obwohl sie beschlossen hatte, vor den anderen Haltung zu bewahren, gestattete Aniko sich im Dunkel der Nacht, die Maske fallenzulassen. Sie spürte die volle Wucht ihrer Verlassenheit.

Aniko verbrachte die Tage damit, auf ihre Mutter zu warten. Jeden Abend ging sie mit ein bißchen weniger Hoffnung zu Bett und fühlte sich immer einsamer. Bald hörte sie auf zu essen und wollte nicht mehr mit Tante Irén auf den Markt gehen. Sie tat nichts anderes mehr, als auf ihre Mutter zu warten.

Am nächsten Sonntag schickte Onkel Miklós sie in den Wald, um Pilze zu suchen. Das Mädchen gehorchte apathisch.

Als Aniko in den Wald kam, hatte sie ihr Körbchen im Nu mit großen Pilzen gefüllt. Sie hätte innerhalb einer halben Stunde wieder zu Hause sein können, aber sie genoß die friedliche Stille. Das war ein Ort, an dem sie sein konnte, wer sie wirklich war – die Bäume kümmerte nicht, ob sie Jüdin war oder nicht.

»Na, wenn das nicht der Zwerg ist!«

Aniko sprang erschrocken auf. Die zwei Bognár-Brüder waren ihr in den Wald gefolgt. Sie griff nach ihrem Korb und wollte davonlaufen.

»Nicht so schnell, Zwerg«, sagte Imre. »Laß mich erst sehen, ob du die richtigen Pilze gesammelt hast. Hier gibt es nämlich auch viele giftige. Einer davon reicht, und wir könnten alle verrecken.«

Das kleine Mädchen zeigte ihm gern den Inhalt des Korbes, weil sie ihm beweisen wollte, daß sie gute Arbeit geleistet hatte.

»Die scheinen völlig in Ordnung zu sein«, sagte Imre, wobei er immer noch den Griff des Korbes festhielt. »Jetzt wollen wir mal sehen, ob auch du völlig in Ordnung bist«, sagte er lachend und zwinkerte seinem Bruder zu.

Als Aniko wieder zu Bewußtsein kam, öffnete sie die Augen und sah, daß der Himmel rot war wie Blut. Keine Wolke war zu sehen. Es tat ihr weh, also schloß sie die Augen wieder. Erst da merkte sie, daß der Schmerz nicht von dem Blick in den Himmel herrührte – er kam von innen. Ihr ganzer Körper schmerzte, als hätte man ihn in Stücke zerrissen. Sie wollte aufstehen, aber die Beine gehorchten ihr nicht. Als sie sich hinkniete, stieß sie unwillkürlich einen Schrei aus – ihr Unterleib war blutverschmiert, sie war völlig nackt. Sie wurde wieder ohnmächtig.

»Komm, Faulpelz«, waren die ersten Worte, die sie hörte. Es war Pistas Stimme. »Es wird Zeit zu gehen. Die Eltern werden sich schon fragen, wo wir bleiben.«

»Was ist mit meinen Sachen passiert?« fragte Aniko. »Und warum tut mir alles so weh? Warum ist überall Blut? Was ist mit mir geschehen?«

Die Jungen ließen sie auf das Leben ihrer »jüdischen Hurenmutter« schwören, daß sie nie erzählen würde, auf welche Weise sie so verletzt worden war. Wenn sie es doch täte, würden sie sie umbringen; sie schwor es. Aniko dämmerte es plötzlich durch den Nebel von Schmerzen und Übelkeit, daß einer der Brüder sie festgehalten, während der andere ihr die Unterhose heruntergezogen hatte.

Sie stand auf, konnte aber nicht gehen. Einer der Jungen hob sie wie einen Sack Kartoffeln hoch und warf sie über seine Schulter. Der andere trug den Korb mit den Pilzen. Als sie am Haus ankamen, ließ er sie einfach zu Boden fallen. Aniko wünschte, die Erde möge sich auftun und sie verschlingen.

An diesem Abend erbrach sie sich bis zur Bewußtlosigkeit. Als sie wieder zu sich kam, erbrach sie weiter grüngelbe Galle. Tante Irén legte die Hand auf ihre Stirn – sie war glühendheiß. Ihre Zähne klapperten, und sie zitterte am ganzen Körper. Tante Irén ließ einen der Jungen den Arzt holen. Sie konnte den Gedanken nicht ertragen, noch ein totes kleines Mädchen in diesem Bett liegen zu sehen.

Aniko protestierte unter Flüstern. Sie hatte es doch auf das Leben ihrer »jüdischen Hurenmutter« geschworen! Onkel Miklós sah seine Frau mit hochgezogenen Augenbrauen an. Sie begriffen, daß diesem Kind etwas entsetzlich Schlimmes zugestoßen war.

Anikos Leben hing ein paar Tage lang an einem seidenen Faden. Sie hatte eine Menge Blut verloren. Jeder glaubte, ihre Verletzungen wären bei einem Sturz von einem Felsen zustande gekommen, auf den sie geklettert war. Man hatte Blutspuren auf dem Felsen gefunden. Das erklärte auch, warum ihr Körper mit Blutergüssen übersät und ihr Kleid samt der Unterwäsche in Fetzen gerissen war. Glücklicherweise waren die Jungen in der Nähe und hörten sie schreien, wodurch sie Aniko gerettet hatten. Aniko schuldete ihnen also Dank.

Das kleine Mädchen nahm das alles hin, ohne ein Wort zu sagen. Sie war Jüdin, also mußte sie sich fügen.

Erst nach zehn Tagen kam sie wieder zu Kräften. Ihr Körper schmerzte nicht mehr so sehr, aber in den Nächten quälten sie Alpträume. Sie träumte, daß Kannibalen ihr das Fleisch von den Knochen rissen. Sie zwang sich, wach zu bleiben, aber der Mangel an Schlaf machte sie nur Tag für Tag schwächer. Selbst ein Heiltrank der Zigeuner wirkte nicht.

Dann geschah ein Wunder. Etwa eine Woche später, nachdem Aniko wieder auf den Füßen war, hörte Onkel Miklós die Hunde anschlagen. Weil er glaubte, es wäre ein Fuchs, griff er nach seinem Jagdgewehr. Doch es war Ella, Anikos Mutter.

Das schwache Kind und seine erschöpfte Mutter erkannten einander kaum wieder, aber irgend etwas trieb sie einander in die

Arme. Sie hielten sich über eine Stunde lang umschlungen, weinten, lachten und weinten wieder. Dann schliefen sie in enger Umarmung in Anikos Bett ein.

Es war fast Mittag, als das Kind von seinem ersten ruhigen Schlaf seit dem Vorfall im Wald erwachte. Ella brachte ihrem Kind eine Tasse warme Milch und etwas Brot ans Bett und setzte sich neben sie auf die Bettkante. Aniko saß regungslos da wie ein Standbild. Sie wollte ihr Herz ausschütten, aber ein Blick auf das erschöpfte, gequälte Gesicht ihrer Mutter ließ sie davon Abstand nehmen. Sie spürte, daß es nicht der richtige Zeitpunkt dafür war.

»Wie geht es denn meiner großen, hübschen Bauerntochter?« fragte die Mutter. In ihrer Stimme schwang ein Lächeln mit. Da das Kind inzwischen zu einer Expertin für »wahre Lügen« geworden war, versicherte sie ihrer Mutter, daß ihr Leben einfach perfekt wäre. Nachts würde sie wie ein Bär schlafen. Ella schien erleichtert zu sein. Auch sie hatte in dieser Nacht den Schlaf der Unschuldigen gehabt. Seit dem Abend, als man sie verhaftet hatte, hatte sie erstmals wieder so tief geschlafen. Wieder einmal lastete auf Aniko die Bürde des Verrats – ein weiterer Stachel in ihrer Seele. Wie konnte Mutter so gut schlafen, obwohl sie mich verlassen hat? fragte sie sich.

Ellas Besuch war nur sehr kurz. Zum einen war es nicht gut, wenn sie sich in der Nähe einer Stadt aufhielt, schließlich fahndete die Polizei – die deutsche und die ungarische – nach ihr. Es war auch zu riskant, mit ihrer Tochter unter einem Dach zu leben. Wenn man sie verhaftete, würde das Kind mit verhaftet werden und ebenso die, die ihnen Obdach gewährten. Außerdem warteten ihre Freunde im Untergrund auf sie. Aber den Ausschlag gab letztendlich, daß Onkel Miklós ihr nur achtundvierzig Stunden Aufenthalt in seinem Haus erlaubt hatte. Einem Kind Obdach zu gewähren war ja gut und schön, aber das galt nicht für ihre Mutter, die jüdische Kommunistin.

An dem Abend, als Ella wieder wegging, kam Aniko erneut zu dem Schluß, daß ihre Mutter sie nicht liebte. Ihr Haß auf sie steigerte sich, obwohl sie sich gleichzeitig nach ihrer Stimme, ihren Berührungen und ihrer Gegenwart sehnte.

Ellas Besuch war ein seltener Genuß. Den meisten untergetauchten Kindern wurde kein solcher Luxus gewährt, denn sehr oft wußten die Eltern nicht einmal, wo ihre Kinder sich befanden. Die meisten Retter zogen das aus Gründen der Sicherheit vor. Sie befürchteten, daß übermäßig besorgte Eltern nicht die nötigen Vorsichtsmaßnahmen ergreifen würden oder daß die Polizei ihnen dicht auf den Fersen wäre. Manche Kinder mußten so oft umziehen, daß es für die Eltern, selbst wenn sie mit ihnen in Verbindung bleiben wollten, es oftmals nicht möglich war. Schließlich und endlich hatte man die meisten Eltern deportiert, oder sie hielten sich im Untergrund auf. Aber natürlich wußte Aniko nicht, wieviel Glück sie gehabt hatte, daß ihre Mutter gerade zu einem Zeitpunkt für einen kurzen Besuch gekommen war, als sie das harte Leben auf dem Hof der Bognárs fast zugrunde gerichtet hatte. Trotz der ambivalenten Gefühle für ihre Mutter war der Besuch für sie wie ein Rettungsanker. Doch das Gefühl, von ihrer Mutter bei diesen grausamen Menschen allein zurückgelassen worden zu sein, war das Fundament für einen lebenslangen Groll gegen all jene, die sie verlassen hatten, und für alle Beziehungen, die sie nicht einging, aus Angst, wieder verlassen zu werden.

Das Kind hatte nicht viel Zeit, über sein Schicksal zu lamentieren. Nur Minuten nach der Abreise ihrer Mutter, fiel tödlicher Regen aus dem sternenklaren Himmel. Seit dieser Nacht erfolgten regelmäßig die Bombenangriffe der Alliierten. Obwohl Tihany für keinen Piloten ein Angriffsziel war, konnten die Einwohner hören, wie die nahegelegenen Städte bombardiert wurden. Die Bognárs bestanden darauf, jeden Abend im Weinkeller Schutz zu suchen, wenn sie das Brummen der Bomber hörten, die auf dem Weg zur Hauptstadt waren.

Bald entwickelte Aniko ein gutes Gehör – sie konnte die Bomber hören, noch ehe es die anderen taten. Deshalb machte man sie zur »Verantwortlichen für den Luftalarm«. Anfangs war sie stolz auf ihre Bedeutung. Sie vermittelte ihr das Gefühl, erwachsen zu sein. Aber als die Flugzeuge näher kamen, bekam sie schreckliche Angst, und es gelang niemandem, sie zu beruhigen.

Die Bombenangriffe wurden immer schlimmer. Aniko fragte sich, wie all diese Flugzeuge nur an den Himmel paßten und wie es möglich war, daß die Bomben nicht aneinanderstießen, bevor sie ihr Ziel auf dem Boden trafen. Die Tagträume des Kindes drehten sich immer mehr um solche Fragen und lenkten es davon ab, über seine Verlassenheit nachzugrübeln.

Kurz vor Weihnachten fiel Tante Irén auf, daß das Mädchen jede Vitalität verloren hatte. Sie sprach wenig und lebte gleichgültig in den Tag hinein. Tante Irén ließ sie daraufhin zu jeder Mahlzeit einen übelriechenden Saft trinken. Der Geruch des Saftes brachte Aniko zu der Überzeugung, daß es sich um eine Art von Gift handelte. Entsetzen packte sie – man wollte sie langsam vergiften!

Als sie das nächste Mal zur Beichte ging, erzählte Aniko ihr Geheimnis. Sie merkte es noch nicht einmal. Erst als sie aus der Kirche kam, ging ihr auf, in welch große Gefahr sie ihre Pflegeeltern gebracht hatte, als sie ihr gut gehütetes Geheimnis offenbarte. Sie fürchtete nicht um die Sicherheit der Bognárs – soweit es sie anging, hätten sie alle tausend Tode sterben können. Nein, sie hatte nur Angst davor, was Onkel Miklós ihr antun würde, wenn er herausfand, daß sie dem Priester das Geheimnis anvertraut hatte.

Aniko beschloß, noch an diesem Abend davonzulaufen. Sie würde in den Wald gehen und auf den Tod warten. Das würde weniger weh tun als das, was ihr auf dem Bauernhof bevorstand. Dieser grausige Plan tröstete das Kind irgendwie. Aber noch ehe sie die Gelegenheit hatte, ihren Plan durchzuführen, mußte sie ihren Pflegeeltern gegenübertreten. Der Priester hatte wohl mit ihnen gesprochen.

Die ganze Familie saß in der Küche. Alle sahen ernst und verschlossen drein. Onkjel Miklós befahl Aniko, sich zu setzen und gut zuzuhören. Das Mädchen war so in Panik, daß sie nur seinen letzten Satz mitbekam: Aufgrund ihrer Undankbarkeit und wegen ihres Mangels an Achtung vor der Sicherheit der Familie – alles Beispiele dafür, wie selbstsüchtig Juden waren – würden sie Aniko wegschicken.

Anstatt Reue oder Angst zu zeigen, nahm Aniko diese Nachricht voller Freude auf. Das war die erste gute Nachricht seit langer Zeit! Kein Ort konnte schlimmer sein als dieser. Tante Irén sah sie an. Trauer und Wut spiegelten sich in ihrem faltigen Gesicht wider. Trotz seines zarten Alters bemerkte das Kind den Schatten des Verrats in den Augen der Frau.

Am folgenden Abend holte es eine junge Frau ab. Zu ihrer großen Überraschung spürte Aniko, daß sie plötzlich schreckliche Angst bekam. Obwohl sie die Bognárs verabscheute, wollte sie nicht fortgehen, deren Bosheit war ihr vertraut. Wer war diese Frau? Wohin wollte sie sie bringen? Wie würde sie sie behandeln?

Die Erwachsenen flüsterten etwas, was Aniko nicht verstand. Schließlich warf die Fremde wütend den Kopf zurück, griff nach Anikos Hand und zog sie zur Haustür.

Draußen warteten Pferd und Wagen auf sie. Die Fahrt verlief schweigend. Zum ersten Mal erlebte Aniko die Bombenangriffe im Freien. Zu ihrer großen Überraschung machte ihr das im Freien weniger aus als im Weinkeller.

Nach ein paar Stunden hielten sie vor einer Hütte an. Aniko blickte prüfend zum Horizont, kein Lebenszeichen war zu sehen.

In der Hütte zündete ihre Wirtin eine Petroleumlampe an. Der Schein der flackernden Lampe erleuchtete ein winziges Zimmer mit einem Bett, einem wackligen Tisch, einem Stuhl und einem Waschtisch. Um den Ofen herum in der Ecke verlief eine Bank.

Die junge Frau stellte ihr einen Becher mit Milch hin und bedeutete Aniko, sich auf die Bank am Ofen zu sezten. Sie erklärte ihr, daß ihr Name Jolán wäre und sie als Hausmädchen bei dem Arzt in Siofok, einem Ferienort in der Nähe, arbeiten würde. Sie hätte sich verpflichtet, Aniko bis zum Ende des Krieges bei sich zu behalten. Aber weil noch nicht einmal der Leib Christi umsonst bewacht worden war, hätte sie erwartet, bezahlt zu werden, wenn sie Aniko Obdach gewährte und sie ernährte. Doch als sie zu den Bognárs gekommen war, hätten sie ihr gesagt, daß sie keinen Pfennig dafür bekommen würde. Sie hätten vorgehabt, Aniko im Wald auszusetzen. Jolán fürchtete um ihr Seelenheil und nahm das Kind trotzdem. Sie erklärte weiter, daß sie eine gute Christin wäre, und wenn Aniko sich gut mit ihr stehen wollte, müßte sie auch eine gute Christin werden. Jolán arbeitete sieben Tage in der Woche, vom Morgengrauen bis zum Abend, bei der Doktorfamilie, und daher würde Aniko den ganzen Tag allein sein. Sie durfte die Hütte nie verlassen. Sie lebten zwar am Stadtrand, aber das war egal. Nachts hatte sie Herrenbesuche, die sie mit ein paar Extra-Pengös bedachten. Während dieser Besuche mußte sich Aniko unter dem Bett verstecken.

Jolán erklärte das alles mit ruhiger Stimme, was Aniko signalisierte, daß sie kein schlechter Mensch war. Trotzdem nahm es dem Kind nicht die Angst. Wie sollte sie überleben, wenn sie den ganzen Tag auf sich allein gestellt war? Wie sollte sie nachts auf dem gestampften Lehmfußboden unter dem Bett schlafen, ohne auch nur einen Laut von sich zu geben? Wie sollte sie überleben, ohne wer weiß wie lange mit irgend jemandem sprechen zu können? Aber Aniko kannte die Regeln: Gehorche, ohne zu fragen.

Während sich das Schweigen in ihrer Seele einnistete, wuchs die Scham in ihr. Irgend etwas an ihr mußte sehr häßlich sein, weil es jedem so wichtig war, sie vor allen Blicken zu verbergen. Viele untergetauchte Kinder, die wie Aniko zu Menschen kamen, die sie vernachlässigten oder mißhandelten, lernten den bitteren Geschmack der Scham kennen. Ihre Eltern hatten sie allein gelassen und verraten. Es machte keinen Unterschied, daß diese für ihr Tun gute Gründe hatten. Es zählte nur, daß man ihnen den Trost und die Sicherheit eines liebevollen Elternhauses geraubt hatte. Kinder wie Robbie Krell hatten doppeltes Glück:

Sie waren zu klein, um sich an die Umstände der Trennung von ihren Eltern zu erinnern, und sie kamen zu liebevollen Pflegeeltern. Scham gehörte nicht oft zu den Gefühlen, die diejenigen entwickelten, die gut behandelt wurden und die zu klein waren, um in Worte zu fassen, was mit ihnen geschah.

Doch diejenigen, die wie Aniko Berger alt genug waren, die Wechselfälle ihres Schicksals zu deuten, fühlten sich oft minderwertig und gebrandmarkt. Sie zogen den Schluß, daß ihre grundlegende Minderwertigkeit die Ursache für die Behandlung war, die ihnen zuteil wurde. Warum würden Menschen sonst so viel Bosheit einem gewöhnlichen Kind gegenüber zeigen? Für viele sollten diese Tage voller Scham die Ursache langfristiger Schwierigkeiten werden, die wiederum oft zu einer besonderen Spielart des Verhaltens in sozialer oder emotionaler Hinsicht führten.

Für die, die sich in erster Linie wegen ihres Judentums schämten, führte dies zu der Angst, auch noch zu einer Zeit »enttarnt« zu werden, als sie längst nicht mehr ihre jüdische Herkunft zu verbergen brauchten. Aber für die meisten ehemals untergetauchten Kinder kam es nie dazu: Jude zu sein blieb für sie ein Grund, sich zu schämen. Sie änderten ihre Namen, sie heirateten Christen, sie gaben sogar antisemitische Parolen von sich, um in einer Welt, die sich nie um ihre ethnische Herkunft oder ihr religiöses Erbe geschert hatte, glaubwürdig zu wirken. Für Jean-Paul Sartre waren die Hölle die anderen – für die ehemals untergetauchten Kinder war die Erinnerung an ihre besudelte Kindheit die Hölle.

Anikos Welt bestand aus zwei verschiedenen Arten von Einsamkeit. Am Tag war sie allein, und nachts blieb sie unsichtbar für Joláns Freier. Tagsüber hörte sie nur die Laute der Tiere von einem Bauernhof in der Nähe. Manchmal sprach Aniko laut mit sich selbst, nur um sich zu vergewissern, daß sie noch sprechen konnte. Sie hatte schon vor langer Zeit aufgehört, sich im Zählen zu üben und Listen zu erstellen, um ihren Geist wach zu halten.

Sie schloß einen Pakt mit dem Schweigen. Sie fügte sich ihrem Joch und wollte sich nur mehr auf ihren Vater konzentrieren. Der Gedanke an das Zusammensein mit ihm hielt ihren Geist wach – im Park, auf der Margareteninsel, wie er Geige gespielt und ihr Gutenachtgeschichten vorgelesen hatte. Es erschien ihr sicherer, sich an ihren Vater zu erinnern. Sie vertraute mehr auf seine Rückkehr als auf die ihrer Mutter. Manchmal, wenn sie alle drei zusammen gewesen waren, hatte sie um seine Aufmerksamkeit kämpfen müssen, weil ihre Mutter sie auch beansprucht hatte. Manchmal hatte sie geglaubt, ihre Mutter wäre böse auf sie gewesen, weil nicht sie, sondern Aniko auf Vaters Schoß gesessen hatte. Ja, sie setzte definitiv mehr Vertrauen auf László. Er würde kommen und sie holen, nicht ihre Mutter. Eigentlich war es dieser schattenhafte Vater, der Aniko davor bewahrte, in ein Loch zu fallen, aus dem niemand sie mehr hätte zurückholen können.

Ein leerer Tag folgte auf den anderen. Es lag immer noch Schnee, als Aniko ein Rumpeln und Rattern hörte, das immer lauter wurde. Sie hörte Gesprächsfetzen, wagte es aber nicht, die Tür zu öffnen, denn die Hütte besaß keine Fenster. Als sie ihre Neugier nicht mehr beherrschen konnte, öffnete Ani die Tür einen Spalt. Mehrere Panzer und Lastwagen mit seltsam aussehenden Soldaten fuhren langsam vorbei. Sie schloß die Tür sofort wieder. Würde man an ihre Tür klopfen? Sie kroch unter das Bett, hielt den Atem an und erwartete das Schlimmste.

Ein paar Stunden später erfuhr Aniko, daß sie russische Soldaten gesehen hatte. Sie war soeben befreit worden.

Aber die Befreiung änderte Joláns Alltag kein bißchen. Da jetzt kein Grund mehr da war, im Versteck zu bleiben, um zu überleben, sehnte sich das kleine Mädchen danach, im Licht zu baden und die Welt draußen zu erkunden. Was für Menschen lebten in der Umgebung? Gab es auch Kinder? Und Juden?

Doch die Machtübernahme durch die Russen bedeutete nicht, daß die Welt ihren Groll gegen die Juden aufgab. Wenn Aniko weiterhin in Sicherheit leben wollte, mußte sie im Versteck bleiben. Und Jolán mußte sich überlegen, was sie in

Zukunft mit ihr anfangen wollte. In ihrem Leben war kein Platz für ein Kind. Wieder einmal sollte Aniko weitergeschickt werden. Aber inzwischen hatte sie gelernt zu akzeptieren, daß ihre Welt sich ständig veränderte und nichts von Dauer war.

Drei Tage voller Frust und Schmollen brauchte sie, ehe sie den Mut aufbrachte, den strengen Befehl ihrer Pflegemutter, sich zu verbergen, zu mißachten. Die Sonne leuchtete über den verschneiten Feldern, als Aniko entschlossen, aber vorsichtig die Tür öffnete. Aufregung und Angst bescherten ihr weiche Knie. Ihre erste Handlung als freier Mensch gab ihr Mut.

Fasziniert beobachtete Aniko eine endlose Kolonne von Panzerwagen. So seltsam ihr dieses Spektakel auch erschien, angst machte es ihr nicht. Also ging sie hinaus. Auf den Wagen standen Soldaten und winkten ihr zu.

Panik schnürte ihr die Kehle zu, als ein Soldat mit einem Gewehr sie heranwinkte. Was wollte er von ihr? Aniko ging ganz langsam auf ihn zu, als er sie in seiner Sprache anredete.

Schließlich kletterte er vom Wagen, hob sie hoch und drückte sie an seine Brust. Aniko spürte, daß er weinte. Dann griff er in die Brusttasche seiner Jacke und zeigte ihr das zerknitterte Foto eines kleinen Mädchens. Danach trug er Aniko zur Fahrerkabine seines Wagens und gab ihr einen Kanten Schwarzbrot und ein Stück Speck. Es war die erste liebevolle Geste seit Monaten. Sie hatte jetzt keine Angst mehr vor dem wüst aussehenden Fremden. Er zeigte ihr noch einmal das Foto. »Natascha, Natascha«, sagte er. »Natascha.« Dabei zeigte er auf Aniko. Er hieß Sergej.

Ein Mann in Zivilkleidung gesellte sich zu Aniko und ihrem neuen Freund. Er war Ungar, sprach aber Russisch. Er begann, Aniko auszufragen: Wer sie war, woher sie kam und wer ihre Eltern waren. Als sie anfing zu weinen, ließ sich Sergej vor ihr auf die Knie nieder und sang ihr ein Lied vor. Die unverständlichen Worte und die schöne Melodie beruhigten sie. Sie erzählte dem Ungarn ihre Geschichte, und er übersetzte Sergej, was sie gesagt hatte. Der Russe antwortete ihm aufgebracht. Der Ungar teilte Aniko daraufhin mit, daß Sergej sie für eine Waise hielt. Er würde sie nach Budapest mitnehmen. Wenn niemand sie haben wollte, würde er sie an Kindes Statt annehmen und mit in seine Heimat nehmen.

Aniko hatte nie daran gedacht, daß sie verwaist sein könnte. Aber ihr gefiel die Idee, mit Sergej zusammen zurück nach Budapest zu fahren. Sie fühlte sich bei ihm sicher. Er saß bereits hinter dem Lenkrad und streckte ihr seine große Hand hin.

»Natascha?« fragte er.

Aniko begriff. Von jetzt an würde sie Natascha heißen. Der Name gefiel ihr zwar besser als Annamária, aber es war immer noch nicht Aniko.

Als sie in der Hauptstadt ankamen, traute Aniko ihren Augen nicht. Die Häuser waren kaputt, die Einrichtung lag auf der Straße, ausgebrannte Autowracks verstellten den Weg, Straßenbahnwaggons lagen umgekippt auf dem Pflaster.

Nach großen Schwierigkeiten fanden sie ihr Elternhaus. Aniko glaubte zu träumen. Als sie das letzte Mal das Haus gesehen hatte, war eine große Einsamkeit in ihrem Herzen gewesen. Jetzt blickte sie auf das Haus und dann in Sergejs lächelndes Gesicht und plötzlich fühlte sich wieder mit ihrer Umgebung verbunden. Sie war kein einsames Kind mehr.

Sergej trug sie nach oben. Aniko genoß es, endlich wieder einmal wie ein kleines Mädchen behandelt zu werden. Dieses schöne Gefühl überdeckte ihre Angst davor, wer ihr wohl die Wohnungstür öffnen würde.

Als Hilda die Tür öffnete, schrien beide überrascht auf. Aniko sprang von Sergejs Armen und fiel Hilda um den Hals. Sergej lächelte Aniko verständnisvoll zu. Mit Gesten vermittelte er Aniko, daß er jetzt gehen, aber bald wiederkommen würde. Aber Aniko sah ihn nie wieder.

Als sich die erste Freude über ihr Wiedersehen gelegt hatte, wollte Aniko Hilda unbedingt alles über ihr Leben im Versteck erzählen und sie auch fragen, was sie sich jetzt noch erwarten konnte. Sie brannte darauf, daß man ihr vieles erklärte. Obwohl das schreckliche Erlebnis, das sie auf dem Hof der Bognárs gehabt hatte, ihr noch immer lebhaft im Gedächtnis war, kam es ihr nie in den Sinn, ihre geliebte Hilda dafür verantwortlich zu machen. Für sie bestand keine Verbindung zwischen ihrer Freundin und deren Familie. Hilda gehörte zu der glücklichen Welt, die sie mit den Bergers geteilt hatte. Die Bognárs hingegen waren die Verkörperung des ganzen Elends, das Aniko seit der Trennung von ihren Eltern erlitten hatte.

Untergetauchte Kinder haben auf diese Weise oft Gutes und Böses getrennt. Das gestattete ihnen, wieder eine Art normales Leben zu führen. Indem sie schlimme Erinnerungen aus ihrem Bewußtsein ausklammerten, gelang es ihnen, Vertrauen in eine mögliche Zukunft zu fassen, in Menschen, die ihnen etwas Sicherheit bieten konnten. Nach Meinung von Aniko war es bei Hilda sicher. Die übrigen Bognárs waren Teil eines Alptraums.

Obwohl sie das Herz am rechten Fleck hatte, war Hilda nicht feinfühlig genug, um zu merken, daß ihr kleiner Schützling, weit weg von ihrer eigenen Welt und mitten in einem Krieg, der gegen jüdische Kinder genauso grausam wie gegen Erwachsene geführt worden war, außergewöhnlich Schlimmes erduldet hatte. Nach Auffassung des jungen Hausmädchens konnte Aniko nicht unter den Härten des Krieges gelitten haben. Hilda erinnerte sie daran, daß sie doch im Versteck gelebt hätte. Was konnte sie schon von den Bombenangriffen oder dem Hunger wissen? Außerdem würde es nichts bringen, alte Schreckensbilder wieder heraufzubeschwören; es sei an der Zeit, nach vorn zu schauen, meinte sie. Was die Zukunft anbetraf, so könne sie nicht hellsehen. Doch Hilda versprach dem Kind, daß sie bei ihr bleiben würde, bis eins ihrer Elternteile zurückkehren würde. In der Zwischenzeit müßte sie in einer Zeit, in der jeder hungrig war, Essen auftreiben. Aniko wäre doch kein Baby mehr. Sie würde wohl begreifen, daß die Zeiten des Luxus und der Spiele vorbei wären – zumindest für eine Weile. Und was ihre übrigen Fragen anging, müßte Aniko damit bis zur Rückkehr ihrer Eltern warten.

So lernte Aniko die Freiheit als eine andere Erscheinungsform des Schweigens kennen. Wieder einmal mußte sie in einer Welt zurechtkommen, die nur von ihrer eigenen Stimme belebt wurde. Hilda war den ganzen Tag fort. Sie arbeitete und hetzte durch eine chaotische, trauernde Stadt, die von einer schrecklichen Belagerung noch immer nahezu gelähmt war, um etwas zu essen aufzutreiben. Zu ihrer eigenen Sicherheit mußte Aniko in der Wohnung bleiben, außerdem mußte doch jemand da sein und die Tür öffnen, wenn ihre Eltern zurückkämen! Aniko gehorchte dem Befehl. Sie blieb in ihrem alten Zimmer. Viel hatte sich nicht verändert, nur die Fenster waren durch Explosionen kaputtgegangen. Hilda nagelte die Öffnungen mit Brettern zu, denn schließlich war immer noch Winter. Somit erinnerte eine Welt der Dunkelheit Aniko ständig daran, daß die Zeit des Versteckens noch nicht vorüber war.

An einem Tag im März beschloß Aniko, sich nach draußen zu wagen und die Lage zu sondieren. Zu ihrer Überraschung war es ein warmer Frühlingstag. Sie ging zögerlich dahin, als würde sie sich jeden Schritt stehlen. Jedesmal, wenn sie an jemandem vorüberging, fragte sie sich, ob dieser Mensch wußte, daß sie Jüdin war. Aniko blickte starr auf den Bürgersteig. Von Zeit zu Zeit drehte sie sich um, um sich zu vergewissern, daß niemand ihr folgte.

Unabsichtlich landete sie schließlich im Park am Fluß. Eine Gruppe Kinder spielte dort gerade Blindekuh. Sie wollte mitmachen, aber ein größeres Kind schubste sie beiseite, und sie fiel auf den Rücken. Der Rücken tat ihr weh, aber die ekelhaften Verwünschungen der Kinder wegen ihres Judentums schmerzten noch mehr. Wenn sie nur Sergej hätte herzaubern können! Er hätte diesen Rüpeln eine Lektion erteilt.

Nächtliche Alpträume begannen Aniko zu quälen. Sie fuhr aus tiefem Schlaf auf und schrie: »Bringt meine Mami nicht um! Tut meinem Vati nicht weh! Faßt ihn nicht an, laßt ihn in Ruhe!« Jede Nacht wurde Hilda durch die markerschütternden Schreie des Kindes aus dem Schlaf gerissen.

Doch eines Nachts wurden Hilda und Aniko lange nach dem

Zubettgehen vom Läuten der Türklingel aufgeschreckt. Sie verließen beide das Bett, um nachzusehen, wer dieser nächtliche Besucher war. Sie öffneten die Tür, und da stand eine alte Frau in einem zerlumpten, schwarzweiß gestreiften Anzug mit geschorenem Kopf. Die mit Lumpen umwickelten Füße steckten in schweren Soldatenstiefeln, die viel zu groß für ihre dünnen Beine waren. Aniko kam sie irgendwie bekannt vor, aber sie konnte sie nicht zuordnen.

Es war Ella Berger, ihre Mutter.

Unangenehme Scham nistete sich in Anikos Herz ein. Sie konnte diese Hülle von einer Frau nicht als ihre Mutter akzeptieren. Ihre Mutter war vital, jung, liebevoll. Ihre Augen hatten gefunkelt, ihre Worte hatten gesungen wie eine Violine! Wie sollte diese jammervolle Gestalt ihr helfen?

Die Hoffnungen auf ein jubelndes Wiedersehen waren zerschlagen. Die Überlebenden wurden nicht wie Helden begrüßt. Ella schien ihre Seele verloren zu haben. Und Aniko war in erster Linie böse auf sie, weil sie sie verlassen und dann gebrochen zu ihr zurückgekehrt war. Das Schweigen bildete eine Mauer zwischen ihnen. Das Kind war irritiert, seine Mutter nicht willkommen heißen zu können, und die Mutter war durch eine Geschichte, die sie weder mit Worten noch mit anderen Mitteln vergessen machen konnte, verstummt. Sie lebten wie in zwei Welten nebeneinander her, die sich nur gelegentlich durch alltägliche Handlungen überschnitten.

Aniko erlebte die Rückkehr ihrer Mutter ganz anders als Robbie Krell die Heimkehr seiner Eltern. Die Krells brauchten nicht viel Zeit, um die Liebe und Zuneigung ihres Sohnes zurückzugewinnen. Sie hatten auch das Glück gehabt, nicht deportiert worden zu sein. Daher war ihre »emotionale Heimkehr« kürzer als die von Ella. Sie kamen als Paar zurück, während Ella als Witwe aus den Todesfabriken wiederkehrte. Robbie war zwar durch all das, was er verloren hatte, desorientiert und bedrückt, aber seine Eltern waren aktive, lebenssprühende Menschen. Und ihre Wohnung wurde zum Treffpunkt heimkehrender Überlebender. Auch wenn jene gebrochenen Menschen ihm bewußt machten, was er alles verloren hatte, so faszinierten sie ihn und stellten gleichzeitig eine Herausforderung für ihn dar.

Anikos Problem waren dagegen »unkomplizierter«: Für sie gab es nur Trauer und Verluste. Das Leben sollte für sie nie wieder so sein wie früher, nicht nur, weil »es« passiert war, sondern auch weil ihr geliebter Vater nicht zurückgekehrt war. Mit ihm ging auch die Idylle ihrer Kindheit verloren. In weniger als einem Jahr trat an Stelle ihrer wundervollen Welt eine Realität, in der es nur Verrat, Ruinen, Klagen, die Verwundeten, schaurige Erzählungen und Scham gab. Und auch noch etwas anderes: ein Schuldgefühl. Dieses war nicht entstanden, weil sie etwas falsch gemacht hatte, sondern weil sie lebte und vielleicht relativ einfach überlebt hatte. Aniko wurde bewußt, daß sie vielleicht mehr Glück gehabt hatte, als sie verdiente. Als sie die Erzählungen der abgemagerten Überlebenden vernahm, ging sie sogar soweit, ihr Recht zu leugnen, sich an den Vorfall im Wald überhaupt zu erinnern. Sie schaute ihre Mutter an, und neben der Wut hörte Aniko in sich eine Stimme, die immer lauter wurde: »Schau deine Mutter an, sieh doch, wie kaputt sie ist! Welches Recht hast du zu klagen, zu fordern, ihr sogar weh zu tun?« Die Stimme der Schuld wurde ständig lauter. Sie stand kurz davor, den Nazis beizupflichten – sie hatte nicht das Recht zu leben. Was für eine teuflische Leistung, Kinder zweifeln zu lassen an ihrem Recht zu atmen.

Kurz nach Ellas Rückkehr ging Hilda fort, um sich ihr eigenes Leben aufzubauen. Anfangs war es schrecklich schwer für das Kind, allein mit einer Mutter zu sein, die man wie ein Kind pflegen mußte. Aber Aniko erwies sich als gute Pflegerin. Sie umsorgte ihre Mutter, stillte ihre Bedürfnisse, tröstete sie, wenn sie anfing zu wimmern. Doch es gab auch Zeiten, in denen sie den Wunsch hatte, ihre Mutter anzubrüllen, sie aus ihrer schattenhaften Existenz herauszureißen. Ella konnte mit Besuchern angeregte Gespräche führen, warum machte sie sich bei Aniko nicht diese Mühe? Ihre Gespräche drehten sich einzig und allein um die, die nicht zurückkehrten, und die, die überlebten, wie sie es schafften. Niemand fragte Aniko, wie sie überlebt hatte. Oder wie es ihr jetzt ging.

Sie flehte ihre Mutter immer wieder an, mit ihr Erinnerungen an früher auszutauschen. Und jedesmal verfiel Ella in einen Zustand der Leere und der stillen Verweigerung. Warum war ihre Mutter überhaupt zurückgekommen? fragte sich Aniko. Es wäre besser gewesen, wenn ihr Vater zurückgekehrt wäre.

Das erste Mal, als sie diesen Gedanken hatte, verordnete sie sich zu schweigen. Aber eines Abends sprach ihre Mutter den gleichen Gedanken aus. Danach fühlte sich Aniko etwas erleichtert. Aniko idealisierte ihren Vater, weil er nicht zurückgekehrt war, dafür haßte sie ihre Mutter, die in so schlechter Verfassung wiedergekommen war. Sie hatte nicht die Gelegenheit, an László Berger ihre Wut darüber auszulassen, daß er sie verlassen hatte, aber sie konnte ihrer Mutter vermitteln, wie böse sie auf sie war.

Wochen später besuchte Aniko eine Nachbarin. Als sie gefragt wurde, wie es ihrer Mutter ginge, verkündete Aniko ohne zu zögern, daß sie gestorben sei. Die Nachbarin war verblüfft, denn schließlich hatte sie Frau Berger gestern noch auf der Straße gesehen. Aber Aniko bestand darauf, daß ihre Mutter tot sei, daß sie morgens nicht aufgewacht wäre.

Als Ella am nächsten Tag aus dem Opernhaus kam, nahm sie den alten Koffer und begann wortlos zu packen. Sie hatte vor zu gehen. Panik erfaßte das Kind. Was würde aus Aniko werden? Wie konnte Ella nur daran denken, ihre Tochter wieder zu verlassen? »Später erfuhr ich, daß für meine Mutter ganz klar war, daß ich sie nicht brauchte, weil ich ja bereits herumerzählt hatte, daß sie tot wäre«, erklärt Aniko. »Wenn sie nur gewußt hätte, wie sehr sie sich irrte!«

Als Ella gerade die Wohnung verlassen wollte, warf sich Aniko ihrer Mutter an den Hals und flehte um Vergebung für ihre schlimme Lüge und ihr Verhalten als böses Kind. Wie sollte sie ohne sie überleben? Doch ihre Mutter ging unbeirrbar zur Wohnungstür. Aniko umklammerte die Knöchel ihrer Mutter und weinte herzzerreißend. Ihre verzweifelte Geste rührte die Mutter zu Tränen. Sie brach neben Aniko zusammen, drückte sie an ihre Brust und bat sie, ihr zu verzeihen, daß sie und nicht ihr Vater zurückgekommen wäre.

Wieder einmal kam Aniko zu dem Schluß, daß sie es verdiente, verlassen zu werden, und daß es für alle Eltern allgemein üblich war, ihre Kinder zu verlassen. Wenn Kinder solche Schlüsse ziehen, halten sie wahrscheinlich ihr ganzes Leben lang daran fest. Sehr oft fürchten sie sich sogar davor, selbst Eltern zu werden: Was wäre, wenn sie die Neigung, einfach wegzugehen, geerbt haben? Wie sollten sie sich um ihre Kleinen kümmern, wenn sie es nie gelernt haben? Nur die, die das Glück hatten, mindestens einen Menschen zu finden, der sie beständig liebte, besaßen eine Alternative zu diesem Lebensmodell aus Verlassenheit und Verrat. Aniko gehörte nicht zu diesen glücklichen Kindern.

Seit diesem Tag strengte sich Ella an, in die Welt der Lebenden zurückzukehren. Sie sang sogar ab und zu. Aber ihre Lieder handelten von toten Müttern. Jedesmal, wenn sie sang, umarmte Aniko ihre Mutter. Umarmungen waren die einzigen Mittel, mit denen Ella es sich selbst und ihrer Tochter gestattete, Liebe auszudrücken. Und Aniko umarmte sie immer wieder, um sie festzuhalten.

Eines Tages erzählte Ella Aniko, daß der unvergeßliche letzte Blick ihres Kindes, als sie die Bognárs verlassen hatte, ihr das Leben gerettet hätte. Dieser Blick sagte ihr, daß es trotz allem Liebe in der Welt gab. Sie erinnerte sich daran, wo immer sie auch hinging.

Ein anderes Mal erklärte Ella ihrer Tochter, daß sie, als sie von der Polizei abgeführt wurde, deshalb nicht zurückgeschaut hätte, weil der Blick sie Trauer und Liebe hätte empfinden lassen und sie festgehalten hätte, was katastrophal gewesen wäre. Das Nichtzurückschauen versetzte sie in eine schmerzliche Betäubung, und das hätte ihr das Leben gerettet. Aniko war zu klein, um die Erklärung ihrer Mutter zu verstehen. An diesem Tag waren ihre Trauer und ihre Liebe zurückgewiesen worden, und man hatte sie verlassen, nur das wußte sie.

Als Aniko in die Schule kam, stürzte sie sich aufs Lernen. Gierig lauschte sie Berichten vom Leben der Menschen in anderen Ländern, Geschichten, in denen nicht die Rede von Trennungen und Untertauchen, von Tätern und Opfern war. Doch sie war körperlich unterentwickelt und blaß. Ihr dunkles Haar wuchs zwar wieder nach, aber Aniko beneidete die blonden, blauäugigen Kinder, die glücklicher zu sein schienen als sie. Sie war nicht hübsch anzusehen; es war schlimm, wie eine Jüdin auszusehen.

Also stahl sich das Mädchen heimlich in eine katholische Kirche in der Nähe. Hier war es friedlich, und sie fühlte sich sicher. Dort begann sie auch mit dem Gedanken zu spielen, Nonne zu werden. Wie beschützt müssen sie sich vorkommen, dachte sie. Aber dann fielen ihr die antijüdischen Plakate rund um die Kirche in Tihany wieder ein und die Aussagen der Leute, die von den Juden als den Mördern Christi redeten. Diese Erinnerungen ernüchterten sie, und das Gefühl der Sicherheit verschwand.

Während die Welt der Nonnen für Robbie Krell eine Quelle des Trostes gewesen war und er in einer christlichen Welt verwurzelt wurde, in der er sich sicher und geborgen fühlte, war die gleiche Welt für Aniko nicht mehr als ein Trugbild. Sie war überzeugt davon, daß nichts auf der Welt ihr das Gefühl geben könne, in Sicherheit zu sein, weil sie als Jüdin zur Welt gekommen war. Während Robbie entdeckte, daß ein Leben in beiden Kulturen möglich war, fand Aniko in keiner dieser Welten Frieden. Die Verwirrung dieser beiden ehemals untergetauchten Kinder in bezug auf ihre jüdische Identität und ihre Zugehörigkeit zur christlichen Kirche wurde von anderen Menschen, die als Kinder ebenfalls versteckt leben mußten, bestätigt. Selbst im fortgeschrittenen Alter ist dieses Gefühl noch lebendig und wird sie wohl für den Rest ihres Lebens begleiten. Andere fanden durch bestimmte Ereignisse wieder zu ihrer ursprünglichen Religion zurück. Für eine Minderheit bleibt die christliche Fassade ihr Versteck. Für Aniko war es anscheinend eine schlechte Lösung, ihre jüdische Herkunft zu verbergen. Irgendwie schienen die Leute immer zu wissen, daß sie Jüdin war. Das störte sie enorm, sie fühlte sich dadurch abgelehnt. Sie konnte nur eines gut – sich verstecken, und doch schien es keinen Ort zu geben, an dem sie sich vor der Person verstecken konnte, die sie selbst war. Dieses Wissen drohte sie immer mehr in Scham versinken zu lassen.

Dann kam an einem Abend im Mai ein Fremder und fragte nach Frau Berger. Ein kleiner Junge in einem Waisenhaus behauptete, mit den Bergers verwandt zu sein. Das mußte Tomi sein, der siebenjährige Sohn von Ellas Schwester Ilona! Aniko bettelte und verlangte, unbedingt zu ihrem Lieblingsvetter Tomi gebracht zu werden.

Das Leben wurde ganz anders, als Tomi bei ihnen einzog. Er hatte vor nichts und niemandem Angst, denn er hatte in seinem jungen Leben bereits alles gesehen. Er hatte sich zusammen mit einer Jugendbande im Wald versteckt, die Jungen sorgten für sich selbst und überlebten, obwohl der Gendarm des Ortes ständig durch den Wald patrouillierte. Tomi war stolz darauf, hart im Nehmen und Jude zu sein. Er erzählte seiner Kusine eine Geschichte nach der anderen, und in jeder war der Held ein Jude. Aniko hatte noch nie so herrliche Geschichten über Juden gehört, und schon nach kurzer Zeit war sie weniger anfällig für Verzweiflung und Scham. Sie hatte nicht mehr das Bedürfnis, vor Rüpeln davonzulaufen. Als eins der größeren Kinder einmal versuchte, sie niederzuringen, schwor sie sich, daß sie weder nachgeben noch in Tränen ausbrechen würde. Der Rüpel konnte sie nicht niederzwingen, und schließlich wurden sie vom Turnlehrer getrennt, der Aniko für ihren Mut und ihre Kraft lobte. Von diesem Tag an war Aniko stolz und wurde von niemandem mehr verprügelt.

Eines Abends, nachdem das Licht aus war, bat Tomi seine Kusine, ihm doch zu erzählen, wie sie den Krieg überstanden hatte. Endlich erzählte sie ihre Geschichte. Zum ersten Mal wußte Aniko, daß sie jemand war, und sie warf den schützenden Mantel des Schweigens und der Scham ab.

Sie verließ sich auch immer mehr auf Freunde – meistens

jüdische Kinder aus kaputten Elternhäusern, die auf die eine oder andere Art Waisen waren. Dank Tomi, der sein Leben allein regelte, wurde Aniko schlau wie ein Gassenjunge. Die Tage des Duckens und Versteckens waren vorbei. Sie war weiterhin sehr gut in der Schule, verließ sich aber jetzt mehr auf ihren scharfen Verstand als auf Fleiß. Sie liebte die Schule. Nicht nur, weil sie dort etwas lernen konnte, sondern auch, weil sie dort eine Familie fand.

Aniko war gerade in die letzte Klasse der Oberschule gekommen, als es im Oktober 1956 in den Straßen von Budapest wieder unruhig wurde. Dieses Mal war es der Aufstand gegen die Sowjetunion. Als sie aus dem Fenster dem Massaker auf der Straße zusah, weinte sie zum ersten Mal um die Toten, um ihren Vater, um ihre gestohlene Kindheit, um das untergetauchte Kind, das sie einst gewesen war, und um all die verlorenen Jahre. Mit Tomis Hilfe lernte sie diese kostbaren Wunden zu würdigen – sie waren die Brücke zwischen der verlorenen und der zukünftigen Liebe. Aniko lernte ihre Wunden als Beweis menschlicher Verletzlichkeit und schutzloser Unschuld zu schätzen.

Wie so viele andere Ungarn verließen die Bergers nach dem Oktoberaufstand 1956 ihr Heimatland. Das neue Jahr erlebte Aniko in San Francisco. Ihre ersten Schritte in der Neuen Welt waren noch unsicher und zögerlich, bis sie an die Pazifikküste kam. Als sie dort stand, hatte sie das Verlangen, niederzuknien und den Sand zu küssen. Gab es jemanden, der sich am Rande dieses endlosen Ozeans nicht frei fühlte? Sie schwor sich, daß sie nie wieder leben wollte, ohne die Meeresbrandung zu hören.

Aniko stürzte sich in das Studium am San Francisco State College. Umgeben von einer wahren Flut von Studenten und ohne eine Vergangenheit spürte Aniko nach nicht allzulanger Zeit, daß sie keine andere Möglichkeit hatte, als sich wieder zu verstecken. Niemand fragte sie nach dem Krieg, ihrem Hauptbezugspunkt, dem Thema ihres Lebens. Sie schämte sich außerdem für ihr mangelhaftes Englisch. Da sie nur von Studiengebühren befreit worden war, war sie gezwungen, die Kleider zu tragen, die sie aus Ungarn mitgebracht hatte. Ihr schien es, als wären sie überall mit dem Wort »Ausländer« bedruckt. Die großgewachsenen, braungebrannten Blondinen schüchterten sie ein. Sie wollte so sein wie die anderen – normal. Also mußte sie genau wie in Tihany so tun, als wäre sie jemand anders. Sie hielt sich von anderen Einwanderern fern. Zu Anikos Kummer erwies sich dieses Doppelleben als sehr schwierig.

Vetter und Kusine verloren einander nie aus den Augen. Obwohl Tomi ihr beim Studium zwei Jahre voraus war, erwies sich Aniko als gleichberechtigte Studienkollegin. Sie faßten den Entschluß, Kinderärzte zu werden. Um Geld für die Kinder heranzuschaffen, spielte Ella Violine beim Symphonieorchester von San Francisco, gab Geigenstunden und trat an ihren freien Abenden, zusammen mit anderen jüdischen Musikern, in kleinen ungarischen Restaurants als Zigeunerkapelle auf.

Zu bestimmten Anlässen fuhren sie per Bus über die Bay Bridge nach Berkeley, um an Studentendemonstrationen teilzunehmen, aber niemand war an der Weisheit interessiert, die ihnen der Krieg beschert hatte. Die Studenten kümmerten sich nur um ihre eigenen Sorgen. Durch diese vergeblichen Bemühungen nach Kontakt und Verständnis am Boden zerstört, zogen sich Aniko und Tomi eilig wieder zurück. Welchen Sinn hatte es, überlebt zu haben, eine Geschichte erzählen zu können, wenn niemand ihnen zuhören wollte? Aniko fing wieder an, sich dafür zu schämen.

»Wir müssen uns nicht für unsere Kindheit schämen«, sagte Tomi zu der leise weinenden jungen Frau.

»Wir müssen unsere Lebensgeschichten immer wieder erzählen«, erwiderte Aniko. »Denn wenn wir das nicht tun, schützen wir letztendlich unsere Peiniger. Wir müssen alles berichten, nicht nur das Gute. Wir dürfen nichts verheimlichen. Aber wem sollen wir alles erzählen?«

»Den Kindern«, gemahnte sie Tomi.

Tomi schloß 1968 seine Ausbildung zum Kinderarzt ab, Aniko

die ihre 1969, dann arbeiteten beide in einem Armenkrankenhaus. Heute zieht Anikos Kinderliebe Kinder von überall her an. Sie kann mit einem Lächeln, einer Berührung heilen und selbst die Widerspenstigsten mit einem langen Blick ihrer ruhigen Augen zum Schweigen bringen. Tomi hingegen ist zum Helden der jungen Rebellen geworden. Das Feuer seiner Hingabe – oder vielleicht brennt in ihm immer noch die Wut, als Kind verlassen worden zu sein – erstrahlt aus dem Krankenhaus hinaus bis auf die Straße.

Anikos Privatleben ist um einiges ruhiger als ihr Berufsleben. Sie hat immer noch Schwierigkeiten, Menschen nahezukommen oder ihnen zu vertrauen. Manchmal wird sie regelrecht melancholisch in ihrer Einsamkeit und wegen ihrer Unfähigkeit, sich zu verlieben.

»Ich befürchte, daß ich als Einzelgänger ende«, sagt Dr. Berger. »Der Gedanke, immer allein leben zu müssen, ist nicht leicht zu verkraften. Das versetzt mich wieder zurück in die Zeit bei den Bognárs und bei Jolán, als ich der festen Überzeugung war, daß ich allein und hilflos in einer feindlichen Welt leben müßte. Seit diesen schrecklichen Tagen 1944 und 1945 ist die Angst, verlassen und zurückgewiesen zu werden, mein ständiger Gefährte. Allein zu sein hat den Vorteil, sich nie Sorgen darüber machen zu müssen, daß man zurückgewiesen oder verlassen wird. Um das häßliche Gespenst der Einsamkeit zu verjagen, werfe ich mich in meine Arbeit, bis ich innerlich völlig leer bin.«

Dr. Berger hat mehr getan, als sich nur eine Karriere aufzubauen – sie hat den Ruf errungen, ein lokaler Albert Schweitzer zu sein. Sie verkündet beharrlich, daß es ihr gefällt, allein, aber nicht einsam zu sein. Aber Tomi, mit seinem Hang zur Philosophie, hat ihr beigebracht, daß der Glaube, sich selbst genügen zu können, ein Irrglaube ist. »Man kann nicht mit Menschen arbeiten, wenn man den Wunsch hat, Einzelgänger zu sein«, gibt sie schließlich zu. »Man entscheidet sich auch nicht für einen Beruf, in dem man anderen hilft, wenn man allein bleiben möchte.«

Heute unterhält Aniko Berger zwei Armenkrankenhäuser für Kinder in Kalifornien. Tomi Berger arbeitet als Kinderpsychiater in Israel. Er hilft den Opfern des Krieges – egal ob Juden oder Araber. Aniko hat nie geheiratet, aber das hat sie nicht davon abgehalten, zwei Adoptivsöhne großzuziehen – Leslie und Sergej.

Man kann unmöglich wissen, wie Aniko Bergers Leben aussehen würde, wenn ihre Kindheit nicht so abrupt beendet worden wäre. Doch man kann mit Bestimmtheit sagen, daß ihr Selbstbewußtsein durch den Mißbrauch und die Verlassenheit, die sie während des Krieges erleiden mußte, ernsthaft geschädigt, wenn nicht gar kaputtgemacht worden ist. Trotz ihres Berufs und der humanitären Leistungen ist Dr. Berger immer noch eine zarte, verletzliche und einsame Person.

Während manche Kinder, auch wenn sie Schicksalsschläge erleiden, später sich selbst und der Welt dennoch eine Chance geben, tun andere das nicht. Der Unterschied scheint in der Anwesenheit eines »wohlwollenden Augenzeugen« begründet zu sein. Die Kinder, die nämlich jemanden finden, der ihr Zeugnis von Scham und Entsetzen würdigt, sind oft in der Lage, sich wieder zu erholen. Die einzige Person dieser Art in Anikos Leben war ihr Vetter Tomi, auch jemand, der als Kind überlebt hatte. Er war selbst noch ein Kind, als er sie dazu bewegte, über Schmerz und Wut hinwegzukommen. Da ihr »wohlmeinender Augenzeuge« kein Erwachsener war, hatte Aniko niemanden, dem sie nacheifern konnte. Es gab keinen. Obwohl sie also ein Modell dafür kannte, daß man verängstigten Kindern helfen konnte, fand sie keines, das ihr selbst half. Aniko Berger versteckt sich noch immer. Allein.

III

Kind des Schattens, Kind des Lichts
Die Geschichte der Yaffa Eliach

Jedermann in dem achthundert Jahre alten litauischen Stetl Ejszyszok kannte Yaffa Sonenson, obwohl sie erst fünf Jahre alt war, als die Feindseligkeiten gegen die Juden begannen. Einer von Yaffas Vorfahren gehörte zu den Gründern des Städtchens, und sie war auf die eine oder andere Weise mit 236 Bürgern der kleinen Gemeinde verwandt, die 3500 Juden zu ihren Einwohnern zählte. Eine Großmutter von Yaffa, Chaya Sonenson, war Geschäftsfrau und in mehreren Wohltätigkeitsvereinen aktiv, die andere, Alte Katz, war Apothekerin und eine perfekte Fotografin.

Yaffas erste Lebensjahre waren idyllisch. Ihr Vater, Moshe Sonenson, war ein wohlhabender Geschäftsmann, und ihre Mutter, Zipporah, war von Beruf Fotografin. Sie besaßen eine Wachsfabrik, eine Gerberei, eine Pelzhandlung und ein großes Stück Wald. Die Familie verbrachte den Sommer stets in einem schönen Sommerhaus am Rande der endlosen Wälder. Yaffa und ihr vier Jahre älterer Bruder Yitzhak sammelten Beeren und Pilze unter den alten Bäumen, wenn sie nicht gerade spielten oder schwammen. Manchmal sahen sie einfach auch nur gerne den Erwachsenen beim Tennisspielen zu. »Die Familienbande waren sehr eng«, erzählt Yaffa. »Und unsere Sommer waren wie im Bilderbuch.«

Aber während des Sommers 1941 hörten sie etwas, das dunkle Wolken an ihrem sorgenfreien Himmel aufziehen ließ. Die Sonensons waren unter den ersten in Ejszyszok, die ein Radio gekauft hatten. Sie saßen gern im Garten und lauschten dem Radio, als ob sie in einer Freilichtbühne säßen. Am liebsten mochten sie Musiksendungen, aber einmal hörten sie einer kreischenden Stimme zu, die auf deutsch eine Rede hielt. Für Yaffa klang das sehr komisch. Sie konnte nicht verstehen, warum die Erwachsenen im Lauf der Rede immer düsterer dreinschauten.

»Das ist Adolf Hitler.« Jemand sprach den Namen des Redners verblüfft aus. Aber der Fünfjährigen sagte dieser Name nichts.

In diesem Sommer schwoll die Zahl der Flüchtlinge, die nun schon seit 1939 durch Ejszyszok zogen, zu einem Strom an. Sie klopften an jede Tür – auch an die der Sonensons – und machten allen mit Geschichten angst, die durch Mark und Bein gingen. Mit entsetzter Stimme erzählten sie, wie die Deutschen ihre Häuser besetzt und sie selbst in Ghettos eingesperrt hatten.

»Laß dich durch diese Geschichten nicht verunsichern. Das wird hier nie passieren«, meinte Großmutter Sonenson zu Yaffa. Sie erinnerte sich noch aus dem Ersten Weltkrieg an die Deutschen – sie waren großartig. Sie hatten Kultur und Zivilisation in dieses primitive Land gebracht. Diese elenden Flüchtlinge mußten irgend etwas angestellt haben, um so behandelt worden zu sein. Aber Yaffas Vater, Moshe, hatte so viel Angst, daß er weg und irgendwo anders Frieden finden wollte – je weiter weg, desto besser.

Aber es war zu spät. Die Wehrmacht rückte schnell auf Ejszyszok vor.

Am 23. Juni 1941, dem Tag, als die Deutschen das Stetl besetzten, nahm Alte Katz ihre Kamera, um ihre Enkelin beim Hühnerfüttern zu fotografieren.

»Wir wollen uns doch an diesen Sommer erinnern, nicht wahr?« sagte sie zu Yaffa.

»Das war das letzte Foto, das sie machte«, erzählt Yaffa. »Und es war das letzte Foto, auf dem ich als freier Mensch zu sehen bin.«

Zipporah Sonenson war schwanger und wollte nicht mehr länger im Sommerhaus bleiben. Die Familie kehrte daher ins Stetl zurück.

An diesem Tag sah das Stetl aus wie eine Geisterstadt. Kein Mensch war auf der Straße. Alle Fensterläden waren geschlossen. Yaffa sah durch den Spalt eines Fensterladens, wie die Soldaten in schwarzen Uniformen auf Motorrädern und Panzern vorbeifuhren. Sie sah auch, wie ein paar Christen auf einen Panzer kletterten und den deutschen Soldaten darauf küßten.

Nach ein paar Tagen begann die Hatz auf die Juden von Ejszyszok. Yaffa sah entsetzt, wie die Deutschen ihren Onkel zwangen, auf ein Dach zu klettern. Ihrem Vater, der Mitglied der freiwilligen Feuerwehr war, wurde befohlen, seinen Bruder mit dem Schlauch herunterzuspritzen, andernfalls würden sie ihn erschießen. Was blieb Moshe übrig? Zwei endlose Stunden lang durchweichte er seinen Bruder mit der Wasserspritze, ehe sich die Deutschen eine andere Belustigung suchten. Das kleine Mädchen begriff nicht, wie sie so etwas Schreckliches tun konnten. Oder warum sie den Juden befahlen, das Pflaster mit ihren Zahnbürsten zu schrubben.

Kurz danach brachte Zipporah einen Jungen zur Welt. Die rituelle Beschneidung mußte hinter verschlossenen Türen stattfinden.

Und dann wurde Yaffa zusammen mit anderen Juden befohlen, bei der Folterung der Mitglieder des jüdischen Rates zuzusehen. Ihr Vater gehörte zu den Gefolterten. Sie trieben sie hinunter an den Fluß und hetzten ihre Kampfhunde auf sie. Die blutrünstigen Tiere zerrten an der Kleidung und den Körpern der Männer.

Yaffa verwirrte das immer mehr. Warum war das nötig? Was bedeutete das alles? Warum rissen zweihundert bärtige Juden einander die Bärte aus? Und warum mußte sie bei all dem zusehen?

Innerhalb von ein paar Tagen wurde das Leben der Juden immer mehr von Verboten eingeschränkt. Alle Radios, die Pelzmäntel, die Bettwäsche und die Glühbirnen wurden konfisziert. Jeden Tag mußten die Juden neue Schikanen über sich ergehen lassen. Gegen Ende August hatten sie den Großteil ihrer Habe verloren.

Kurz vor den Festtagen gaben die Deutschen bekannt, daß die Juden von Ejszyszok an Rosch Haschana und an Jom Kippur in der örtlichen Synagoge beten dürften.

Moshe war mißtrauisch gegenüber diesem Akt der Großzügigkeit. Erneut äußerte er seinen Wunsch, das Stetl zu verlassen und irgendwohin außer Reichweite der Deutschen zu fliehen. Wieder war Yaffas Großmutter Alte Katz gegen diese Idee. Da Moshe nicht ohne seine Schwiegermutter gehen wollte, war er gezwungen zu bleiben. Doch er bestand darauf, daß man die Kinder für den Fall der Fälle an einen sicheren Ort bringen sollte.

Zipporah zog Yaffa ein hübsches, hellblaues Kleid mit einem Spitzenkragen, weiße Söckchen und weiße Halbschuhe an. Moshe setzte sich mit Yaffa hin und erklärte ihr ruhig, daß sie zu dem Haus von Zosza gehen sollte. Zosza hatte früher bei den Samsons als Kindermädchen gearbeitet, und ihre ganze Familie war dort beschäftigt gewesen. Wenn man sie fragte, sollte Yaffa antworten, daß sie zum Haus ihrer Tante Zosza gehen würde. Danach war Yitzhak an der Reihe. Er sollte von einem Angehörigen von Zosza aufgenommen werden. Sie mußten sich an verschiedenen Orten verstecken. Auf diese Weise war der eine immer noch in Sicherheit, falls der andere verraten wurde.

Mit zittrigen Beinen, aber tapfer machte sich Yaffa auf den Weg zu Zoszas Haus. Auf dem Weg dorthin wurde sie wirklich von einem Litauer angehalten, der ein Gewehr trug.

»Wohin gehst du, Kleine?« fragte er sie auf polnisch.

»Zum Haus meiner Tante Zosza«, antwortete sie, ohne zu zögern.

Er schlug sie ins Gesicht.

»Du kleine Lügnerin«, rief der Mann. »Ich weiß, daß du Jüdin bist. Du bist die Enkelin von Alte Katz. Aber diesmal werde ich dich noch gehen lassen.«

Zosza war eine stämmige Bäuerin mit schier unbändigem Appetit. Obwohl sie bereits über vierzig war, hielt man sie für viel jünger, denn sie lachte und sang ständig.

In Zoszas Haus sah Yaffa aus dem Fenster zum Garten und erblickte dort Männer mit Gewehren, die sie noch nie hier gesehen hatte. Sie waren barfuß und Angehörige der litauischen Freiwilligenmiliz. Als sie aus dem Fenster schaute, das auf die Straße hinausging, sah Yaffa Scharen von Juden, die man zu einer der drei Synagogen des Stetl trieb. Sie war erleichtert, daß ihre Eltern nicht darunter waren. Gelegentlich hörte sie Schüsse.

Nachdem sie diesem schaurigen Spektakel ein paar Tage lang zugesehen hatte, konnte Yaffa ihre Tränen nicht mehr zurückhalten. Zuerst wimmerte sie nur nach ihrer Mutter. Doch als sie sah, wie man einen Waggon mit allen möglichen Sachen belud und obendrauf ihre eigenen Puppen legte, begann sie bitterlich zu weinen. Sie erkannte auch ihre Kerzenhalter.

»Warum nehmen sie unsere Sachen mit, Zosza?« fragte sie unter Tränen.

»Keine Angst, meine Kleine. Du wirst alles zurückbekommen«, antwortete Zosza.

Aber das tröstete Yaffa nicht. Schließlich willigte Zosza, von Yaffas Tränen erweicht, ein, sie zu ihrer Mutter zu bringen. Als sie in die Nähe der Synagoge kamen, teilte man ihnen mit, daß man die Juden bereits zum Pferdemarkt gebracht hätte. Auf dem Markt wurden sie zum Friedhof geschickt. Die Hauptstraße war übersät mit Möbeln, Kleidung und Leichen, aber Yaffa merkte nicht, daß die Menschen tot waren. An den Markttagen hatte sie immer eine Menge Betrunkener in der Gosse schlafen gesehen.

Kurz vor dem Friedhof hielt ein litauischer Milizionär sie auf.

»Jeder wird erschossen«, sagte er zu Zosza. »Und danach wirft man sie in die Gruben. Wenn Sie mit Ihrem kleinen Mädchen näher hingehen, wird man Sie auch für eine Jüdin halten und irrtümlich töten.«

Zosza hüllte Yaffa in ihr großes Umschlagtuch und eilte nach Hause. An diesem Abend sah Yaffa einen Mann durch den Garten rennen. Man schoß auf ihn. Er stolperte und fiel ein paarmal hin, rappelte sich aber immer wieder auf und entschwand schließlich ihren Blicken. »Damals wußte ich es nicht«, erklärt

Yaffa, »aber es war mein Vater. Er hatte versucht, in Zoszas Haus zu gelangen.«

Ein paar Tage später stand ein Hirtenjunge auf Zoszas Schwelle. Er warf einen Blick auf Yaffa und schüttelte den Kopf.

»Man kann schon an ihrer Kleidung erkennen, daß sie Jüdin ist«, sagte er.

Zosza zog dem Kind sofort alte Sachen an.

Der Junge erklärte, daß Moshe ihn geschickt hätte, um Yaffa und Yitzhak in sein Versteck zu bringen. Yaffa ging mit dem Jungen weg, um ihren Bruder zu holen.

Sie freute sich sehr, ihren Bruder wiederzusehen, und nach einem langen Fußmarsch kamen sie in dem kleinen Ort an, wo Moshe sich versteckte.

»Wir müssen hier sofort weg, sonst werden sie uns fangen«, sagte der Vater nach der ersten Wiedersehensfreude, und machte sich mit den beiden erschöpften Kindern auf den Weg. Als sie an einen Fluß gelangten, sah Yaffa zwei Schwestern, die sie aus Ejszyszok kannte, am Ufer liegen. Sie lagen in einer Blutlache, und ihre Köpfe ruhten auf Kissen.

»Warum steht Blumka nicht auf?« fragte Yaffa.

»Weil sie tot ist«, erwiderte ihr Vater. »Und Tote stehen nicht mehr auf.«

Yaffa verstand das nicht. Sie ging zu Blumka. »Steh auf, Blumka«, rief sie und zerrte an dem schlaffen Arm des Mädchens.

»Verstand ich, daß sie tot war und nie wieder aufstehen würde?« fragt Yaffa sich heute. »Konnte ich eine so schreckliche Tatsache begreifen, wenn genausogut ich da hätte liegen können? Ich weiß es nicht.«

Yaffa schien es so, als würde der Fußmarsch kein Ende nehmen. »Wo ist Ima?« fragte sie ihren Vater immer wieder. »Und wo sind Großmutter und alle anderen unserer Familie?«

»Sie sind alle tot«, erwiderte er aufrichtig und sachlich wie immer.

Aber Yaffa sollte bald die Wahrheit herausfinden. Als sie endlich in einer kleinen Stadt namens Vassilisok ankamen, sprach Moshe mit den ortsansässigen Juden. Außer dessen Frau und dessen Baby waren alle umgebracht worden. Er war aus dem Synagogenfenster gesprungen und war sofort gelaufen, um die beiden zu retten. Höchstwahrscheinlich, warnte er, würden die Juden von Vassilisok als nächstes dran sein. Aber wie gewöhnlich glaubte niemand dem Überbringer schlechter Nachrichten, und niemand wollte Moshe und seinen Kindern Obdach gewähren.

Am Tag des Jom Kippur öffnete ihnen ein früherer Geschäftsfreund schließlich die Tür. Am späten Abend klopfte es an der Tür. Zwei Polizisten traten ein und führten Moshe ab. Am nächsten Tag kamen sie wieder und befahlen Yaffa und Yitzhak, ihrem Vater etwas zu essen zu bringen. Ihr Gastgeber gab den Kindern ein Eierbrot und eine Flasche Milch mit.

Auf der Polizeiwache brachte man die beiden Kinder in ein Zimmer. Ein gebrochener alter Mann, der aus mehreren Wunden blutete, wurde hereingeführt. »Das war unser Vater, der über Nacht grau geworden war«, erklärt Yaffa leise.

»Erkennt ihr diesen Mann?« fragte ein Polizist die Kinder.

Sie schüttelten den Kopf, weil sie ihn wirklich nicht erkannten.

»Ihr wollt doch sicherlich keinen Fremden ernähren, oder?« sagte der Polizist boshaft. Danach schüttete er vor Moshe die Milch aus und zertrampelte das Brot.

Die Geschwister wurden zum Haus des Geschäftsfreundes zurückgeschickt. In dieser Nacht erwachten Yaffa und Yitzhak durch ein Klopfen am Fenster. Es war Moshe, dem es trotz seiner Verletzungen gelungen war zu fliehen.

»Kommt mit, wie ihr seid, Kinder. Wir müssen sofort weg«, flüsterte er. »Wenn sie merken, daß ich weg bin, werden sie mich überall suchen.« Und schon rannten die drei in die Finsternis hinaus und verbrachten den Rest der Nacht schließlich in einem frisch ausgehobenen Grab auf dem polnischen Friedhof. Nach zwei Tagen Fußmarsch kamen sie nach Radun, einer jüdischen Stadt, die für ihre Rabbinerschule bekannt war. Außerdem lag hier der berühmte Gelehrte Hafez Hayyim begraben.

Dort, im Haus eines Freundes, sahen die Kinder zu ihrer grenzenlosen Freude ihre Mutter und den kleinen Bruder wieder. Sie hatten kaum Zeit gehabt, sich von dem, was sie alle durchgemacht hatten, zu erholen, als bekanntgegeben wurde, daß bald ein Ghetto errichtet würde. Die Sonensons teilten sich im Ghetto ein Haus mit der Familie Rogovski, Geschäftsfreunde von Moshe. Mitte Oktober wurden sie in ein Haus eingewiesen, das sechzehn Menschen in einem kleinen Schlafzimmer Obdach bot.

»Es war schrecklich«, erinnert sich Yaffa, »aber es war erträglich, weil es noch nicht Winter war.«

Als die Temperaturen sanken, verbrannten sie nach und nach das gesamte Mobiliar und dann die Zimmertüren.

Yaffa lernte anhand der Leichen, die am Galgen hingen, die Tageszeit zu bestimmen. Sie erklärt: »Ich wußte sehr bald, daß mittags die Schatten sehr kurz waren, daß sie aber im Laufe des Tages immer länger wurden.«

Aber das Leben ging weiter, und man machte den Versuch, eine Art normales Leben zu führen. Einer davon war die Einrichtung einer Schule auf dem Dachboden, es gab vier Klassen, in jeder Ecke eine. In einer wurde Hebräisch gesprochen, in einer anderen Jiddisch, die dritte Ecke war für die Kinder der Sozialisten reserviert, und die vierte gehörte den Kindern der Zionisten. Yaffa ging in den illegalen hebräischen Kindergarten, während ihr Bruder und ihr Vater sich jeden Morgen zur Arbeit außerhalb des Ghettos melden mußten. Yitzhak schmuggelte, zusammen mit anderen, Essen für seine Familie herein.

Moshe arbeitete mit mehreren Männern in einer Mühle. Dank des Mehls und der Kartoffeln, die sie heimlich ins Ghetto brachten, verhungerten sie nicht – im Gegensatz zu anderen Menschen. Yaffas kleiner Bruder hatte schon deutliche Anzeichen der Unterernährung. Aber irgendwie überlebte die Familie ihren ersten Winter in der Gefangenschaft.

Am 10. Mai 1942 erfuhren sie von dem Plan, das Ghetto zu evakuieren. »Das bedeutet Liquidation, nicht Evakuierung«, sagte Moshe. »Wir müssen uns verstecken.« Aber es war schon zu spät. Moshe blickte aus dem Fenster und sah einen deutschen Soldaten hin und her marschieren. Nachdem er ihn eine Zeitlang beobachtet hatte, wußte Moshe, wie sie entkommen konnten. Das nächste Mal, wenn der Soldat ihnen den Rücken zuwenden und mit seiner vierzig Schritte währenden Tour beginnen würde, erklärte Moshe seiner Familie, mußte einer von ihnen hinausspringen und sich sofort hinter dem Haus verstecken. Yaffa sollte den Anfang machen, Zipporah mit dem Baby würde folgen, dann Yitzhak und schließlich Moshe.

Auf sein Zeichen sprang einer nach dem anderen hinaus. Als sie alle im Garten waren, enthüllte Moshe ihnen den Rest seines Plans.

»Seht ihr die Scheune dort drüben?« Er deutete auf ein Gebäude an der Ecke. »Sie wurde als Pferdestall benutzt, und auf dem Dachboden lagerte das Futter für die Tiere. Dorthin wollen wir.«

In der gleichen Reihenfolge wie vorher liefen sie hinüber, sobald der Deutsche ihnen den Rücken zukehrte. Als sie wohlbehalten dort angekommen waren, blickten sie nach oben – und in viele Augenpaare. Es folgte eine häßliche Szene. Plötzlich griffen zwei Hände nach der Leiter, die Moshe versuchte, hinaufzuklettern.

»Haut ab«, zischten Männerstimmen. »Wir wollen hier keine Kinder. Sie wären unser Tod. Sechzehn Leben stehen auf dem Spiel. Haut ab!«

Aber Moshe dachte nicht daran. Er drückte das Baby und Yaffa an seine Brust und kletterte hinauf.

»Ihr solltet uns lieber hochlassen, sonst sage ich den Deutschen, daß hier oben sechzehn Juden versteckt sind.«

Schließlich traf man ein Abkommen. Die sechzehn Menschen würden sie auf den Dachboden lassen, aber die Kinder würden ihre Geiseln sein. Sollte eines von ihnen auch nur einen Laut von sich geben, würde man sie alle zum Schweigen bringen.

Eine Stunde später, als die Deutschen auf Motorrädern an der Scheune vorbeifuhren, wandte das ruhiggestellte Baby nur seinen

Kopf in Richtung des Lärms. Aus Angst, daß es beim Schreien von draußen gehört werden könnte, erstickten es die Leute, die es hielten.

Am späten Nachmittag stiegen die Sonensons herunter. In ihren Armen hielten sie das tote Baby. Im Schein der untergehenden Sonne sahen sie überall Leichen, die Überreste des Massakers. Yaffa identifizierte die leblosen Körper eines Mannes und einer Frau als ihre früheren Nachbarn.

Bis auf sechzig Juden des Ghettos waren alle umgebracht worden. Sie brauchte man »zum Aufräumen«, sie sollten die Wertsachen einsammeln, die dann nach Deutschland geschickt wurden, und die Massengräber ausheben. Die Rücken der Überlebenden waren mit zwei Striemen in Form eines X markiert worden.

Moshe wies seine Frau und die Kinder an, sich auf den Bauch zu legen. Mit zwei Schlägen seines Gürtels peitschte er ihnen ein X auf die bloßen Rücken. Dann reichte er den Gürtel seiner Frau und befahl ihr, ihn zu markieren. Als sie sich weigerte, ihm Schmerzen zuzufügen, rief er: »Habt Mitleid mit mir, Juden! Schlagt mich! Rettet mir das Leben!« Ein junger Mann kam und markierte Moshe mit seinem Gürtel.

Alle Juden, die überlebt hatten, mußten sich bei den Behörden registrieren lassen. Die Sonensons legten ihr totes Baby in seine Wiege und gingen zum Marktplatz, um sich zu melden. Doch ehe sie sich eintragen konnten, mußten sie den Deutschen das X auf ihrem Rücken zeigen. Der Bezirkskommandant hielt es für eine amüsante Idee, in seinen Nagelstiefeln über die am Boden liegenden Juden wie über einen Teppich zu gehen. »Ich werde nie das Geräusch brechender Knochen vergessen«, erzählt Yaffa. Wenn jemand auch nur den Kopf hob, setzte der Kommandant dieser Person seinen Revolver an die Schläfe und drückte ab. Moshe drückte die Gesichter seiner Kinder auf die Steine. »Bis heute«, fährt sie fort, »erinnere ich mich daran, wie ich das Gras kaute, das zwischen den Steinen wuchs. Ich werde auch nie vergessen, wie dieses Gras schmeckte.«

Als man ihnen nach drei Tagen erlaubte, wieder aufzustehen, waren mehr von ihnen tot als lebendig.

Es war an der Zeit, die Toten zu begraben. Zipporah und ihre beiden Kinder folgten Moshe. Als sie zu ihrem Haus kamen, nahmen sie das Baby hoch, das inzwischen schon eine gelbe Farbe angenommen hatte. Als der Leiterwagen mit den Leichen vorbeifuhr, sollte Zipporah eigentlich den kleinen Körper auf den Leichenberg legen, statt dessen behielt sie ihn weiter in ihren Armen. Erst als sie zu dem riesigen Massengrab kamen, legte sie das tote Baby in eine Ecke, genau gegenüber dem Grab von Hafez Hayyim, und schüttete Erde darüber.

Inzwischen war das Ghetto immer kleiner geworden, es bestand nur noch aus drei Häusern. Überzeugt davon, daß auch sie bald umgebracht würden, flohen Moshe und seine Familie am 28. Mai. Wieder einmal mußten sie sich ein Versteck suchen. Bis zu Yaffas Geburtstag waren es noch drei Tage. Moshe versprach seiner Tochter: »Wir werden an deinem Geburtstag noch am Leben und irgendwo in Sicherheit sein.« Dieses Versprechen war Yaffas Geburtstagsgeschenk.

Schließlich gelangten sie an einen Fluß, auf dem große Eisschollen trieben. Das andere Ufer war bewaldet, es sollte ihr nächster Zufluchtsort sein. Um den Fluß zu überqueren, mußten sie von einer Eisscholle zur nächsten springen. Als Moshe merkte, daß die Kinder Angst hatten, half er ihnen nacheinander über das Hindernis.

Auf der Suche nach einer Bleibe stießen sie auf Juden, die sich schon im Wald versteckt hielten. Sie sagten Moshe, daß das Gebiet zwar groß genug für sie alle wäre, sie aber Angst davor hätten, daß die Kinder zuviel Lärm machen könnten.

Moshe und Zipporah zerbrachen sich den Kopf darüber, wohin sie jetzt gehen sollten. Schließlich fiel Moshe ein alter Freund der Familie ein, ein polnischer Aristokrat namens Kazimirz Korcucz. Er würde sie höchstwahrscheinlich nicht abweisen, denn abgesehen davon, daß er ein Freund war, stand er auch noch in der Schuld der Sonensons: Yaffas Großeltern, Alte und Uri Katz, hatten ihm während des Ersten Weltkrieges, als die Russen Jagd auf Polen gemacht hatten, das Leben gerettet. Also brachen die Sonensons nach Korcuczan auf, der Ortschaft, die nach der Familie des Polen benannt war.

»Kazimirz, nimm uns auf. Wir leben im Wald wie die Tiere«, flehte Moshe den Aristokraten an.

»Meine Mutter wird vor Angst sterben, wenn sie hört, daß ich noch mehr Juden hereingelassen habe«, erwiderte er. »Ich verstecke nämlich bereits eine Familie im Stall. Und woher soll ich das viele Essen nehmen?«

Aber Moshe gab nicht nach. Schließlich willigte der Pole ein, sie unterzubringen. Und für achtzig Goldrubel pro Person würde er sie auch verpflegen können.

Er begleitete die Sonensons zu einer Höhle hinter seinem Haus. Ein fast unsichtbarer Eingang führte vom Haus zu einem Raum unter dem Schweinestall. Durch ein Loch kamen Licht und Frischluft herein. Der Raum war so niedrig, daß ein Erwachsener nicht aufrecht stehen konnte. Dieses feuchte, schmutzige Verlies war also jetzt das Zuhause der Sonensons.

Hier lernte Yaffa lesen und schreiben. Ihre Mutter malte die Buchstaben mit dem Finger an die Wand. Alles, was die Eltern auswendig konnten, brachten sie ihren Kindern bei – Gebete, Bibelstellen, Gedichte. Sie lehrten sie Sätze auf hebräisch, polnisch, russisch, jiddisch, sogar auf deutsch.

Von Zeit zu Zeit gingen sie hinauf, um sich zu waschen und ihre völlig verlauste Kleidung auszukochen. »Wir sahen aus wie Menschen von einem anderen Stern«, erinnert sich Yaffa. »Wir hüllten uns in Tierfelle, während unsere Sachen gewaschen wurden und trockneten.«

Bei einem solchen Anlaß hielt sich Yaffa zusammen mit der alten Frau Korcucz, Kazimirzs Mutter, im Haus auf. Juden waren ihr ein Rätsel und machten sie befangen. Sie sah Yaffa an, schüttelte ungläubig den Kopf und sagte: »So ein kleines Mädchen und bereits eine Jüdin.«

Eines Tages klopfte es unerwartet an der Tür. Eine Nachbarin kam unangemeldet zu Besuch. Da Yaffa keine Zeit mehr blieb, um in die Höhle zurückzulaufen, versteckte sie sich unter dem Bett. Die Frau betrat das Zimmer und setzte sich aufs Bett, ohne zu wissen, daß sich darunter ein jüdisches Kind befand. Frau Korcucz und ihre Besucherin unterhielten sich über mancherlei, auch über die Tatsache, daß so viele unschuldige jüdische Kinder in dieser schrecklichen Zeit umgebracht wurden.

»Das ist wirklich ein Problem«, sagte die Frau. »Wenn so viele unschuldige jüdische Kinder ins Paradies kommen, wird dort bald kein Platz mehr für uns Christen sein.«

Bald darauf kursierte in dem kleinen Ort das Gerücht, Korcucz würde Juden verstecken. Kazimirz teilte seinen Gästen mit, daß diese Gerüchte seiner Mutter so viel Angst machen würden, daß er keine andere Wahl hätte – er müßte sie bitten zu gehen.

Es war mitten im Winter. Moshe flehte seinen Freund an, sie wenigstens so lange bleiben zu lassen, bis durch den nächsten Schneefall ihre Spuren verwischt würden. Kazimirz gab nach, und täglich beteten die Sonensons um gutes Wetter. Aber schon bald begann es zu schneien, und sie wurden gebeten zu gehen.

Moshe war entschlossen, einen anderen polnischen Freund aufzusuchen. Auf dem Weg dorthin wurden sie von einem Rudel hungriger Wölfe angegriffen, aber Moshe wehrte sie mit bloßen Händen ab.

Obwohl der polnische Freund nicht denunziert werden wollte – zu viele Menschen in der Umgebung haßten die Juden – gewährte er den Flüchtenden einige Tage Obdach. Aber während dieser Zeit erkrankte Moshe schwer. Sein Körper war mit großen Geschwüren übersät. Alle hatten Angst, niemand wußte, was es war. »Heute wissen wir, daß es sich um Vitaminmangel handelte«, erklärt Yaffa. Ein Geschwür war so riesig, daß er fast daran erstickte. Es flehte seine Familie an, das Geschwür aufzuschneiden, aber niemand wagte es. Schließlich gab er Yaffa das Messer.

»Hier, mach du es«, befahl er dem entsetzten kleinen Mädchen.

Yaffa hatte das Geschwür kaum berührt, als es platzte und eine eitrige Flüssigkeit ihr ins Gesicht spritzte. Zipporah legte notdürftig einen Verband aus einem alten Hemd von Moshe an.

Aufgrund von Moshes Krankheit wurde es den Sonensons gestattet, ein paar Monate im Haus des Polen zu bleiben. Aber dann versetzte die Frau ihres Gastgebers ein scheußlicher Mord an dreizehn Juden, unter denen auch Avraham Sonenson, Yaffas Onkel, und die Polin waren, die ihn aufgenommen hatte, in Todesangst.

»Ich will nicht, daß die ›weißen Polen‹ (die einheimische polnische Armee) kommen und mich bei lebendigem Leib verbrennen, wie sie es mit unserer Nachbarin gemacht haben. Ich möchte, daß unsere Juden das Haus verlassen. Ich will nicht ihretwegen sterben«, sagte sie.

Wieder einmal waren die Sonensons obdachlos, und außerdem war Zipporah wieder schwanger. Da sie keine andere Möglichkeit sahen, kehrten sie zu Kazimirz Korcucz zurück und flehten ihn an, sie aufzunehmen.

»Ich möchte euch zwar nicht hereinlassen«, erwiderte er, »aber ich weiß auch, daß ich euch nicht gehen lassen kann.« So überließ er ihnen wieder ihr altes Versteck; Moshe nannte es ihr »Grab«.

Kurz vor Zipporahs Niederkunft zogen sie hinauf in den Stall. Dort gebar die Frau, umgeben von Kühen, Schafen und Pferden, einen Jungen. Sie legte ihn in einen Korb und steckte einen Zettel hinein, auf dem stand: »Dieses Kind ist der uneheliche Abkömmling einer bedeutenden polnischen Familie. Tauft ihn und benennt ihn nach dem Namensheiligen des Ortes.« Um zu beweisen, daß er aus einer guten katholischen Familie stammte, legte Moshe noch eine stattliche Geldsumme bei, bevor er den Korb in den nächsten Ort trug und ihn vor die Tür des Pfarrers stellte.

Und tatsächlich, als Korcucz am Namenstag des Heiligen aus der Kirche kam, konnte er berichten, daß das Baby getauft worden war und gesund wirkte.

Schließlich rückte die Front so nahe, daß man das Donnern der Geschütze hören und spüren konnte, wie die Erde bebte. Die Sonensons freuten sich zwar, fürchteten aber auch, daß sie noch einem Massaker zum Opfer fallen könnten, ehe die Russen da waren. Sie vertrieben sich die Zeit damit, Gesellschaftsspiele zu spielen und sich Geschichten auszudenken.

»Was werden wir nach der Befreiung machen?« fragten sie einander. Zipporah war davon überzeugt, daß alle Menschen sich dann lieben würden, es konnte einfach nicht anders sein. »Ich werde ein heißes Bad nehmen«, sagte Moshe zögernd. Yitzhak wünschte sich ein Fahrrad, und Yaffas größte Sehnsucht war der Besuch einer richtigen Schule.

Am 13. Juli 1944 wurden sie endlich befreit. Kazimirz Korcucz suchte sie in ihrem Verlies auf, um die gute Nachricht zu verkünden: Ejszyszok sei frei, sie könnten nach Hause gehen. Zugleich bat er sie, nachts wegzugehen, da er seine Nachbarn nicht wissen lassen wollte, daß er Juden versteckt hatte.

Am nächsten Morgen kamen die Sonensons hoffnungsvoll nach Ejszyszok. Vielleicht waren die Gerüchte ja übertrieben, und es hatten noch andere Mitglieder ihrer Familie überlebt.

»Wie kommt es, daß ihr noch am Leben seid?« war die erste Frage, die ihnen Christen aus dem Ort stellten. »Wie kommt es, daß sie euch nicht getötet haben? Wie Küchenschaben kommt ihr jetzt aus allen Ritzen gekrochen.«

»Vor dem Krieg gab es in der Stadt dreitausendfünfhundert Juden«, sagt Yaffa. »Neunundzwanzig davon haben überlebt, woraufhin man uns vorwarf, daß Hitler schlechte Arbeit geleistet hätte.«

Sie fanden ihr Haus zerstört vor. Fremde, die jüdische Kleidung trugen, jüdisches Essen aßen und jüdisches Geld ausgaben, hatten sich in Moshes Elternhaus eingenistet. Am meisten regte sich der Sohn des polnischen Apothekers über die Rückkehr der Sonensons auf. Sein Vater und er glaubten, daß Zipporah vorhätte, das Geschäft ihrer Mutter wieder zu eröffnen.

Ein nicht abreißender Strom deutscher Kriegsgefangener

wurde von den Russen in die Stadt getrieben. Sie waren geschlagen worden, schmutzig und unrasiert. Während sie vorbeigingen, flehten sie um Gnade und zeigten Fotos ihrer Frauen und Kinder, aber die Russen hielten sich keine Gefangenen. Jeden, den sie fingen, erschossen sie. Einer der russischen Soldaten wollte Yaffa und ihre Familie dazu verleiten, auf die Leichen zu spucken und Steine darauf zu werfen. Zipporah wollte nichts davon hören. »Wenn wir hingehen und das tun, sind wir kein bißchen besser als die Deutschen«, wiederholte sie immer wieder.

Moshe wurde es nicht nur gestattet, wieder in das Haus seiner Mutter zurückzukehren, sondern es gelang ihm auch, das weggelegte Baby zu finden und nach Hause zu holen. Die Kirche war zwar nicht froh darüber, diesen vielversprechenden Katholiken zu verlieren, aber Moshe versprach dem Priester, ihm Wachs für die Kirchenkerzen zu liefern.

Am 20. Oktober fand im Haus der Sonensons zu Ehren der Rückkehr des Babys aus seinem katholischen Zuhause eine große Feier statt. Sie nannten ihn Chaim*, nach seiner Großmutter Chaya, damit er »lange lebte«. Yaffa und Yitzhak durften aus diesem besonderen Anlaß lange aufbleiben. Es wurde viel gegessen, getrunken, gesungen und getanzt, auch mit ein paar russischen Soldaten.

Mitten in der Nacht wurde Yaffa von einem Geräusch geweckt, das sich anhörte, als hätte jemand an das Fenster neben ihrem Bett geklopft. Yitzhak und sie hatten gerade ihr Zimmer verlassen, als eine Handgranate durch das Fenster flog und explodierte.

Als die beiden Kinder im zweiten Stock, im Elternschlafzimmer, ankamen, waren Moshe, Zipporah und ihre Gäste bereits auf. Aus Panik sprangen einige aus dem Fenster, aber Yaffas Eltern konnten ihnen mit dem Baby nicht nachspringen.

Wieder einmal mußte sich die Familie verstecken. Moshe

---

* Hebräisch für »Leben«, A. d. Ü.

hielt, getreu seinem Prinzip, die Familie niemals zu trennen, rasch nach einem Platz Ausschau, wo sie alle zusammen Schutz finden konnten. Sein Blick fiel auf einen großen Schrank. Er öffnete die Tür und sah, daß alle hineinpaßten. Bevor er die Tür hinter sich zuzog, hatte er noch ein Möbelstück davorgestellt.

Nun hieß es leise sein und warten. Bald konnten sie Stimmen hören, die sich der Treppe näherten. Yaffa erkannte die Stimme des Apothekersohns und weißer Partisanen. »Er kam in Begleitung von ein paar seiner Kumpane, die Polen immer noch von den Russen und Juden befreien wollten«, erklärt Yaffa.

Eine Stimme sagte: »Es hat keinen Zweck nach Sonenson und seiner Familie zu suchen. Sie müssen zusammen mit den anderen entkommen sein.«

Und eine andere erwiderte: »Laß uns oben mal nachsehen.«

»Schaut doch mal hier auf den Boden!« konnte Yaffa im Schrank hören. »Im Fußboden ist ein frischer Kratzer, so, als ob man ein Möbelstück verrückt hätte. Schauen wir doch einmal nach, wohin der Kratzer führt.«

Sie verfolgten den Kratzer bis zum Schrank, schoben das Möbelstück weg und öffneten die Schranktür.

Zipporah, die ihr Baby in den Armen hielt, trat heraus und stand dem Apothekersohn, der ein Gewehr hatte, gegenüber.

»Töte mich, nicht mein Baby«, sagte sie ruhig. Sie wußte, warum er gekommen war.

Aber sie erschossen zuerst das Baby; neun Kugeln trafen den winzigen Körper, fünfzehn die Mutter. »Was mich dazu veranlaßt hat, die Kugeln zu zählen?« fragt sich Yaffa tonlos. »Bis heute verstehe ich es nicht.«

Zipporah fiel zurück in den Schrank und direkt auf Yaffa. Das Kind wankte unter dem Gewicht seiner Mutter. Es fühlte sich benommen und schwer und glaubte, daß die Kugeln es getötet hätten. So fühlt es sich also an, wenn man tot ist, dachte Yaffa. Dann spürte sie etwas Warmes, Klebriges auf ihrer Haut. Es war das Blut ihrer Mutter.

Yitzhak und Yaffa überlebten dieses Massaker ohne einen einzigen Kratzer. Die Körper ihrer Mutter und ihres kleinen Bruders fingen die meisten Kugeln ab. Lediglich eine streifte Moshes Ohr, fügte ihm aber keine große Verletzung zu.

Im Erdgeschoß fanden sich die Freunde, die gekommen waren, um Chaims Geburt zu feiern und ihm ein langes Leben zu wünschen, wieder zusammen, diesmal jedoch, um für die Opfer Kaddish* zu sprechen. Vielleicht beteten sie auch für sich selbst.

Moshe trug die Leichen hinunter, legte sie auf den Boden, bettete sie in Leichentücher und entzündete Kerzen. Das Baby legte er der Mutter in die Arme.

»Ich möchte, daß sie so begraben werden«, sagte er.

Zum ersten Mal seit dem Tod des ersten Babys sah Yaffa einen Ausdruck von Frieden im Gesicht ihrer Mutter, den sie im Gedächtnis behalten sollte.

»Wir begruben sie auf dem jüdischen Friedhof«, erzählt Yaffa. »Als wir durch die Straßen zogen, waren sie gesäumt von Einwohnern der Stadt. Sie sagten: ›Wißt ihr jetzt, was mit euch passieren wird?‹«

Weil ihm klar war, daß es in der Stadt für die Kinder nicht sicher war, schickte Moshe seine Kinder nach Aran. Dieser Ort war zwar noch kleiner als Ejszyszok, besaß aber einen Bahnhof und demzufolge waren dort viele Russen stationiert. Moshe jedoch blieb in Ejszyszok zurück, um die Mörder zu finden – eine leichte Aufgabe. Aber kaum waren sie in Haft, wurden sie auch schon wieder freigelassen, denn sie waren alle mit dem örtlichen Polizeichef verwandt.

Bald darauf wurde Moshe selbst vom NKWD, der berüchtigten Geheimpolizei Stalins, verhaftet und aller möglichen Verbrechen gegen den Staat angeklagt. Im Dezember 1944 kam er in Erwartung seines weiteren Schicksals ins Gefängnis. Doch es schien die vage Möglichkeit zu bestehen, sich mittels eines Handels mit den Behörden seine Freiheit zu erkaufen. Es gelang

---

* Die Totenklage, A. d. Ü.

ihm nicht, statt dessen dauerte es fast sechs Monate, ehe man ihn schuldig sprach und im Sommer 1945 zu lebenslanger Zwangsarbeit in Kasachstan verurteilte.

»Später fanden wir heraus, daß seine Ankläger jene neunundzwanzig überlebenden Juden unseres Stetl gewesen waren«, erinnert sich Yaffa. »Es war lediglich eine Abrechnung wegen Konkurrenzneid, die noch auf die Zeit vor dem Krieg zurückging, als sie wie Vater in der Lederbranche tätig gewesen waren. Diese Denunziation machte uns zu Waisen. Damals war man nicht sonderlich sentimental. Der Traum meiner Mutter von der die gesamten Welt umfassenden Liebe blieb ein Traum.«

Die Befreiung brachte für Yaffa abermals große Härten mit sich. Wie schon Aniko, so mußte auch sie Schweres durchmachen.

In Aran schlossen sich Yitzhak und Yaffa einer Gruppe ehemaliger jüdischer Partisanen an. Doch schon nach zwei Wochen verließ Yaffa sie und ging zu Shalom, dem Bruder ihres Vaters. Er hatte bei den Massakern Frau und Tochter verloren, später aber eine Freundin von Yaffas Mutter geheiratet, auch eine Überlebende. Er und seine junge Frau hatten vor, die schlimmen Erinnerungen hinter sich zu lassen und nach Palästina zu gehen. Dahin wollten sie auch Yaffa mitnehmen. Ehe sie abreisten, führte Shalom Yaffa zu ihrem Vater, damit sie sich von ihm verabschieden konnte.

»Hinter den Gittern sah ich nur seinen traurigen Blick, der sich in mein Herz einbrannte«, erinnert sie sich. »Und er gab mir seinen Segen und sagte: ›Vergiß nie, daß du Jüdin bist und höre nie auf zu lernen. Denn was du in deinem Kopf hast, kann dir niemand mehr nehmen.‹«

Shalom hatte vor dem Krieg ein paar Jahre in Palästina gelebt und besaß einen britischen Paß, in dem auch Ehefrau und Kinder vermerkt waren, so daß Yaffa sich einfach als eins seiner Kinder ausgeben konnte.

Aber es mußten viele Klippen umschifft werden, ehe sie in Palästina ankamen. Weil Moshe politischer Gefangener war, mußten seine Angehörigen unter falschem Namen reisen, um die Behörden zu täuschen. So überquerten sie die Grenzen mehrerer Länder, die unter sowjetischer Kontrolle standen.

Als sie in Prag in einer Schlange um Essen für Flüchtlinge anstanden, wurde Yaffa nach ihrem Namen gefragt. »Shennele Yaffa Sonenson«, erwiderte sie. Gleich darauf wurde ihr bewußt, daß sie einen schrecklichen Fehler gemacht hatte. Sie flüsterte ihrem Onkel zu, was ihr passiert war, und er sprang, ohne zu zögern, mit seinen Angehörigen – seine zweite Frau war im neunten Monat schwanger – aus dem Fenster im zweiten Stock auf die Straße, lief zum Bahnhof und bestieg den erstbesten Zug, der Prag verließ. Sie landeten in Karlsbad, wo Yaffas Tante ein kleines Mädchen zur Welt brachte. Aber das hielt sie nicht auf, sie wollten so schnell wie möglich aus dem sowjetisch kontrollierten Gebiet heraus.

Als sie in der amerikanischen Besatzungszone in Deutschland eintrafen, bekam Yaffa Mumps. Da Shalom fürchtete, sie würde sie alle anstecken, schickte er sie in einem amerikanischen Krankenwagen ins nächste Krankenhaus. Durch einen Irrtum landete sie in einem Nonnenkloster. »Niemand wußte, wo ich steckte«, erzählt Yaffa. »Und keiner kümmerte sich um mich.«

Aber eine der Nonnen bekam Mitleid mit dem kranken Kind, sie stellte Nachforschungen an und fand tatsächlich Shalom und seine Frau.

»Wenn du ins Heilige Land kommst«, wünschte sich Schwester Henrietta von ihrer Patientin, »schickst du mir einen Zweig vom Grab Unseres Herrn. So werde ich wissen, daß der Herr mir die Sünde vergeben hat, ein krankes Kind gehen zu lassen.«

Die Reise war lang und beschwerlich. Aber schließlich erhielten sie Ende März 1946 von Ägypten aus die Einreiseerlaubnis nach Palästina. Die Bahnfahrt durch Ägypten war qualvoll. Sie mußten ihren Platz mit Hühnern, Schafen und anderem Viehzeug teilen. Der Gestank war atemraubend.

Eine Frau, die neben ihnen saß, verwickelte Yaffa in ein Gespräch. »Wie heißt du, Kleine? Woher kommst du?«

»Ich komme aus dem Land der Pharaonen«, erwiderte Yaffa und erzählte dann der Frau ihre tragische Geschichte. Auf die Frage, wie Yaffas Eltern hießen, antwortete das Kind:

»Mein Vater heißt Moshe und meine Mutter hieß Zipporah.« In diesem Augenblick fiel Yaffa auf, daß sie nicht nur auf dem Weg aus Ägypten nach Jerusalem war, sondern auch welche bedeutsamen Namen ihre Eltern trugen. Obendrein war es der Abend des Passahfestes!

»Was für eine Chuzpe! So ein kleines Mädchen und bereits eine Lügnerin«, entrüstete sich die Frau.

»Liebe Frau«, entgegnete Shalom, »sie hat Ihnen die reine Wahrheit erzählt.«

Als sie endlich am 5. April in Palästina ankamen, wartete in Jerusalem, dank der Bemühungen einiger Bekannter von Yaffas Eltern, bereits eine Wohnung auf sie. Yaffa hielt ihr Versprechen an die Nonne. Mit Hilfe eines Franziskanermönches bekam sie den Zweig eines Olivenbaumes, an den Christus sich auf der letzten Station seines Weges nach Golgatha gelehnt hatte, und schickte ihn nach Deutschland.

Einmal sahen Yaffa und ihr Onkel eine Trauerprozession – viele Trauernde folgten einem Sarg.

»Wer hat sie umgebracht?« fragte sie.

»Ihn, nicht sie«, antwortete einer der Vorübergehenden.

»Das ist herrlich«, sagte sie glücklich. »Nur ein toter Jude, und so viele lebende Juden gehen hinter dem Sarg her!«

»Sie bringen ihr besser bei, was sterben heißt«, empfahl der Passant Shalom.

Aus so einem Vorfall zog Yaffa sehr schnell den Schluß, daß niemand wissen wollte, was ihr in Polen zugestoßen war. Weshalb sie beschloß, sich wie eine Sabra zu benehmen, wie jemand, der in Palästina geboren wurde. Sie sprach bereits fließend Hebräisch. Wegen ihres neuen Namens – ben Shemesh – hielt man sie oft für eine sephardische (orientalische) Jüdin. Als James McDonald als erster amerikanischer Botschafter nach Israel kam, suchte man nach einem Kind, das weder in den Ghettos aufgewachsen war, noch die Qualen des Verstecktlebens erduldet hatte. Die Wahl fiel auf Yaffa. Sie sollte ihn mit einem Blumenstrauß begrüßen. Weder der Botschafter noch sonst jemand wußte, daß Yaffa ben Shemesh ein Kind des Schattens war. »Ich wollte ein Kind des Lichts sein«, sagt Yaffa.

Vor allem wollte Yaffa studieren. Doch zuerst mußte entschieden werden, welche Schule sie besuchen sollte. Sollte sie eine staatliche oder eine religiöse Erziehung erhalten? Um ihr weiteres Schicksal zu klären, wurden ihr Fragen über das religiöse Leben ihrer Familie gestellt.

»Beantworte die folgende Fragen mit Ja oder Nein«, wies sie ihr Prüfer, Dr. Hans Bair, der Leiter der Jugend-Aliyah (die israelische Organisation für jugendliche Einwanderer), an. »Hat dein Vater in den letzten zwei Jahren die Synagoge besucht?«

»Nein.«

»Hat deine Mutter in den letzten zwei Jahren am Sabbat die Kerzen angezündet?«

»Nein.«

»Hast du in den letzten beiden Jahren koscher gegessen?«

»Nein.«

Er schrieb »nicht religiös« auf ein Blatt Papier und verwies sie an einen Kibbuz mit einem speziellen Programm für säkulare Erziehung.

Kurz bevor sie Jerusalem verließ, ging Yaffa zu einem äußerst frommen, strenggläubigen Rabbi, um sich zu verabschieden.

»Du willst dich verabschieden? Wohin gehst du denn?« fragte er.

Sie zeigte ihm ihre Akte.

Der Rabbi warf einen Blick darauf und sprang auf.

»Die Enkelin von Yitzhak Uri Cohen Tzedek (Tzedek ist die hebräische Übersetzung von »Katz«) wird nicht auf eine staatliche Schule gehen. Ich will, daß man dir diese Fragen noch einmal stellt!«

Und so geschah es.

»Ging dein Vater vor dem Krieg in die Synagoge?«

»Natürlich.«

»Hat deine Mutter vor dem Krieg am Sabbat Kerzen angezündet?«

»Jede Woche.«

»Hast du vor dem Krieg koscher gegessen?«

»Ständig.«

Und so landete Yaffa in einer religiösen Schule, die sich in einem wunderschönen Gebäude mitten in einem Orangenhain in der Nähe von Tel Aviv befand. Aber selbst dort fuhr Yaffa fort, ihre Geschichte zu verheimlichen. Nur ihre engsten Freundinnen kannten sie.

Als sie zur Oberschule wechselte, schickte man sie in eine Landwirtschaftsschule. Aber Yaffa hatte andere Träume.

»Kinder ohne Eltern haben keine Wahl«, teilte der Berufsberater ihr mit.

Aber sie war ein entschlossenes junges Mädchen. Sie suchte Hilfe bei Betty Gottsfeld, der Leiterin der Frauenorganisation der amerikanischen Juden in Tel Aviv. Die Amerikanerin stand Yaffas Problem äußerst positiv gegenüber. »Mein liebes Kind, ich habe die perfekte Schule für dich. Sie liegt in dem Ort, der meinen Namen trägt – Kfar Batia. Es gibt dort einen wunderbaren jungen Rektor, der, was Erziehung angeht, voller kreativer Ideen steckt. Ihr beide werdet gut miteinander auskommen.«

Sie kamen so gut miteinander zurecht, daß Yaffa und David Eliach, ein Sabra der siebten Generation, nach ihrem HighSchool-Abschluß 1953 heirateten.

»Einen Mann, der nicht in der siebten Generation Sabra gewesen wäre, hätte ich auch abgelehnt«, witzelt Yaffa.

Kurz danach übersiedelten Yaffa und David Eliach nach New York. Sie bekamen zwei Kinder – Yotav und Smadar. Yaffa wurde Dichterin, Bühnenautorin, Geschichtenerzählerin und Historikerin am Brooklyn City College.

Während die meisten Menschen, die Überlebenden eingeschlossen, immer noch damit beschäftigt waren, die Welt wieder aufzubauen, anstatt die planmäßige, scheußliche Vernichtung der europäischen Juden zu bezeugen, stellte sich die junge Yaffa Eliach mutig den Dämonen in ihrem Inneren. Ende der fünfziger Jahre begann sie, ihre Geschichte privat und öffentlich zu erzählen. Sie merkte als eine der ersten, daß man sich selbst und die Zuhörer nur dadurch heilen konnte, indem man die Geschichte verarbeitete, anstatt sie zu vergessen.

1969, als sie dabei war, einen Unterrichtskurs über den Holocaust – einen der ersten in Nordamerika – vorzubereiten, fiel ihr auf, daß nur Dokumentationen aus der Sicht der Täter existierten. Sowohl für die Überlebende als auch für die Historikerin war es unerträglich zu wissen, daß zukünftige Generationen kein Material aus der Sicht der Opfer und Überlebenden vorfinden würden.

Yaffas Interesse richtete sich auf die Erlebnisse von einzelnen Personen. Während einige Forscher sich nur auf die Toten konzentrierten, wollte Yaffa mehr über die Macht des Überlebens herausfinden. Das war es, was sie faszinierte. Da man bereits vielfach der Welt die schrecklichen Schicksale der Juden, die in die Räder der Tötungsmaschinerie der Nazis geraten waren, vor Augen hielt, sensibilisierte Yaffa die Menschen dafür, nicht zu vergessen, wie schön das jüdische Leben vor dem Nazi-Alptraum gewesen war. Zu diesem Zweck fing sie 1970 damit an, das Konzept für eine einzigartige Wanderausstellung von Fotos zu entwerfen, die das Leben der jüdischen Kinder dokumentieren sollte, bevor sie gezwungen wurden, im Versteck zu leben. Das führte zu einem sich über zwanzig Jahre erstreckenden Projekt, das für sie die Quelle von Liebe, aber auch von Trauer werden sollte. Im Jahr 1990 begann die Ausstellung »Wir waren Kinder wie ihr« ihre Reise durch Nordamerika.

Aufgrund ihrer Erinnerungen und unzähliger anderer Lebensgeschichten gelangte Yaffa bald zu dem Schluß, daß sich der Holocaust von allen anderen Massenkatastrophen unterschied, denn keine Vertreibung, kein Religionswechsel, keine Kollaboration, keine Bestechung und kein Verrat konnte die Juden vor ihrem endgültigen Schicksal bewahren – es war ungesetzlich, daß sie am Leben blieben. Und trotzdem suchten in dieser Welt ohne Optionen Tausende von Juden mit jedem Atemzug nach Auswegen und schufen sie sich. Diesen Kampf wollte Yaffa der gegenwärtigen und den zukünftigen Generationen vor Augen halten. Die Nazis mochten die Juden zu Asche verbrannt, die Gelehrten sie auf Horrorgeschichten reduziert und alle möglichen Institutionen sie auf Opferstatistiken begrenzt haben – Yaffa jedenfalls entschloß sich, die Menschlichkeit der Juden wieder auferstehen zu lassen.

Yaffa stellte sich der Herausforderung ihres Lebens an mehreren Fronten. Als sie mit einem Unterrichtskurs über den Holocaust begann, befanden sich unter ihren Schülern nicht nur Kinder von Überlebenden – manche waren in Lagern für »Displaced Persons« geboren worden –, sondern auch die Kinder der Befreier. Sie brauchten schnell Antworten, um die Erlebnisse ihrer Eltern verstehen zu können. Die Reaktion der Schüler auf den Kurs war überwältigend.

Während sie ihren Kurs abhielt, wurde ihr klar, wie groß das Bedürfnis nach einer grundlegenden Dokumentation des Holocaust war. Sie merkte bald, daß das eine unausführbare Aufgabe war, denn in der Bücherei gab es kein einziges Buch, das den Holocaust aus der jüdischen Perspektive dokumentierte.

Das Thema, daß man da Optionen geschaffen hatte, wo es eigentlich keine gab, ging ihr dauernd im Kopf herum. Immer wieder kehrte sie zu den Erfahrungen ihrer Familie zurück: Sie hatte sich Auswege geschaffen, indem sie sich versteckte, weglief und gegen alle Widrigkeiten ankämpfte. Es gab immer wieder einen Ort, wo man hingehen, ein Fenster, aus dem man springen, eine Baumrinde, die man essen konnte. Man konnte seine Menschenwürde wahren, indem man einem Kind das Lesen und Schreiben auf einer Mauer in einer dunklen Höhle beibrachte. Man konzentrierte sich darauf, was man tun konnte, um die Erwachsenen und Kinder zu retten, anstatt darauf, was ihre Feinde ihnen antaten. Aus diesen Überlegungen, ihren Erinnerungen als Kind im Untergrund, erwuchs zum Großteil ihr

Programm über mündlich erzählte Geschichte, das erste seiner Art an einer amerikanischen Universität.

1973 entschloß sich Yaffa Eliach, das Zentrum für die Erforschung des Holocaust zu gründen. Es sollte allein dazu dienen, den Holocaust mittels der Erlebnisse der Opfer zu erforschen. Sie war ebenso darauf bedacht, das grundlegende Heldentum der christlichen Retter zu dokumentieren, ein damals noch weitgehend unbeachtetes Thema.

Als sie dann das Zentrum zur Erforschung des Holocaust formell eröffnete – wieder einmal das erste seiner Art auf dem Kontinent –, war Yaffa Eliach völlig klar, daß ein herkömmliches Studium der Geschichte bei der bevorstehenden Arbeit nur wenig helfen würde. Deshalb begann sie noch im selben Jahr, sich an der Columbia University mit *oral history* zu beschäftigen. »Da ich von *oral history* keine Ahnung hatte«, gesteht Frau Professor Eliach, »besuchte ich die Columbia und lernte von Experten, wie man damit arbeitet. Und ich begann, jeden zu interviewen – Kinder, Chassidim, Überlebende aus den Lagern und Befreier.

Das erste, was ich lernte, war, daß ich mit meinen eigenen Kindheitserinnerungen anfangen mußte, wenn ich mündlich überlieferte Geschichte als anerkannte Disziplin bei der Holocaustforschung etablieren wollte. Trotz der Skepsis meiner Kollegen vertraute ich auf meine Kindheitserinnerungen. Man vergißt es nicht, wenn der Leichnam der eigenen Mutter auf einen fällt. Es ging nicht darum, was ich am ersten Mai gemacht hatte, es ging um Leben und Tod. Und genauso ging ich es an, um daran zu erinnern.«

Bald nachdem das Zentrum an Ansehen gewonnen hatte, schossen Forschungseinrichtungen zum Holocaust wie Pilze aus dem Boden. Aber keine davon war so gründlich und besaß einen so hohen intellektuellen Standard wie Yaffas. 1976 machte der Besuch von Präsident Ford das Zentrum für Holocauststudien endgültig bekannt.

1978 wurde ebenso das Interesse von Frau Professor Eliach

für die Lebensgeschichte jedes einzelnen Juden wie auch ihre Belesenheit gewürdigt, als Präsident Carter sie in seine *Holocaust Memorial Commission* berief. Als Mitglied dieser Gruppe prominenter Wissenschaftler und Staatsmänner unter der Leitung von Elie Wiesel besuchte Yaffa ehemalige Ghettos und Lager. Es war ihre erste Wiederbegegnung mit Osteuropa. Als sie über Wilna und Ejszyszok hinwegflogen, blickte sie aus dem Flugzeug auf das Land unter ihr und wußte, daß dort irgendwo das unsichtbare Stetl ihrer zerbrochenen Kindheit lag. Sie wollte es als Historikerin kennenlernen. Aber tief in ihrem Innern wurde sie von unerträglichen Erinnerungen gequält. Sie wollte Licht in die dunkle Höhle unter Korcuczs Schweinestall bringen.

Das, was sie in Osteuropa sah, erschütterte sie zutiefst. »Man hatte das jüdische Leben völlig verzerrt dargestellt«, erklärt sie. »Entweder hatte man es ganz zerstört oder die Dokumente verfälscht. Ich hatte keine Zeit mehr zu verlieren.«

Yaffa wollte allem ein Gesicht geben. Sie erinnerte sich an ihre vielen verschiedenen Verstecke und an die Gesichter all der versteckten Juden, denen sie auf ihrer Reise zum Überleben und danach begegnet war. Zuerst würde man bestimmte Merkmale vergessen, dann die Umrisse, bis sie völlig verschwunden waren, wenn man sie nicht für alle Zeiten festhielt. Sie entschloß sich, alle Fotos, die sie in die Hände bekam, zu sammeln, um das Alltagsleben zu illustrieren und die Menschen des Stetl vorzustellen. Sie wollte der Welt eine jüdische Kleinstadt zeigen.

»Jeder Jude ist eine Geschichte für sich«, mahnte sie die Forscher und Überlebenden. »Wir müssen den Überlebenden zuhören, ehe es zu spät ist.«

Yaffa blieb bis 1991 Direktorin des Zentrums. Dann entschloß sie sich, das Zentrum zu schließen. Zu diesem Zeitpunkt beschäftigte sie siebzehn Angestellte. Die Zentren zur Erforschung des Holocaust waren zu einer Bewegung geworden, und sie faßte diesen Entschluß, weil sie der Meinung war, daß sie als die erste, die ein solches Zentrum eröffnet hatte, auch die erste sein sollte, die eins wieder schloß. Es war an der Zeit, ihre Arbeit anderswo weiterzuführen. Es hatte keinen Zweck, die Arbeit und das Material von anderen Zentren, besonders von denen in New York, doppelt und dreifach zu verwerten. Den Großteil ihrer Bestände stiftete sie einem künftigen Museum für jüdisches Erbe.

Yaffa meint, daß das größte Lob für ihre außergewöhnliche Laufbahn ihrem Mann und ihren beiden Kindern gebührt. Auf ganz unterschiedliche Art und Weise sahen sie in ihr stets die Israeli und nicht das mitleiderregende Kind des Schattens. »Ich habe ihnen die Wahrheit nie verschwiegen«, erklärt Yaffa. »Ich habe mich auch nicht in meiner Tragödie gesuhlt. Sie mußten wissen, was mit mir, meinen Eltern, ihrer ganzen Familie und der Ortschaft, wo wir lebten, liebten und umgebracht wurden, passiert war. Und ich wollte sie auch wissen lassen, wie viel Glück ich gehabt hatte – viel mehr als die meisten Kinder während des Holocaust, die zwar versteckt, aber unter schrecklichen Bedingungen gelebt hatten. Ich war beim Tod so vieler Menschen, die ich liebte, Augenzeugin. Aber zumindest waren wir alle zusammen.«

Ende der fünfziger Jahre wurde Moshe Sonenson die Ausreise aus der Sowjetunion gestattet. Er ließ sich in Israel nieder und wurde Farmer. Während der Hochzeit seiner Enkelin starb er in Yaffas Haus. Da spürte Yaffa zum ersten Mal, welche Last es bedeutet, sterblich zu sein. Seit sie denken konnte, sogar während der schlimmsten Zeit ihrer Kindheit, als sie versteckt auf der Flucht gelebt hatte und auch während der Jahre des Schweigens, als er in Zwangsarbeiterlagern dahingesiecht war, hatte Yaffa das Gefühl, daß ihr nichts Böses zustoßen könne – er war ja da, um sie zu beschützen. Hatte er nicht genau das im Wald, unter dem Schweinestall und in dem Schrank, wo ihre Mutter und ihr kleiner Bruder umkamen, getan? Für Yaffa war ihr Vater die Person, die für ihr Leben bürgte. Sein Grundprinzip von der Unantastbarkeit der Familie, besonders in Zeiten der Bedrohung, erzeugte in großem Ausmaß bei Yaffa das unerschütterliche Vertrauen, daß ihr Vater alles von ihr fernhalten könne. »Hat er uns denn nicht alle gerettet, indem er uns zusammenhielt – was im Widerspruch zur Auffassung Bruno Bettelheims steht?« fragt sie. (Bruno Bettelheim, ein tragisch irregeleiteter Psychiater, selbst einmal Insasse des KZ Dachau, als es noch ein Lager für politische Gefangene war, machte den Eltern, besonders Otto Frank, dem Vater von Anne Frank –, die ihre Familien nicht auseinandergerissen hatten, den Vorwurf, daß sie so alle zu dem gleichen Schicksal verdammt hätten.)

»Für mich war er der Supermann. Er stand zwischen mir und dem Todesengel. Mit seinem Tod rückte auf einmal ich an die vorderste Front. Ich hatte meinen Beschützer verloren.« Moshe war mehr als einfach nur ihr Beschützer, er war auch der größte Antriebsfaktor in ihrem Leben. Er hat sie zu ihrer Arbeit inspiriert, besonders zu ihrer historischen Forschungen.

Hätte Yaffa als kleines Mädchen nicht den Schutz ihrer Eltern gehabt, wäre sie wahrscheinlich eine Erwachsene geworden, die man leicht hätte verletzen können. Viele Kinder, die dank der Anwesenheit und Anstrengungen eines Elternteils überlebten, kamen im späteren Leben besser zurecht als die, deren Erfahrungen mit dem Leben im Versteck sich primär auf Verlassensein, Vernachlässigung oder Mißbrauch beschränkten. Kinder, die mit einem Elternteil, einer älteren Schwester oder einem älteren Bruder im verborgenen lebten, waren als Erwachsene erfolgreicher. Und die extrem seltenen Kinder, die mit beiden Elternteilen im Versteck lebten, berichten, daß sie dieser außergewöhnliche Triumph über eine ganze Welt, die ihrer winzigen Familie feindlich gesonnen war, ungewöhnlich aufbaute. Die Fürsorge ihrer Eltern für ihre Kinder und ihr unerschütterlicher Glaube an die Einheit der Familie gaben Yaffa die Kraft dazu und veranlaßten sie auch, sich statt mit dem Tod mit dem Leben der Juden zu befassen.

So ungeheuerlich das auch klingen mag, man muß doch sagen, daß es für sie besser war, Augenzeugin des Mordes an ihrer Mutter und ihren beiden Brüdern zu sein, als die endlose Angst der Kinder erdulden zu müssen, deren Familienmitglieder bei Nacht und Nebel verschwunden waren. Diese Kinder können weder ihre verschwundenen Lieben noch ihre Hoffnung, daß sie eines schönen Tages gesund und wohlbehalten wieder auftauchen, begraben. Yaffa hingegen war dabei, als ihre Mutter und ihr kleiner Bruder begraben wurden. Dadurch verlor ihre Wunde an Schärfe, vielleicht sogar an Tiefe.

Weil sie sich zusammen mit ihren Eltern unter dem Dach von Christen versteckt hielt, konnte Yaffa auch ihre jüdische Identität bewahren. Moshe und Zipporah taten alles, damit ihre Kinder auch weiterhin stolz auf ihre jüdische Geburt und die große Tradition, mit denen diese sie verband, waren. Sie duldeten nicht, daß ihre Kinder sich selbst die Schuld am Bösen im Herzen der Mörder gaben. Doch obwohl Yaffa in einer Zeit Jüdin blieb, als es das emotionale Leistungsvermögen vieler überstieg, war sie keine Jüdin, wie sie sie später in Israel kennenlernen sollte. Ihre Eltern sorgten dafür, daß sie immer wußte, wer sie war, doch in ihrer Person vermischen sich eine Vielzahl an Gesichtern und Sprachen. Yaffa hat mit all diesen Personen gelebt. Dadurch war sie ständig gezwungen, sich daran zu erinnern, in welcher Gesellschaft sie welche Person war. Sie konnte es sich nicht leisten, bei der falschen Person etwas Falsches zu sagen, einen falschen Namen anzugeben. Der Preis für ein falsches Wort – wie das bei der Essensausgabe in Prag – hätte eine Kugel oder der Galgen für sie und ihre Familie sein können. Sie opferte also Spontaneität, Unschuld und Kindheit. »Mitten aus dem Spielen in einem Feld voller Butterblumen wurden wir in die Todesfabriken gebracht. Wir alterten über Nacht, wir wurden Greise.

Meine Großmutter wurde auf deutsch ermordet, meine Tanten und Vetter wurden auf litauisch umgebracht, meine Mutter und mein Bruder wurden auf polnisch erschossen. Ich lebe in Englisch, liebe in Hebräisch und lehre in der Sprache des Humanismus«, begann sie ihre Begrüßungsansprache beim ersten internationalen Treffen der ehemals versteckten Kinder in New York vor 1.500 Menschen. Yaffa hört nicht mit dieser makabren Inventur auf, die eines teuflischen Babels würdig wäre. Sie hat einen Weg gefunden, der eine Brücke zwischen der Sprache der

Täter und der der Überlebenden schlagen kann. Das Ergebnis ist ihre Version des Humanismus: »Polnisch, Deutsch, Holländisch und die anderen Sprachen der Mörder waren auch die Sprachen des Lebens, unsere Garantie auf ein Überleben.« Man kann unmöglich die Verbindung ignorieren zwischen dem, was allen Sprachen gemeinsam ist, und der Tatsache, daß Moshe und Zipporah ihrem Kind in dem dunklen Verlies unter dem Schweinestall die Grundbegriffe des Polnischen, Jiddischen, Hebräischen und sogar Deutschen beibrachten, oder?

Trotz Moshes und Zipporahs Bemühungen, ihren Kindern Stolz und Selbstwertgefühl zu erhalten, wie sollten Yaffa und all die anderen Kinder in ihrer Lage nicht dem Irrglauben verfallen, daß Kinder nicht nur wertlos, sondern auch eine schreckliche Belastung waren? Sie sah wieder und wieder, daß sie von anderen Juden und den christlichen Freunden ihrer Eltern abgewiesen wurden, weil Kinder als Risikofaktor galten, wenn man überleben wollte. Sie sah, wie Juden ihrem Vater in die Finger bissen. Sie sah, wie jüdische Hände ihren kleinen Bruder erstickten, weil man Kinder für die unfreiwilligen Verbündeten der Mörder hielt. Sie wurde aus ihrem Zuhause voller Liebe und Schutz gerissen und in eine Welt geworfen, in der Kinder bedeuteten, daß das Essen noch knapper wurde, in der Eltern alles, ihr Leben eingeschlossen, opfern mußten, um ihre Kinder zu schützen, und in der es Kindern, wie sie wußte, per Gesetz verboten war, zu leben. Auch später noch bedeutete die Anwesenheit von Kindern größere Härten beim Aufbau eines neuen Lebens und eine Erschwernis bei der Einreise in die Neue Welt. Aufgrund all dieser Beweise mußten Yaffa und die anderen Kinder, die im verborgenen lebten, zu dem Schluß kommen, daß Kindern etwas Böses eigen war. Nachdem sie untergetaucht waren, lernte Yaffa, daß sie nicht laut sprechen durfte, weil sie sonst unerwünschte Aufmerksamkeit hätte erregen können, und sie merkte schnell, daß es keinen Zweck hatte zu klagen. Statt dessen wurde das Schweigen ihr Gefährte, und sie übte sich darin, alles, was für freie Kinder natürlich ist, zu vermeiden; dazu gehört der Ausdruck von Gefühlen und das entsprechende Verhalten. Sie lernte also vernünftig zu sein, noch ehe sie ein »vernünftiges« Alter erreicht hatte. »Vor unserer Jugend noch waren wir alt« ist wahrscheinlich die Feststellung, die ehemals untergetauchte Kinder am häufigsten machten. Und viele ehemalige versteckte Kinder entdeckten diese verlorene Jugend niemals wieder. Um es noch einmal hervorzuheben: Yaffa war zumindest nicht von ihren Eltern verlassen worden, und sie hatte die Gelegenheit, Zeugin von christlicher Großzügigkeit zu sein. Diese Erfahrungen brachten sie dazu, selbst in den schlimmsten Stunden ihres Lebens nach Schönem Ausschau zu halten.

Und als sie sich entschloß, *Träume vom Überleben. Chassidische Geschichten aus dem 20. Jahrhundert* zu schreiben, wurde sie von der ungeschriebenen Regel beflügelt, daß jede chassidische Erzählung positiv enden muß. Keine chassidische Geschichte kann mit einer Tragödie oder ohne Konfliktlösung enden. Diese Vorgabe machte für Yaffa Sinn. Es erinnerte sie an Zipporahs Phantasievorstellung vom Leben nach der Befreiung – allumfassende Liebe als die einzige Konsequenz aus dem Blutbad. Obwohl der Traum ihrer Mutter nicht wahr wurde, begriff Yaffa doch die Haltung, die dahinter steckte: Selbst nach dem, was sie in den Jahren der Verbannung hatte erdulden müssen, konnte sie sich nur ein glückliches Ende der Tortur vorstellen.

Träume vom Überleben. Chassidische Geschichten aus dem 20. Jahrhundert wurde auf der ganzen Welt von Lesern in sechzehn Sprachen begeistert gelesen. War es deshalb, weil die Chassidim von fast allen außer den Nazis vergessen worden waren? War es deshalb, weil die Welt sich in Zeiten metallischer Härte nach Geschichten sehnte, die aus glühender Spiritualität geboren worden waren? Oder war es nur deshalb, weil man auf der ganzen Welt hervorragende Geschichtenerzähler gern hat? Eigentlich trifft alles zu; Yaffas Geschichten haben außerdem deshalb die ganze Welt begeistert, weil sie die Wahrhaftigkeit eines versteckten Kindes enthalten, das in einer Zeit gehegt und gepflegt wurde, als die Menschheit ihr Herz versteinern ließ.

»Ohne es zu wissen, leistete ich bereits als verstecktes Kind seelischen Widerstand«, sagt Yaffa. »Und ich möchte, daß meine Leser das in jeder Geschichte spüren. Ich möchte ihnen auch die Gelegenheit bieten, jüdische Werte im Kontext des Holocaust zu prüfen. Zusätzlich zu all dem Lebenserhaltenden und Lebensverbessernden, mit denen meine Eltern mich während der ganzen Zeit des Untertauchens verschwenderisch bedacht hatten, wurde mir auch vorgeführt, wie grundlegend diese Werte sind.«

Für die Kinder, die sich wie Yaffa zusammen mit Eltern versteckt hielten, die nie aufhörten, nach anderen Möglichkeiten zu suchen, wurde der Holocaust zu einem generellen Maßstab. Manche messen alles daran, und das wird zu einer ständigen Quelle der Enttäuschung und Frustration. Sie verlangen von ihren Kindern, all ihre Belastungen und Probleme im Alltag zu trivialisieren: »Du wirst es schon überleben. Ich mußte Hunger, Folter und alle möglichen Erniedrigungen erdulden und habe es auch überlebt. Und da beklagst du dich über einen ekligen Lehrer ... Krach mit deinem Freund ... den Schulweg ...«

Yaffa behandelt, wie andere auch, ihre Erinnerungen an den Holocaust als Maßstab für die Leidensfähigkeit des Menschen. Das hilft ihr, alles in die richtige Perspektive zu rücken. Diese Erinnerungen sind der Grund dafür, daß sie ihr Überleben mit einer Verpflichtung gegenüber der Gesellschaft in Verbindung bringt. Sie ist heute nur deshalb am Leben, weil Zosza und andere gute Menschen ihr Leben für sie aufs Spiel gesetzt hatten. Dieses Geschenk will sie der Welt zurückgeben; sie lehrt Lehrer, wie man das Thema Holocaust für den Unterricht aufbereitet, und sie arbeitet politisch in Staat und Gemeinde. Sie weiß, daß auch sie etwas mit ihrem Leben bewegen kann – genauso wie Zosza etwas in ihrem Leben bewirkt hatte.

»Ich bin eine große Optimistin«, sagt Yaffa mit einem Lächeln, das die Bedeutung ihrer Worte noch unterstreicht. »Ich weiß, daß die Welt durch den Holocaust besser werden kann. Es war ein Phänomen, das die Grenze zwischen Leben und Tod ständig veränderte. Wenn ich zu einer Demonstration gehe, habe ich das Gefühl, einen Beitrag zu leisten, weil viele von uns noch am Leben wären, wenn andere damals demonstriert hätten. Wenn eine Gruppe von Menschen Hilfe braucht, seien es nun die Äthiopier, die Russen oder die Boat people, bin ich da, denn wie kann ich erwarten, daß andere für mich eintreten, wenn ich nicht bereit bin, für sie einzutreten? Ich führe es auf meine Erfahrungen während des Holocaust zurück, besonders auf das, was meine Eltern und andere taten, damit ich überleben konnte, daß ich heute ganz klare Prioritäten setze. Das bedeutet, daß ich für jeden Menschen in Not da bin, aber auch, daß mein Volk immer Vorrang hat.«

Optimistisch zu sein und ihre Perspektiven und Prioritäten immer und überall klar vor sich zu sehen bedeutet aber nicht, daß Yaffa Eliach nicht den gleichen intensiven Schmerz erfahren hätte wie alle anderen versteckten Kinder. Manche wurden von ihrer allgegenwärtigen Wut aufgrund dessen, was sie verloren hatten, förmlich aufgefressen. Manche richten ihren Zorn auf bestimmte Täter und sogar auf ihre Eltern und Retter. Anderen wiederum – zu ihnen gehört auch Yaffa – bringen Wut oder Zorn nichts. All diese Jahre wurde sie immer wieder von starken Schmerzen heimgesucht. »Es sind schreckliche Schmerzen«, stellt sie fest. »Manchmal spüre ich sie in jedem Knochen, jedem Muskel meines Körpers. Als ich zurück in mein Stetl, auf den Friedhof, zu den Gräbern kam und einfach durch die Straßen schlenderte, hatte ich das Gefühl, daß ich in diesem Moment auf einer ganzen Stadt spazierenging.«

Sie erinnerte sich an ihre Großmütter, die sie innig geliebt hatte, und das schmerzliche Wissen, daß sie zusammen mit all den anderen auch dort unten ruhten, quälte sie. »Ich kann es nie vergessen. Es ist nicht so, daß ich diesen Schmerz dauernd fühle, aber wenn ich eine Ungerechtigkeit mitbekomme oder einen Juden leiden sehe, kommt mir der Schmerz des Holocaust sofort wieder in den Sinn.«

Als sie während ihres Aufenthalts in Ejszyszok nach Spuren all des Verlorenen suchte, fand sie Zosza. Sie umarmten und küßten sich und weinten gemeinsam. Die alte Bäuerin, die ihr das Leben gerettet hatte, führte Yaffa durch die Stadt und zeigte ihr jedes jüdische Haus, jede jüdische Stätte. Dann blieben sie vor dem Haus von Yaffas Großmutter stehen, dem Haus, in dem sie sich nach dem Krieg niedergelassen hatten.

Während sie so zwischen ihrem Mann und ihrer Retterin stand, versagten Yaffa Eliachs Beine ihren Dienst. Sie konnte nicht hineingehen. Sie dachte: Was werde ich dort sehen, was ich nicht schon Tausende Male gesehen habe? Ich erinnere mich an die Schüsse, die auf ewig in meinem Gedächtnis widerhallen werden. Ich werde immer das friedvolle Gesicht meiner Mutter vor Augen haben, wie sie auf dem Boden lag und meinen toten kleinen Bruder im Arm hielt. Dort drin ist nichts, aus dem ich lernen könnte. Und ohne einzutreten, ging sie mit ihrem Schmerz davon.

Aber für Yaffa bedeutet jeder Schmerz einen Entschluß: »Also gut, was kann ich mit diesem Schmerz tun?«

Während ihres Aufenthalts in Ejszyszok hatte Yaffa das Bedürfnis, den Friedhof zu besuchen, wo alle jüdischen Einwohner ihres Stetl begraben lagen. »Als ich auf dem Boden dieses Friedhofs stand, spürte ich plötzlich, daß die gemarterten Seelen der Juden des Stetl mich umgaben. Bis dahin kannte ich sie nur von Geburtsurkunden, aus Briefen und Familienfotos. Aber in diesem Augenblick umarmten sie mich alle, bedrängten mich, forderten mich auf, ihre Geschichten zu erzählen. Ich versprach ihnen, daß ich das tun würde.«

Schließlich tauchte das Gesicht eines ihrer Enkelkinder vor ihr auf, und dessen zarte Stimme sagte: »Ejszyszok.« Das gab ihr die Kraft zu gehen. In den nächsten zehn Tagen ihres Aufenthalts fraß sie der Schmerz auf. Aber als sie wieder in Brooklyn war, lautete ihr erster Gedanke: Was kann ich mit diesem Schmerz anfangen?

Fünfzehn Jahre lang sammelte Yaffa alles, was sie über ihr Stetl Ejszyszok bekommen konnte. Aus diesem Versprechen heraus und unzähligen Opfern – privat und beruflich – entstand ihr »Turm des Lebens« im Holocaust Museum der USA in Washington, D. C. Am 22. April 1993 eröffnete Yaffa Eliach ihren Turm. Er enthält die Fotos aller Juden von Ejszyszok. Yaffa hat den toten Seelen ihr Stetl wiedergegeben.

»Der Turm gibt ihnen wieder ein Gesicht«, erklärt Yaffa. »Er zeigt ihr Leben als Juden, wie sie vor den Fotografen des Ortes saßen oder standen und dabei ihr Innerstes offenbarten.«

Ein paar Tage nach der Eröffnung des Turms fragten die Nachkommen der Juden von Ejszyszok im Museum an, ob sie im Turm Bar Mitzvah oder Hochzeiten abhalten könnten. Eines Tages stand Yaffa in einem der seltenen Augenblicke der Anonymität in einer Ecke des Turms. Neben ihr stand eine Frau, die beiläufig bemerkte, daß dieser Ort sie an ihre Heimatstadt in Wisconsin erinnern würde.

»Aber das hier ist meine Heimatstadt in Litauen«, erzählte Yaffa ihr. Die fremde Frau umarmte sie schluchzend.

»Es hat mich sehr gefreut, daß mein Turm jedermanns Stadt wurde.« Yaffa hat kein Denkmal errichtet, sondern in einem sehr realen Sinn ihrem Stetl wieder Leben eingehaucht.

»Es freut mich auch als Historikerin, daß ich die Möglichkeit hatte, das Material für sich selbst sprechen und ihm eigene Bedeutung zukommen zu lassen«, fügte sie hinzu.

In diesen Tagen der Besuchermassen aus der ganzen Welt sehnt Yaffa sich nach ein paar Augenblicken, in denen sie allein mit den Einwohnern des Städtchens sein könnte, um sie spüren zu lassen, daß sie nicht nur ihr Versprechen gehalten hat, sondern im Gegenzug auch zu fühlen, daß sie ihnen eine Freude bereitet hat.

»Ich glaube, daß sie das, was wir taten, billigen«, sagt sie.

Yaffas Turm wird als Modell für das jüdische Leben dienen, das man zerstörte, als Symbol für den Schmerz über diese Zerstörung.

»Ich verdränge Schmerzen nicht«, erklärt Yaffa. »Ich stelle mich ihnen. Je stärker der Schmerz ist, desto intensiver suche ich nach etwas Positivem, das ich tun kann. Ich konnte nie sehr gut als Opfer leben.«

Yaffa ist ganz bestimmt kein Opfer, und sie ist viel mehr als nur eine Überlebende – sie LEBT.

IV

Ein Kampf gegen das Schuldgefühl
Die Geschichte der Ada Wynston

Eines Nachts im Frühling 1942 wurde laut an die Tür des hübschen Hauses der Moscoviters geklopft, das in einem Vorort von Amsterdam in der Slingerbeekstraße 15 lag. Sara und Maurits, die sechsjährige Ada, die vierjährige Betty, der zweieinhalbjährige Sidney und ihr deutsches Kindermädchen lagen bereits in tiefem Schlaf.

Maurits Moscoviter, ein beliebter Klavierlehrer in der zum Großteil von Juden bewohnten Gegend, ging die Treppe hinunter, um nachzusehen, warum so ein Radau gemacht wurde.

»Polizei! Öffnen Sie sofort die Tür!«

Zu diesem Zeitpunkt stand bereits die ganze Familie im Flur. Maurits machte die Tür auf, drei Männer standen davor.

»Wir suchen die deutsche Jüdin, die unter dieser Adresse gemeldet ist«, verkündete ein Beamter in Zivil barsch. »Wo ist sie?«

»Sie schläft. Was sollte sie um diese Zeit wohl sonst tun?« erwiderte Sara spitz. Sie war eine impulsive, willensstarke junge Frau, die Eigentümerin eines bekannten Friseursalons auf der Noorder Amstel-laan (die heute Churchill-laan heißt), eine Straße weiter. Sie war es nicht gewohnt, daß man sie herumschubste.

»Wir müssen sie sofort sehen. Führen Sie uns zu ihrem Zimmer«, verlangte der Mann.

Maurits war diplomatischer als seine Frau. Er bedeutete den drei Polizisten, ihm zu folgen. Der Rest der Familie schloß sich ihnen schweigend an.

Die Männer rissen Bertha aus dem Bett und führten sie ohne jede Erklärung ab. Die drei Kinder der Moscoviters sahen entsetzt zu, als man ihr Kindermädchen wie eine Schwerverbrecherin behandelte. Nur Ada war bereits alt genug, um zu spüren, daß ihnen allen hier etwas ganz Schlimmes passierte – nicht nur ihrem gefürchteten, sehr strengen Kindermädchen. Später erfuhr sie, daß Bertha 1939 vor den Nazis aus ihrer Heimat geflüchtet war. Jetzt hatten diese sie eingeholt.

Ein paar Monate später fanden in ganz Amsterdam massive Razzien gegen die jüdischen Einwohner statt. Es gab daraufhin Demonstrationen, sogar einen Streik der Dockarbeiter, doch ohne jede Wirkung. Die Deutschen und die holländischen Behörden, die sie unterstützten – besonders der NSB, die nationalsozialistische Organisation der Niederlande –, führten ihre antijüdischen Maßnahmen gnadenlos durch. Diese Maßnahmen betrafen jede Einzelheit des Alltags der jüdischen Bevölkerung, auch vor dem Leben der Schulkinder machten sie nicht halt. Ada war gerade erst in die erste Klasse einer Grundschule gekommen, die in der Nähe des Salons ihrer Mutter lag. Am ersten Unterrichtstag verkündete ein streng dreinblickender Mann ihrer Klasse, daß die Schule zu einer rein jüdischen Schule erklärt worden wäre. Es gäbe keinen Grund, sich zu fürchten, sagte er. Das wäre lediglich ein Bestandteil der Bemühungen der Regierung, die Aktivitäten der ausländischen Juden zu regulieren, die aus Deutschland und Polen hierher geflüchtet wären. Die Kinder bräuchten keine Angst zu haben, versicherte der Mann ihnen, solange sie die Regeln befolgten und verdächtige ausländische Elemente anzeigten. Die Polizei würde die Schule ständig beobachten.

Ada konnte in der Schule nicht wirklich heimisch werden. Fast jeden Tag schränkte ein neues Gesetz die Bewegungsfreiheit der Juden in der Stadt ein. Das Gesetz, das sie am meisten störte, verlangte, daß sie jedesmal, wenn sie das Haus verließ, einen gelben Stern auf der Brust tragen mußte. Dieser Stern mußte fest angenäht sein. Eines Tages hielt sie ein Polizist auf dem Schulweg an, um zu überprüfen, ob der Stern auch richtig auf ihrer Jacke befestigt war. Ein Zacken war etwas lose. Deshalb riß er den Stern ab und befahl ihr, dafür zu sorgen, daß das nicht wieder passierte. Er würde sie scharf im Auge behalten. »Ich glaube, auf diese Weise habe ich nähen gelernt«, sagt Ada nachdenklich. Sie ist heute Konkursverwalterin und macht auch täglich eine Radiosendung für die niederländische Bevölkerungsgruppe in Süd-Ontario.

Bald nach diesem Vorfall beschlossen Maurits und Sara, ihre Tochter zu Hause zu behalten. Es war für Juden zu riskant geworden, auf die Straße zu gehen. Sie hörten jeden Tag, daß Bekannte bei Razzien aufgegriffen und ins Transitlager Westerbork in der Provinz Drenthe verschleppt wurden. Von dort wurden sie irgendwo in den Osten geschafft. Zu diesem Zeitpunkt hatte Sara ihren Friseursalon bereits geschlossen. Weil es sich bei den meisten ihrer Kundinnen um Juden handelte, war ihr Umsatz bei jedem neuen antijüdischen Gesetz zurückgegangen.

Aber Sara Cune Moscoviter war keine Frau, die still herumsitzen konnte. Sie war daran gewöhnt, ihre Entscheidungen selbst zu treffen. Immer hatte sie sich ihren Lebensunterhalt allein verdient, und sie konnte sich nicht vorstellen, von irgend jemandem Befehle entgegenzunehmen. Sie kam und ging, wie es ihr gefiel. So war sie beispielsweise allein auf Urlaub in die Schweiz gefahren und hatte Bertha die Kinder anvertraut. Maurits hatte den Freiheitsdrang seiner Frau immer respektiert. Es fiel ihr schwer, zu Hause festgenagelt zu sein. Deshalb ging sie oft aus und war sich sicher, daß man sie bei einer Razzia nicht aufgreifen würde.

Eines Tages mußte Sara etwas in einem anderen Teil der Stadt erledigen, und nahm Ada mit. Sie fuhren mit der Straßenbahn. Am Ende ihrer drei Kilometer langen Fahrt stiegen sie aus und fielen in die Hände deutscher und holländischer Polizisten, die nach Juden suchten. Adas Stern wurde glücklicherweise durch ihren Mantel verdeckt, aber ihre Mutter hatte nicht dieses Glück. Ein Deutscher in Uniform packte sie am Arm und führte sie ab.

Ohne ein Wort zu sagen ging Ada ruhig weiter, stieg in die Straßenbahn und fuhr zurück.

»Die Deutschen haben Mami geschnappt«, teilte sie ihrer Familie mit. Sie zitterte am ganzen Leib, und ein Tränenschleier verbarg das schreckliche Schuldgefühl, das sie empfand. Wie hatte sie es nur fertiggebracht, ihre Mutter einfach stehenzulassen? Wie konnte sie so grausam, so lieblos sein? Warum hatte ihre Mutter Ada nicht gebeten mitzukommen?

An diesem Abend verlor Ada ihre kindliche Unschuld – und damit ihr Recht auf einen friedlichen Schlaf.

»Ich habe meine Mutter gehen lassen«, bezichtigt Ada sich selbst noch heute, als ob sie ihre Mutter wirklich davor hätte bewahren können, abgeführt zu werden. »Ich drehte der Frau den Rücken zu, die mir das Leben geschenkt hatte. Wenn ich nur etwas unternommen hätte, o Gott! Aber ich ließ sie gehen. Ich hätte mich anders verhalten sollen. Ich wäre freudig an ihrer Stelle mitgegangen. Ich war erst sechs. Mit sechs ist man nichts wert. Bis vor kurzem habe ich mit dieser Wertlosigkeit gelebt; ich neigte stets dazu, mich für alles zu entschuldigen – dafür zu entschuldigen, daß ich lebte. Dann merkte ich eines Tages, wie absurd und ungesund es war, mich selbst dauernd zurückzunehmen. Ich befahl mir, damit aufzuhören. Aber die Schuld, die ich an jenem Tag auf mich geladen hatte, wird mich bis ans Ende meiner Tage verfolgen. Es gibt Zeiten, in denen ich diese Schuld nicht spüre. Doch dann verfolgt sie mich wieder. Wenn ich so darüber nachdenke, weiß ich, daß ich nichts hätte tun können, um sie zu retten. Aber wenn ich daran denke, wie ich meine Mutter verloren habe, spüre ich wieder dieses alte Schuldgefühl.«

Während die Polizeibehörden eine große Anzahl erwachsener Juden in der Stads-Schouwburg, einem berühmten Theater, einsperrten, um sie von dort nach Westerbork und weiter zu den berüchtigten Lagern in Deutschland und Polen zu verschleppen, vergaßen sie auch die Kinder nicht. Sie standen an verschiedenen Orten unter strikter Aufsicht. Die drei Kinder der Moscoviters mußten jeden Tag die Ganztageskrippe nebenan besuchen. Deutsche Soldaten standen vor dem Eingang Wache, um dafür zu sorgen, daß jedes jüdische Kind registriert wurde.

Doch der niederländische Widerstand blieb nicht untätig. Verschiedene Gruppen entstanden, um Kinder jeder Altersstufe, sogar Babys, zu retten. Eines Tages kam ein Herr in die Krippe und machte das Angebot, das Leben für die Kinder etwas fröhlicher zu gestalten, indem er sie auf einen Spaziergang in den nahegelegenen Park führte, wo sie laufen und die aufgestaute Energie loswerden könnten. Jeden Tag machte der Mann daraufhin mit zwanzig Kindern einen Spaziergang. Immer wenn sie das Gebäude verließen, zählte sie der deutsche Wachsoldat, damit keins entkommen konnte.

Wenn die Gruppe an die Straßenbahngleise kam, wartete bereits eine Angehörige des Widerstands auf sie, schnappte sich zwei Kinder vom Ende der Schlange und stieg mit ihnen in die Straßenbahn. Aber wenn die Wache die Kinder bei ihrer Rückkehr zählte, war sie zufrieden – alle zwanzig waren wieder da. Zwei Kinder aus der Krippe waren durch die Hintertür herausgeschmuggelt worden und warteten darauf, daß die anderen Kinder von ihrem Spaziergang zurückkämen. Dann schlossen sie sich ihnen an, so daß niemand den Betrug merkte.

Der NV-Groep, eine holländische Widerstandsgruppe, gelang es auf diese Weise, zweiunddreißig Kinder aus der Krippe zu retten. Die meisten landeten in Brunsum in der Provinz Zuid Limburg im Süden Hollands bei einer Familie, ehe man andere Pflegefamilien für sie gefunden hatte. Ada war eins dieser Kinder. Ehe sie in den Zug stieg, wurde sie ermahnt, sich still zu verhalten. Auf diese Weise wäre sie in Sicherheit. Aber diese Ermahnung veranlaßte sie, sich zu fragen, wie sicher sie denn überhaupt war, wenn man sie aus Amsterdam weg zu fremden Menschen schicken mußte.

Ada freute sich sehr, als sie herausfand, daß ihr Bruder und ihre Schwester am gleichen Ort gelandet waren. Das tapfere Paar, das ihnen Obdach gewährte, beherbergte vierunddreißig

Kinder in seinem Keller. Dazu kamen noch ihre zehn eigenen Kinder.

»Wir lernten alle schnell, Kartoffeln zu pellen«, erinnert sich Ada. »Diese wunderbaren Menschen mußten immerhin vierundvierzig hungrige Kinder ernähren!«

Doch nach etwa drei Wochen erhielt das Paar die Warnung, daß seine Schützlinge und es selbst in Gefahr wären. Der Untergrund beschloß, die Kinder in der ganzen Region zu verteilen. Ein Mann der NV-Groep – die Zelle der Untergrundbewegung, die dafür sorgte, daß diese Kinder bei Pflegeeltern unterkamen – holte Ada ab. Er hieß Ted Meines, aber das wußte Ada damals noch nicht. Er brachte Ada in sein Haus und wohnte drei Wochen lang mit ihr im Keller. Als es Januar 1943 endlich wieder sicher genug war, begleitete er das Kind an einem dunklen Abend nach Leerdam in das Haus von Ali und Jerrit van Breugel.

Dini, die einundzwanzigjährige Tochter der van Breugels – die älteste von fünf Kindern –, erwartete Ada auf der Türschwelle. Sie begrüßte das Kind herzlich. Von diesem Tag an sollte die junge Frau viel Zeit mit dem siebenjährigen jüdischen Kind verbringen. Weil Ada nicht in die Schule gehen konnte, übernahm Dini die Erziehung ihrer neuen »Kusine« aus Amsterdam.

Umgeben von dieser liebevollen Familie, verlief Adas Leben sehr fröhlich. Doch stets, selbst in der Tiefe der Nacht, wenn sie keinen Schlaf fand, beherrschte sie das Schuldgefühl, daß sie ihre Mutter allein gelassen hatte. Und ihre Familie fehlte ihr. Die NV-Groep versuchte zwar, für die drei Geschwister zusammen eine Pflegestelle zu finden, aber das war zuviel verlangt. Die erfolgreiche Durchführung der Rettungsmission machte es erforderlich, daß der Aufenthalt jedes versteckten Kindes absolut geheim blieb. Daher wußte Ada nicht, wo ihr Bruder und ihre Schwester steckten, und umgekehrt. Obwohl jeder wirklich liebevoll mit ihr umging, erwartete man doch von ihr, daß sie niemals etwas über ihr Leben als Jüdin ausplauderte. Die Gastfamilie wiederum durfte nichts über ihr Pflegekind erfahren, denn wußte man, welche anscheinend unwesentliche Einzelheit bei einer Gefangennahme den Tod von anderen verursachen konnte? Ada verschwieg daher alles, was vor ihrer Ankunft in Leerdam gewesen war. Es war, als ob sie vorher gar nicht existiert hätte. Sie zwang sich, nur ja nicht aufzufallen. Jeder Tag brachte ihr neue Erfahrungen mit ihrer ständig wachsenden »Unsichtbarkeit«. Und die van Breugels? Sie sahen nur das Mädchen, zu dem sie geworden war. Sie hatten keine Ahnung, wer sie wirklich war.

Wenn sie sich manchmal gestattete, darüber nachzudenken, hatte Ada das Gefühl, doppelt im Versteck zu leben. Ihr Körper wurde vor den Feinden der Juden versteckt und ihre Seele vor den Feinden der Kinder verborgen. Kinder, die untergetaucht überlebt haben, hegen gegenüber dieser Art des »inneren Verstecks« größeren Groll als gegenüber dem rein »äußerlichen Versteck«. Die Welt zum Feind zu haben ist eine Sache, aber zu Einsamkeit verdammt zu werden und niemanden zu haben, mit dem man über diese Einsamkeit sprechen kann, eine andere. Ada war alt genug, um ihren Zorn darüber wahrzunehmen, aber sie konnte zu diesem Zeitpunkt nichts anderes tun, als einfach nur weiterzuleben.

Später konnte sie diese Wut artikulieren. Aber in der Zwischenzeit war Ada dankbar, im Heim einer fürsorglichen Familie vor der Vernichtung Zuflucht gefunden zu haben. Ihre Pflegemutter kaufte ihr neue Kleider, kuschelte sie jeden Abend in die Decke ein und betete mit ihr.

»Meine Pflegemutter und ihre Töchter umarmten mich ständig«, erinnert sich Ada. »Jerrit van Breugel beachtete mich weniger, aber seinen eigenen Kindern gegenüber war er auch nicht besser.«

Eines Tages kam alles zu einem abrupten Ende. Die NV-Groep hatte den Fehler gemacht, ein weiteres Mädchen namens Ada unter dem gleichen Dach unterzubringen. Die beiden Kinder konnten nicht ein und derselben Familie entstammen. Als die van Breugels die Warnung bekamen, daß ein opportunistischer Freund sie verraten hätte, stand für sie eins fest: Das ältere der beiden Mädchen, Ada Moscoviter, müßte verlegt werden. Auch Jerrit van Breugel wurde empfohlen, eine Weile zu verschwinden.

»Wenn ich es dir sage«, verkündete Dini dem zwar ängstlichen, aber aufmerksam lauschenden Mädchen, »gehst du nach oben und versteckst dich unter der Matratze. Komm erst heraus, wenn ich dich hole. Und die kleine Ada schicke ich zum Schlafen ins Bett.«

Ada nickte schweigend. Man konnte auf sie zählen. Zu diesem Zeitpunkt war sie bereits ein Meister im Verschwinden.

Bald darauf bekamen sie »Besuch« von den Deutschen. Ada rannte nach oben und versteckte sich am angegebenen Ort. Sie wagte kaum noch zu atmen, obwohl die Matratze mit dem ganzen Bettzeug schwer auf ihrem kleinen Körper lastete.

»Wir haben nichts zum Verdunkeln«, teilte Dini dem unliebsamen Besuch mit. »Und Sie kennen ja wohl das Gesetz, schließlich haben Sie es gemacht – es ist verboten, in einem Raum, der nicht völlig verdunkelt ist, Licht anzumachen.«

Die Deutschen machten zwar kein Licht an, aber die Soldaten kamen ins Zimmer und stocherten mit ihren Bajonetten in der Matratze herum. Schließlich entfernten sie sich achselzuckend – der Hinweis, daß sich im Haus ein jüdisches Mädchen versteckte, traf eben nicht zu. Die rebellische Geste der van Breugels, lieber jeden Abend im Dunkeln zu sitzen, anstatt die Fenster mit Rollos zu versehen, rettete Ada das Leben. Obwohl Ada die Stiche der Bajonette nicht gespürt hatte, fühlte sie doch, daß ihre Seele für alle Zeiten verletzt worden war. »In meiner Erinnerung ist das ein traumatisches Erlebnis«, stellt sie heute fest.

Am nächsten Tag telefonierte Ali van Breugel mit einer Verwandten in Nieuwendyk, einer Kleinstadt in der Provinz Noord-Brabant, etwa fünfunddreißig Kilometer von Leerdam entfernt. Bei diesem Gespräch ging es um folgendes: Man sei verraten worden; die ältere Ada sei hier nicht länger in Sicherheit; die Verwandte sollte sie abholen und zu sich nehmen.

An diesem Abend fuhr Ellie Rombout, eine der vier Nichten der van Breugels, mit dem Rad nach Leerdam. Während der Rückfahrt saß Ada hinter ihr auf dem Gepäckträger. Sie wußte nicht, ob sie sich über das Abenteuer freuen oder Angst vor dem Grauen haben sollte, das sie erwarten könnte, wenn sie angehalten würden.

Sie gelangten aber ohne Zwischenfall zum Bauernhaus von Ellies Eltern, Peter und Anna Rombout. Ali van Breugel und Peter Rombout waren Geschwister. Beide Familien gehörten der christlich-reformierten Kirche an und waren sehr gläubig.

»Sie nahmen das Risiko auf sich, mich zu verstecken«, erklärt Ada, »weil ihre Religion von ihnen verlangte, ein unschuldiges Leben zu schützen.«

Die Rombouts waren wohlhabende Bauern und Eigentümer eines Möbelgeschäfts. Sie hatten ein großes Haus, das genug Platz für ihre fünf Kinder – vier Mädchen und ein Junge – bot. Sie durften allerdings nicht den zweiten Stock betreten, weil dort ein paar Deutsche wohnten.

Doch glücklicherweise störten die Zwangseinquartierten sie überhaupt nicht. Einmal schaute sich einer der Deutschen ein Familienfoto an, das an der Wand hing. Da er glaubte, daß alle Kinder im Haus der Nachwuchs der Rombouts wären, fragte er Anna, warum Ada nicht auf dem Foto wäre. Sie entgegnete hastig, daß das Kind an dem Tag, als das Foto gemacht worden war, krank gewesen sei.

»Sie sollten keine Fotos machen lassen, wenn eins Ihrer Kinder krank ist«, tadelte er die sprachlose Frau. Aber dann ließ er das Thema fallen.

In Nieuwendyk konnte Ada ein etwas freieres Leben führen. Man erlaubte ihr, sich öffentlich zu zeigen, denn sie wurde als Nichte der Rombouts aus Amsterdam ausgegeben. Dort litt man nämlich langsam unter Lebensmittelknappheit. Ada ging auch wieder zur Schule, doch mit ihrer neuen Freiheit kamen auch neue Sorgen. Die Stadt lag in der Nähe des strategisch wichtigen Flusses Maas und wurde deshalb von den Deutschen stark frequentiert. Sie lag auch in der Flugbahn der berüchtigten V1- und V2-Raketen, so daß es ohne Vorwarnung plötzlich den Tod vom Himmel regnen konnte.

Eines Tages nahmen Ada und eine ihrer Pflegeschwestern ein Bad in einer großen Wanne im Garten. Plötzlich hörten sie Anna schreien: »Kommt sofort herein, Mädchen! Raketen! Beeilt euch und ab in den Keller!«

Die nackten Mädchen hüpften aus der Wanne und sausten los. In der Eile übersah Ada ein Faß mit halbfertig geschlagener Butter. Sie rutschte aus, fiel mit dem Hinterteil in die Butter und kam unter Tränen lachend und molketropfend in den Keller.

»Lassen Sie sich von niemandem weismachen, daß die Kinder, die versteckt leben mußten, niemals lachten«, warnt mich Ada. »Wir mußten zwar versteckt leben, aber wir blieben doch Kinder. Die seltenen lustigen Augenblicke waren so wichtig wie Brot und Butter.«

Mit ihrer größeren Bewegungsfreiheit kam noch eine Sorge. »Wenn du siehst, daß ein Fremder auf dich zukommt«, mahnte die Pflegemutter Ada, »rennst du in die Küche, versteckst dich unter dem Tisch und kommst erst wieder hervor, wenn die Luft rein ist.« Das war nur möglich, weil auf dem Tisch eine große Decke lag, die fast bis auf den Boden reichte.

Trotz all dieser Vorsichtsmaßnahmen kam der Zeitpunkt, an dem auch die Rombouts es für zu gefährlich hielten, Ada bei sich zu behalten. Sie schickten sie nach Leerdam zurück, und die van Breugels waren glücklich, sie wiederzuhaben. Bis zur Befreiung wiederholte sich dieser Austausch noch einmal, und wieder mußten die fünfunddreißig Kilometer mit dem Fahrrad bewältigt werden. Einmal machten Adas dunkle Augen und das dunkle Haar einen deutschen Soldaten mißtrauisch. Er befahl ihr, vom Rad zu steigen.

»Bist du Jüdin?« fragte er.

»Was ist das?« gab Ada schlagfertig zurück.

Der verblüffte Soldat ließ sie gehen und setzte seinen Weg fort. Wenn er noch einmal zurückgeschaut hätte, hätte er gesehen, wie Ada, von dem Vorfall völlig aufgewühlt, in einen Bewässerungsgraben gefallen war.

Obwohl Ada beide Familien liebte, fand sie es unangenehm, zwischen beiden hin und her geschoben zu werden. Sie wußte zwar, daß es zu ihrem Besten war, aber Kinder – selbst die, die versteckt leben müssen – tun nun einmal nicht gern das, was das Beste für sie ist. Aber sie war klug genug, um nicht ihren Pflegeeltern die Schuld dafür zu geben. Im Gegenteil, sie gewöhnte sich daran, zuerst an deren Wohl zu denken, anstatt gegen die Tatsache zu rebellieren, daß sie nicht über ihr Schicksal mitbestimmen konnte. Sie wußte, daß ihr Leben nicht nur davon abhing, nicht verraten zu werden, sondern auch davon, daß sie sich mustergültig benahm. Wie andere Kinder, die die Erfahrung machten, verlassen zu werden, lernte Ada die Bedürfnisse anderer über ihre eigenen zu stellen. »Ich hatte keine andere Wahl, ich mußte ein perfektes kleines Mädchen sein«, erklärt Ada. »Doch auch später, als ich älter war und nicht mehr zuerst an andere denken mußte, tat ich es immer noch. Nur manchmal machte ich mehr Ärger als nötig war. Ich konnte die ganze Spannweite ausfüllen, vom Engel zum Teufel.«

Das ist eine andere Version der Duplizität, von der Legionen ehemals untergetauchter Kinder berichten. Der einfache, gradlinige Verlauf einer Kindheit, die nicht durch Verrat belastet ist, war ihnen versperrt. Für die Adas dieser Welt geht es im Alltagsleben immer noch um etwas mehr – es geht um Selbstverleugnung, damit man überlebt. Die Spontaneität der Unschuld wird eingetauscht – die Freiheit, Lebensfreude und Allmacht gegen eine Chance – nur eine Chance, keine Garantie! –, am Leben zu bleiben. Wenn Kinder unter den Fittichen stiller Helden wie der van Breugels und der Rombouts aufwachsen, enthält ihr Leben eine Art Freiheit, die das Kind, mit der ihm eigenen Hingabe an den gegenwärtigen Moment, als echte Freiheit ansieht. Daher erinnert sich Ada an zärtliche Augenblicke der Nähe mit Dini und ihrer Kusine Ellie. Aber der Schatten war nie allzufern. Jeden Abend kroch er in ihr Bett. »Bis heute habe ich mit der Dunkelheit noch keinen Frieden geschlossen«, gesteht Ada.

Aber Ada empfand nie Selbsthaß wie andere jüdische Kinder. Natürlich fragte auch sie sich: Warum wurden die Juden gejagt und getötet? Was taten sie, was hatten sie verbrochen, um die Verfolgung zu verdienen? Eine Tatsache wurde ihr sehr schnell klar: Es war gefährlich, Jude zu sein.

Als sie einmal gedankenverloren dasaß, wurde sie von Dini gefragt, woran sie gerade denke.

»Muß ich mich dafür schämen, Jüdin zu sein, Dini?«

»Ganz bestimmt nicht«, entgegnete die junge Frau nachdrücklich. »Juden sind genauso gute Menschen wie andere auch. Sie sind Gottes Volk. Und das macht Juden zu etwas Besonderem.«

Als bei den Rombouts das gleiche Thema zur Sprache kam, sagte Onkel Peter genau das gleiche: Die Juden wären Gottes erwähltes Volk, und sie müßte stolz sein, Jüdin zu sein. Ihre Feinde sollten sich in Grund und Boden schämen.

»Warum werden wir dann umgebracht, Onkel Peter?«

»Ich weiß es nicht, Kind«, erwiderte Rombout aufrichtig. »Es gibt gute und schlechte Menschen, doch leider auch sehr schlechte.«

Nieuwendyk wurde im Mai 1945 befreit. Als Anna Rombout die Nachricht hörte, war ihr erster Gedanke: Wo steckt meine Ada? Sie muß diese wundervolle Neuigkeit als erste hören. Sie rief nach ihr und durchsuchte das Haus, aber das Kind war nicht auffindbar. Sie machte sich schreckliche Sorgen. War mit dem Kind jetzt, wo es nicht mehr in Lebensgefahr war, etwas passiert?

Während Frau Rombout sich um Ada bangte, hatte bereits die ganze Stadt – auch Ada – die Nachricht gehört. Eine Gruppe aufgebrachter Bürger versammelte sich, um eine Frau zu stellen, die eine Angehörige der NSB und eine wohlbekannte Verräterin war. Sie wollten mit ihr abrechnen. Ada wollte sehen, wie die Gerechtigkeit ihren Lauf nahm und schloß sich der Menge an. Man fand die Verräterin. Man zerrte sie auf den Marktplatz, wo man ihr den feigen Verrat an ihrem Land und ihren Nachbarn vorwarf. Dann verurteilte man sie zu öffentlicher Schande: Man schnitt ihr die Haare ab.

Ada hatte jetzt alle Beweise, die sie brauchte, um zu erkennen, daß Befreiung nicht bloß ein Schlagwort von Erwachsenen war. Man jagte die Bösen in die Wüste. Vielleicht würde das Leben wieder das Antlitz der Freiheit zeigen? Plötzlich erschien vor ihrem inneren Auge das Gesicht ihrer Mutter. Hoffnung erfüllte sie. Würde sie sie vielleicht schon bald wiedersehen? Genau in diesem Augenblick erschien ihre Pflegemutter auf dem Marktplatz. Erleichtert und gerührt durch die frisch gewonnene Freiheit, schimpfte sie das Kind nicht aus, sondern drückte es fest an sich und sprach ein Dankgebet.

Von da an durfte Ada wie jedes andere Kind in der Stadt kommen und gehen und überall spielen. Sie war kein verstecktes Kind mehr. Im Herbst ging sie wieder zur Schule.

Mit der Befreiung begann eine dritte Phase in Adas jungem Leben. Ehe sie untergetaucht war, war sie ein eigensinniges Kind gewesen, das verwöhnt war und nie an andere gedacht hatte. Während sie in Pflegefamilien lebte, merkte sie, daß ihr Überleben von ihrem guten Benehmen abhing. Als sie dann nicht mehr in Lebensgefahr schwebte, dauerte es nur kurze Zeit, bis sie wieder alles mit ihrem Trotzkopf durchsetzen wollte. Sie wurde streitlustig und zeigte einen starken Willen, wenn sie glaubte, daß man sie überging. Die, die sie kannten und liebten, waren zuerst über diese neue Ada verblüfft, machten ihr aber Zugeständnisse und vergaßen nie, was das Kind durchgemacht hatte und daß es noch immer keine Nachricht von seiner Familie erhalten hatte.

Drei Monate später, Anfang September, stand ein Fremder am Tor der Rombouts. Ada sah ihn durch den Glaseinsatz in der Küchentür. Ohne auch nur einen Augenblick zu zögern, versteckte sie sich unter dem Tisch und vergaß völlig, daß der Krieg gegen die Juden ja seit Mai beendet war.

Der Fremde stellte sich als Maurits Moscoviter, Adas Vater,

vor. Er war gekommen, um seine Tochter zu sehen. Anna ging in die Küche, um Ada die gute Nachricht zu bringen, aber das Kind weigerte sich, aus seinem Versteck zu kommen. Dieser Mann war ein Betrüger. Ihr Vater war ein junger Mann mit rotblondem Haar, dieser gramgebeugte alte Mann jedoch hatte schmutziggraues Haar.

Frau Rombout war klar, daß das, was Maurits gerade überlebt hatte, ihn so hatte altern lassen, daß ihn nicht einmal seine eigene Tochter wiedererkannte. Sie machte den Vorschlag, daß er ein andermal wiederkommen und etwas mitbringen sollte, was Ada beweisen würde, daß er ihr Vater war.

Schweren Herzens bestieg Maurits, ohne auch nur einen Blick auf seine Tochter werfen zu können, wieder sein Rad und machte sich auf den zweihundert Kilometer langen Weg zurück nach Amsterdam.

Einen Monat später kam er wieder, diesmal mit einer alten Puppe von Ada. Das Kind lugte durch die Küchentür, erkannte die Puppe und ging auf ihren Vater zu, weniger, um ihn zu sehen, als um ihre Puppe in Empfang zu nehmen. Sie hatte nicht den Wunsch, mit diesem Mann zusammenzusein. So sehr sie sich auch danach sehnte, ihre Mutter und die Geschwister wiederzusehen, dieser Fremde weckte in ihr keine Erinnerungen. Als er bat, sie umarmen zu dürfen, wandte sie sich, trotz des Zuredens ihrer Pflegemutter, von ihm ab, bekam aber dennoch ihre Puppe zurück.

Anna lud Adas Vater zum Mittagessen ein. Seine Tochter schämte sich, daß dieser angebliche Vater sein Essen hinunterschlang, als ob er seit Tagen nichts gegessen hätte. »Er schnitt sich eine dicke Scheibe Brot ab«, erinnert sich Ada, »und strich sich fingerdick Butter und ebensoviel Marmelade darauf. Ich hatte nur einen Gedanken: So ein Schwein!«

Auch diesmal fuhr Maurits ohne seine Tochter wieder ab. Seine Frau war nicht wiedergekommen, und in seinem schönen Haus auf der Slingerbeek Straat wohnte eine andere Familie. Er wagte es nicht, bei den Behörden um die Rückgabe des Hauses zu bitten, denn er hatte Angst, auch noch seine Kinder zu verlieren. Man könnte ihm ja die Fähigkeit absprechen, ohne seine Frau für die Kinder sorgen zu können.

Doch er wünschte sich natürlich, daß seine drei Kinder unter einem Dach lebten. Frau Robout packte deshalb die Habe ihrer Pflegetochter zusammen und setzte sie nach einem tränenreichen Abschied in den Zug nach Schaesberg, wo die Pflegeeltern ihres Bruders lebten. Die Fahrt von Nieuwendyk in die Kleinstadt Schaesberg, in der vorwiegend Katholiken lebten, dauerte zirka eine Stunde. Als Ada ihren inzwischen sechsjährigen Bruder Sidney wiedersah, war er mit Leib und Seele Katholik.

In Schaesberg blieb Ada eine Außenseiterin, da sie keine Freunde hatte. So blieb ihr nur Sidneys Gesellschaft. Meistens kamen sie gut miteinander aus, doch es gab auch Zeiten, in denen der Junge seine Schwester behandelte, als wäre sie eine Ausgeburt des Bösen.

»Du bist Jüdin. Du wirst direkt zur Hölle fahren!« pflegte er Ada dann anzubrüllen.

»Du auch, denn du bist ebenfalls Jude«, konterte sie stets.

»Nein, ich bin ein guter Katholik!«

Normalerweise tat Ada die Bigotterie ihres Bruders mit einem Achselzucken ab, aber manchmal war sie auch verletzt, was zu Unsicherheit führte. War sie tatsächlich noch Jüdin? Nach all den Irrfahrten, Verstellungen und Scharaden wußte sie oftmals nicht mehr, wer sie war und was sie tun sollte.

Ihre neue Pflegemutter linderte keineswegs Adas inneren Zwiespalt. Sie war rauh und hart, so hart, daß Ada immer öfter daran dachte auszureißen.

Für Ada krochen die drei darauffolgenden Monate im Schneckentempo dahin. Sie durchlebte diese Monate nicht, sie erlitt sie. Eines Freitagmorgens ging Ada in die Kirche. Ihr Bruder war mit seiner Klasse dort, und als sie sah, daß ihr Bruder die Kommunion entgegennahm, ließ sie sich, ohne viel zu überlegen, auch die Kommunion geben. Die Nonne, die ihr gerade den Ablauf der Messe erklärte, wußte, daß Ada Jüdin war und geriet in Wut. Ihr Zorn war dem kleinen Mädchen völlig unverständlich. Bei Sidney war es in Ordnung, daß er zur Kommunion ging, weil alle glaubten, er wäre Katholik. Warum war es ein Verbrechen, wenn sie das gleiche tat? Warum hielt man ihn für einen guten Konvertiten und sie für einen Bösewicht?

Die Nonne zerrte Ada an den Haaren zum Priester.

»Was hast du nur getan, mein Kind?« fragte der Priester. »Du hast gerade den Leib Unseres Herrn Jesus Christus gegessen.«

Die Demütigung, an den Haaren herbeigezerrt worden zu sein, ja die ganze Vorstellung waren zuviel für Ada. Sie erbrach sich.

»Nun, wenn ich den Leib von Jesus Christus gegessen habe«, entgegnete sie frech, »dann können Sie ihn hiermit zurückhaben.« Sie deutete auf den Fußboden.

»Aber lassen Sie sich von meiner Dreistigkeit nicht narren«, kommentiert Ada heute. »Dieses Erlebnis war so schrecklich für mich, daß ich mir nie wieder gestattet habe zu erbrechen. Danach habe ich übrigens sofort meinen Vater benachrichtigt, daß ich in dieser ekelhaften Stadt auch dann nicht mehr bleiben wollte, wenn mein Leben davon abhinge.«

Maurits Moscoviter kam der Bitte seiner Ältesten nach und arrangierte für sie einen weiteren Umzug. Diesmal sollte sie zu ihrer Schwester gehen, die in einem Ort lebte, der nur eine Viertelstunde von Schaesberg entfernt lag. Weder Betty noch Sidney hatte man gesagt, daß sie einander zu Fuß hätten besuchen können.

Die Hamstras, ein kinderloses Ehepaar, hatten Betty wie ein eigenes Kind herzlich bei sich aufgenommen und freuten sich nun sehr darauf, auch noch Ada zu sich zu nehmen, obgleich sie wußten, daß ihr Vater sie eines Tages zurückhaben wollen und ihnen nur Schmerz und Trauer bleiben würde.

Schon bald nachdem sich Ada eingelebt hatte, ging sie in die Schule wie jedes andere Kind. Doch ihre Erfahrungen hatten sie ängstlich gemacht. Jedesmal, wenn sie einen Fremden sah oder ein unerwartetes Geräusch hörte, fürchtete sie sich. Abends hatte sie Probleme mit dem Einschlafen, was ein wenig einfacher wurde, als sie das Bett mit Betty teilte. Doch sie näßte jede Nacht ein, weil sie Angst hatte, im Dunkeln aufzustehen. Und weil sie sich schämte, in ihrem Alter noch ins Bett gemacht zu haben, behauptete sie, ihre kleine Schwester wäre es gewesen. Aber Frau Hamstra kannte die Wahrheit. Stillschweigend setzte sie daraufhin das schlafende Kind jede Nacht auf den Topf.

Trotz ihrer Angst genoß Ada den Aufenthalt in dem bescheidenen Heim der Hamstras. Sie waren nicht nur liebevolle Menschen, sie weckten in den Kindern auch Verantwortungsgefühl. Sie brachten ihnen bei, sich um andere zu kümmern, menschlich zu sein, und schenkten jedem der beiden ein Lämmchen. Ada und Betty reiften durch diese Aufgabe. Sie fühlten sich wichtig, weil sie das Schicksal einer lebendigen Kreatur in der Hand hatten. Die Pflege der Lämmer schweißte die Schwestern zusammen. Sie lernten einander kennen und schätzen und wurden fröhliche Spielgefährten.

Wie bei vielen anderen Kindern ihres Alters, die versteckt überlebt hatten, spielten sie am liebsten Verstecken. Das gab ehemals untergetauchten Kindern die Gelegenheit, die Angst vor dem Entdecktwerden zu besiegen. Sie konnten außerdem lernen, daß ihnen nichts Schlimmes passierte, wenn sie entdeckt wurden; und es machte ihnen bewußt, daß sie nicht verlassen blieben, wenn jemand nach ihnen suchte, der ihnen freundlich gesonnen war. Doch das Suchspiel war oft auch schwer zu ertragen, weil sich dadurch zeigte, wie lange niemand nach ihnen gesucht hatte; eine Tatsache, die das Gefühl, alleingelassen worden zu sein, noch verstärkte. Manche ehemals versteckten Kinder reagierten ihren Zorn damit ab, indem sie ihre Spielkameraden absichtlich lange nicht fanden.

Ada genoß während ihres Aufenthalts bei den Hamstras noch etwas anderes – das Lachen. So liebevoll und fürsorglich ihre Pflegefamilien auch gewesen waren, es waren ernste Menschen, in deren hartem Leben es nicht viel zu lachen gegeben hatte. Auch die Hamstras lernten durch Betty, über vieles zu lachen.

Ada hatte das Gefühl, als wäre ihr Inneres versteinert gewesen. Mit jedem Lachen fühlte sie sich leichter und atmete freier.

»Seit damals«, meint Ada dazu, »halte ich Lachen für die beste Medizin gegen alles, was mich quält. Ich wünschte, ich hätte mehr davon gehabt, als ich kleiner war. Bis heute betrauere ich den Verlust der Leichtlebigkeit. Ich glaube, sie löste sich in Luft auf, als meine Familie verschwand. Wenn ich mit Menschen zusammentreffe, die gemeinsam überlebten oder sich nach der Befreiung wiederfanden, wird mir bei den Scherzen oder Neckereien, die diese Treffen immer begleiten, ganz warm ums Herz. Jedes Jahr werde ich zur Geburtstagsfeier einer Freundin eingeladen, zu der die ganze Familie kommt. Alle erzählen lustige Geschichten, es kommt zu fröhlichen Plänkeleien, und man macht alles und jeden zur Zielscheibe seiner gutmütigen Scherze. ›Gut, daß du jedes Jahr nur einmal Geburtstag hast‹, sage ich immer zu meiner Freundin. ›Es würde mir zu große Schmerzen bereiten, öfter als einmal daran erinnert zu werden, daß ich auch eine Familie wie die deine haben könnte, wenn …‹«

Ada verbrachte die glücklichsten achtzehn Monate ihres Lebens in Nuth. »Dort lernte ich ein richtiges Familienleben kennen«, erklärt sie.

Wenn sie nicht spielten, besuchten die Geschwister Freunde der Hamstras und hatten das Gefühl, überall einbezogen zu werden, so, als ob sie wirklich in die Welt ihrer Pflegeeltern gehörten.

Weder Betty noch Ada erwähnten jemals ihre Mutter oder sprachen über einen Menschen oder eine Sache, die zu ihrem Leben als Juden gehörte. Ada lebte nun das Leben eines christlichen Mädchens. Manchmal hatte sie das Gefühl, als würde sie das Leben einer anderen leben, und in solchen Momenten versteckte sie sich in einer Ecke und war traurig.

Die meisten ehemals versteckten Kinder, selbst die, die den Krieg unter den bestmöglichen Umständen überlebt hatten, erinnern sich an das Gefühl, aus der Welt, in die sie hineingeboren wurden, ausgeschlossen worden zu sein; nur wenige hatten das große Glück, zusammen mit einer Schwester oder einem Bruder versteckt zu leben.

Als Maurits endlich seine Kinder zurückholen und anfangen konnte, so etwas wie ein Familienleben mit ihnen zu führen, verließ keins seiner Kinder gern die Pflegeeltern. Die Hamstras waren am Boden zerstört; sie hatten sich vor diesem Augenblick immer gefürchtet. Wie sollten sie weiterleben ohne das Lachen »ihrer zwei Töchter«, das bis dahin ihr Haus erfüllt hatte? Sie ließen Maurits wissen, daß sie auch Sidney gerne aufnehmen würden, wenn er lieber alle drei Kinder unter einem Dach vereint wissen wollte. Aber Maurits wollte seine Kinder zurückhaben.

Frau Hamstra weinte tagelang. Auch die Kinder gingen schweren Herzens. Das was Ada am wenigsten wollte, war noch eine Veränderung, noch ein Abschied. Obwohl sie zu ihrem Vater zurückkehrte, war ihr dort nichts vertraut. Sie hatte keinen Bezug zu diesem Schatten von einem Mann. Er war ein Fremder für sie. Ihr neues Zuhause war nicht mehr das Haus, das sie gekannt hatte, ehe sie sich hatte verstecken müsen. Und außerdem hatte ihr Vater vor, wieder zu heiraten. Seine zukünftige Frau war eine Christin, die einen entfernten Verwandten von Maurits versteckt hatte. Ada freute sich nicht darauf, eine Stiefmutter zu bekommen. Aber das Schwerwiegendste war, daß sie sich nicht vorstellen konnte, irgendwo anders so glücklich zu sein, wie sie es jetzt war. Wieder einmal mußte Ada das tun, was Erwachsene von ihr verlangten, und niemand fragte danach, was sie wollte. »Mein Vater wollte uns, also mußten wir gehen«, faßt sie zusammen. »Und wir mußten wie Möbelstücke bei ihm sein.«

Und wirklich – trotz seines großen Verlangens, wieder mit seinen Kindern zusammenzuleben, war es Maurits Moscoviter nicht gelungen, die Trauer über den Verlust seiner Frau und seines glücklichen Heims zu überwinden. Er sprach nie über das, was er erlebt hatte, während seine Kinder versteckt gewesen waren, aber sein Schweigen war sehr beredt. Wie die meisten

Juden muß er seine ganz persönliche Art der Hölle erfahren haben. Um seinen Kindern Schmerz und sich selbst die Qual der Erinnerung zu ersparen, entschied er sich für das Schweigen. Ada vermittelte dieser Entschluß das Gefühl des Alleingelassenwerdens. Sie dachte, daß er sich entschieden hatte, in einer Welt zu leben, in der kein Platz für sie war. Sie verdrängte ihr Mitleid, genauso wie ihre Wut.

Schweren Herzens brachten die Hamstras die Mädchen nach Amsterdam. Der Augenblick der Trennung war qualvoll, aber es gelang den Hamstras, der Versuchung, einfach zu verschwinden und ihre Wunden zu Hause zu lecken, zu widerstehen. »Du hattest keine Gelegenheit, dich von deinen Eltern zu verabschieden«, sagten sie zu dem Mädchen. »Wir wollen nicht, daß du uns ohne richtigen Abschied verläßt. Gott segne dich. Wir werden dich immer lieben. Vergiß uns nicht. Wir beten, daß wir eines Tages wieder vereint sind.«

Die Frau, die die Mädchen in ihrem neuen Zuhause erwartete, war kein herzlicher, gütiger Mensch. Sie sehnte sich nicht gerade danach, ihre Stiefkinder zu bemuttern. Sie hatte wegen der finanziellen Sicherheit geheiratet, und wenn Kinder zum Handel gehörten, na gut.

Vom ersten Tag an war Ada klar, daß sie kein glückliches Heim haben würden. Die Frau ihres Vaters – sie konnte es nie über sich bringen, sie »Mutter« oder »Stiefmutter« zu nennen – klagte darüber, daß die drei zurückgekehrten Kinder ihr Leben völlig auf den Kopf stellten. Dazu kamen noch die Probleme mit der Religion. Sidney war mit seinen neun Jahren ein eifriger Katholik. Betty, die Zehnjährige, war überzeugte Protestantin, und Ada, die nicht wußte, was sie war, gab ihrer Verwirrung lauthals Ausdruck.

Erschüttert von diesem Chaos, griff die Stiefmutter frustriert nach einem Hammer und schlug damit auf den Tisch. »In diesem Haus wird keine Religion ausgeübt, bis ihr volljährig seid«, verkündete sie.

Adas neues Leben in Amsterdam war unbefriedigend, unfreundlich und voller Erinnerungen an das, was sie verloren hatte. Die traurigen Augen ihres Vaters veranlaßten sie zu der Frage, ob die Familie mit seinem Schmerz überhaupt weiterleben konnte. Er hatte seine Eltern und sieben seiner zehn Geschwister verloren. Aus Gründen, die sie nicht begreifen konnte, hatte ihr Vater auch keinen Kontakt zu denen, die überlebt hatten.

Ada vermißte ihre Großmutter mütterlicherseits. Aus Gesprächsfetzen reimte sie sich deren Geschichte teilweise zusammen. Adas Großeltern hielten sich bereits fast ein Jahr unter dem Fußboden ihres Friseursalons versteckt, als der Salon durchsucht wurde. Man mußte die Information gehabt haben, daß sich dort Juden versteckten, denn sie gingen direkt zu der Stelle und hoben die Klappe hoch. Sie wurden in Sobibor zum letzten Mal gesehen. »Sie war eine richtig liebe Omi«, erinnert sich Ada heute mit tränenerstickter Stimme. »Sie war so eine liebe alte Dame. Wie war man nur auf den Gedanken gekommen, ihr etwas zuleide zu tun?«

Die Pubertät war die schwerste Zeit in Adas Leben. Immer wenn sie am Klavier vorbeiging und die leere Stelle sah, auf der früher das Bild ihrer Mutter gestanden hatte, brannten ihre Augen. Sie forderte ihren Vater mehrmals auf, das Foto wieder dort hinzustellen, aber ihre Stiefmutter wollte nichts davon hören, und ihrem Vater fehlte die Energie, den Wunsch seiner Tochter durchzusetzen. Zwischen dem Mädchen und der unbelehrbaren Stiefmutter gab es endlose Streitereien. Wenn der Stiefmutter die Argumente ausgingen, schlug sie Ada mit dem Teppichklopfer. Diese Demütigungen hörten erst auf, als Ada im Alter von einundzwanzig Jahren das Haus ihres Vaters verließ. Sie sehnte sich ständig nach den schönen Zeiten unter den Fittichen der Hamstras zurück. Am meisten verletzte sie jedoch die Unfähigkeit ihres Vaters, sich für seine Kinder einzusetzen. Ada hätte ihn nur zu gern wenigstens einmal sagen hören: »Laß die Kinder in Ruhe. Sie hatten und haben es immer noch schwer.«

Aber ihre Hoffnungen wurden stets enttäuscht. Maurits

schien den Kriegszustand zwischen seiner Frau und seinen Kindern nie zu bemerken. Er war damit beschäftigt, Klavierstunden zu geben. Ada machte es traurig und wütend, wenn sie sah, wieviel Zeit er mit den Kindern anderer Leute verbrachte und wie glücklich sie ihn machten, während er für seine eigenen nur Schweigen und Tränen übrig hatte. Immer wenn Ada ihn anschaute, war sie sich sicher, daß ihn irgend etwas bedrückte. »Und trotzdem weiß ich, daß er uns liebte«, sagt sie. »Aber er liebte uns aus trauerndem, wundem Herzen. Er ist nie über den Verlust unserer Mutter hinweggekommen. Als die Deutschen meine Mutter mitnahmen, nahmen sie in Wirklichkeit auch meinen Vater mit. Ist es nicht eine bizarre Wendung des Schicksals, daß ich mich im Haus meines Vaters so verwaist fühlte wie nirgendwo sonst?«

Viele ehemals versteckten Kinder teilen Adas Schicksal, unter ihnen auch Aniko Berger. Für manche war die Anpassung an ein neues Leben leichter, wenn kein Elternteil zurückkehrte. So konnte sich das Kind in eine Pflege- oder Adoptivfamilie einfügen, anstatt mit der Trauer eines gebrochenen Elternteils leben zu müssen. Er oder sie kehrte aus der einen oder anderen Todesfabrik zurück und hing ständig dem nach, was er oder sie verloren hatte. Eigentlich war es Aufgabe der kleinen Kinder, die Wunden ihrer Eltern zu heilen. Und meistens taten sie das auch. Aniko mußte sich mit einer gebrochenen Mutter herumschlagen, obwohl sie noch immer an den Folgen ihres schrecklichen Erlebnisses litt. Adas Schicksal war ähnlich und wurde noch durch ihre Verbitterung, aus einem glücklichen Leben im Haus liebevoller Pflegeeltern gerissen worden zu sein, verstärkt. Beide standen schließlich vor einer Entscheidung, die ihnen keine andere Wahl ließ: Denn wer würde sich außer ihnen um ihre Mutter oder ihren Vater kümmern? Was würde ihnen passieren, wenn sie nicht für ihn oder sie sorgten?

Aniko und Ada befanden sich in der Zwangslage aller Kinder, die schon in frühester Kindheit entdecken, wie abhängig Eltern von ihnen sind. Wenn ihnen das bewußt wird, tun sie alles, um ihre Eltern merken zu lassen, wie sehr sich ihre Kinder um sie kümmern. Beide gaben ihr Bestes, um die dunklen Wolken aus den Seelen ihrer Eltern zu verscheuchen. Ihre Bemühungen wurden mit mageren Ergebnissen belohnt, keinem von beiden Mädchen wurde im Gegenzug Fürsorge zuteil. Aber früher oder später entdecken die meisten Kinder – auch Aniko und Ada –, daß sie ohne ihre Eltern überleben konnten wie auch ihre Eltern ohne sie.

1957 fand das alles ein jähes Ende. Ada verließ den ausgebrannten Kontinent und damit ihren Vater und dessen Welt. Im Alter von einundzwanzig Jahren faßte sie den Entschluß, sich nicht mehr zu verstecken. Ein paar Kanadier überredeten sie, nach Toronto zu gehen. Sie behaupteten dort zwei Frauen zu kennen, die eine Zeitlang mit Adas Mutter im Krankenbau von Auschwitz gewesen wären. Bei ihrer Ankunft holten diese beiden Frauen sie am Hauptbahnhof ab und erinnerten sich wirklich an Sara, denn sie hatte zusammen mit ihnen an Dr. Mengeles teuflischen Experimenten teilnehmen müssen.

Diese Nachricht war niederschmetternd. Doch jetzt erfuhr Ada endlich etwas Genaueres über das Schicksal ihrer Mutter. Und als das Entsetzen über diese Einzelheiten langsam abklang, konnte ein Heilungsprozeß einsetzen, weil jetzt der Tod ihrer Mutter unwiderruflich feststand.

Ada begann ihr Leben aufzubauen. Dank ihrer Englischkenntnisse fand sie Arbeit und heiratete bald den Direktor ihrer Firma. Er war Jude, und Ada fand sich plötzlich im liberalen Judentum wieder. Dazu gehörte auch, daß sie Hebräisch lernte und die Feiertage achtete. Doch meistens widmete sie sich ihrem kleinen Sohn und ihrem Adoptivsohn. Das Leben fing an, normal zu werden.

»Selbst durch meine sporadische Religiosität fühlte ich mich mit meiner ermordeten Familie verbunden und hatte das Gefühl, daß sie so in gewisser Weise weiterlebte«, erklärt Ada.

Nach eine Ehekrise war Ada plötzlich allein. Die Konsequenz daraus war, daß die ganze Wut, die sie stets verleugnet hatte, an die Oberfläche kam. Da ihr sowieso niemand zuhörte, schrie sie ihre Wut für sich allein heraus: Ich sollte in Holland, umgeben von einer großen, liebevollen Familie, leben. Ich hätte unter den Fittichen meiner Mutter großwerden sollen. Mein Sohn hätte Großeltern, Onkel, Tanten, Vettern und Kusinen haben sollen. Statt dessen hat er nur eine Mutter, die sich müht, die Person, die sie ist, zu einer zu ändern, die sie nicht ist, weil sie nicht mehr weiß, wer sie ist. Um Himmels willen, warum ist mein Leben nur so kaputt? Was ist aus uns geworden?

Im Alter von sechzehn Jahren entschloß sich ihr Sohn, »nach seinen Wurzeln zu suchen«, und zog nach Holland. Ada hielt ihn nicht zurück, aber plötzlich überkam sie wieder ein Gefühl, das ihr schon vertraut war: verlassen worden zu sein.

Aber sie hatte immer noch ihren Adoptivsohn. Als er Anzeichen einer Geisteskrankheit zeigte und in eine Nervenheilanstalt eingewiesen werden sollte, schlug sie den Rat der Ärzte in den Wind und behielt ihn bei sich. Der Junge und sie gewannen den Kampf.

Obwohl sie immer noch mit der Vergangenheit zu kämpfen hat, hat Ada sich ein Leben aufgebaut, das sie für gut hält. Jeden Morgen moderiert sie eine eigene Radiosendung in Holländisch. Dadurch reißt die Verbindung zur Kultur ihrer Kindheit nicht ab, und die Menschen profitieren von den Informationen, die sie ihnen liefert. Tagsüber arbeitet sie als Konkursverwalterin und hilft Menschen über die schwersten Phasen ihres Lebens hinweg. »Ich bin zwar kein Psychiater, aber ich könnte einer sein«, erzählt sie stolz. »Die Leute kommen völlig gebrochen zu mir, und ich rate ihnen dann, wie sie überleben können. Ich bin so eine Art Expertin für Überlebensfragen geworden.«

In den letzten drei Jahren hat Ada eine Tür nach der anderen geschlossen, hinter denen sich schmerzliche Erinnerungen verbargen. 1988 nahm sie als eins der zweiunddreißig Kinder aus der Krippe, die man zur Zwischenstation Brunsum gebracht hatte, an einer Zeremonie zu Ehren dieser heldenhaften Widerstandsgruppe teil. Ed van Thyn, Amsterdams Bürgermeister, hatte sie initiiert. Ada war eine der elfhundert Teilnehmer, die gekommen waren, um alle Pflegeeltern und die Widerstandskämpfer, die die Kinder mit ihren zukünftigen Rettern in Verbindung brachten, zu ehren. Unter den Geehrten befand sich auch Generalmajor Ted Meines, der drei Wochen lang für Ada sorgte, bis sich herausstellte, daß die van Breugels sie aufnehmen würden. Ada plädierte dafür, daß nicht nur Meines, sondern auch ihre beiden anderen Pflegefamilien von Yad Vashem in Israel mit der Auszeichnung »Gerechte der Nationen« geehrt würden.

Ein paar Jahre später gründete Ada zusammen mit zwei holländischen Freundinnen einen Fonds, der dazu dienen sollte, das berüchtigte Lager Westerbork in eine Erinnerungsstätte zu verwandeln: Jeder der 102.000 holländischen Juden, die von dort in die Vernichtungslager der Nazis transportiert worden waren, sollte mit einem Grabstein geehrt werden. Als Ada im Mai 1992 nach Westerbork fuhr, hatte sie einen Scheck über 11.000 Dollar im Gepäck. »Es ging mir nicht nur darum, einen Beitrag zum Kauf der Grabsteine zu leisten«, erklärt Ada. »Jeder Grabstein bot mir und allen holländischen Juden, die überlebt hatten, die Gelegenheit zu sehen, wie die eigenen Lieben geehrt wurden. Wir müssen unsere Toten begraben und ihnen einen Grabstein setzen können, damit wir auch endlich den Schmerz in unseren Herzen begraben können.«

Ada fuhr mit ihrer Schwester Betty und zwei Kusinen nach Westerbork. Sie nahmen an der Zeremonie teil und hatten endlich Gelegenheit herauszufinden, was mit den Mitgliedern ihrer Familie, die damals in der Dunkelheit verschwanden, geschehen war. Sie durften sich die offizielle Dokumentation ansehen, in der jeder Jude, der von Westerbork weiterverlegt wurde, verzeichnet ist. Auf acht Seiten dieses traurigen Dokuments des Todes stehen Namen von Mitgliedern ihrer Familie, darunter die ihrer Mutter und ihrer Großeltern.

Ada sah endlich mit eigenen Augen, was sie in ihrem Herzen schon längst wußte. Ein paar Jahre vorher hatte sie einen Brief vom Roten Kreuz entdeckt. Er war an Maurits Moscoviter gerichtet und informierte ihn, daß seine Frau 1943 in Auschwitz zum letzten Mal gesehen worden war. Sie fand den Brief in der Klavierbank, in der ihr Vater seine wichtigen Papiere versteckt hatte. Sie sprachen nie darüber, weil Maurits seine Kinder davor schützen wollte, etwas ans Licht zu bringen, was sie ohnehin alle längst wußten.

Aber an diesem Tag in Westerbork sah Ada alles mit eigenen Augen, in denen ungeweinte Tränen brannten. »Endlich sah ich alles mit eigenen Augen«, sagt sie. »Jetzt sind sie wirklich tot.«

Dieser Tag in Westerbork war der vorletzte Tag des Krieges für Ada. Vier Monate später kehrte sie nach Amsterdam zurück, um mit Hunderten anderen ehemals versteckten Kinder zusammenzutreffen. Viele gestanden es sich selbst, ihren Kindern und überhaupt einem Menschen zum ersten Mal ein, daß sie dorthin gehörten: Sie waren versteckte Kinder, und sie hatten überlebt. Ada erwartete keine großartigen neuen Entdeckungen, denn sie erforschte ihre Vergangenheit schließlich schon seit Jahren, aber sie wollte unbedingt dabeisein.

»Die Fotos der Kinder aus der Krippe sind hier«, hörte sie eine Lautsprecherdurchsage. Sie sah sich die Fotos an, und war ungeheuer bewegt. Sie konnte kaum glauben, wie klein sie noch gewesen war und wieviel dieses kleine Mädchen ertragen hatte.

Da waren sie also, alle Kinder der Krippe in einem Fotoalbum. Drei der Fotos zeigten Ada und ihre Geschwister. Diese Bilder brachten längst vergessene Erinnerungen zurück, die ihr gar nicht angenehm waren. Wieder spürte sie die bittere Angst aufkommen, die sie damals empfunden hatte, als sie mit Sidney und Betty darauf wartete, adoptiert zu werden. Seit Jahren hatte sie nicht mehr daran gedacht, aber die Fotos zwangen sie einfach dazu. Aber nachdem alles gesagt und erledigt war, war Ada froh darüber, daß sie zu dem Treffen gereist war und die Fotos gesehen hatte. »Ich habe überlebt. Das habe ich aus diesen Fotos und von diesen Menschen gelernt«, gibt sie zu.

Pierre, ihrem Gefährten in den letzten sechs »herrlich glücklichen« Jahren, wäre es lieber gewesen, wenn sie nicht an dem Treffen teilgenommen hätte. Er befürchtete, daß sie völlig deprimiert zurückkommen würde. Er irrte sich. Sie kehrte stärker zurück als je zuvor, bereichert nicht nur durch das Gefühl, daß der Krieg für sie endlich vorbei war, sondern auch durch ein paar gefaßte Entschlüsse. »Ich setze neue Prioritäten«, erklärt mir Ada. »Ganz typisch für ein verstecktes Kind, andere waren mir immer wichtiger als ich mir selbst – sogar Menschen an meinem Arbeitsplatz. Jetzt möchte ich, daß man endlich anfängt, etwas für mich zu tun. Ich möchte manchmal auch an erster Stelle stehen.«

Adas Reise ist nun zu Ende. Sie hat gelernt, die verschiedenen falschen Egos abzustreifen und endlich ohne Masken zu leben. Sie spürt nicht mehr die Unsicherheit des verlassenen Kindes, die sie stets verwirrte und glauben ließ, irgend etwas würde mit ihr nicht stimmen, sie wäre nicht normal. In Amsterdam erfuhr sie, daß die meisten ehemals versteckten Kinder ihre Erfahrungen teilten. Das Treffen, fast fünfzig Jahre nach dem Krieg, überzeugte sie endlich davon, daß sie normal war und daß sie die Unsicherheit, gegen die sie ihr bisheriges Leben lang zu kämpfen gehabt hatte, mit allen ehemals versteckten Kindern teilte. Sie war endlich frei.

Dank der exzellenten Fürsorge, die sie bei ihren Pflegefamilien genossen hatte, lernte sie den Wert der Nächstenliebe kennen. Wie viele andere versteckten Kinder, die in diesem Buch porträtiert werden, wurde ihr als Kind, als sie sich wertlos fühlte (»mit sechs ist man nichts wert«), viel Großmut zuteil. Das weckte in ihr den natürlichen Trieb, anderen zu dienen.

Nachsatz: Dank Adas nachhaltiger Bemühungen, wurden Ted Meines, Ali und Jerrit van Breugel und Anna und Peter Rombout 1992 posthum vom Staat Israel geehrt.

V

Erinnere dich nicht, denke!
Die Geschichte des Ervin Staub

»Meine Kusine Eva ging in die Bäckerei nebenan, um Brot zu kaufen. Sie ging ohne ihren gelben Stern aus dem Haus. Jemand erkannte sie und identifizierte sie als Jüdin. Drei Nazis verfolgten sie in der Absicht, sie abzuführen. Eva rannte in unser Haus. Ihre Mutter, meine Tante Julia, wartete am Haustor auf die Verfolger. Sie stellte sich ihnen entgegen und begann sie wüst zu beschimpfen. Das muß die drei Nazis so eingeschüchtert haben, daß sie sich zurückzogen. Vorher aber drohten sie, mit der Polizei wiederzukommen.

Das gehörte zu den nachhaltigsten Erinnerungen aus meiner frühen Kindheit. Ich war sechs Jahre alt.«

Der kleine Ervin Staub sah dieser Auseinandersetzung zwischen den drei faschistischen Schurken und seiner Tante Julia aus dem Zwischenstock des dunklen Treppenhauses zu, der sich direkt über dem Haustor des Mietshauses in der Stephansstadt befand, einem der modernen Bezirke auf der Pester Seite der ungarischen Hauptstadt. Ervin verhielt sich still und war erleichtert, als der hitzige Wortwechsel endlich zu Ende war. Er hatte Angst um sich und um seine sechs Jahre ältere Kusine Eva. Er liebte die drei Kinder seines Onkels und seiner Tante, aber Eva war ihm die liebste. Sie spielte gern mit ihm und erzählte ihm viele Witze.

Und jetzt war sie in ernsten Schwierigkeiten. Sie war ohne gelben Stern auf die Straße gegangen. Ervin wußte, daß alle Juden – auch die Kinder – laut Gesetz verpflichtet waren, einen gelben Stern auf der Brust zu tragen, auch daß es den Juden, selbst den Kindern, immer unmöglicher gemacht wurde, sich in den Straßen zu zeigen. Die Familie Staub, zu der auch Ervin und die dreijährige Agi gehörten, und die Friedmans – Ervins Onkel und Tante, Eva, der fünfzehnjährige »große« Ervin und der zwölfjährige Öcsi – befolgten die Rituale und Traditionen des orthodoxen Judentums. Ervin wußte zwar nicht, warum, aber er begriff, daß es nur deshalb Gesetze gegen Juden gab, weil sie eben Juden waren.

Die fünf Vettern und Kusinen waren eher wie Geschwister. Die Erwachsenen widmeten einen Großteil ihrer Zeit dem Familienbetrieb, während die Kinder von Macs, dem Hausmädchen, betreut wurden. Wie viele Jungen in seinem Alter heckte Ervin mit seinen Vettern und Kusinen eine Menge Streiche aus. Einmal stopften sie Müll in einen großen Sack, warfen ihn über das Geländer im vierten Stock und schrien: »Es ist jemand gestürzt! Es ist jemand gefallen!« Aber als die Gesetze ihre Freiheit immer mehr einschränkten, spielten sie zum Mißvergnügen ihrer Nachbarn nur noch im Innenhof des Hauses.

Abends, wenn die Eltern um den Küchentisch saßen, wurden die Kinder zum Schlafen in das große Wohnzimmer geschickt. Macs, die schon einen langen Tag hinter sich hatte – schließlich kümmerte sie sich um zwei Familien –, pflegte ihnen dann Märchen zu erzählen, wobei sie oftmals einnickte und dann von Ervin geweckt wurde, damit sie weitererzählen konnte.

»Eine meiner frühesten Kindheitserinnerungen bezieht sich auf den Kohlenhändler von gegenüber«, berichtet Ervin. »Er pflegte vor der Tür seines Kellergeschäfts zu sitzen und auf Juden zu warten, um sie dann aufs wüsteste zu beleidigen. Uns jüdischen Kindern lief immer ein Schauder den Rücken hinunter, wenn wir ihn nur sahen. Als er merkte, daß Juden auf die andere Straßenseite wechselten, um seinen Schmähungen zu entgehen, folgte er ihnen erbost. Eines Tages kam er in unseren Hof und brüllte Drohungen gegen die Juden. Mein fünfzehnjähriger Vetter begann daraufhin, die Kinder des Hauses zu organisieren, damit sie sich verteidigen konnten.«

»Wir werden uns selbst schützen«, sagte der »große« Ervin. »Niemand wird uns straflos beleidigen.«

Eines Nachts kam sein geliebter Onkel Lajos an sein Bett, umarmte ihn und verabschiedete sich. Ervin war traurig, daß sein Onkel ihn verließ. Man hatte ihn in ein Arbeitslager geschickt. Bedrückt schlief der Junge ein.

Am nächsten Morgen wurde er durch lautes Weinen aus dem Nebenzimmer geweckt. Er ging hinüber, und obwohl es noch sehr früh war, waren bereits alle auf. Onkel Feri brach fast unter seinem vollgepackten Rucksack zusammen. Es wurde ein tränenreicher Abschied.

Kurz darauf holten die Behörden alle Jungen über vierzehn. Sie mußten sich im Hof aufstellen. Der »große Ervin« wollte gerade dem Befehl nachkommen, als seine Mutter ihn anwies, hineinzugehen und auch dort zu bleiben. Hin und her gerissen zwischen dem Befehl der Behörde und der Anordnung seiner Mutter, begann er sie anzuschreien. Schließlich gab sie ihm eine Ohrfeige und schob ihn in die Wohnung. »Die anderen marschierten weg, und man hörte nie wieder etwas von ihnen«, erzählt Ervin. »Mit der für sie typischen Resolutheit hat sie das Leben meines Vetters gerettet.«

Am 19. März 1944 nahm Hausmädchen Macs Ervin und seine kleine Schwester Agi zu einem Bummel auf den nahegelegenen Sankt-Stephans-Boulevard mit. Plötzlich kamen ihnen Lastwagen, Motorräder und Panzerwagen mit Soldaten entgegen. Macs blieb wie angewurzelt stehen und drückte Ervins Hand ganz fest. Sonst geschah nichts, aber Macs' Entsetzen übertrug sich auf Ervin. Er hatte große Angst, konnte aber nichts dagegen machen.

Das war der erste von vielen Augenblicken, in denen sich Ervin – wie so viele Kinder in dem von den Nazis besetzten Europa – völlig hilflos fühlte. Es hatte keinen Zweck, sich bei den Eltern zu beklagen, denn sie konnten das Unheil nicht abwenden. Außerdem waren sie die meiste Zeit mit anderem beschäftigt. Sie flüsterten ständig miteinander, um den Kindern ihre Sorgen zu ersparen. Und wenn sie doch manchmal ihrer Angst Ausdruck verliehen, spürte Ervin, daß selbst die Erwachsenen nicht in der Lage waren, die Gefahr abzuwehren; sie konnten ihm nicht garantieren, daß sein Leben sicher war.

»Kann ein Verdrängen des Schmerzes in früher Kindheit bewirken, daß man keine Erinnerungen mehr an diese Zeit hat?« grübelt Dr. Ervin Staub, inzwischen Professor für Sozialpsychologie an der Universität von Massachusetts in Amherst. »Diese Ängste können sogar einem selbst verborgen bleiben, bis man auf die eine oder andere Art lernt, daß man sich darum kümmern kann, ohne gleich zu sterben. Als ich soweit war, sah ich mich plötzlich mit uralten Ängsten und gänzlich neuer Trauer konfrontiert.«

Im April 1944 mußte der Familienbetrieb geschlossen werden. Plötzlich waren die Erwachsenen immer zu Hause. Doch anstatt sich jetzt sicherer zu fühlen, spürte Ervin immer öfter ihre Sorgen und Ängste, bis sie den Kindern nicht mehr verhehlen konnten, wie übel sie dran waren. Ervin war nun klar, in welch großer Gefahr sie sich befanden.

»Im Laufe der Jahre habe ich immer wieder versucht, diese Gefühle noch einmal zu durchleben, aber irgendwie entglitten sie mir ständig. Ich hatte die meisten Erinnerungen an diese Zeit verdrängt, und es gelang mir deshalb nicht, die Ängste von damals erneut durchzumachen. Wenn ich heute darüber spreche, spüre ich noch immer einen Hauch von Angst.«

Durch ihre ständige Anwesenheit lernte Ervin seine Eltern besser kennen. Seine Tante bewältigte die Konflikte und Krisen, und sein Onkel spielte in der Familie die Vaterrolle. Ervins Vater hingegen war ein unscheinbarer Mensch, ein Außenseiter, konnte aber besser mit den kleinen Kindern spielen. Ervins Mutter hatte zu viel zu tun oder war zu sehr mit sich beschäftigt – sie ließ ihren Kindern nur gelegentlich Zärtlichkeiten zuteil werden.

»Deshalb waren mir die Zuneigung und die Fürsorge, die mir Macs angedeihen ließ, besonders willkommen. Macs besaß ein außerordentliches Gespür dafür, was jemanden trösten und stützen konnte. Sie lehrte mich den Wert kleiner Gesten der Großzügigkeit schätzen.«

Das Heim der Staubs war immer von Gebeten erfüllt gewesen. Selbst in der schlimmsten Zeit ehrten sie den Sabbat, indem sie eine Kerze anzündeten und den Segen sprachen. Onkel Lajos war im Befolgen der Gebote sogar noch eifriger als Ervins Vater, und er hielt diese privaten Gottesdienste ab, bis er sich zur Zwangsarbeit melden mußte. Als Ervins Vater seinen Marschbefehl erhielt, übernahm die Mutter die Rolle des spirituellen Oberhaupts. Alle erwachsenen Mitglieder der Familie befolgten die Ernährungsregeln der Kaschrut (nur koscheres Essen zu sich zu nehmen). Aber gegen Ende des Krieges durften die Kinder alles essen, was die Erwachsenen für sie auftreiben konnten.

Es dauerte nicht lange, dann wurden die jüdischen Einwohner der Stadt in Häuser gepfercht, die man als »jüdische Häuser« bezeichnete. Man markierte sie mit einem großen gelben Stern über dem Haustor. Ervins Elternhaus gehörte dazu.

Die nächtlichen Angriffe der Alliierten zwangen den Großteil der Stadtbevölkerung, sich in die Keller zu flüchten. Weil die Angriffe meistens nachts stattfanden, bettete man viele Kinder abends gleich in den Keller. Die meisten schlummerten dort den Schlaf der Gerechten und erwachten erst am nächsten Morgen. Ervin gehörte nicht dazu. Er sah im flackernden Kerzenlicht die müden und sorgenvollen Gesichter der Menschen, die Mäntel über ihren Schlafanzügen trugen.

Während eines dieser Bombenangriffe schlug eine Bombe genau vor ihrem Haus ein. Die Explosion erschütterte das Gebäude bis in die Grundfesten, und die Detonation brachte die Menschen im Keller aus der Fassung. Einige begannen zu beten. Nach der Entwarnung besah man sich den Schaden: Die Bombe hatte genau vor der Wohnung der Staubs einen Krater ins Pflaster geschlagen. Ervins Entsetzen wurde jedoch noch größer, als er sich plötzlich Auge in Auge mit mehreren Pfeilkreuzlern – die faschistische Miliz Ungarns – gegenübersah, die das Gelände durchsuchten. »Ich brach in Tränen aus«, erzählt Ervin. »Das ist eine der wenigen Erinnerungen, die mir noch immer ganz klar im Gedächtnis ist. Ich hatte entsetzliche Angst um meine Familie.«

Einer der Männer fragte Ervin, warum er weinte. Als der Junge ihm antwortete, daß er Angst hätte, sie würden seine Familie mitnehmen, versprach ihm der Mann, daß ihnen nichts geschehen würde.

Als immer mehr restriktive Maßnahmen gegen die Juden verhängt wurden, sprachen Ervins Eltern und seine Tante ständig von der drohenden Deportation. Sie beschlossen, daß die Kinder aus dem »jüdischen Haus« ausziehen mußten.

Eines Morgens brachte Macs unter Tränen und hastigem Abschied Ervin und Agi aus dem gebrandmarkten Haus in das Haus einer christlichen Familie. Nach einem für die Kinder schier unendlich langen Fußmarsch gelangten sie in einen Teil von Pest, den sie noch nie zuvor betreten hatten.

Sie durchquerten einen Hof und erklommen die steile Treppe in den vierten Stock. Ervin wurde schwindlig, als er in den Hof hinunterschaute, und er umklammerte Agis Hand noch fester.

Sie wurden von Fremden begrüßt. »An die Zeit bei diesen Menschen habe ich keine Erinnerung«, stellt Ervin fest, und es schwingt Bedauern in seiner Stimme mit. »An kein Gesicht, keine Stimme, kein Möbelstück erinnere ich mich, als ob die Zeit, die ich dort verbrachte, nicht zu meinem Leben gehören würde.«

Ervin weiß nicht mehr, wie lange es dauerte, bis Macs zurückkehrte. Die Familie, die Ervin und Agi aufgenommen hatte, hatte sie benachrichtigt, daß einige Nachbarn die Kinder zwar kommen, aber nicht weggehen gesehen hätten,. Man hielt es daher für das beste, die Kinder in ein anderes Versteck zu bringen.

Diesmal waren sie schon nach wenigen Minuten am Ziel. Das Gebäude glich ihrem ersten Versteck aufs Haar.

Kurze Zeit danach gelang es Ervins Familie, ausreichend viele der heißbegehrten schwedischen Schutzbriefe zu ergattern, und Ervin und seine Schwester kehrten nach Hause zurück.

Die Schutzbriefe entsprangen dem genialen Einfall Raoul Wallenbergs, dem Abkömmling einer schwedischen Bankiersfamilie, der nach Budapest gekommen war, um Juden zu retten. Er gab gefälschte schwedische Pässe aus, in denen stand, daß der Inhaber den Schutz des schwedischen Staates genoß. Aus irgendeinem geheimnisvollen Grund waren die Nazis gewillt, diese Schutzbriefe eine Weile zu tolerieren. Wallenberg hatte in der Nähe von Ervins Elternhaus ein paar Mietshäuser gekauft, die er zu »geschützten Häusern« erklärte. Als man Ende November 1944 das zentrale Ghetto errichtete, gestattete man den Juden, die im Besitz eines solchen Schutzbriefes waren, in die geschützten Häuser zu ziehen, anstatt sich im Ghetto zu melden.

Als sie den Befehl bekamen, ihr Haus zu verlassen, luden die Staubs soviel wie nur möglich auf einen Leiterwagen, den Macs aufgetrieben hatte. Als es schließlich Zeit wurde, ihr Heim zu verlassen, blickten sie traurig zurück. Niemand sagte ein Wort.

Trotz der Ausgangssperre gingen sie im Schutz der Dunkelheit durch die Straßen. Ihr Ziel lag nur vier Blocks weit entfernt, aber der Weg war voller Gefahren: Es hätte einen Bombenangriff geben können, sie hätten einer Wachmannschaft oder einem Antisemiten begegnen können. Es war schließlich für jeden offensichtlich, daß sie untertauchen wollten.

»Was ist, wenn wir angehalten werden?« fragte Ervin ständig seine Mutter.

Und tatsächlich, einmal wurden sie von einigen Zivilisten angehalten und verhört. Sie waren zwar nicht autorisiert, was aber in jenen Tagen keine Rolle spielte, und nach ein paar Minuten der Schikane durfte die Familie weitergehen. Sie erreichte ohne weiteren Zwischenfall das schützende Haus.

»Wenn ich an diese Zeit denke, spüre ich Angst in mir aufsteigen«, sagt Ervin. »Damals wurde sie ständig verdrängt, weil man immer in Gefahr war, aber heute fühle ich mich deshalb unwohl, weil ich mich nur an Bruchstücke erinnere. Warum das so ist? Ich habe das Gefühl, als ob ein Teil von mir sich immer noch verstecken würde. Ich starre in die Dunkelheit und nur hin und wieder blitzt etwas auf in mir und legt Erinnerungen an mein früheres Leben frei.«

Eine emotionale Reaktion auf die Wirren des Lebens im Versteck ist für Ervin Staub eine relativ neue Erfahrung. Früher verarbeitete er die Qualen des Krieges, indem er seine Wunden aus einer gewissen intellektuellen Distanz betrachtete. Er tat sein Bestes, um das Thema in seiner Forschung und beim Lehren lebendig zu halten, und untersuchte die Fakten rein wissenschaftlich. Indem er seinen Intellekt benutzte, um den Verrat in seiner Jugend zu begreifen, versteckte er sich weiterhin, solange er das Bedürfnis dazu hatte.

Das Leben in dem geschützten Haus war für die Kinder nicht sehr schön. Sie bewohnten zu siebt ein winziges Zimmer. Dazu kam noch eine alte Dame – die ursprüngliche Mieterin der Wohnung –, die bettlägerig war. Sie durften das Haus nicht verlassen, und es gab keinen Hof, in dem die Kinder spielen konnten.

Wieder einmal rettete ihnen Macs das Leben. Da sie »ihre« Familie nicht verlassen wollte, zog sie mit ihr in das geschützte Haus. Da sie Christin war, konnte sie kommen und gehen, wann sie wollte. Sie durchstreifte die Stadt, um etwas zu essen zu besorgen. Irgendwie gelang es ihr, Mehl aufzutreiben, es zu Teig zu verarbeiten, diesen in einem Kinderwagen zum Bäcker zu fahren und zu Brot backen zu lassen.

Auf dem Nachhauseweg wurde sie von Pfeilkreuzlern angehalten und ausgefragt, was und wohin sie mit dem ganzen Brot wolle. Sie mußte sich mir erhobenen Händen an eine Mauer stellen, und man hätte sie erschießen können. Nach stundenlanger Qual ließ man sie gehen, behielt aber das Brot. Nun hatte sie keins mehr für all diese hungrigen Menschen. Was sollte sie tun? Sie versuchte ihr Glück noch einmal, und diesmal kehrte sie mit einem Kinderwagen voll frischem Brot zurück.

»Immer wenn ich über sie spreche«, gesteht Ervin, »kommen mir die Tränen. Viele meiner Arbeiten über altruistisches, soziales Verhalten sind ihr zu verdanken. Sie ist die Verkörperung von Güte und Menschlichkeit in meinem Leben. Heute weiß ich, daß viele Hausangestellte ihren jüdischen Brötchengebern geholfen haben, doch viele haben sie auch verraten. Macs aber wollte uns nicht unserem Schicksal überlassen.«

Eines Tages stand zur großen Freude aller József, Ervins Vater, vor der Tür. Er war auf der Fahrt nach Deutschland bei einem Zwischenstopp in Budapest aus seinem Zwangsarbeiterbataillon geflüchtet. Vor dem geschützten Haus, in dem sich seine Familie versteckt hielt, hatte er noch einmal Glück: Der Verwalter des Hauses, ein Christ, hatte Mitleid mit ihm und gestattete ihm hereinzukommen.

Wieder einmal hatte Macs geholfen. Ohne Ervins Wissen war sie mit dem Zug zu dem Arbeitslager gefahren, wo sich sein Vater befand, und hatte ihm einen der Schutzbriefe gegeben. »Meine Mutter behauptete stets, daß dieser Brief meinem Vater den Mut gegeben hätte zu flüchten, obwohl die Schutzbriefe für Männer wertlos waren«, erzählt Ervin. »Aber ob das nun so war oder nicht, die Flucht gelang ihm; er war der einzige Überlebende dieser Gruppe. Ich war nicht nur glücklich, weil ich meinen Vater wiederhatte, ich war auch sehr stolz auf ihn. Er versteckte sich mit uns die übrige Zeit der Besatzung.«

Als der Krieg sich dem Ende näherte, wurden die Bombenangriffe und der Beschuß immer stärker. Ab Ende Dezember 1944 bis in den Januar 1945 hinein wurde es so schlimm, daß sie die meiste Zeit im Keller verbringen mußten. Die Bewohner des Hauses lebten auf Matratzen, die den Boden des überfüllten Kellers völlig bedeckten. Wutausbrüche, die durch die Enge und die Erregung der Menschen hervorgerufen wurden, waren jedoch selten, denn man klagte nicht über die damaligen Lebensbedingungen.

Ervin war einige Wochen krank und mußte ständig auf seiner Matratze im Keller liegenbleiben. Um ihm die Zeit zu vertreiben, brachte sein Vater ihm Gedichte bei und ermunterte ihn, sie den Hausbewohnern zur Unterhaltung vorzutragen. Diese enge Beziehung zu seinem Vater gehört zu den wenigen erfreulichen Dingen, die Ervin aus jener Zeit im Gedächtnis behalten hat.

Die Behörden führten auf der Suche nach versteckten Juden immer wieder Razzien im Haus durch. Für diese Gelegenheiten entwickelte Ervins Mutter einen Plan. Sobald eine Durchsuchung stattfand, sollte sich ihr Mann in die Ecke hinter einen großen Sessel kauern, über den sie eine Decke legen würde.

Und wirklich, Ervin war gerade von seiner Krankheit genesen, als er eines Tages am Fenster ihres Zimmers stand und sah, wie eine Gruppe Pfeilkreuzler in die Straße einbog. Er ahnte, was kommen würde, brüllte deshalb laut Alarm und rannte zur Tür, um nachzusehen, ob er recht hatte. Als er die Tür öffnete, waren die Männer bereits ins Haus eingedrungen.

Sie durften keine Sekunde zögern. Ervins Vater tat, wie seine Frau ihn geheißen hatte, als das Durchsuchungskommando schon an der Tür klingelte. Trotz eifriger Suche mußte es erfolglos abziehen.

Für diesmal waren die Staubs sicher, aber das mußte nicht auch das nächste Mal so sein. Viele der geschützten Häuser wurden durchsucht. Fanden die Polizisten einen Juden, trieben sie ihn zum unteren Kai, erschossen ihn und warfen ihn in die Donau. Ab und zu wurde auch ein Bewohner von Ervins Haus mitgenommen, aber es gab keine Massenverhaftungen. Das Zimmer der Staubs wurde noch ein paarmal durchsucht, aber der Flüchtling wurde nie gefunden.

Mitte Januar sah Ervin bewaffnete Männer in Uniform, die von Tür zu Tür eilten. Dem Jungen fiel auf, daß sie anders aussahen, weshalb er seinen Vater zu sich ans Fenster rief. Da er nach dem Ersten Weltkrieg achtzehn Monate lang Kriegsgefangener bei den Russen gewesen war, identifizierte er die Männer gleich als Angehörige der Roten Armee, die gekommen waren, um die Stadt von ihren deutschen Unterdrückern zu befreien.

Am nächsten Tag wurden sie tatsächlich befreit. Jeder wollte nur hinaus auf die Straße, frische Luft atmen und sich die Beine vertreten. Und sie wollten alle ihre Befreier anfassen. Vor dem Haus der Staubs standen ein russischer Panzer und viele Soldaten.

Ervin wollte sich unbedingt der begeisterten Menge anschließen. Macs wickelte ihn in eine Decke, um seinen schwachen Körper vor der Januarkälte zu schützen, und trug ihn nach draußen. Als ein Soldat den blassen Jungen in seiner Decke sah, griff er in seine Tasche und gab ihm ein paar Süßigkeiten.

Nach der Befreiung herrschte im Geschäftsbezirk von Pest das Chaos. Ervins Vettern und Kusinen ließen sich von der Menge mitreißen. Jeder wollte sehen, was von der Stadt noch übrig war, auch mußte man nach etwas zu essen suchen. Überall waren die Schaufenster der Geschäfte eingeworfen und die Waren geplündert worden. Ervin beneidete seine Vettern und Kusinen. Er wollte sich ihnen anschließen, aber seine Eltern erlaubten es ihm nicht.

Die Staubs gingen in die Visegrádi-Straße, um nach ihrer alten Wohnung zu sehen. Das Haus war als Hauptquartier benutzt worden – zuerst von den Deutschen und dann von den Russen, die ihre Pferde mit in die Wohnung genommen hatten. Die Badewanne war voller Pferdemist und menschlicher Exkremente, und im Fußboden hatten die Hufe Spuren hinterlassen. Trotzdem vergoß niemand wegen der verwüsteten Wohnung eine Träne. Durch das, was sie gerade überlebt hatten, sahen sie alles in anderem Licht.

Allmählich lebte die Stadt wieder auf. Wie viele andere Geschäftsleute eröffneten die Staubs ihren Laden wieder. Das erste Mal, als Ervin allein über den Boulevard heimgehen durfte, kam er an einer Gruppe Jungen in seinem Alter vorbei. Als sie sein Käppchen sahen, riefen sie: »Dreckiger Jude!« – »Sie beschimpften mich, weil ich Jude war. Ich konnte nichts dagegen tun und fühlte mich hilflos und erniedrigt.«

Ende Januar eröffneten zwei Frauen in der Nachbarwohnung der Staubs eine Schule. Ervin war froh, in die Schule gehen zu dürfen. Das war ein Zeichen, daß er endlich wieder Kind sein konnte und er beendete das Schuljahr in dieser provisorischen Schule. Im darauffolgenden September wurde er in einer jüdischen Schule angemeldet, die zwei Blocks entfernt war. Dort führte er bis zum Ende der fünften Klasse das Leben eines normalen Kindes, er lernte, spielte und raufte. Danach mußte er sich in einer öffentlichen Schule anmelden, weil alle religiösen Schulen von den Kommunisten geschlossen wurden.

Manche Kinder brachten das antisemitische Denken und Handeln ihrer Eltern mit in die Schule. Obwohl er nicht der einzige Jude in seiner Klasse war, trug nur er eine Jarmulke. Außerdem hatten seine Eltern mit den Lehrern ausgemacht, daß er an Samstagen nicht schreiben mußte. Dadurch fühlte er sich ausgeschlossen und verunsichert. »Ich war wie ein weißer Elefant«, sagt Ervin niedergeschlagen.

Nach einer Weile gewöhnten sich die Kinder aneinander, und das, was sie unterschied, wurde nebensächlich. Die meiste Zeit war es unwichtig, daß die meisten christlichen Kinder aus Arbeiterfamilien stammten, Ervin aber jüdischer Herkunft war und der Mittelschicht angehörte. Doch gänzlich ohne Ambivalenz waren diese Freundschaften nie.

Eines Tages geriet Ervin, obwohl er keinen Streit gesucht hatte, in eine Rauferei mit einem Jungen, der ein Christ war. Als es so aussah, als würde er seinen Angreifer besiegen können, mischte sich noch ein christlicher Junge ein, jetzt waren es zwei gegen einen.

»Ein jüdischer Junge kam mir zu Hilfe (obwohl es mir damals egal war, ob er Jude war oder nicht). Sein Eingreifen bewegte mich sehr, war es doch ein großartiges Gefühl, einen Mitstreiter zu haben, besonders wenn er Jude war. Jetzt waren die Fronten wieder ausgeglichen. Später wurde Pali, der Mitstreiter, mein bester Freund.«

Obwohl Pali für Ervin den Tag rettete, wird es rückblickend klar, daß diese überlebenden Kinder weit davon entfernt waren, frei oder sorglos zu leben, obwohl die offenen Feindseligkeiten, die während des Krieges jüdische Kinder bedroht hatten, hinter ihnen lagen. Antisemitismus ließ sich nach dem Krieg nur schwer ausrotten – das galt besonders in den Ländern des Ostblocks. Außerdem sahen sie sich in ihrem Zuhause neuen

Härten ausgesetzt, wenn nur ein Elternteil aus den Lagern zurückkehrte – das haben wir ja bereits von Ada und Aniko erfahren. Doch Ervins Geschichte zeigt andererseits, daß selbst Kinder, die sich zusammen mit ihren Eltern versteckten, manchmal nach dem Krieg diese Verlassenheit empfanden, der andere Kinder während des Krieges ausgeliefert waren.

Wie viele andere jüdische Jugendliche traten Ervins Vettern und Kusinen der zionistischen Bewegung bei. Das verband sie nicht nur mit einer jungen religiösen Gemeinde, sondern auch mit dem neuen Staat Israel. Weil die neue kommunistische Regierung verbot, daß man das Land verließ, schafften die Zionisten die jüdischen Kinder heimlich aus Ungarn fort. Die Vettern und Kusinen verbrachten immer mehr Zeit bei den Zionisten und überließen Ervin sich selbst. Da auch die Erwachsenen in seinem Zuhause zu beschäftigt waren – sie mußten den Lebensunterhalt verdienen –, stellte die Abwesenheit der Familie für ihn einen Verlust besonderer Art dar.

»Ich erlebte, wie es ist, allein und verlassen zu sein«, sagt Ervin. »Das war das erste Mal, daß ich mit dem Alleinsein direkt konfrontiert wurde. Ich war zwar damals sehr traurig, als mein Onkel in das Arbeitslager ging, auch daß mein Vater nicht mehr da war, doch als jetzt meine Vettern und Kusinen mich verließen, fühlte ich mich richtig einsam und verlassen. Ich sehnte mich schmerzlich nach ihnen, fühlte mich wertlos, weil man mich anscheinend einfach so zurücklassen konnte. Ich habe dieses Gefühl nie aufgearbeitet, und das überrascht mich heute. Ich nehme an, daß ich es vor mir selbst verstecken mußte, um es ertragen zu können.«

Ging es nur um das Verlassenwerden? Oder hatte es damit zu tun, daß sie ihr Leben in die Hand nahmen, während Ervin keine andere Wahl hatte, als alles über sich ergehen zu lassen?

Ervin hat den Mut und die Kraft seiner Mutter als Familienoberhaupt stets sehr bewundert. Und er entdeckte, daß es noch andere Gründe gab, sie zu bewundern. Sie half anderen Menschen, wo sie nur konnte. Wenn man von ihr verlangte, beachtet zu werden, tat sie es gutherzig. Wenn man Geld brauchte, öffnete sie immer ihre Börse. Bei einer Gelegenheit brauchte eine Frau unbedingt Geld, aber Frau Staub hatte keines. Statt dessen gab sie der Frau Gold, das sie verkaufen sollte. Aus ungeklärten Gründen denunzierte die Frau ihre Wohltäterin bei der Polizei (damals war es illegal, als Privatmann Gold zu verkaufen). Ervins Mutter wurde verhaftet und zu einer Gefängnisstrafe verurteilt. Da sie glaubte, hinter Gittern nicht überleben zu können, tauchte sie unter und wanderte von einer Familie zur nächsten. Wieder einmal war sie tapferen, gütigen Menschen ausgeliefert, die für sie ihre Freiheit aufs Spiel setzten. Und wieder einmal fühlte Ervin sich allein und verlassen.

Gelegentlich kam seine Mutter vorbei und rief Ervin von der Straße aus zu, er solle herunterkommen. Ein paar Mal nahm sie ihn mit in ihr Versteck. Ervin war zwar glücklich darüber, machte sich aber trotzdem Sorgen: Wenn man ihnen nun gefolgt war? Wenn jemand sie anzeigte? Diese Besuche ließen in ihm die Erinnerungen an eine Zeit wach werden, die noch gar nicht so lange zurücklag. Um Verfolgung auszuschließen, sprang der Junge bei diesen Ausflügen zum Versteck seiner Mutter auf fahrende Straßenbahnen auf. Es tat Ervin gut, etwas Verantwortung zu übernehmen, anstatt sich nur dumpf in sein Schicksal zu ergeben.

Ohne es artikulieren zu können, mußten Ervin und andere Kinder in seiner Lage ihre Auffassung von der Aufgabe der Eltern revidieren – neben ihrer Rolle als Lebensspender und -erhalter waren die Eltern auch eine potentielle Bedrohung. Für solche Kinder ist es nicht ungewöhnlich, daß sie ihren Eltern gegenüber ambivalente Gefühle zeigen, sich nie richtig an sie binden oder ihnen bedingungslos vertrauen können. (Später, wenn sie selbst Eltern werden, neigen sie dazu, ihre Kinder auf Abstand zu halten und dies erst zu ändern, wenn eine emotional bedeutsame Situation sie dazu bringt.) Sie erleben nur selten das spontane Gefühl der Verlassenheit, das Kinder manchmal empfinden. Weil ihre Eltern sie verlassen hatten, mußten sie darauf bedacht sein, deren Sicherheit zu gewährleisten. Anders ausgedrückt – vielen wurde klar, daß sie ihren Eltern weder vertrauen noch sich auf sie verlassen konnten. Oft mußten die Kinder selbst die Verantwortung übernehmen. Mit fünfzehn mußte Ervin diese Tatsache am eigenen Leib erfahren. Diese Offenbarung vermittelte ihm das Gefühl, wichtig zu sein, machte ihm aber auch angst – eine paradoxe Mischung.

Ervins Vorsichtsmaßnahmen waren wirklich gerechtfertigt, denn die Polizei folgte ihm dicht auf dem Fuß. Kurz vor den Feiertagen kam eines Tages ein Fremder vorbei und fragte nach Rósza Staub. Ervin sagte ihm, seine Mutter würde in einer Synagoge beten. Der Mann, vermutlich ein Kriminalbeamter, nahm den Jungen zur Sicherheit mit in die Synagoge. Sie gingen nach oben in den Raum für Frauen, und der Mann bat Ervin, ihm doch seine Mutter zu zeigen. Sie saß auch wirklich dort und betete. Ohne mit der Wimper zu zucken, sagte Ervin dem Mann, daß seine Mutter sich nicht unter den Betenden befände. Durch Geistesgegenwart und Mut bewahrte er seine Mutter vor einer Gefängnisstrafe.

Zu diesem Zeitpunkt bildeten seine Freunde den Mittelpunkt seines Lebens. Viele verwaiste überlebende Kinder des Nazi-Debakels füllten die Lücke, indem sie sich neue Familien schufen und sich voll und ganz auf die Beziehung zu ein paar ausgesuchten, gleichaltrigen Freunden einließen. Obwohl Ervins Eltern noch lebten, erfuhr er in seiner Familie keine Nähe. Daher wurde seine Clique seine Familie.

»Wenn ich an meine drei Freunde denke, werde ich sehr traurig«, gibt Ervin zu. »Mir ist nie bewußt geworden, wie sehr sie mir selbst heute noch fehlen. Auf irgendeine Art war das Zerbrechen unserer Gruppe auch eine Folge des Krieges, der gerade uns jüdischen Kindern so viel genommen hat. Zuerst raubte er uns unsere Kindheit, dann verurteilte er uns dazu, die Szenerie dieses Verrats hinter uns zu lassen. Wir versuchten vor unseren Erinnerungen davonzulaufen, statt dessen verließen wir nur die, die von unseren Familien noch übrig waren, oder trennten uns von unseren Freunden. Und im Gegenzug wurde uns ein zweifelhaftes Geschenk zuteil – eine zynische Einstellung zu menschlichen Beziehungen: Vertrau nicht zu sehr darauf, weil sie zugrunde gehen können. Ich habe immer noch nicht völlig akzeptiert, wie traurig eine solche Kindheit ist.«

Einer von vielen Verlusten, die Ervin als Folge des Krieges erleiden mußte, war der Verlust seines Glaubens. Der Glaube seiner Familie war durch die Prüfungen, die sie hatte erdulden müssen, nicht erschüttert worden; im Gegenteil. Unmittelbar nach ihrer Rückkehr errichtete sie gleich nebenan eine Synagoge, die von den Überlebenden sehr geliebt wurde, denn hier konnte man sicher und geborgen sein Leid beklagen.

Ervin besuchte zwar die Gottesdienste, war aber nur mäßig begeistert davon. Er besuchte sie mehr seinen Eltern zuliebe als seines Glaubens wegen.

Als er in der sechsten Klasse war, hörte er zufällig ein Gespräch zwischen einem jüdischen Jungen und seinem christlichen Freund. Beide waren nur wenig älter als er. Der Jude, sehr darauf bedacht, schon reifer zu wirken, behauptete, mit dem Hausmädchen seiner Familie geschlafen zu haben. Nein, er mache sich keine Sorgen darüber, daß Gott ihn strafen würde, denn er glaube nicht, daß es Gott gebe. Der christliche Junge war entsetzt. Wie konnte er behaupten, daß Gott nicht existierte?

Ervin gestand sich ein, daß er mit dem jüdischen Jungen einer Meinung war. Trotzdem ging er weiter jede Woche in den Tempel. Aber anstatt sich in die Mysterien des Gebets zu versenken, sah er sich in dem kleinen Tempel um und konnte nicht glauben, daß diese Umgebung den echten Glauben symbolisierte.

Um seine Eltern vor dieser schmerzlichen Enttäuschung zu bewahren, griff Ervin auf die Erfahrungen aus seiner Zeit im Untergrund zurück: Er versteckte sich hinter einer Mauer aus Lügen und Halbwahrheiten. Sein Glaube kam ihm immer mehr abhanden, aber er schämte sich deswegen nicht. Sobald ihn seine Eltern nicht mehr sehen konnten, nahm er seine Jarmulke ab. In späteren Jahren sprach er so zynisch über den Glauben an Gott, daß sogar sein Freund Pali – ein Jude mit liberal eingestellten Eltern – entsetzt war. Ervins Blasphemie machte ihn betroffen.

Ervin war nicht das einzige der ehemals versteckten Kinder, das sich mit Gott auseinandersetzte und verlangte, daß Er die Verantwortung für das schreckliche Schicksal der Juden übernehmen sollte. Viele wandten sich von Gott ab. Manche waren wie Ervin zu dem für sie einzigen Schluß gekommen: Ein Gott, der einen allein läßt, kann nichts Göttliches haben. Das Schicksal der Juden beweist, daß es keinen Gott gibt. Andere faßten ihren Atheismus als Alternative zu der Wut auf, die sie in ihrem stillen Exil aufgestaut hatten.

Der Atheist Ervin hat eine humanistische Version von Spiritualität entdeckt, die ihn eher mit Menschen als mit einem höheren Wesen verbindet. Andere ehemals versteckte Kinder, denen es nicht gegeben war, irgendwo Spiritualität zu entdecken, zeigen die Neigung, sich völlig allein und verlassen zu fühlen. Für sie hat die Scham Vorrang vor einer Bindung an andere Menschen. Für diese Menschen – darunter befindet sich auch Aniko Berger – geht das Versteckspielen immer weiter, sie sind nicht in der Lage, über ihre Lebensgeschichten nachzudenken, geschweige denn sie zu veröffentlichen. Bis zu einem gewissen Punkt ist Aniko völlig areligiös und glaubt, Atheistin zu sein. Sie hat die Veröffentlichung ihrer Lebensgeschichte nur unter einem Pseudonym erlaubt. Andere weigern sich strikt, ihre Geschichte zu erzählen. Für die meisten – und dazu gehören auch Ervin und Aniko – hat das Leben im Untergrund zu Lösung aller religiösen Bindungen geführt.

Im November 1956 flohen Ervin und sein Freund Pali, wie viele andere junge Leute auch, in den Westen. Zuerst blieben sie in Wien, wo sie an der Universität studierten. Drei Jahre später faßte Ervin den Entschluß, in der Neuen Welt sein Glück zu versuchen. Pali kehrte ein paar Jahre später nach Budapest zurück.

»Es war aufregend, ein ganz neues Leben anzufangen«, erklärt Ervin. »Es gelang mir, an der Universität zugelassen zu werden. Ich war ein guter Student. Nebenbei arbeitete ich. Es war ein großartiges Gefühl, daß ich es war, der studierte, Examen machte, lernte und etwas wußte. Und zum ersten Mal wußte ich nicht nur, was ich tat, sondern auch, warum ich es tat. Indem ich zuerst Ungarn und die Sprache, in der ich die ganzen Verluste meiner Kindheit erlitten hatte, und dann Europa, wo all diese Verluste stattgefunden hatten, hinter mir ließ, bekam ich das Gefühl, ins Licht zu treten, statt von der Dunkelheit umgeben zu sein, die mein Leben seit dem Vegetieren im Keller begleitet hatte. Endlich fing ich an zu begreifen, was es bedeutete, befreit worden zu sein.«

1959 begann Ervin in Minnesota ein neues Leben. Sein Examen machte er als Phi Beta Kappa-Mitglied und mit Auszeichnung. Aber am wichtigsten war, daß sowohl Stanford als auch Harvard ihm ein Doktorandenstudium in Psychologie anboten.

»Später, als ich mich in den Vereinigten Staaten eingelebt hatte, erzählte ich den Leuten immer, daß ich Ungar sei«, bemerkt Ervin. »Ich brauchte Jahre, um sagen zu können: ›Ich komme aus Ungarn, bin aber Jude.‹«

Kurz vor Abschluß seiner Doktorarbeit in Psychologie an der Stanford-Universität wurde Ervin Staub eine Stelle an der psychologischen Fakultät von Harvard angeboten. In seinem ersten Semester in Harvard lernte Ervin Sylvia kennen. Von Beginn ihrer Beziehung an hielt sie, eine amerikanische Jüdin, Ervin zu seinem Unbehagen für einen Überlebenden des Holocaust. Er konnte offensichtlich noch so weit vor den Kellern seiner Kindheit fliehen – auf der anderen Seite des Ozeans traten sie wieder in sein Leben.

Als Überlebender des Holocaust angesehen zu werden war eine neue Erfahrung für Ervin. Er war niemals in einem Lager gewesen. Aber für die meisten Menschen jener Zeit – gleich ob sie Christen oder Juden waren – war es nicht ganz klar, wer nun Überlebender des Holocaust war und wer nicht. Sylvia durchbrach den Schutzschild des ehemals versteckten Kindes und wühlte direkt in seinen Schmerzen und Verlusten. Und Ervin tat genau das, was die meisten ehemals versteckten Kinder tun, wenn das gut maskierte Dunkel in ihrem Inneren von Licht erhellt wird – je mehr sie bohrte, desto weiter schob er das ganze Problem von sich.

»Ich wollte nicht als Opfer oder Überlebender angesehen werden«, erinnert sich Ervin. »Es mußte schon von mir kommen, wenn ich meine Identität als verstecktes Kind entdecken und annehmen sollte.«

Bald darauf reiste Ervin zum ersten Mal wieder nach Budapest. Er freute sich nach all den Jahren sehr darauf, seine Familie wiederzusehen. Er sah seine Freunde und seine Familie, fühlte sich aber gefühlsmäßig noch nicht in seiner Vergangenheit zu Hause. »Es war nicht so, daß mein Herz nicht für sie offen gewesen wäre«, erklärt Ervin. »Mir war nur ihr Leiden nicht bewußt. Ich hatte weder mein Leben noch ihres so fest im Griff, daß ich begreifen konnte, wie traurig und voller Tragödien ihr Leben war.«

Auf dieser Reise erfuhr Ervin auch, welches Schicksal seine Schwester Agi gehabt hatte. »Ich hatte sie mit meinen alten Eltern und Macs allein gelassen«, erinnert sich Ervin. »Und sie hatte niemand sonst, an den sie sich wenden konnte. Sie war eine hübsche junge Frau, doch aufgrund ihrer Kurzsichtigkeit wirkte sie häßlich und unsicher. Obwohl sie zu jener Zeit noch sehr klein war, sind alle Tragödien ihres Lebens zumindest teilweise die Folgen der Traumata, die sie in früher Kindheit erlitten hat. Mir war nicht bewußt, wie viel ich ihr bedeutete. Erst Jahre später, während eines psychotischen Schubs – sie war manisch-depressiv – erfuhr ich, daß ihr bewußt war, allein gelassen worden zu sein, und daß sich viel Traurigkeit und Wut in ihr aufgestaut hatten. Als ich weggegangen war, hatte das in ihrem Leben eine viel größere Lücke hinterlassen, als die Abreise unserer Vettern und Kusinen bei mir. Ach, mir war einfach nicht bewußt, wieviel Schmerzliches wir alle mit uns herumschleppten. Als ich viel später alle Teile dieser Vergangenheit zusammensetzte, fühlte ich mich schuldig, weil ich meine Schwester zurückgelassen hatte. War dieses Schuldgefühl logisch? Hatte ich überhaupt eine Wahl? Da ist es schon wieder – dieses keine andere Wahl haben. 1956 konnten meine Eltern nicht mit mir kommen. Ich hätte auch Agi nicht mitnehmen können. Und es hätte für mich ein tragisches Ende bedeutet, wenn ich dort geblieben wäre. Wenn man alles überdachte, war das Schuldgefühl zwar unlogisch, aber es blieb ein Schuldgefühl. Ich war zwar Professor der Psychologie in Harvard – aber von Menschen hatte ich damals nicht viel Ahnung.«

Ervin und Sylvia heirateten im September 1967. Er war sehr glücklich, als Adrian und Daniel geboren wurden, denn er merkte, wie sehr Vaterschaft dazu beitrug, sein Leben erfüllt zu machen.

1970 kam Ervins Schwester in die Vereinigten Staaten. Sie blieb ein halbes Jahr. »Ich bin immer wieder nach Ungarn gefahren«, erzählt Ervin leise, »meistens, weil jemand krank geworden oder gestorben war. Ich war ein paar Mal dort, als meine Schwester in Krankenhäusern behandelt wurde. Ich fuhr 1973 hin, als sie starb (sie beging Selbstmord), 1974, als mein Vater starb, und 1975, als meine Mutter starb. Die einzigen, die dann noch lebten, waren Macs und Pali.«

Ervin vergaß niemals, was Macs für ihn und seine Familie bedeutet hatte. Als seine Eltern starben, sorgte Ervin dafür, daß sie weiter gut leben konnte. Da sie der kommunistischen Partei beigetreten war, wandte Ervin sich an den Parteisekretär, um ihn daran zu erinnern, was Macs für die Partei geleistet hatte. Die Folge seiner Fürsprache war, daß man ihr eine ausreichende Rente zugestand. Ervin bat auch Palis Mutter, ein Auge auf die alte Macs zu werfen. Als seine Mutter starb, kümmerte Pali sich wie ein Sohn um Macs. Das Wissen, daß diese Frau, die den Großteil ihres Lebens anderen geopfert hatte, im Alter nicht hilflos und verlassen war, bedeutet eine gewisse Erleichterung.

»Ich habe nur sehr wenig getan«, sagt er, »und alles, was ich tat, geschah nur, weil ich von ihr gelernt habe, mich um

Menschen in Not zu kümmern. Sie war wie eine zweite Mutter für mich, bei ihr habe ich Nähe, Zuneigung und Freundlichkeit erfahren.«

Obwohl Macs ihr Leben für die Familie Staub riskiert hatte, hatte Ervins Mutter ihr nie getraut. »Ich weiß, daß meine Mutter Macs liebte«, sagt Ervin, »aber Christen hatten ihr so viel Leid zugefügt, daß sie nicht einmal ihr vertrauen konnte. Was für eine Tragödie!« Während seiner ganzen Kindheit war Ervin zwischen dem Mißtrauen seiner Mutter und seiner Zuneigung zu Macs hin und her gerissen. Sie verkörperte die Liebe in seinem Leben, und doch durfte er sie nicht lieben. So mußte er sich in diesem Labyrinth zurechtfinden – eine Erfahrung, die ihn fürs Leben gezeichnet hat. »Ich war nur selten in eine Frau verliebt. Ich hatte zwar Beziehungen, die von Zuneigung und Fürsorge geprägt waren, aber eine Frau wirklich zu lieben fiel mir schwer. Vielleicht, weil ich die Frau, die mich liebte, die für mich sorgte und mein Leben rettete, nicht hatte lieben dürfen. Ich stand für sie ein, ich kümmerte mich um sie und versuchte, sie vor meiner Mutter zu schützen, indem ich meiner Mutter sagte, daß sie sich irrte. Aber ich konnte sie nicht überzeugen.«

Fast jedes Jahr besuchte Ervin Macs. Das letzte Mal, im Winter 1990, war sie alt und krank, und er machte sich Sorgen um sie. Während seines Besuchs starb sie. Es war Ervin ein Trost, sie in ihren letzten Stunden im Arm zu halten, nachdem sie ihm so oft über schwere Stunden hinweggeholfen hatte. Er hatte das Gefühl, ein wenig von der Schuld gegenüber dieser Frau abgetragen zu haben, die ihn während des Krieges vor dem Tod bewahrt hatte.

Macs' Fürsorge für andere hat Ervin Staub entscheidend geprägt. Er bekam einen Begriff davon, daß ein Mensch für einen anderen Menschen einstehen konnte, während die meisten Menschen keinen Finger rührten. Er hat im Laufe seiner Universitätskarriere intensiv das menschliche Potential für großzügige Hilfe, Altruismus und soziales Gewissen erforscht. Er tat das mit so großem Eifer, daß seine Freunde ihm in den letzten

Jahren immer wieder gesagt haben, sie hätten trotz seines Abscheus vor Glauben aller Art eine religiöse Seite an ihm entdeckt. »Ich nehme an, man betrachtet meinen Glauben an die Fürsorge für andere Menschen und die Liebe für die ganze Menschheit als etwas Religiöses«, erklärt Ervin Staub. »Das kann man auch als soziales Gewissen betrachten, aber was nutzt mir ein soziales Gewissen, wenn ich es nur auf mich beziehe? Ich muß meine Fürsorge und meine Hilfe mit mir, meinem Körper, sogar mit meinen Bedürfnissen verschmelzen. Gewissermaßen die Transzendenz des spirituellen Selbst.

Ich kann nicht behaupten, daß meine wachsende Spiritualität mir Frieden, Freude oder eine Lösung bringt, wenn es um meine Kindheit geht. Aber wenn ich über dieses Thema eine Vorlesung halte, also über kreative Fürsorge und die Ursprünge des Altruismus, fragt man mich oft: ›Woher haben Sie Ihren Optimismus?‹ Da muß ich doch einfach glauben, daß ich nur aus einem ganz bestimmten Grund überlebt habe, nämlich deshalb, um nach Alternativen zur Zerstörung zu suchen. Nachdem ich unzählige Stunden über dieses Thema nachgedacht habe, bin ich davon überzeugt, daß man Menschen beibringen kann, zusammenzuleben und einander wirklich von Nutzen zu sein, anstatt einander zu töten und zu foltern.

Ich trage also meinen Teil dazu bei, in Zukunft Holocausts zu verhindern. Meine Hingabe an den Nutzen dieser Arbeit hat mich sicherlich stärker gemacht. Ich habe mich von Verlassensein und Verrat gelöst, um mein Scherflein zu dieser Arbeit beizutragen. Manche Überlebende des Holocaust sagen ständig, daß das, was ihnen passiert ist, nie wieder einem Juden passieren darf. Und ich leiste meinen bescheidenen Beitrag, damit so etwas niemandem mehr passiert.«

Ende der siebziger Jahre entdeckte er in sich das Bedürfnis, die Wurzeln des Bösen ans Licht zu bringen. Die Stärke dieses Bedürfnisses verwunderte ihn. Aber es hatte Sinn und Zweck. Es schien das fehlende Verbindungsglied zu sein, ein ganz besonderer Bestandteil seiner Lebensreise. Wie unter Zwang entstand das Buch *Roots of Evil*. Es behandelt die endlose Spirale der Völkermorde und was man tun kann, um sie zu verhindern. In *Roots of Evil* widmet sich Ervin Staub zwar nicht direkt seiner Kindheit im Versteck, aber er hat doch etwas Bedeutsames vollbracht, das in gewisser Weise damit zu tun hat – auf seine Art zahlt er die Schulden für sein Überleben ab. Das Buch geht über seine Geschichte hinaus, negiert sie aber nicht. Kambodscha und die Vermißten in Argentinien sind einerseits auch seine Geschichte, und wiederum auch nicht. »Sie sind meine Geschichte«, betont Dr. Staub. »Wir sind alle Menschen; indem ich *Roots of Evil* schrieb, bewies ich den Nazis, daß ich die Schatten des Verstecks abgestreift habe, daß ich lebe, daß sie mich nicht gekriegt haben und nie kriegen werden.«

Kurz nachdem er das erste internationale Treffen der ehemals versteckten Kinder im Mai 1991 besucht hatte, saß Ervin in seinem gemütlichen Wohnzimmer in Amherst, um mir seine Geschichte zu erzählen. Zuerst hatte seine Erinnerung Lücken, doch je mehr er sich in die Vergangenheit vertiefte, um so mehr erinnerte er sich. Eine Geschichte immer wieder zu erzählen hat sich als gutes Mittel gegen Gedächtnisverlust erwiesen. Ervins Kampf mit dem zweiten Verlust seiner Kindheit – dem Fehlen von Erinnerungen – scheint zu einem positiven Ende zu kommen. Je mehr er erzählt, desto besser erinnert er sich. Je weniger er versteckte, desto mehr wurde ihm klar. Seine Geschichte zu erzählen könnte sehr wohl der Weg für ihn sein, das Schweigen seiner Erinnerungen schließlich zu brechen.

VI

Man muß vergessen, und doch ist es unmöglich
Die Geschichte der Ruth Segal

»Nach der Befreiung kam meine Mutter an den Ort, wo ich versteckt wurde, aber ich war nicht froh, sie zu sehen – sie war Jüdin. Es war gefährlich für mich, sie als meine Mutter anzuerkennen, denn das bedeutete, daß ich auch eine Jüdin war. Und eine Jüdin zu sein bedeutete den Tod. Und trotzdem war ich glücklich, sie zu sehen, zu wissen, daß sie lebte, zu sehen, wie schön sie war, und zu wissen, daß sie meine Mutter war. Die Befreiung war wirklich eine sehr verwirrende Erfahrung für mich.

Um mir das Leben zu erleichtern, sprach ich viel mit Gott – nicht mit dem Gott Israels, sondern mit dem Christengott. Meistens redete ich mit Ihm darüber, wie ich meine kleine Schwester Tamara enttäuscht hatte.«

Diese verwirrenden Tage sind Ruth Segal immer noch lebhaft im Gedächtnis. Das achtjährige Mädchen aus einem Vorort von Shavli (auf litauisch heißt der Ort Siauliai) fühlte sich bei der Ankunft der Roten Armee nicht freier, als sie es unter der Naziherrschaft gewesen war. Sie hatte gesehen, was die Deutschen und die Litauer den Juden angetan hatten. Jetzt hörte sie immer wieder von Ona und Antanas Regauskiene, ihren Rettern, daß die Russen den Kindern die Zungen herausrissen.

Für Ruth war das Leben nicht immer so verwirrend gewesen. Sieben Jahre lang war sie von einer großen Familie umgeben gewesen, die stets in Dutzenden rechnete. Die Familie Kron lebte in einem vierstöckigen Backsteinhaus, in dem sie den zweiten Stock mit Ruths Großeltern väterlicherseits teilte. Ihr Vater, Meyer Kron, ein bekannter Chemiker, der eine bedeutende Gerberei in Shavli leitete, und ihre Mutter, Gita Schifman, eine Anwältin, sorgten für Komfort, Sicherheit und all den Luxus, den man einem Kind Ende der dreißiger Jahre in einer Provinzstadt in Litauen, die zirka vier Stunden von Kaunas entfernt lag, bieten konnte. Sie hatte ein Kindermädchen, von dem sie Russisch lernte. Drei Jahre lang hatte sie ihre Mutter für sich allein. Gita kleidete ihr kleines Mädchen in Pelze und Spitzen. Sie führte sie in die feinsten Kaffeehäuser und Restaurants der Stadt und verwöhnte ihre kleine »Königin« mit Kuchen, Schokolade und allem, was deren Herz begehrte. In den Ferien fuhren sie auf den Gutshof ihrer Großeltern, der nicht weit von Riga lag, auf die Familien-Datscha (Sommerhaus an einem See oder am Meer). Im Winter liefen Gita und Ruth auf dem Eis um die Ecke Schlittschuh. Alle, Eltern, Großeltern, Tanten und Onkel waren in ihre kleine »Königin« vernarrt. Ruth lebte im Luxus und zweifelte nicht daran, daß sie etwas Besonderes war.

Dann kam 1939 ihre Schwester Tamara zur Welt. Für Ruth war das die Vertreibung aus dem Paradies. Nicht nur, daß ihre Mutter jetzt weniger Zeit für sie hatte, nein, sie wurde auch noch zwei Wochen nach der Geburt ernsthaft krank, was zu einer Thrombose führte. Ihr Zustand war lebensbedrohlich. Zuerst versuchte man, sie mit Blutegeln zu kurieren, und Ruth war völlig entsetzt, als sie auf der weißen Haut ihrer Mutter diese schrecklichen Tiere sah. Gita mußte fast fünf Monate lang nahezu regungslos im Bett liegen. So wurde Ruth zum ersten Mal in ihrem jungen Leben allein gelassen.

Im selben Jahr wurde die Bedrohung durch die Nazis für die Juden zur Realität. Nachdem Hitler zuvor in Österreich und der Tschechoslowakei einmarschiert war, hatte er jetzt Polen den Krieg erklärt. Am 1. September überquerten deutsche Truppen die polnische Grenze. Obwohl noch zwei Jahre vergehen sollten, ehe Ruth in ihrer Heimatstadt deutsche Truppen sehen sollte, wurde der Angriff auf Polen in jedem jüdischen Haushalt in Europa als direkte Bedrohung empfunden.

Ruth hörte immer öfter die Erwachsenen über das Vorgehen der Deutschen sprechen und wie sie alle aus dem Land flüchten konnten, ehe jene nach Shavli kamen. Die Krons hatten das Glück, viele Verwandte in den Vereinigten Staaten zu haben, die alles Nötige unternahmen, um sie mit den für die Einwanderung nötigen Papieren zu versorgen. Aber die Einreise in die Vereinigten Staaten wurde ihnen nicht gestattet – die Quoten waren ausgeschöpft.

Die Anzeichen dafür, daß unruhige Zeiten bevorstanden, häuften sich. Jedermann sorgte sich um die möglichen Konsequenzen aus dem Nichtangriffspakt zwischen Stalin und Hitler. Denn er gab Hitler die Freiheit zu tun, was er wollte, wobei ihn die Sowjetunion mit allem versorgte, was er brauchte. Die Russen, die kein großes Vertrauen in die Dauerhaftigkeit des Paktes hatten, verstärkten gleichzeitig ständig in Litauen ihre Truppen. Ruth gewöhnte sich daran, in der ganzen Stadt Panzer und Artillerie mit Tarnanstrich zu sehen. Währenddessen lebte das kleine Kind weiter sorglos in den Tag hinein, obwohl auch ihm nicht entging, wieviel Spannung in der Luft lag.

»Noch ging das Leben meist wie gewohnt weiter«, erinnert sich Ruth Segal, heute Leiterin des Frauenförderungsinstituts der Universität in Vancouver. »Solange wir nicht direkt betroffen waren, fühlten wir uns ziemlich sicher. Ein paar Juden flohen zwar, aber die meisten blieben. Es gab immer noch wie früher Tanzabende, aber niemand merkte, daß man auf einem sinkenden Schiff tanzte.«

Dieses Leben dauerte noch bis Mitte Juni 1940. In einem Café hörten Ruth und ihre Mutter im Radio, daß die Rote Armee in Litauen einmarschiert war. Präsident Smetona floh heimlich aus dem Land. In einer manipulierten Wahl stimmten 99 Prozent des litauischen Volkes für eine Angliederung an die Sowjetunion.

Als die Rote Armee Shavli besetzte, wurde sie von ein paar

Einwohnern mit Blumen willkommen geheißen, andere aber beteten im geheimen darum, daß die Deutschen den Pakt brechen und sie von den kommunistischen Besatzern befreien würden.

Doch dann verhafteten die Sowjets nach einem relativ friedlichen Jahr viele Menschen – ganze Familien, Juden und Nichtjuden, Reiche und Arme, auch Prostituierte. Sowjetische Soldaten holten sie ohne jede Erklärung ab. Sie wurden zu Viehwaggons getrieben, die dann mitten in der Nacht mit unbekanntem Ziel abfuhren. Das ging ein paar Tage so weiter und fand offenbar in allen drei baltischen Ländern statt. Obwohl die Krons nicht unter den Verhafteten waren, hatten sie das Notwendigste gepackt. Sie waren bereit.

»Die Litauer schoben alle Schuld auf uns Juden«, erklärt Ruth. »Sie behaupteten, wir würden die Russen provozieren, obwohl unter den Verschwundenen viele Juden waren. Ein paar Litauer glauben immer noch, daß die Juden schuld an der russischen Besetzung seien.«

Eine Woche später, als Gita gerade mit ihren beiden Mädchen ein Picknick machen wollte, hörte sie im Radio, daß die Deutschen die Sowjetunion angegriffen hätten. Sie weckte ihren Mann auf, aber er glaubte ihr nicht und schlief wieder ein. Bald darauf explodierte ein paar Blocks weiter eine Bombe. Mehr Beweise brauchte er nicht. Auf den Straßen kam es zu Tumulten. Panik brach aus. Es waren nur ein paar Bomben gefallen, aber das reichte den Einwohnern der Stadt, um die Sache ernst zu nehmen.

Jeder bereitete sich auf den bevorstehenden Einmarsch der Deutschen vor. Vor den Bäckereien und Lebensmittelgeschäften standen endlose Schlangen. Bis auf die Kommunisten hatten nur wenige das Verlangen, vor den Deutschen zu fliehen. Doch Ruths Vater hatte in der Gerberei seit der Machtergreifung Hitlers deutsche Produkte boykottiert. Deshalb belud er, ohne einen Moment zu zögern, den Pferdewagen, den er von Gitas Vater bekommen hatte, mit allem möglichen Hausrat. In der

Mitte saßen eingezwängt die Großmutter, das Kindermächen, Ruth und Tamara. Das arme Pferd konnte die Last kaum ziehen. Gita und Meyer gingen zu Fuß hinterher.

Die Deutschen dicht auf den Fersen, fuhren sie in Richtung Lettland. Sie hatten eine Menge Gesellschaft: Neben den sowjetischen Militärfahrzeugen war die Straße voller Zivilpersonen, die vor den Invasoren flohen – und es waren nicht mehr nur Kommunisten.

»Man kann kaum glauben, wie unerfahren wir waren«, schrieb Meyer Kron in seinen unveröffentlichten Memoiren. »Anstatt daß wir uns alle auf den Wagen setzten und die ganzen Sachen wegschmissen, konnten wir uns einfach nicht davon trennen.«

Während sie im Schneckentempo die Straße entlangkrochen, fiel den Krons auf, daß die Soldaten von der Hauptstraße verschwunden waren und sich im Graben versteckten. Die Krons bogen auf einen Feldweg ein und fuhren auf eine Scheune zu. Plötzlich blieben sie wie erstarrt stehen – vor ihnen tauchten deutsche Bomber, Stukas, auf. Eine Maschine trennte sich von der Staffel und flog direkt auf sie zu. Sie warfen sich alle ins Feld und schützten ihre Köpfe, nur Meyer nicht. Er war ob des seltsamen Spektakels wie gelähmt.

»Ich sah ein Flugzeug direkt auf uns zukommen«, schrieb er, »und als ich nach oben schaute, schienen die Bomben direkt auf uns niederzufallen. Ich war mir sicher, daß unser letztes Stündchen geschlagen hatte. Doch es stellte sich heraus, daß die Bomben nicht direkt auf uns herunterfielen, sondern einen Bogen machten, uns verfehlten und auf die Landstraße knallten, die voller Flüchtlinge war. Viele kamen um, eine Panik brach aus.«

Sie setzten ihren Weg auf der Landstraße fort, aber als sie erfuhren, daß die litauischen Partisanen, die weiße Armbinden trugen, jeden Juden umbrachten, den sie auf der Straße fanden, entschlossen sich die Krons, wieder heimzufahren.

Nur zwei Tage nach ihrer Abreise kehrten sie wieder nach Shavli zurück. Es sah schrecklich aus. Die einzigen Anzeichen von Leben waren die Patrouillen in den einzelnen Bezirken. Die

Krons wurden von der ersten Patrouille, die ihnen begegnete, angehalten, aber weil in Meyers Papieren stand, daß er Direktor der Gerberei war, ließ man sie passieren.

Ein paar Tage später kam Dr. Wulf Peissachovitz, Gitas Vetter und ein beliebter Arzt in der Stadt, zu den Krons. Er hatte gerade gesehen, daß die ersten Deutschen auf Motorrädern nach Shavli kamen. Am nächsten Morgen, als Gita gerade ihre beiden Kinder in das Haus ihres Vetters bringen wollte, sah Ruth auf der Straße und auf dem Gehsteig die Leichen vieler sowjetischer Soldaten liegen. Dem Kind lief ein Schauder über den Rücken, und es schloß die Augen. Gita kehrte um.

Gegen die Juden wurden sofort ein paar inoffizielle Aktionen durchgeführt, was zeigte, wie »eifrig« die Litauer bei der Sache waren. Jeder Jude, den man auf der Straße antraf, wurde vor die Stadt gezerrt, um die Toten zu begraben. Noch ehe die Deutschen es ihnen befahlen, nahmen die Litauer in jüdischen Häusern Verhaftungen vor. Innerhalb von wenigen Tagen hatten sie ein paar hundert Menschen in ihrer Gewalt.

In die Wohnung der alten Frau Kron, gegenüber von Meyers Wohnung, zogen deutsche Offiziere ein. »Meine ersten Erinnerungen an die Deutschen«, sagt Ruth, »bestehen darin, daß sie in unsere Wohnung kamen und Sachen mitnahmen – das Buffet aus dem Wohnzimmer, das Radio, das Piano und dergleichen. Ich war schrecklich durcheinander. Mein Vater versuchte, mich zu beruhigen, und erklärte, das wäre nichts Ernstes. Außerdem gaben sie uns Geld für unsere Sachen. Doch mir gefiel immer noch nicht, was da passierte. Aber die Anwesenheit der Deutschen hatte auch sein Gutes, denn die Litauer wagten sich nicht in ein Haus, in dem Deutsche wohnten. Eines Tages hörten wir, wie man unsere Nachbarn verhaftete. Als die Bande hinauf in den zweiten Stock zu unserer Wohnung wollte, hörte ich einen Litauer sagen: »»Geht nicht dahin. Er ist ein guter Jude!«««

In der Zwischenzeit wurden Gesetze gegen Juden erlassen, die ihnen jede Bewegungsfreiheit raubten. Ruth verstand nicht, um was es ging. Warum mußten sie zusammen mit Pferden und

Wagen mitten auf der Straße gehen und durften nicht den Bürgersteig benutzen? Warum durften sie nur zu Zeiten einkaufen gehen, in denen es in den Läden nichts mehr gab?

Im Laufe von ein paar Wochen wurden die Juden von Shavli in zwei Ghettos zusammengepfercht, beide befanden sich in den sogenannten schlechten Vierteln der Stadt. Die Krons mußten sich in Traku, einem der beiden Bezirke für Juden in der Nähe der Gerberei, ansiedeln, wo vierzehn Mitglieder von Ruths Familie sich zwei kleine Zimmer teilten.

Jeden Morgen verließen die Erwachsenen das Ghetto, um zu arbeiten, und ließen die Kinder, die Alten und die Kranken zurück. Ruth und Tamara rannten allein durch die Straßen. Für Tamara war Ruth verantwortlich. Manchmal störte sie sich gar nicht daran, daß ihr Schwesterchen bei ihr war, oftmals jedoch wünschte sie sich, das kleine Mädchen loszuwerden. Schließlich war Ruth bereits sieben Jahre alt und Tamara erst vier. Aber schon bald waren Ruth und die anderen Kinder mit schlimmen Erlebnissen und Entscheidungen konfrontiert, die sonst eigentlich nur Erwachsene erleben müssen. Manche, besonders die, die noch sehr klein und bisher sehr behütet aufgewachsen waren, wurden von der Schwere der Aufgabe, die vor ihnen lag, fast erdrückt. Andere, darunter auch Ruth, wuchsen an ihren Aufgaben und schlugen sich mit Intuition und dem, was sie von den Älteren und Kindern, die bereits praktische Erfahrung besaßen, aufschnappen konnten, durch die stürmischen Zeiten. Einerseits mußte Ruth sich wie eine Erwachsene verhalten, ohne für diese Rolle gerüstet zu sein, andererseits blieb sie ein Kind, das mit anderen Kindern spielte. Ihr Lieblingsspiel war Verstecken, weil sie dabei am leichtesten Tamara loswerden konnte.

Wie wir in den vorangegangenen Geschichten gelesen haben, haben die meisten Kinder, für die damals die Kindheit endete, das Gefühl, dieser Kindheit beraubt worden zu sein. Viele von ihnen denken immer noch, daß sie für Wohlbefinden anderer verantwortlich sind. Manche haben ihr Versteck nie verlassen und verbergen sich – hinter dem Schweigen. Lautete nicht damals die wichtigste Regel für jedes jüdische Kind, still zu sein, nie zu klagen und niemals auf seinem Recht zu beharren? Auch haben diese Menschen das Gefühl, daß sie Spontaneität, das Vertrauen in ihre Fähigkeiten und Selbstbewußtsein verloren haben, denn das alles ist unabdingbarer Bestandteil einer normalen Kindheit. Ruth hatte sich immer für ein besonderes Kind gehalten, weil man sie mit Liebe und Luxus überschüttet hatte. Im Ghetto mußte sie aufhören, sich für etwas Besonderes zu halten.

»Wir waren den Kindern in dem Buch *Herr der Fliegen* sehr ähnlich«, sagt sie. »Aber wir waren viel jünger. Wir waren uns selbst überlassen und mußten entscheiden, was richtig und falsch war. Während eines Interviews für CBC fragte mich jemand: ›Wo nahmen Sie die Babysitter her, wenn die Eltern das Ghetto verließen?‹ Können Sie sich das vorstellen? Zuerst hielt ich die Frage für einen Scherz. Aber wie sollte sich eine Kanadierin vorstellen, daß wir schon viel reifer waren, als es unserem Alter entsprach?«

Zu den schrecklichen Erlebnissen, die die Kinder von Traku – unter ihnen auch Ruth – ertragen mußten, gehörte der Anblick von Gewalttaten, die eigentlich kein Mensch sehen dürfte. Von Zeit zu Zeit lag ein Tierkadaver auf der Straße, und ständig hagelte es Bomben und Kugeln. Das Kind war emotional überfordert, denn es war noch nicht einmal soweit, den Tod zu begreifen. Eigentlich hätte Ruth nur die alltäglichen Sorgen eines Kindes haben dürfen. Statt dessen mußte sie mitansehen, wie eine jüdische Frau mitten auf der Straße von einem Uniformierten vergewaltigt und wie ein Jude namens Mazavetzky gehängt wurde. Man hatte ihn beim Schmuggeln von zwei Päckchen Zigaretten erwischt. »Das war der erste Gehängte, den ich sah«, stellt Ruth fest, was den Schluß zuläßt, daß es noch mehr waren.

In ihrer sogenannten Kindheit gab es Erfahrungen des Schreckens, die andere Kinder nicht einmal in ihren schlimmsten Alpträumen erleben. Gab es jemanden, mit dem sie darüber sprechen konnte? Eigentlich nicht, denn jeder hatte genug mit dem Überleben zu tun. Also behielt sie ihre Gedanken, Gefühle,

Fragen und Ängste für sich – auch eine Form des Versteckens, eine Form des Verlassenseins.

1943 war den Krons klar, welches Schicksal die Juden erwartete. Ruth belauschte die Erwachsenen, als sie besorgt über ihre Zukunft sprachen – vielleicht würden auch sie umgebracht, wie die vielen anderen, die man in die nahegelegenen Wälder geführt und erschossen oder in eines dieser Lager in Polen gebracht hatte; die Deutschen holten bereits die Alten und Kranken ab.

Meyer versuchte alles, um für seine Familie ein Versteck außerhalb des Ghettos zu finden. Doch es war unmöglich, eine christliche Familie aufzutreiben, die bereit war, die Mädchen aufzunehmen. Die deutsche und die litauische Polizei überprüften alle Einwohner aufs genaueste – jeder, der dabei erwischt wurde, einen Juden zu verstecken, wurde mit dem Tod bestraft.

Schließlich ersann Meyer zwei Alternativen. Wenn Gefahr drohte, sollte Ruth Tamara in den Holzverschlag im Garten bringen. Er hatte für die beiden Mädchen Schlaftabletten beschafft, damit sie still blieben. Das Alternativversteck war das Haus von Dr. Wulf Peissachovitz, Gitas Vetter. Dort würde niemand nach Kindern suchen, weil er Junggeselle war. Außerdem war er bei Foerster, dem Kommandanten des Ghettos, sehr gut angeschrieben, denn er hatte diesem Deutschen das Leben gerettet, als alle anderen ihn bereits aufgegeben hatten. Der hochgeachtete Arzt war auch Mitglied des »Judenrats«, konnte sich überall frei bewegen und besaß ausgezeichnete Verbindungen. Sollte den Mädchen Böses drohen, konnten sie mit der Hilfe von Peissachovitz rechnen.

Am 3. November 1943 fand in dem Ghetto, in dem die Krons lebten, eine sogenannte »Kinderaktion« statt. Die Eltern waren bereits zur Arbeit gegangen, die Alten und Kranken abgeholt worden, und die Kinder waren wie gewöhnlich auf sich allein gestellt.

»Jeder war bereit, zur Arbeit zu gehen«, berichtet Meyer Kron in seinen Memoiren, »aber aus irgendeinem Grund öffneten sich die Tore eine halbe Stunde später als gewöhnlich. Das war ein Zeichen dafür, daß man etwas plante. In den nächsten Stunden ging die Nachricht um, daß das Ghetto umstellt sei und irgend etwas vor sich ginge.«

In Wirklichkeit war das Ghetto bereits in den frühen Morgenstunden umstellt worden, und die ukrainischen Kollaborateure fingen bereits an, jedes Haus zu durchsuchen und die Kinder mitzunehmen.

»Ich wußte, daß etwas Ungewöhnliches im Gange war«, erzählt Ruth. »Die Hunde bellten pausenlos. Auf der Straße wimmelte es von Gestapo, und wir konnten sehen, daß sich ein Lastwagenkonvoi den Weg durch unsere Straße bahnte. Überall hörten wir Kinder weinen. Aus all diesen Fakten schloß ich, daß Gefahr im Verzug war. Jetzt war mein Einsatz gefragt, ich mußte Tamara in das Haus von Dr. Peissachovitz bringen und uns verstecken.«

Die beiden Mädchen wagten sich tapfer auf die Straße. Ruth zitterte vor Angst, doch sie kamen unbeschadet zum Haus des Doktors und gingen direkt zu dem Schrank, in dem sie sich verbergen sollten. Das Haus bestand im Grunde genommen aus einem karg möblierten Zimmer. Das einzige Fenster führte auf das Gefängnis hinaus. Und weniger als einen Block entfernt beobachtete ein Wachtposten sehr genau, was auf der Straße vor sich ging.

Tamara und Ruth versteckten sich hinter den Sachen, die an der Kleiderstange hingen. Sie mußten nicht nur stundenlang stehen, sondern sich auch still verhalten. Ruth wußte sehr gut, daß man sie töten würde, wenn man sie entdeckte. Da sie zum Schweigen verdammt war, malte sie sich alle möglichen Katastrophen aus, die eintreten könnten, und gelangte zu dem Schluß, daß es gefährlich war, Jüdin zu sein. Und daß es das Gefährlichste überhaupt war, ein jüdisches Kind zu sein. Die Erwachsenen durften zumindest das Ghetto verlassen und konnten sich irgendwo draußen in der Welt verstecken, aber Ruths Welt beschränkte sich auf ein dunkles, enges Verlies in einem kleinen

Schrank. Kinder konnten nicht viel wert sein, wenn sie sich förmlich in Luft auflösen mußten, um wenigstens ein wenig sicher zu sein. Sie schwor sich, daß sie bei der ersten Gelegenheit aufhören würde, Jüdin zu sein. Sie entdeckte wie Tausende Kinder in Europa, die ebenfalls versteckt leben mußten, daß das Leben an sich nichts Selbstverständliches war. Man mußte kämpfen, um es zu erhalten. Aber wie kämpft ein Kind von sieben Jahren gegen Erwachsene, gegen eine ganze Welt von Erwachsenen, die mit Bomben, Panzern und Gewehren ausgerüstet waren?

»Seid still, wenn ihr drin seid, Kinder!« Das war die Stimme von Dr. Peissachovitz. Er war schnell nach Hause gekommen, um nach den Kindern seiner Kusine zu sehen, ohne aber den Schrank zu öffnen. Das Wissen, daß jemand an sie dachte, erleichterte den zwei kleinen Mädchen ein wenig die Einsamkeit.

Bald darauf wurde es draußen stiller. Die Hunde bellten zwar immer noch, aber weder Kinderweinen noch gebrüllte Befehle der Deutschen waren mehr zu hören. Die erschöpften Mädchen waren sich einig, daß sie jetzt herauskommen und das zweite Versteck im Zimmer aufsuchen konnten – unter dem Bett des Arztes. Man hatte zwei Bretter des Lattenrostes entfernt, und die Lücke war groß genug für die beiden. Sie krochen hinein, kauerten sich zusammen und zogen die Matratze über sich. Wieder hieß es warten, dabei dösten sie ein. Als Tamara aufwachte, jammerte sie verzweifelt nach ihrer Mutter. Ruth war ärgerlich und ängstlich zugleich. Was sollte sie mit dem weinenden Kind machen? Ihr wurde bewußt, daß Tamara von der unbequemen Position in dem engen Versteck ganz steif sein mußte.

Sie lauschte. Draußen war alles ruhig. Ermutigt durch die Stille und durch Tamaras verzweifeltes Weinen mürbe gemacht, traf Ruth die erste wichtige Entscheidung in ihrem jungen Leben: Sie mußten das Versteck verlassen und sich in Sicherheit bringen.

Der Wachposten in dem Turm über dem Gefängnis sah sie und gab sofort Alarm, als sie auf die Straße traten.

»Was sollte ich tun?« fragt sich Ruth noch heute. »Wären wir auf der Straße weitergegangen, hätte man uns sofort festgenommen. Auch war es zwecklos, zurück in Wulfs Haus zu gehen, weil die Deutschen jetzt wußten, daß wir dort gewesen waren. Außerdem war es kaum größer als ein Puppenhaus, so daß ein kleines Durchsuchungskommando uns schon innerhalb von fünf Minuten gefunden hätte.«

Trotzdem eilten die Schwestern wieder zurück ins Haus und versteckten sich unter Latten und Matratze.

»Ich dachte mir: Wenn jemand uns findet, werde ich seine Hand küssen. Dann wird er Mitleid mit uns haben und uns laufen lassen. Mir war bewußt, daß wir in höchster Gefahr schwebten, daß wir sterben konnten, wenn man uns fand. Dem Häscher also die Hand zu küssen war der beste Plan, der mir einfiel«, erzählt Ruth. »Ich wußte auch tief in meinem Herzen, daß ich meiner kleinen Schwester Tamara gegenüber versagt hatte. Ich sollte sie verstecken und hatte es einfach nicht richtig gemacht.«

Nach ein paar Minuten stürmten Soldaten ins Zimmer. Sie brauchten nur ein paar Sekunden, um die Mädchen unter der Matratze aufzuspüren. Einer packte Tamara, ein anderer hob Ruth heraus, dann führten sie sie an der Hand weg. Zwei große Hunde schnüffelten die beiden Mädchen ab. Tamara schrie, als man sie hinauszerrte. Ruth mißachtete ihre eigene panische Angst völlig. Sie hatte nur einen Gedanken: Wenn Tamara etwas passiert, ist das ganz allein meine Schuld. Ich werde meinen Eltern nicht mehr ins Gesicht sehen können. Was wird aus uns werden?

Der letzte Lastwagen wollte gerade das Ghetto verlassen, als man sie zu ihm führte. Da setzte Ruth ihren Plan in die Tat um und versuchte immer wieder, dem Mann die Hand zu küssen. Der aber ließ sie nicht los. Im Gegenteil, das, was sie tat, schien ihm sehr zu mißfallen. Jedesmal, wenn sie ihre Lippen auf seine Hand drückte, beschimpfte er sie.

Ein Ukrainer zog die beiden Mädchen auf die Ladefläche des offenen Armeelastwagens. Er war brutal und schlug die Kinder immer wieder mit einem Holzknüppel. Einem kleinen Jungen brach er sogar ein Bein, so daß er vor Schmerzen aufschrie.

Der Lastwagen fuhr in Richtung Ghettotor. In diesem Augenblick erschien Dr. Peissachovitz. Er wurde von einem seiner Vettern, der ebenfalls Arzt war, und ein paar anderen Mitgliedern des Judenrats begleitet. Auch Kommandant Foerster erschien und war bald mit Peissachovitz in eine heftige Auseinandersetzung verwickelt. Während Ruth kurz darauf ohne ein weiteres Wort vom Lastwagen gehoben wurde, ließ man die kleine Tamara oben.

»Kommandant Foerster«, bat Wulf den Deutschen. »Diese beiden Mädchen sind meine illegitimen Kinder. Geben Sie den Befehl, daß man sie hierläßt, ich bitte Sie. Nachdem ich Ihnen das Leben gerettet habe, haben Sie mir immer wieder versichert, daß Sie zur Stelle wären, wenn ich einen Wunsch hätte. Nun, jetzt können Sie mir meine Kinder zurückgeben.«

»Das größere Mädchen geht in Ordnung«, erwiderte der Kommandant. »Sie ist alt genug zum Arbeiten. Aber für die Kleine kann ich nichts tun.«

Bei diesen Worten setzte sich der Lastwagen in Bewegung. Tamara streckte entsetzt die Arme nach ihrer großen Schwester aus und flehte sie an, sie nicht allein zu lassen.

»Ich werde diese Szene nie vergessen«, flüstert Ruth mit tränenerstickter Stimme. »Ich werde nie vergessen, wie meine arme kleine Schwester die Arme ausstreckte und niemand kam, um sie zu retten. Dieser Anblick hat mich mein ganzes Leben lang verfolgt und wird mich bis zu meinem Tod begleiten, weil das das Ende der Vierjährigen war.«

Einige Erwachsene umringten schnell die verängstigte Ruth und brachten sie in Sicherheit.

Nur wenige Kinder entkamen der Kinderaktion, Ruth gehörte zu ihnen. Man schmuggelte sie zurück ins Ghetto und versteckte sie unter der Couch. Als die Eltern von der Arbeit zurückkehrten, entdeckten sie die Tragödie. Die meisten Kinder waren fort. Schauerliches Wehklagen ertönte, und viele ließ der unfaßbare Schmerz wahnsinnig werden, einige nahmen sich sogar das Leben. Gita und Meyer waren zuerst sprachlos vor Erleichterung, als sie Ruth vorfanden, aber als sie von Tamaras tragischem Schicksal erfuhren, überkam sie tiefe Verzweiflung. Aber sie hatten keine Zeit zum Trauern, sie mußten sofort handeln. Ruth sollte an einen sicheren Ort gebracht werden, denn die Deutschen konnten jederzeit wiederkommen, um die paar restlichen Kinder, die ihnen entkommen waren, auch noch abzuholen.

Gleich nachdem am nächsten Morgen die Ghettotore geöffnet worden waren, wurde Ruth am Wachtposten vorbei hinausgeschmuggelt. Meyer hatte sie unter der Plane mit Lederabfällen, die er in die Gerberei brachte, versteckt. Dort bereiteten Gita und Meyer ihr neben dem Labor einen Unterschlupf zwischen Stapeln von Säcken und Lederabfällen. Dort war es dunkel, und es roch stark nach Leim.

»Ratten liefen über meinen Körper«, erzählt Ruth und erschaudert vor Ekel. »Schwarze, stinkende Ratten. Ich bin vor Angst fast gestorben, und außerdem fühlte ich mich elend, weil es mir nicht gelungen war, Tamara zu beschützen. Ich weiß nicht, was schlimmer war: die Ratten und meine Angst oder die Last meiner Schuld.«

Kinder, die vom Sog des Krieges gegen die Juden erfaßt wurden, insbesondere jüdische Kinder, befanden sich oft in einer ganz und gar ausweglosen Situation. War es wirklich die Sache der siebenjährigen Ruth, ihre kleine Schwester zu retten, wenn es nicht einmal dem einflußreichen Dr. Peissachovitz gelungen war? Konnte Ada ihre Mutter vor dem Übergriff der deutschen und holländischen Polizei bewahren, die sie bei einer Razzia verhaftete? War Aniko in der Lage, die beiden Kriminalbeamten umzustimmen, die ihre Eltern abholten? Für diese gequälten Kinder war es nicht von Belang, daß sie noch Kinder waren. Mit der Egozentrik, die allen Kindern eigen ist, glaubten sie, es wäre nur ihre Schuld gewesen, wenn einem ihrer Lieben etwas zugestoßen war. Sie hätten eben irgend etwas dagegen unternehmen müssen, im Notfall sogar sich selbst anstelle eines Elternteils oder Geschwisterchens anbieten sollen. Es gab auch welche, die fest davon überzeugt waren, daß sie nur durch ihr ungezogenes Verhalten den Tod der Verwandten verursacht hätten. So konnte es sich beispielsweise Ruth weder vergeben noch vergessen, daß sie die »lästige« kleine Tamara oftmals hatte loswerden wollen, wenn sie mit gleichaltrigen Freunden gespielt hatte.

»Ich wünschte mir dauernd, daß sie verschwinden sollte«, erinnert sie sich. »Und schließlich wurde mein Wunsch erfüllt. Wer hätte das gedacht? Ist es nicht möglich, daß ich ihn so oft geäußert habe, daß Gott mich letzlich erhört hat? Wie soll ich mich nicht schuldig fühlen? Bin ich nicht irgendwie für ihr Schicksal verantwortlich?«

Genauso wie Ada oft dachte, daß sie mit Freuden anstelle ihrer Mutter gegangen wäre, wäre Ruth nur zu glücklich darüber gewesen, an Tamaras Stelle zu sein. Diese inneren Kämpfe mit dem eigenen Gewissen sind für dieses Alter nicht ungewöhnlich. Bei Kindern wird das Gewissen im Alter von acht bis zehn Jahren entwickelt. Die Art des moralischen Tauschhandels, der zum unerschütterlichen Zuchtmeister der Ruths, Adas und Anikos wurde, nahm keine Rücksicht auf Entwicklungsstufen. Das Leben an der Schwelle des Todes hat eine ganz eigene Moral. Kinder entwickeln sich in ihrem eigenen Rhythmus, wenn ihnen dieser Luxus in einer Umgebung der Mittelschicht gewährt wird. Wenn sie mit Mißhandlungen, Verlassenheit, Vergewaltigung, Verrat und dem unnötigen Tod eines ihrer Lieben konfrontiert werden, diktiert ihr ganz persönliches Grauen den Rhythmus – sie werden dann erwachsen, wenn sie es werden müssen.

Ruth blieb drei Tage in der Gerberei. Es waren die drei längsten Tage ihres Lebens. In der Zwischenzeit gelang es Meyer, einen Mann namens Jocas zu finden, dem er einmal geholfen hatte, als er noch der Chef der Gerberei gewesen war. Dieser Litauer war ihm so dankbar, daß er Nahrungsmittel ins Ghetto schmuggelte, um den Krons zu helfen, denn nur mit den vorgeschriebenen Lebensmittelrationen wären sie verhungert. Jetzt wandte Meyer sich wieder hilfesuchend an Jocas, und wieder stand dieser ihm bei.

Jocas kam mit einem Pferdewagen in die Gerberei und brachte Ruth in sein Haus. Obwohl sie nur eine Nacht dort verbrachte, machte es großen Eindruck auf sie. »Ich werde Jocas' Haus nie vergessen«, sagt sie. »Es war winzig – es gab nur ein Zimmer für ihn, seine Frau und ihre Kinder. Wenn man daran denkt, wie wir in Nordamerika leben, fragt man sich, wie Menschen in so winzigen Hütten wohnen konnten. Trotz allem gaben sie mir ein Bett für mich ganz allein, mit Kopfkissen und weißen Laken! Ich, die ich vor noch nicht allzulanger Zeit nur Spitzen und Pelze getragen hatte, war durch diese Geste zu Tränen gerührt. Es war so lange her, seit ich in einem Bett geschlafen hatte – und noch dazu allein! Dennoch, dieses seltene Vergnügen machte mir keine rechte Freude. Zum ersten Mal schlief ich ohne ein Familienmitglied in einem christlichen Haus. Mir wurde bewußt, wie bitter es ist, allein und verlassen zu sein. Es machte keinen Unterschied, daß man mich nur zu meinem Besten allein zurücklassen mußte. Ich konnte nur daran denken, daß meine Eltern nicht da waren. Man hatte mich im wahrsten Sinne des Wortes bei diesen Menschen abgeladen. Woher sollte ich denn wissen, ob ich meine Familie jemals wiedersehen würde? Besonders in jenen Tagen, als Menschen von einem Augenblick zum anderen ohne Vorwarnung einfach verschwanden.«

Am nächsten Morgen war es wieder einmal Jocas, der alles mit einem Freund Gitas, dem Arzt Dr. Jasaitis, regelte. Zu diesem Zeitpunkt war Gita bereits ein paarmal heimlich zum Haus des Arztes geschlichen, um alles für Ruth zu arrangieren. Dr. Jasaitis holte Ruth bei Jocas in einem Gefährt ab, das auch als Leichenwagen verwendet wurde – Ruth sollte als totes Kind transportiert werden. Man wickelte sie in Leintücher und lud sie auf den Karren. Dann brachte der Arzt sie zum Haus von Ona und Antanas Regauskiene, einem jungen litauischen Ehepaar, das zirka zehn Kilometer von Shavli entfernt auf dem Land eine Schule leitete. Sie hatten eine zweijährige Tochter namens Grazhina. Eigentlich war geplant gewesen, einem anderen kleinen Mädchen, der Tochter von Krons Freunden, Zuflucht zu gewähren. Aber dessen Eltern hatten es nicht über sich gebracht, sich von ihrer Tochter zu trennen, das Mädchen war ein Opfer der Kinderaktion geworden. So nahm Ruth ihren Platz ein.

»Nur weil ein anderes Kind Unglück gehabt hatte«, erzählt Ruth, »konnten mich diese Leute aufnehmen und mir dadurch das Leben retten. Das ist eine Tatsache, mit der man nicht leicht aufwächst und weiterlebt. Nicht, daß ich mich schuldig fühle, weil ich überlebt habe. Diese Art von Denken erscheint mir sinnlos. Wenn jemand sich schuldig fühlen sollte, dann doch die Menschen, die solche Situationen geschaffen haben. Den Nazis und ihren Anhängern muß der Tod des kleinen Mädchens der Shapiros angelastet werden – nicht mir. Diejenigen sind verantwortlich, die uns gezwungen haben, unterzutauchen. Der natürliche Aufenthaltsort eines Kindes ist nicht eine dunkle Ecke! Versteckte Kinder, also wirklich, wie paradox!«

Ona und Antanas waren einfache, gute Menschen. Die Krons boten ihnen Geld für die Rettung ihres Kindes an, aber sie konnten den Vorschlag der dankbaren Eltern ganz und gar nicht verstehen; sie taten ihrer Meinung nach nur das, was ihr Gewissen und ihr Glaube von ihnen forderte. Gleich neben der Straße nach Shavli unterhielten sie in ihrem kleinen Haus eine Schule. Kinder in Ruths Alter kamen jeden Tag zum Unterricht ins Haus. Obwohl die Krons zu Hause weder Jiddisch noch Russisch sprachen, war Ruths Litauisch nicht gut genug, um sie als Familienmitglied ausgeben zu können. Deshalb mußte sie in einem Schrank leben, bis sie die Sprache fließend und ohne Akzent beherrschte. Ona pflegte vor der Schranktür zu sitzen und Ruth durch die geschlossene Tür hindurch zu unterrichten.

So, als ob das viermonatige Leben in einem Schrank und die Trennung von ihrer Familie für die Siebenjährige noch nicht belastend genug gewesen wären, mußte Ruth auch noch mit den Schmerzen und Beschwerden einer lebensbedrohlichen Krankheit, der Diphtherie, fertig werden. Ihre Retter konnten ihren Tod nur abwenden, wenn sie das Antiserum bekommen würde und einen Arzt, der es ihr spritzte – und das mußte schnell geschehen.

Glücklicherweise hatte Meyer, bevor sie ins Ghetto ziehen mußten, in weiser Voraussicht einen kleinen Vorrat von Diphtherie-Antiserum angelegt. Weil ihm bekannt war, daß viele Kinder an Diphtherie starben, hatte er gedacht, daß seine Töchter wohl auch ohne diese gnadenlose Krankheit genug Feinde hätten.

Mit ihrem langen strohblonden Haar, das sie zu einem Knoten aufgesteckt trug, den hellblauen Augen und ihrer hellen Haut sah Gita wie eine litauische Bauersfrau aus. Deshalb nahm sie ihren gelben Stern ab und besuchte die Regauskienes ein paarmal. So konnten sie das Antiserum zu Ruth bringen. Da sie Angst hatten, einen litauischen Arzt zu rufen, trieben sie einen jüdischen Arzt auf, der sich in der Nähe versteckt hielt. Er kam, um Ruth das lebensrettende Medikament zu verabreichen.

Damit sie sich während ihrer Krankheit etwas die Zeit vertreiben konnte, schickte Gita Ruth einen wunderschönen Rosenkranz, der aus gefärbten Glasperlen gefertigt war. Es war das einzige, was Ruth besaß, das einem »Spielzeug« auch nur annähernd nahekam. Viel wichtiger für Ruth war jedoch, daß ihre Mutter ihr durch diesen Rosenkranz ihren Segen gab, eine eifrige Katholikin werden zu können. Er war das Symbol für ein neues Leben und das Zeichen dafür, daß ihre Mutter es akzeptierte.

Als Ona fand, daß Ruth die litauische Sprache fehlerlos beherrschte, entwickelte sie einen Plan, wie sie sie aus dem Haus bringen konnte. Sie erzählte ihren Nachbarn von einer Schwester in Kaunas, die krank geworden wäre. Da sich jemand um das Kind kümmern müßte, hätte Ona ihr angeboten, das Mädchen zu sich zu nehmen. Im Schutz der Dunkelheit schmuggelte Ona das Mädchen aus dem Haus. Sie brachte sie zu Dr. Jasaitis. Dort färbten sie Ruths Haare mit Kamille blond. Am nächsten

Morgen kamen sie in einem Pferdefuhrwerk wieder zurück. Ona stellte ihre »Nichte« Urite allen Freunden und Nachbarn vor. Von diesem Augenblick an bekam Ruths Leben ein freundlicheres Gesicht. Sie wurde einfach eins der Kinder und fügte sich mit bemerkenswerter Leichtigkeit ein.

Weil das unsichere Leben als Jüdin für das kleine Mädchen unendlich viel Angst verursacht und sogar etwas Tragisches an sich gehabt hatte, bedeutete der katholische Glaube ihrer Pflegeeltern für sie eine wahre Erleichterung. Sie genoß den Pomp und die Zeremonien in der Kirche und hätte unter keinen Umständen eine Messe versäumt. Die menschlichen Gesichter des Jesuskinds und der Mutter Maria waren ihr eine Quelle der Freude und des Friedens: Wie herrlich – eine Mutter und ihr Sohn würden sie für alle Zeiten beschützen. Das Judentum hatte ihrem neugefundenen Frieden und dieser inneren Freude nichts entgegenzusetzen. Die Glitzerwelt der Kirche siegte mit einem Schlag über die Düsternis des Ghettos. Ona und Antanas beobachteten, wie sich das Kind mit seiner ganzen Seele den beruhigenden Mysterien ihres Glaubens hingab, ohne das Kind je dazu anzuhalten, Katholikin zu werden. Sie wollten sie nämlich nicht bekehren.

Um sich ein wenig Erleichterung zu verschaffen, erzählte Ruth dem Christengott, wie sie ihre kleine Schwester Tamara im Stich gelassen hatte. »Ich mußte einfach wissen, ob man mir das, was ich getan hatte, vergeben würde«, erinnert sich Ruth heute. »Doch obwohl mich Gott nicht von meiner Schuld entband, war es doch sehr tröstlich für mich, mit diesem gütigen Gott, dem Vater des Jesuskindes, sprechen zu können. Heute finde ich in einem Zwiegespräch mit Gott – jedem Gott – keinen Trost mehr, hauptsächlich deshalb, weil es nie ein Zwiegespräch war. Ich ziehe es vor, keinem Gott Rechenschaft abzulegen, anstatt darüber nachzugrübeln, was ER alles geschehen ließ. Ist es nicht leichter, mit einem abwesenden Gott zu leben, statt mit einem, der kleine Kinder umbringen ließ? Aber ich fühle mich immer noch sehr zu dem stillen Mystizismus der Kirche hingezogen, zu den Lichtern, den Liedern und den Zeremonien, durch die man der rauhen Wirklichkeit des Alltags entfliehen kann.«

Für den Fall einer überraschenden Bedrohung legten Ona und Antanas zwei Fluchtwege fest. Beim ersten Anzeichen von Gefahr würde Ona Ruth in ein Tuch einpacken, und Antanas würde sie mit dem Rad zum Pfarrhaus bringen. Der Priester beherbergte noch mehr Juden unter seinem Dach. Dieser Plan für den Notfall kam ein paarmal zur Anwendung. Wenn die Gefahr vorbei war, brachte Antanas sie wieder nach Hause. Wenn es zu riskant für sie war, nach draußen zu gehen, mußte sie sich auf dem Dachboden verstecken. Aber der Dachboden war kein sehr sicherer Ort – sie mußte sich absolut still verhalten, weil sonst die Bohlen knarren und ihre Anwesenheit hätten verraten können. »Still zu sein war im Versteck unerläßlich«, erklärt Ruth. »Schweigen mußte zu meiner zweiten oder sogar zur ersten Natur werden, weil mein Leben davon abhing. Und das fiel mir nicht leicht, weil ich von Natur aus ein lebhaftes, lautes Kind war. Aber welche Wahl hatte ich denn?«

Auf die eine oder andere Weise zollen alle ehemals versteckten Kinder den schier ausweglosen Situationen, mit denen sie konfrontiert waren, Tribut. Irgendwie war ihnen allen bewußt, daß sie keine andere Möglichkeit hatten. Die Zeit, in der sie keine selbständige Entscheidung treffen konnten, hat die meisten ehemals versteckten Kinder geprägt. Manche wählten den Gott ihrer Retter zum Herrn, andere wurden ein Muster an Willfährigkeit oder setzten ihre ganze Hoffnung auf einen gütigen Retter, und wiederum andere blieben Gefangene ihrer Angst und ihres Zorns.

Ruths inneres Wesen wurde durch einen Teil all dieser Erfahrungen geformt. Ihr Schuldgefühl aufgrund ihres angeblichen Versagens beim Beschützen von Tamara beeinflußte ihre anderen Empfindungen. Dauernd sah sie vor ihrem inneren Auge ihre kleine Schwester mit flehend ausgestreckten Armen vor sich. Ihr schlechtes Gewissen meldete sich immer dann, wenn sie es sich erlaubte, einfach nur ein Kind zu sein. Neben dem Trost, den sie in der Religion suchte, schwang auch viel Unsicherheit mit, ob sie überhaupt das Recht hatte, Gottes Aufmerksamkeit auf sich zu ziehen, oder ob sie ihre ganze Kraft darauf verwenden sollte, Gott anzuflehen, sich um Tamara zu kümmern. Da sie nicht wußte, ob es Tamara gutging oder nicht, hatte Ruth keine andere Wahl – sie mußte sich einfach damit abfinden, daß niemand, nicht einmal Gott, ihr helfen konnte. Was sie getan hatte, war so entsetzlich, daß niemand es ungeschehen machen konnte – und Tamara mußte den Preis bezahlen.

Trotz der Eiseskälte in Onas Haus zog Ruth sich im Winter abends nackt aus und kniete vor dem Jesusbild nieder. Ruth erklärt: »Ich glaubte, daß Tamara zurückkommen würde, wenn ich das täte.«

Als Ruths Anwesenheit auch von den Nachbarn als normal angesehen wurde, erlaubten ihr die Pflegeeltern, auch im Freien Arbeiten für sie zu erledigen. Dazu gehörte beispielsweise das Füttern der Schweine und Hühner. Als sie das erste Mal hinausging, wurde sie vor Angst fast ohnmächtig – aus allen Ritzen in der Scheunenwand schienen sie Augen anzustarren und jedem ihrer Schritte zu folgen.

Ruth rannte zurück ins Haus, um Ona zu erzählen, was sie gerade gesehen hatte. Da erfuhr das Kind, daß ihre Pflegeeltern vierzehn Juden aus Shavli in der Scheune versteckten.

Viele von ihnen waren Ruth wohlbekannt. Seitdem fühlte sich Ruth jedesmal, wenn sie die Tiere fütterte, versucht, mit ihnen zu sprechen, nur um Kontakt mit Menschen aus der Welt ihrer Eltern zu haben. Und jedesmal, wenn sie diese stillen jüdischen Augen sah, in denen Zorn und Hoffnung brannten, dachte sie an ihre Eltern. Wo sie jetzt wohl waren?

Ging es ihnen gut? Würde sie sie jemals wiedersehen? In solchen Augenblicken hatte sie das Gefühl, das einsamste Kind auf der ganzen Welt zu sein. Abgesehen von Tamara. Sie konnte sich nicht gestatten, sich allein zu fühlen, ohne daß das traurige Gesicht ihrer Schwester vor ihr auftauchte. Sie mußte zugeben, daß sie, verglichen mit anderen Kindern, ein schönes Leben führte. Und sie war besser dran als die Menschen in der Scheune. Sie lebte zusammen mit Ona und Antanas im Haus, schlief in einem richtigen Bett, und die Regauskienes waren gut zu ihr. Aber das war kein Ersatz für die tiefe Liebe, die sie für ihre Mutter empfand.

Doch irgendwie war Ruth auch erleichtert, daß sie sich dort aufhielt. Solange sie gleichsam das Christenmädchen Urite, die Nichte von Ona und Antanas war, mußte sie sich nicht damit auseinandersetzen, daß es gefährlich war, Jüdin zu sein. Langsam wuchs in ihr der Haß auf die Juden und sie verfluchte den Tag, an dem sie als Jüdin geboren worden war. Sie wünschte niemandem Böses, sondern wollte nur Christin bleiben. Und wenn das bedeutete, daß sie weit weg von ihren Eltern leben mußte – na gut. Und trotzdem sehnte sie sich nach den Liebkosungen ihrer Mutter, dem liebevollen Lächeln auf ihrem schönen Gesicht und den Ausflügen zu zweit.

Bis auf Onas Mutter sah jeder in Ruth ein gewöhnliches kleines Mädchen. Die alte Dame hingegen hegte einen tiefen Groll gegen diese junge Jüdin, die sie alle umbringen konnte. Sie verletzte Ruth zwar nie, aber Ruth hatte den Eindruck, daß die alte Dame sie nur zähneknirschend tolerierte.

Ende Juni 1944 hörten die Regauskienes das Gerücht, daß die Rote Armee, die sie befreien sollte, nahe war. Die Bombenangriffe wurden häufiger. Ein paar Tage später liquidierten die Deutschen auf ihrer Flucht das Ghetto und schickten alle Insassen nach Auschwitz. Auf dem Weg zum Bahnhof zog die Schlange der zum Tode verdammten Juden am Haus der Regauskienes vorbei. Ruth stand zusammen mit anderen am Straßenrand. Dem Kind klopfte das Herz bis zum Hals. Würde man sie dazu zwingen, sich einzureihen und mitzugehen, so daß sie wie alle Kinder der »Kinderaktion« endete? Trotz ihrer Angst sehnte sie sich danach, ihre Eltern wiederzusehen, weil sie wissen wollte, ob es ihnen gutging. Statt dessen sah sie Wulf und einige ihrer Vettern. Sie blickten ihr geradewegs in die Augen, zuckten aber mit keiner Wimper – niemand erkannte sie. Oder vielleicht wollten sie sie auch nicht verraten. Als der letzte Jude an ihr vorüberzog, wurde Ruth fast krank vor Angst. Wo waren ihre Eltern? Sie mußten im Ghetto umgebracht worden sein! Wieder einmal füllte das Schuldgefühl sie völlig aus: War sie etwa auch für ihr Verschwinden verantwortlich? Genauso wie sie sich gewünscht hatte, daß Tamara verschwinden sollte – und sie dann ja auch verschwunden war –, hatte sie auch schon den Gedanken gehabt, vielleicht nicht mehr mit ihren Eltern zusammenleben zu wollen. Hatte Gott etwa ihre Gedanken für bare Münze genommen und dafür gesorgt, daß sie nie wieder auftauchen sollten? Stand sie unter irgendeinem Fluch?

In Wahrheit war es den Krons gelungen, außerhalb des Ghettos unterzutauchen – und zwar kurz bevor die Deutschen das Ghetto liquidierten. Am 27. Juli 1944 verkündete Stalin dann die Befreiung von Shavli. Obwohl die Krons sich nichts sehnlicher wünschten, als wieder mit ihrer Tochter zusammenzusein, mußten sie noch ein paar Tage warten. In dieser Zeit bot ihnen ein sowjetischer Offizier, der während der ersten sowjetischen Besatzung in der Wohnung von Meyers Mutter gewohnt hatte, seine Hilfe an. Unter anderem stellte er ihnen einen Jeep und ein paar Soldaten zur Verfügung.

»Ich wußte nicht, was die Befreiung bedeutete«, erinnert sich Ruth. »Erst an dem Tag, als ich sah, wie ein russischer Soldat in einem jeepähnlichen Fahrzeug zu uns fuhr, wurde es mir klar. Neben ihm saß nämlich eine sehr hübsche Frau, die wie eine Russin aussah. Es war meine Mutter. Sie wollte mich holen. Ganz sicher war nur eins – ich wollte nicht mit ihnen gehen, denn man hatte uns erzählt, die Russen würden den Menschen die Zungen herausreißen, sie blenden und alle möglichen Scheußlichkeiten begehen. Die Litauer in meiner Umgebung waren mit der deutschen Besatzung sehr zufrieden und wollten nicht von den Russen erobert werden. Und es gab noch ein anderes Problem. Ich haßte es, an meine jüdische Herkunft erinnert zu werden. Was war denn Gutes daran, Jüdin zu sein oder mit meinen jüdischen Eltern zusammenzuleben? Wenn ich an

Juden dachte, fielen mir nur schlimme Erlebnisse und Entsetzliches ein. Das wollte ich nie wieder erleben. Ich war zwar froh, daß meine Eltern den Krieg überlebt hatten, aber ich wollte mein sicheres Leben bei Ona und Antanas nicht gegen eine weitere Folge von Alpträumen eintauschen.«

»Ruth war seit über einem Jahr bei Ona«, schreibt Meyer Kron in seinen Memoiren. »Sie war reifer geworden, und wir waren Fremde für sie. Sie sprach litauisch und war eine richtig fromme Katholikin geworden. Dauernd bekreuzigte sie sich. Sie freute sich nicht gerade darauf, mit uns heimzufahren, sondern fühlte sich bei Ona und Antanas sehr wohl. Was sollten wir Ona sagen? Sie hatte das Leben unserer Tochter gerettet und wollte nichts als Gegenleistung dafür. Wir ließen ihr einen großen Teil der Lebensmittel da, die wir von unserem freundlichen russischen Offizier bekommen hatten. Dann fuhren wir nach Shavli zurück.«

»Nach der Befreiung«, erzählt Ruth, »kam meine Mutter zum Haus meiner Pflegeeltern, um mich zu besuchen, aber ich war nicht froh, sie wiederzusehen: Sie war Jüdin. Es war gefährlich für mich, sie als meine Mutter anzuerkennen, denn das bedeutete, ich war auch Jüdin. Und Jüdin zu sein bedeutete den Tod. Dennoch war ich glücklich, sie zu sehen, zu wissen, daß sie lebte, zu erkennen, wie schön sie war. Und zu wissen, daß sie meine Mutter war. Die Befreiung war für mich wirklich ein sehr verwirrendes Erlebnis. Es bedeutete, daß ich wieder weg mußte, es bedeutete Angst und gleichzeitig die ungeheure Freude, wieder mit meiner Mutter vereint zu sein.«

Mit der Reife, zu der sie durch die Umstände ihres Überlebens notgedrungen gelangt war, erkannte Ruth, daß nichts mehr so sein würde wie früher. Ihr gemütliches Zuhause gab es nicht mehr. Als die Deutschen abrückten, hatten sie die ganze Stadt in Brand gesteckt. Sie ließen nur ein paar Häuser verschont, für den unwahrscheinlichen Fall, daß sie Shavli zurückerobern sollten. Der Taschner Kaplan, ein Freund der Krons, gehörte zu den wenigen Glücklichen, die in ihr Haus zurückkehren konnten. Als Ruth bereit war, nach Hause zu kommen, sollte sie ihr Heim im Haus von Kaplan finden.

In den Stunden, die sie zusammen verbrachten, entdeckte Ruth aufs neue die feste Bindung zu ihren Eltern. Als sie drei Monate später merkte, daß diese keine Gefahr mehr für sie darstellten, war sie bereit, mit ihnen zu gehen. Aber sie stellte Bedingungen. Sie wollte keine Jüdin mehr sein und weder irgendwelche Gottesdienste besuchen noch an irgendwelchen Ritualen teilnehmen. Im Gegenteil – sie wollte weiter die katholische Kirche besuchen. Und sie verlangte von ihnen, in ihrer Gegenwart kein Wort Jiddisch zu sprechen. Die Krons willigten in alle Bedingungen ein.

Als sie dann wieder mit ihren Eltern zusammenlebte, empfand Ruth die Abwesenheit ihrer kleinen Schwester stärker denn je. Sie saß stundenlang weinend an einem Fenster, von dem aus sie auf die Ruine der katholischen Kirche blickte. Sie war ein Symbol für Ruth, denn wie Ruth hatte auch die Kirche Verluste erlitten und war dennoch nicht untergegangen.

Da sie sich in der katholischen Kirche unwohl fühlte, tauschte Gita sonntags ihren Platz mit ihrem litauischen Hausmädchen; diese nahm die kleine Katholikin mit in die Messe, und die Mutter kümmerte sich um den Haushalt. Ruth ertappte ihre Eltern nur einmal dabei, daß sie die Regel »Kein jiddisches Wort zu Hause« verletzten. Sie machte daraufhin einen solchen Aufstand, daß sie sie baten, ihnen zu verzeihen, und schworen, es nie wieder zu tun. Auf jede nur mögliche Art bemühten sie sich, den Heilungsprozeß ihrer Tochter nicht zu stören und ließen sie selbst das Tempo bestimmen. Das alles taten sie, weil sie so froh darüber waren, daß wenigstens eines ihrer Kinder zu einem Zeitpunkt dem Tod entkommen war, als man fast alle Kinder von Shavli umgebracht hatte. Ruths »Antisemitismus« machte ihnen keine Sorgen, denn sie verstanden vollkommen, daß sich das Kind damit nur vor einer Wiederholung der schrecklichen Erlebnisse schützen wollte. Sie begriffen auch, warum das Kind, das nie eine tiefe Bindung zur Religion seiner Vorfahren entwickeln konnte, auf gar keinen Fall Jüdin sein wollte, schließlich waren die Juden von ihren Feinden schwer mißhandelt worden. Anstatt also zu versuchen, sie wieder zum Judentum zu bekehren, verwandten sie ihre ganze Kraft darauf, Ruth ein so normales und bequemes Leben wie möglich zu verschaffen.

Inzwischen wurde das Leben in Litauen immer unerträglicher. Es war Ende Sommer 1945, als Meyer und Gita sich entschlossen auszuwandern, ehe es zu spät war. Meyer hatte erfahren, daß man gegen ihn einen Prozeß vorbereitete, weil er der Sohn eines Ausbeuters und nicht eines Arbeiters war. Es war nur eine Frage der Zeit, bis er ernste Schwierigkeiten haben würde.

Nach gründlicher Überlegung schlossen sich die Krons einer Gruppe an, die plante, illegal über die sowjetische Grenze zu gehen. Sie hofften, im April 1946 flüchten zu können. »Ich sollte das Büro am ersten Tag des Passahfestes verlassen«, schreibt Meyer, »dem Fest, an dem der Auszug aus Ägypten gefeiert wird.« Statt dessen wurde er genau an diesem Tag von der Geheimpolizei verhaftet. Nach einem viertägigen Verhör ließ man ihn wieder frei, aber nur unter einer Bedingung: Er sollte seine jüdischen Freunde ausspionieren und die Namen derer, die das Land verlassen wollten, weitergeben.

Meyer hatte natürlich nicht die Absicht, das mitzumachen. Doch jetzt gab es für ihn keine andere Möglichkeit mehr – er mußte das Land verlassen. Wenn er das nicht tat, drohte ihm und seiner Familie großes Leid. Mittels gewisser Verbindungen, die Gita aufgetan hatte, gelang es ihnen, ein paar Leute zu finden, die gewillt waren, ihnen bei ihrer Flucht zu helfen. Als Bezahlung akzeptierten sie alles, was die Krons besaßen.

Der Plan war bereits bis ins Detail vorbereitet, als man Ruth die Einzelheiten des gefährlichen Unternehmens mitteilte. Angst packte sie. Wieder einmal wurde ihr Leben umgekrempelt, was bedeutete: noch mehr Verstecken, noch mehr Lügen, noch katastrophalere Konsequenzen. Und wieder einmal hatte sie das Gefühl, dafür bestraft zu werden, daß sie den Tod ihrer Schwester Tamara verursacht hatte.

Gerade als Ruth und ihre Mutter sich auf diese riskante Reise begeben wollten, bekam Ruth Scharlach. Doch der Plan mußte auf jeden Fall durchgeführt werden. Meyer war in großer Gefahr, weil er nicht vorhatte, seine Freunde zu denunzieren. Dazu kam noch, daß Gita im siebten Monat schwanger war.

Weil sie nicht wollten, daß es so aussah, als würden sie eine Reise machen, verließen Ruth und Gita das Haus ohne Gepäck und gingen in ein Kino. Am Ausgang trafen sie einen Freund in der Uniform eines Oberst, der ihnen ihre Reisepapiere übergab. Ein anderer Mann, den sie im voraus gut bezahlt hatten, brachte sie in seinem Pferdewagen nach Lipovka. Dort trafen sie ihre Reisegefährten. Als sie sich Lipovka näherten, kam Gita und Ruth auf der Straße ein Mann entgegen.

Es war Meyer. Er brachte seine Frau und sein Kind zu dem Lastwagen. Zusammen mit den beiden Führern waren sie zehn Personen. Der Lastwagen sollte sie zum Bahnhof bringen, aber noch ehe sie ihr Ziel erreichten, stellten sich ihnen neue Hindernisse in den Weg. Im Morgengrauen kamen sie an eine Stelle, wo zuvor eine Brücke gewesen war. Glücklicherweise fanden sie ein kleines Boot, das im Gebüsch versteckt war. Sie mußten dreimal übersetzen, um alle ans andere Ufer zu bringen. Nachdem sie alle dort angekommen waren, bemerkten sie, daß sie sich in einer Einöde befanden. »Meine Mutter war ganz grau im Gesicht und hatte Todesangst«, erinnert sich Ruth. »Durch meinen Scharlach fühlte ich mich kaum besser. Außerdem beruhigte es mich nicht gerade, meine Mutter so voller Angst zu sehen.«

Schließlich gelangten sie zu einem Militärposten, und der Fahrer war gegen gute Bezahlung bereit, sie zum Bahnhof zu bringen.

»Als wir am nächsten Morgen in Brest an die Grenze kamen«, schreibt Meyer, »stellten sich Grenzsoldaten an die Tür jedes Waggons. Alle Insassen wurden auf ein Feld geführt. Dort mußten wir warten, bis der Zug aus Polen eintraf.«

Nach einem schrecklichen Tag mit Hangen und Bangen bekamen sie von ihren Führern neue Pässe. Alle waren entsetzt, nachdem sie einen Blick darauf geworfen hatten, denn man konnte die Pässe ganz leicht als Fälschungen identifizieren. Aber die Führer versicherten ihnen, daß alles gut ausgehen würde, weil die Grenzsoldaten ihre Freunde wären.

Sie bestiegen den Zug. Vor der Tür jedes Waggons stand ein sowjetischer Soldat. Die Spannung war ungeheuerlich, aber schließlich passierten sie die Grenze, und die russischen Soldaten sprangen ab. An der Grenze wurde das Gepäck durchsucht. Die Krons hatte keinerlei Gepäck, ihr einziger Besitz – US-Dollars – befand sich zusammengerollt im Bauch der Salzheringe, die neben ihnen auf der Abteilbank lagen. Die Zollbeamten verzichteten darauf, den stinkenden Fisch zu durchsuchen.

Sie brauchten einige Zeit, ehe ihnen bewußt wurde, daß sie Litauen endlich verlassen hatten. Aber das Versteckspiel war noch nicht vorbei. Um in den Westen zu kommen, mußten die Krons noch einmal ihre Identität wechseln; aber sie schafften auch dies und landeten schließlich in einem britischen Flüchtlingslager in Breslau, Deutschland.

Die Vorgänge im Lager minderten Ruths Abneigung gegen die Juden und das Judentum keineswegs. Die Atmosphäre im Lager war chaotisch, auch war man streitlustig. Die deutschstämmigen Juden machten die polnischen Juden für ihre miserablen Lebensbedingungen verantwortlich und zeigten tatsächlich einige Flüchtlinge bei den Briten als Betrüger an, weil sie behaupteten, Deutsche zu sein, in Wirklichkeit aber Polen waren. Diese unerfreulichen Auseinandersetzungen mündeten schließlich in eine strikte Trennung nach Geburtsorten. Als Meyer sich bei dem britischen Offizier melden mußte, fragte man ihn, wann er geboren sei. »Ich gab an, am siebzehnten März 1905 geboren zu sein«, schreibt Meyer. »Später erfuhr ich, daß das die Schlüsselfrage war ... Im allgemeinen gaben die Leute aus dem Westen (also aus Deutschland und den westlichen Staaten) Tag, Monat und Jahr an, während die Leute aus dem Osten (also aus Polen und den weiter östlich gelegenen Staaten) nur das Jahr angaben.« Doch im Verlauf der Befragung gelang es Meyer nicht, als deutscher Jude eingestuft zu werden, während Gita damit Erfolg hatte.

Man befahl Gita und Ruth, einen Lastwagen zu besteigen, während Meyer auf der anderen Seite des Zauns stehenbleiben mußte. Als gerade niemand hinsah, sprang er über den Zaun und kletterte auf den nächstbesten Lastwagen. Gita hob ein paar Pakete vom Boden auf und warf sie über ihn. Kurz darauf wurden Gita und Ruth dem gleichen Lastwagen zugewiesen.

Ruth fühlte sich wie in einem bösen Traum. Ihre Welt war ständig im Umbruch. Ihr schien es, als hätten alle Probleme damit zu tun, daß sie Jüdin sei. Der Schluß, den sie gezogen hatte, während sie illegal bei Ona und Antanas lebte, schien immer noch zu stimmen: Es war gefährlich, Jüdin zu sein. Aber aufzuhören, eine zu sein, schien noch viel schwerer, als sie angenommen hatte. Offensichtlich war für andere die Frage von Bedeutung: War sie nun Jüdin oder nicht? Sonst schien nichts relevant zu sein. Jüdisch zu sein schien eine Person zu kennzeichnen. Doch Ruth wußte nur, daß sie sich danach sehnte, in einem Ort, in einem Haus, mit einem Namen – ihrem eigenen – zu leben, ohne daß jemand ihnen ein Leid antat. Sie sehnte sich danach, eine Schule zu besuchen; sie wollte lernen wie andere Kinder. Sie wollte sich wieder als etwas Besonderes fühlen und nicht als jemand, auf dem man herumhackte.

In den folgenden beiden Jahren sollte sich Ruths Wunsch nicht erfüllen. Ihr Zuhause war ein Zimmer in einem Lager – früher ein Jugendlager der Hitlerjugend – in der bayerischen Stadt Feldafing. Die meisten Bewohner des Feldafinger Lagers mußten sich große Säle teilen, aber Meyer war es gelungen, für seine Familie ein eigenes Zimmer zu ergattern.

Während ihres Aufenthaltes in Feldafing wurde 1946 Ruths Bruder Leo geboren. »Das war unser erstes großes Fest«, erzählt Ruth. »Nach all den Verlusten endlich ein neues Leben. Und er wurde wirklich in ein neues Leben geboren. Nach den tragischen Ereignissen, den verschiedenen Schlupfwinkeln, der Flucht vor den Russen und der gefährlichen Reise in den Westen voller

Todesangst waren wir alle frei, hatten ein Dach über dem Kopf, gut zu essen und sogar etwas Hoffnung. Ich fand das Leben in Freiheit wundervoll.«

Meyer wurde zum Leiter einer der berühmten Organisationen zur Wiedereingliederung mittels Ausbildung ernannt. Es war ein gut bezahlter Posten, und die Krons zogen in eine Wohnung in Diessen, in der Nähe von München. Ruth war elf Jahre alt, als sie endlich anfangen konnte, regelmäßig zur Schule zu gehen. Unter der Woche besuchte sie in eine hebräische Schule in der Stadt, am Wochenende fuhr sie heim. Trotz dieser erfreulichen Entwicklung gelangten Gita und Meyer zu dem Schluß, daß sie nicht den Rest ihres Lebens auf deutschem Boden verbringen wollten. Sie beschlossen, daß es Zeit wäre, Deutschland zu verlassen. Ein neuer Umbruch in Ruths Leben.

Als sie die Einwanderung in die Vereinigten Staaten beantragten, gaben sie zwar ihren richtigen Namen an, behaupteten aber, im deutschen Tilsit, gleich hinter der polnischen Grenze geboren zu sein. Die Amerikaner erlaubten mehr Deutschen als Osteuropäern die Einreise.

Zuerst hofften sie darauf, sich in den Vereinigten Staaten niederlassen zu können, aber mit der Staatsgründung von Israel tauchte plötzlich eine neue Alternative auf. Ruth war nicht gerade begeistert von der Aussicht, in ein jüdisches Land zu ziehen. Aber gerade als sie Pläne für Israel schmiedeten, schufen der Kalte Krieg und der Koreakonflikt neuerlich Grund zur Sorge. Die Krons hielten es deshalb für sicherer, nach Kanada zu gehen anstatt nach Israel oder in die Vereinigten Staaten.

Nach langem Warten wurde ihnen endlich die gute Nachricht übermittelt: Kanada gestattete ihnen die Einreise. »Es war wundervoll zu wissen, daß wir endlich den europäischen Kontinent, wo wir so viel Schlimmes erlebt hatten, verlassen konnten«, schreibt Meyer Kron in seinen Memoiren.

Anfang März 1951 fuhren die Krons mit dem Schiff nach Kanada und ließen sich in Montreal nieder. Aber das dunkle Geheimnis, das das Verschwinden von Tamara umgab, warf einen Schatten über ihr neues Leben. »Bis dahin«, erklärt Ruth, »war die Ungewißheit sehr schlimm für mich. Dazu kam, daß in der Familie kaum ihr Name erwähnt wurde. Ich glaube, mein Vater verzieh sich nie, daß er Tamara und mich nicht aus dem Ghetto geschafft hatte, als es noch möglich war – genauso wie ich mir nie verzieh, daß es mir nicht gelungen war, sie zu verstecken. Der Gedanke an sie quälte uns. Ich betete um ihre Rückkehr, konnte und wollte einfach nicht akzeptieren, daß sie möglicherweise tot war. Sie war viel zu jung, um tot zu sein, ihr Leben hatte doch gerade erst angefangen. Es durfte nicht sein, daß es bereits beendet war. Außerdem gab es ja kein Grab. Konnten wir also sicher sein, daß sie tot war?«

Eines Tages fanden die Eltern heraus, daß man Tamara, zusammen mit den anderen Kindern, die bei der »Kinderaktion« geschnappt worden waren, nach Auschwitz geschafft hatte. Das war »praktischer« gewesen, als Massengräber auszuheben, sie zu erschießen und zu begraben.

Die offene Wunde von Ruths Schuldgefühl begann wieder zu bluten. Es hätte ihr geholfen, wenn ihre Eltern sie an den Haaren gezogen und sie angebrüllt hätten. Statt dessen ertrugen sie die Tragödie schweigend. Und hinter ihrem Schweigen spürte Ruth förmlich eine leise Anklage und Schuldzuweisung. Immer wenn Ruth bei ihrer Mutter dieses Thema anschnitt, verließ Gita entweder das Zimmer oder weigerte sich, darüber zu sprechen. Wie sollte Ruth unter diesen Umständen ihre Schwester vergessen oder ihr selbstzerstörerisches Schuldgefühl überwinden?

»Später, als meine Tochter auf die Welt kam«, erzählt Ruth, »wollte ich sie Tamara nennen, aber meine Mutter war dagegen. Später jedoch, als meine Tochter ihre Tochter bekam, nannte sie sie Tamara, ohne jemanden zu fragen. Darauf sagte meine Mutter nur: »Gut.« Aber Tatsache bleibt, daß mir niemand jemals die Schuld am Tod meiner Schwester gegeben hat, das habe einzig und allein ich selbst getan. Wenn ich nur noch eine Viertelstunde länger im Versteck geblieben wäre, wäre der letzte Lastwagen abgefahren und Tamara würde noch leben.«

Erst in den letzten Jahren hat sich Ruth vergeben. Sie weiß jetzt, daß sie nichts Falsches getan hat und nichts hätte anders machen können. Nur manchmal keimt in ihrer Seele noch das Gefühl der Selbstbezichtigung. »Wir waren damals richtig gerissene Gören, wir wußten, wie man überlebt. Und ich bin auf die Stille hereingefallen, ließ mich davon an der Nase herumführen.«

Auf die eine oder andere Art spielt Stille in den Erinnerungen der versteckten Kinder eine große Rolle. Selten wird sie als Verbündeter betrachtet, eher als Bote, der ein Ultimatum verkündet: Sei still, sonst stirbst du. Weil dieses »sonst stirbst du« wohl kaum eine andere Wahl zuläßt, liefert es das Kind dem Alleinsein oder der Zerstörung aus. Stille bietet deshalb bestenfalls Hoffnung, aber niemals eine Garantie – die Stille saugt einen auf, und vielleicht wird niemand merken, daß man existiert. Das ist in einer Welt, in der es Kindern unter sechzehn Jahren verboten war, am Leben zu bleiben, wirklich eine schöne Aussicht.

Aber bei Ruths und Tamaras Begegnung mit der Stille an jenem 3. November zeigte sich deren anderes Gesicht, nämlich das trügerische, das ein falsches Gefühl von Sicherheit vermittelt, das tötet und das Gewissen des Überlebenden belastet. Man erinnert sich unwillkürlich an das Schachspiel zwischen dem Ritter und dem Tod in Ingmar Bergmans Film *Das siebte Siegel*: Der Tod kommt zu einem Ritter, der nach dem Sinn des Lebens sucht. Der Ritter will einen Aufschub. Der Tod schlägt ihm einen Handel vor: Wenn du mich im Schachspiel schlägst, gewähre ich dir noch eine Lebensspanne. Der Ritter besiegt den Unbesiegbaren, aber der Tod nimmt ihn trotzdem mit. Als der Ritter seinen grausamen Gegner an ihren Handel erinnert, antwortet der Tod: »Ich habe gelogen.«

So sehr Ruth wegen Tamaras Schicksal auch unter Schuldgefühlen gelitten hat, fühlte sie sich doch nie schuldig, weil sie überlebte. Auch nicht dafür, daß sie den Platz im Versteck bekam, der für ein anderes Kind bestimmt gewesen war. Sie wußte, daß die Schuld beim Verbrecher und nicht beim Überlebenden lag. »Meine Gefühle bezüglich des Überlebens hängen stark von dem Gefühl ab, etwas Besonderes zu sein. Ich glaubte immer etwas Besonderes zu sein, bis der Krieg begann«, erklärt Ruth. »Und als ich danach wieder so eine Art geborgenes Leben führte, fühlte ich mich wieder so. Ich hatte die Vernichtung der Kinder überlebt, der die meisten, meine Schwester Tamara eingeschlossen, zum Opfer gefallen waren. Und bis heute habe ich mich immer als etwas Besonderes gefühlt. Darum nennt mich mein Mann Cecil auch »die Königin«. Trotz meiner furchtbaren Erlebnisse hat das Leben es gut mit mir gemeint, vor allem wenn man bedenkt, was mir alles hätte zustoßen können. Ich bin überzeugt, daß ich aus einem bestimmten Grund überlebt habe.«

Viele von denen, die als Kind überlebt haben, und sogar die, die damals bereits erwachsen waren, teilen Ruths Gefühl, eine Mission zu haben. Viele stimmen mit Elie Wiesel überein, der die Überlebenden als Boten der Toten bezeichnet hat – sie überlebten, um eine Verbindung zwischen den Märtyrern und den Nachfahren herzustellen. Andere haben das Gefühl, daß es bei ihnen liegt, die Familie fortzuführen, um Israel wieder zu bevölkern; andere wiederum suchen – wie auch Ruth – ihr ganzes Leben nach einem Ziel. Überlebten sie nur, um durch das Erzählen ihrer Geschichte erzieherisch zu wirken? Oder um eine Linie fortzusetzen, in der ein Mitglied vielleicht nicht nur ein Lebensspender, sondern auch ein Lebensretter werden kann? Gleich Ruth wissen viele keine Antwort auf diese Fragen und probieren deshalb alles aus – manchmal zu einem zu hohen Preis. Was auch immer sie antreibt, das Ziel ist, zum Leben und Wohlergehen anderer beizutragen.

Sie wissen nicht, warum sie überlebten, aber sie wissen, wie es geschah: Menschen nahmen das Risiko auf sich und retteten sie vor den Kindesmördern. Sie profitierten von äußerst mutigen Taten. Ungeachtet der Gründe, warum man sie versteckte – sogar wenn es nur aus gemeiner Geldgier geschah –, blieb es immer noch eine tapfere und altruistische Tat. Daher mußten die Ruths, Robs, Abes und Tausende andere sich entscheiden, als sie erwachsen wurden: Sollten sie ihr zukünftiges Leben nach dem Vorbild der Mörder und Zuschauer aufbauen, die schweigend den Kindesmord von gigantischen Ausmaßen gebilligt hatten, oder aber nach dem der stillen Helden, die das Leben eines anderen – eines Kindes – über ihre persönlichen Interessen stellten?

Eine große Zahl ehemals versteckter Kinder arbeitet heute in »helfenden« Berufen – Medizin, Sozialfürsorge, dem Bildungswesen usw. Deshalb ist es durchaus verständlich, daß Ruth das Frauenförderungsinstitut der Universität in Vancouver leitet und sich um die Besserstellung einer weiteren mißbrauchten und zu manchen Zeiten auch verfolgten Gruppe von Menschen bemüht – den Frauen.

Dieses Gefühl, aus einem bestimmten Grund überlebt zu haben, ist im Leben der ehemals versteckten Kinder und auch deren Kinder oft ein zweischneidiges Schwert. Das kann zu einem derart zwingendem Gefühl, eine Mission erfüllen zu müssen, ausarten, daß diese schließlich anderen alles geben und ihre eigenen Bedürfnisse, Träume und Lebenswege aus dem Blick verlieren. Ehemals versteckten Kindern wird oft von ihren Familien, Freunden und Kollegen vorgeworfen, daß sie von ihrer Dienstbarkeit förmlich getrieben werden.

»Ganz gleich wie lange ich lebe«, stellt Ruth fest, »ich werde immer fragen: ›Warum ich?‹ Warum mußte ich das einzige Kind sein, das im Ghetto vom Lastwagen heruntergeholt wurde? Sich in diesem Sinn als etwas Besonderes zu fühlen, ist nicht immer ein gutes Gefühl. Ich habe stets geglaubt, daß es dafür einen Grund geben muß und daß es an mir läge, ihn zu finden und zu rechtfertigen.«

Ruth hat sich auch mit anderen Paradoxien herumgeschlagen. »Bis heute«, gesteht sie, »fühle ich mich als Jüdin nicht wohl. Damit Sie mich richtig verstehen – ich bin keine praktizierende Katholikin mehr, obwohl ich Kirchen immer noch liebe. Wie früher begeistere ich mich an dem Schönen des katholischen Glaubens, an dem Schmuck in der Kirche. Ich werde nie vergessen, wie schön mein Rosenkranz war. Aber am meisten gefiel mir, daß ich zu etwas Sicherem gehörte. Wenn mein Mann und ich heute nach Europa reisen, besteht meine Lieblingsbeschäftigung immer noch darin, Kirchen zu besichtigen. Und wenn Cecil nicht zu müde ist, besuchen wir an jedem Weihnachtsabend die Mitternachtsmette. Aber trotzdem bin ich definitiv Jüdin. Und noch mehr – ich weiß heute, daß ich immer Jüdin gewesen bin; selbst im Ghetto oder als ich mich im Schrank von Wulf Peissachovitz versteckte, und sogar als der Lastwagen mit Tamara abfuhr. Ich bin sogar sehr jüdisch, ich setze unsere jüdischen Traditionen fort. Wir feiern immer das Passahfest. Am Freitagabend zünden wir Kerzen an. Jedes meiner Enkelkinder hat seine eigenen Kerzen. Ich gehe zwei- oder dreimal im Jahr in die Shul (die Synagoge), nur um die Sprache zu hören, aber ich bete nicht, weil ich nicht an Gott glaube. Entweder gibt es ihn nicht, weil meine Schwester gestorben ist, oder es gibt ihn, und Er ließ sie sterben, was noch schlimmer ist. Andererseits muß Er dagewesen sein und mich gerettet haben, und vermutlich aus einem bestimmten Grund. Wer soll mir sonst sagen, warum ich noch lebe? Ich schlage mich mit diesen existentiellen Fragen herum und tue mein Bestes, um nicht ständig darüber nachzugrübeln, ich beschäftige mich, um nicht dauernd diesen gnadenlosen Fragen gegenüberzustehen.«

Nachdem nun alles gesagt und getan ist, ist ihr Judentum für Ruth eine sehr komplexe Erfahrung. Sie hat immer Angst vor dem Antisemitismus und bangt um ihre Kinder, die in einer Welt, in der der Rassismus wieder auflebt, Juden sind.

Jeweils am vierten Geburtstag jedes ihrer drei Kinder hatte Ruth Angst, daß der Familienfluch, der ihnen Tamara in diesem Alter genommen hatte, sie einholen würde, um das Leben ihres Kindes zu fordern. Dreimal hat Ruth ein Jahr lang Tamaras Todeskampf durchlebt. »Ich nehme an, daß Zahlen eine ganz eigentümliche Magie haben«, sagt sie mit einem Seufzer, der sowohl Erleichterung als auch Resignation gegenüber der unausweichlichen Bürde von Schmerz und Zorn ausdrückt. »Doch heute gibt es einen Unterschied: Ich weiß, daß ich kein Monster bin. Andere haben schließlich ähnliche Erfahrungen gemacht und sind in die gleiche Falle getappt wie ich. Das Wissen, kein Monstrum zu sein, gibt eine Menge Kraft.« Darin liegt der unermeßliche Wert, mit anderen, die als Kinder überlebt haben, nicht nur verbunden zu sein, sondern sich auch durch das Erzählen der eigenen Geschichte selbst zu heilen. Man hat allerdings begrenzte Möglichkeiten – entweder man kann die eigene Geschichte in das Dunkel des Unterbewußtseins verbannen und zulassen, daß sie einem die wachen Stunden zermürbt und die Träume beeinträchtigt, oder man kann seine Geschichte immer wieder erzählen und sich dabei weiter verstecken. Öffentlich Zeugnis zu geben – in Schulen, Gemeindesälen, Synagogen – kann Quelle einer starken und schmerzlichen Erkenntnis sein; wie auch die Zusammenkunft mit anderen, wobei durch das Austauschen der Geschichten eine Gemeinschaft entsteht. Die meisten Überlebenden entscheiden sich für die eine oder andere dieser Möglichkeiten. Jene, die ihre Geschichte anderen mitzuteilen wagen, berichten, daß sich Augenblicke der Angst mit Augenblicken der Heilung abwechseln. Aber wie bei jeder Heilung verläuft der Prozeß nicht ohne Schmerzen.

Ruth lernt gerade, ihre Geschichte öffentlich zu erzählen. Ermutigt von Dr. Robert Krell besuchte sie vor zwei Jahren in Oxnard, Kalifornien, ein Treffen von Menschen, die als Kinder überlebt hatten. Dort erzählte man sich in kleinen Gruppen gegenseitig die Geschichten. Ermutigt durch diese Erfahrung willigte sie ein, an einer Podiumsdiskussion teilzunehmen. Das war nicht leicht, denn sie fühlte sich wie nackt. Sie glaubte, daß ihr Leben wirklich keinen anderen etwas anginge. Doch am meisten belastete sie das Gefühl, daß sie sich vor all diesen Fremden nicht länger verstecken sollte. Also überwand sie sich, und sie wird es immer wieder tun.

»Ja, ich mußte es tun«, gibt sie zu. »Wenn es sein muß, muß es eben sein. Das gehört zu den Gründen, warum ich dem Tod entging. Seit die Ewiggestrigen die Wahrheit des Holocaust anzweifeln, müssen wir alle plötzlich eine Pflicht erfüllen. Sie muß erfüllt werden – wie sehr ich sie auch hassen mag. Meine Lebensphilosophie lautete immer so: Ganz gleich, was es ist, tu, was getan werden muß. Und obwohl ich mich nicht gut dabei fühle, weiß ich doch, daß es unbedingt gemacht werden muß. Ich habe noch nie vor Schulkindern gesprochen, aber Rob Krell ist gerade dabei, mich zu überreden, in Schulen zu sprechen. Es ist mein Job, dafür zu sorgen, daß sie die Wahrheit erfahren, denn wenn meine Generation tot ist, wird niemand mehr die wahre Geschichte erzählen können. Wir sind wirklich die letzte Generation von Überlebenden. Wir sind zu lange vergessen worden. Ob es mir nun gefällt oder nicht – ich werde im Kampf gegen die Gleichgültigkeit meinen Teil beitragen. Nicht nur für Tamara, sondern für alle Kinder, damit sie nicht das Schicksal meiner Schwester teilen müssen.«

VII

Sie verlor alles – aber niemals ihren Mut
Die Geschichte der Esther Mainemer

»Ich habe so wundervolle Erinnerungen an meine Kindheit. Jede ist mir kostbar. Was würde ich ohne sie tun? Ich könnte nicht weiterleben, wenn ich mich nur an all die Schrecken und an das, was ich verloren habe, erinnern würde. Wie sollte ich leben ohne die Erinnerung an das schöne und reiche Leben in der jüdischen Gemeinde, das Hitler mir genommen hat? Wenn ich mich nicht daran erinnern könnte, daß Juden singen und tanzen, lernen und lehren, lieben und streiten, Kinder großziehen und Tote begraben, dann würde ich mich nicht für eine richtige Überlebende halten. Ich darf nicht zulassen, daß man immer nur an Verzweiflung und Tod denkt, wenn man sich an die Juden erinnert. Man hat mir meine Familie, meine Freunde und meine erste Liebe genommen, ich darf nicht zulassen, daß man mir auch die Erinnerung an ein schönes Leben nimmt.«

Esther Mainemer, geborene Schumacher, heute eine lebhafte, energische Frau in den Sechzigern, erlebte nur Verluste, nachdem die Mächte der Zerstörung – die Nazis und die Sowjets – in ihr junges Leben Einzug gehalten hatten. Damals lebte sie in ihrem Heimatort Bialystok, zirka zweihundert Kilometer von der polnischen Hauptstadt Warschau entfernt.

Die ersten Lebensjahre Esthers waren idyllisch, und das trotz der bescheidenen Verhältnisse, in denen die Schumachers lebten. Als zweitjüngste von sieben Geschwistern war sie stets von Liebe und Zuneigung umgeben. Ihr Vater Michal hatte, wie der Schneider in Anatevka, sein Geschäft mit einer Nähmaschine angefangen, die ihm seine Eltern geschenkt hatten. Er arbeitete oft bis in die Nacht hinein, um seine große Familie zu ernähren. Und trotzdem hatte er immer Zeit für Esther.

Sie lebten in einem Mietshaus, das fünfunddreißig Familien beherbergte. An warmen Sommerabenden spielten die Kinder im Hof, während die Eltern auf der Treppe saßen.

Geborgen in der beschützenden Liebe ihrer Brüder und Schwestern glaubte Esther, daß ihr nie ein Leid geschehen würde. Ihre älteste Schwester Hanna stand ihr besonders nahe. »Sie war für mich wie eine zweite Mutter«, erinnert sich Esther. »Überall wo sie hinging, nahm sie mich mit. Sie kümmerte sich ständig um mich, und ich betete sie förmlich an.«

An einem schönen Sommertag im Jahr 1930 hatte Hanna sich mit ihrem Freund verabredet und nahm Esther mit. Während des Ausflugs eröffnete Hanna Esther, daß sie Bialystok bald verlassen und nach Kanada auswandern würde. Sie könnte Esther aber unter keinen Umständen mitnehmen.

Zuerst wußte Esther nicht, ob sie das richtig verstanden hatte. Als sie die schreckliche Neuigkeit begriff, lief Esther mit tränenüberströmten Gesicht davon. Sie rannte so schnell, daß Hanna sie nicht einholen konnte. Sie war so durcheinander, daß sie keinen an sich heranließ, nicht einmal ihre Eltern. Hinter dem Kachelofen im Wohnzimmer kauerte sie sich hin, zog sich ihre Decke über den Kopf und schlief in diesem Versteck erschöpft ein. Die ganze Familie suchte vergeblich nach ihr. Als sie ein paar Stunden später aufwachte, war es draußen bereits dunkel.

Sie kam hinter dem Ofen hervor und ging in die Küche. Ihre Mutter atmete zwar erleichtert auf, verpaßte Esther aber zum ersten und einzigen Mal eine Tracht Prügel.

»Warum habe ich sie so sehr in Angst versetzt?« fragt Esther sich auch heute noch. Dadurch reiht sie sich in die Schar verwaister, überlebender Kinder ein, die sich nur schwer – oder auch nie – Taten verzeihen können, die man unter normalen Umständen als völlig normal bei einem Kind angesehen hätte. Es ist verständlich, daß ein Kind sich versteckt, nachdem es etwas gehört hat, das ihm Angst macht. Wenn die meisten Erwachsenen sich an solche Vorfälle erinnern, findet man sie gewöhnlich rührend oder amüsant, aber ganz sicher nicht unverzeihlich. Aber wenn Überlebende wie Esther zurückdenken und sich an einen Vorfall wie ihr Verstecken hinterm Ofen erinnern, stellen sie dieses Ereignis in den Kontext der Qualen, die ihre Eltern bis zu ihrem grausamen Tod erdulden mußten. Sie können sich also nie an das »Trauma«, das sie ihrer gequälten Familie bescherten, erinnern, ohne gleichzeitig daran zu denken, was diese Menschen auf dem Weg in den Tod erdulden mußten. Vielen dieser ehemals versteckten Kinder fällt es schwer, sich an die Zeit vor dem Holocaust zu erinnern, ohne daß ihre erlittenen Verluste die ansonsten schönen Erinnerungen verdüstern. Die nachfolgende Tragödie färbt auf die schöne Zeit davor, die Liebe und die Fürsorge ab.

Diejenigen, die im Kindesalter überlebt haben, neigen aber auch dazu, die Zeit zu idealisieren, die sie mit ihrer Familie vor der Katastrophe erlebten. Auf diese Weise bringen sie alle Kindheitskonflikte mit der der Zerstörung des bilderbuchhaft erinnerten Lebens vor der Tragödie in Verbindung.

Esther wurde das erste Mal verlassen, als Hanna nach Kanada auswanderte.

Es sollte überhaupt nicht überraschen, wenn manche der kindlichen Überlebenden, die alt genug waren, um sich selbst an kleinste Einzelheiten aus der Zeit vor 1939 zu erinnern, abgeschnitten von ihren frühesten Kindheitserinnerungen durchs Leben gingen. Um im Alltag das Leben zu meistern, mußten sie ihre Erinnerung an die Kindheit verdrängen, weil diese Zeugnis von einer tiefen Wunde gab, die ihnen eine geliebte Person zugefügt hatte.

Das andere wichtige Ereignis für Esther in diesem Jahr war ihr erster Aufenthalt in einem Ferienlager. Das Wissen, daß sie die erste Schumacher war, die in ein Ferienlager ging, half ihr, den Zorn, den sie wegen Hannas Abreise empfand, ein wenig abzubauen. Aber während sie einen großartigen Sommer verbrachte, beschaffte die Familie die letzten Dokumente, die Hanna für ihre Auswanderung nach Kanada brauchte.

Der Tag von Hannas Abreise war gekommen. Sie wollte nicht fahren, ohne ihrer kleinen Schwester Lebewohl zu sagen. Ihr Vater nahm den Zug und ging dann noch die zehn Kilometer zu Fuß bis zum Lager, um Esther zu holen. Der Lagerleiter gab Esther die Erlaubnis, für diesen Tag heimzufahren. Hand in Hand, aber schweigend und bedrückt fuhren Esther und Michal zurück nach Bialystok. »So verabschiedete ich mich also von meiner Schwester«, berichtet Esther, »und glaubte, ich würde sie nie mehr wiedersehen. Ich wußte noch nicht, daß ich eines Tages auch in Kanada landen würde.«

Der Sommer ging schnell vorbei. Trotz Hannas Abreise hatte Esther im Ferienlager viel Spaß und gewann neue Freunde. Nach ihrer Rückkehr schrieb sie Hanna Briefe. Weil Mutter Rachel Jiddisch weder schreiben noch lesen konnte, diktierte sie Esther einmal in der Woche einen Brief an ihre Tochter in der Ferne. Und sobald eine Antwort aus Kanada eintraf, las Esther sie der Familie vor. Das Kind genoß diese Augenblicke. Sie waren für sie eine Quelle der Wärme und Sicherheit.

Hannas Abreise hinterließ in Esthers Leben eine große Lücke. Aber wie die meisten Kinder holte auch sie der Alltag ein. Sie war ein gescheites, kreatives Kind. Seit Beginn ihrer Schulzeit spielte sie in der Wohnung Theater nach den Geschichten, die ihr Vater ihr vorgelesen hatte. Dazu nähte Michal abends nach einem harten Arbeitstag für Esther und ihre Freunde noch Kostüme aus farbigem Papier. Er half auch dabei, die Theaterstücke aufzuführen. Und die Kinder, die zum Zuschauen kamen, »bezahlten« die Schauspieler mit Süßigkeiten. Da Esther gern sang, träumte sie davon, Sängerin zu werden; aber die Eltern hatten nicht genug Geld, um die Gesangsstunden bezahlen zu können.

In den Sommerferien spielte Esther mit ihren Freunden meistens in einem nahegelegenen Wald. Esther wußte, daß es Mittag war, wenn Michal kam und allen Kindern Essen brachte.

»Es war herrlich, ihn kommen zu sehen«, erinnert sich Esther. »Zu wissen, daß er seine Arbeit nur unterbrochen hatte, um uns das Essen zu bringen. Diese vielen Kleinigkeiten sind mir heute eine kostbare Erinnerung, wie auch das Wissen, einen Vater gehabt zu haben, der mich mit so viel Liebe und Zuneigung umgeben hatte.«

Für ihre Mutter hegt Esther die gleichen herzlichen Gefühle. Da sie aber für eine so große Familie sorgen mußte, hatte sie weder die Muße noch die Energie, sich um Esthers Bedürfnisse so zu kümmern, wie das Kind es gern gehabt hätte. »Ich hatte nie wirklich die Gelegenheit, sie als Mutter richtig zu schätzen«, meint Esther voller Trauer. »Ich hatte nie die Gelegenheit, von ihr zu lernen, wie man eine gute Ehefrau oder eine richtige Frau wird.«

Im Alter von acht Jahren entdeckte Esther im Sommer 1932 die Liebe. Er war der Vetter ihrer besten Freundin. Sie spielten ständig zusammen. Als der Winter kam, liefen sie durch den Schnee und bewarfen sich mit Schneebällen.

Im gleichen Jahr hieß es erstmals, daß man als Jude ständig in Gefahr schwebe, weil Hitler diese vernichten wollte. Von diesem Zeitpunkt an war das Thema der ständig wachsenden Bedrohung in aller Munde. Bald darauf begann man sich darauf vorzubereiten, Juden aufzunehmen, die aus Deutschland geflüchtet waren; man hortete Decken, Bettzeug und Geschirr und erwartete einen Ansturm von Flüchtlingen.

Für das kleine Mädchen änderte sich nicht viel, solange es noch in der jüdischen Gemeinde lebte. Doch wenn es manchmal diesen Bezirk verließ, sah es sich gemeinen Anspielungen und hingeschmierten Hakenkreuzen auf der Sienkiewicz-Straße, der Hauptstraße von Bialystok, ausgesetzt. Es betrachtete sie zunächst mit Neugier, obwohl die Geschichten über die Juden, die christliche Kinder umbrachten, um aus ihrem Blut Mazzes für das Passahfest zu backen, sie verwirrten und verletzten.

Das Alltagsleben der Schumachers war tief in den jahrtausendealten jüdischen Traditionen verwurzelt, und das Kind war in seiner jüdischen Identität gefestigt. Esthers Vater besuchte jeden Tag die Gottesdienste, am Sabbat und an den Feiertagen ging er sogar zweimal. Und natürlich beachteten sie streng die uralten Ernährungsvorschriften der Kaschrut. »Ich liebte die Feste«, sagt Esther. »Für mich ging es da nicht um Religion, sondern um Nähe und Zugehörigkeit. Ich werde nie die eifrigen Vorbereitungen für das Passahfest vergessen. Das Putzen und Schrubben hatte einen gewissen Zauber. Mir fehlt immer noch die mystische Wärme am Seder, wenn die ganze Familie am Tisch versammelt war. Ich mache die Nazis für alle Seder verantwortlich, die sie mir genommen haben.«

Als Esther zehn Jahre alt war, wurde ihr bewußt, daß sie nichts über die Polen, ihre Kultur oder ihre Sprache wußte, obwohl sie ihr bisheriges Leben in Polen verbracht hatte. »Ich merkte, daß es schlimm für mich war, unter Polen zu leben, ohne zu wissen, was sie sagten. Ich mußte also einfach Polnisch lernen.« Nach verständlichem Widerwillen meldeten ihre Eltern sie in einer katholischen Schule an. Dort mußte sie zum ersten Mal in ihrem Leben lernen, jeden Tag mit antisemitischen Beleidigungen und abfälligen Geschichten über Juden fertig zu werden. Ein Opfer ihres Schulwechsels wurden die Theaterstücke mit den Freunden. In ihrer neuen Umgebung kooperierten die Kinder nicht. Und zum ersten Mal bekam sie auch in der Schule Schwierigkeiten, weil sie die Sprache nur ungenügend beherrschte. Ohne die herzliche Kameradschaft, die die Kinder in der jüdischen Schule miteinander verband, fühlte sich Esther unsicher, weniger aktiv, weniger lebendig, einfach minderwertig. Trotzdem schloß sie mit zwei polnischen Mädchen Freundschaft. Keine von beiden war Katholikin – Kasia war Protestantin und Kristina griechisch-orthodox. In der überwiegend von Katholiken besuchten Schule galten sie deshalb als Außenseiter.

Als die Leiche einer jüdischen Frau aus ihrer Straße in dem Wäldchen gefunden wurde, wo Esther und ihre Freunde im Sommer zu spielen pflegten, war jedermann überzeugt davon, daß diese das Opfer von Judenhassern geworden war. Seitdem war es für jeden offensichtlich, daß das Leben nie wieder wie früher sein würde.

Am 1. September 1939 geschah das, was sie seit Jahren befürchtet hatten: Deutschland erklärte Polen den Krieg. Esther befand sich gerade auf der Straße und erledigte etwas für Rachel, als sie wie angewurzelt stehenblieb. Das betäubende Heulen der Sirenen erfüllte sie mit Panik. Es schien so, als würden sie nie mehr verstummen. Der Himmel über ihr war schwarz vor Flugzeugen. An diesem Abend erfuhren die Menschen im ganzen Land, daß Hitler von Polen die Rückgabe der Stadt Gdańsk, des früheren deutschen Danzig, gefordert hatte. Hitler, der damit rechnete, daß Polen nicht nachgeben würde, hatte seinen Armeen befohlen, den widerspenstigen Nachbarn im Osten anzugreifen.

Von nun an heulten in jeder Nacht die Sirenen. Die Hausbewohner suchten in ihren verdunkelten Wohnungen Schutz. Während dieser Zeit hörte Esther immer wieder, was ihnen vermutlich bevorstand, wenn die Deutschen nach Bialystok kämen. Tagein, tagaus lauschte man den angsteinflößenden Nachrichten aus Warschau, daß man jüdische Männer zur Zwangsarbeit abgeholt hatte, sie aber nie mehr zurückkamen. Was geschah mit ihnen? Manche berichteten, daß die Deutschen ihnen befahlen, Gräber auszuheben, sie dann in die Gruben warfen und lebendig begruben. Alle möglichen Gerüchte kursierten.

»Wir wußten nicht, daß diese Gerüchte, die mein Vater für hysterische Übertreibungen extrem ängstlicher Menschen hielt, im Vergleich dazu, was den Juden wirklich bevorstand, noch harmlos waren«, meint Esther dazu. »Aber zu diesem Zeitpunkt reichten schon jene Gerüchte aus, um ein empfindsames junges Mädchen wie mich, das Tag und Nacht behütet worden war, das Fürchten zu lehren.

Und weil meine Mutter mich nie aus den Augen ließ, kam ich zu dem Schluß, daß meine Befürchtungen zu Recht bestanden. Mit fünfzehn Jahren fand ich mich mit einem Leben ab, das weder Auswege bot noch ein Morgen.«

Polen war weder bereit noch fähig, der Gewalt des Dritten Reiches über eine größere Zeitspanne zu widerstehen. Zwei Tage später wurden Esthers Brüder einberufen. Der Krieg dauerte nur zwei kurze, aber dafür schreckliche Wochen. Doch die Schumachers konnten erleichtert aufatmen, ihre Söhne kehrten heil und gesund zurück.

Drei Wochen nach Beginn der offenen Feindseligkeiten gegen Polen marschierte die Wehrmacht in Białystok ein. Esther half gerade einer Verwandten in deren Boutique für feine Damenkleidung – der ersten in Białystok – aus. Der Laden lag direkt an der Sienkiewicz-Straße, der Lebensader der Innenstadt. Wie alle jüdischen Läden sollte auch dieses Geschäft geschlossen werden. Aber ab und zu versuchte die Eigentümerin trotzdem ihr Glück. Gerade an solchen Tagen begrüßte sie die Hilfe von Esther, einem hübschen jungen Mädchen mit einem Blick für die Mode.

Plötzlich klirrten die Fenster in dem kleinen Geschäft. Dann hörten sie ein Grollen, das aus der Tiefe der Erde zu kommen schien. Esther und ihre Kusine rannten nach draußen und standen plötzlich direkt den Kolonnen der heranrückenden deutschen Soldaten gegenüber. Esthers Kehle war wie zugeschnürt. Sie hatte das Gefühl, als ob ihr diese bewaffneten Menschen die Luft aus den Lungen gesogen hätten.

Seitdem wagte Esther nicht mehr, in den dunkel verfärbten Himmel zu blicken aus Angst, eine Bombe könne explodieren und ihr Leben beenden, das doch kaum begonnen hatte. Sie fürchtete, daß ein deutscher Soldat ihr etwas antun könne. Bald wurde ihr schlimmster Alptraum Wirklichkeit: Eines Tages ging sie die Straße entlang und hatte das unbestimmte Gefühl, verfolgt zu werden. Sie schaute sich verstohlen um und sah zu ihrem Entsetzen, daß ein deutscher Soldat ihr folgte und immer näher kam.

Ohne lange zu überlegen, riß Esther das Tor zu ihrem Haus auf, stürmte hinein und hastete, so schnell sie konnte, die Treppen hinauf. Schließlich erreichte sie den fünften und letzten Stock. Nachdem sie wieder zu Atem gekommen war, wagte sie, nach dem Verfolger Ausschau zuhalten. Keine Spur war von ihm zu sehen. Langsam und leise stieg sie wieder hinunter und wagte sich auf die Straße. Doch auch hier war der deutsche Soldat nicht mehr zu sehen.

Mit jedem Tag wuchs Esthers Angst und wurde immer unerträglicher. Man hatte zwar damit angefangen, jüdische Männer abzuführen, den Familien aber versprochen, daß sie bald zurückkehren würden. Doch niemand kam zurück. Würde das auch ihrem Vater und ihren Brüdern geschehen? Sie glaubte, sterben zu müssen, wenn einem Mitglied ihrer Familie etwas zustoßen sollte.

Nichts geschieht so, wie man es sich erwartet oder in seinen Angstträumen ausmalt. Esthers Schwester Chava hatte gerade vor sechs Monaten einen netten jungen Mann geheiratet. Sie lebten äußerst glücklich in ihrer kleinen Wohnung, die nicht weit von der restlichen Familie entfernt war. Der junge Ehemann war Vertreter für eine Textilfirma. Weil Białystok ein Zentrum der Textilindustrie war, sah der junge Mann einer gesicherten Zukunft entgegen. Außerdem war Chava mit ihrem ersten Kind schwanger. Das junge Paar hatte das Gefühl, vor einem wundervollen Leben zu stehen. Aber die Deutschen hatten andere Pläne. Sie trieben alle jungen Männer – darunter auch Esthers Schwager – zusammen. Als die Russen den Krieg erklärten, mußten die Männer Züge mit Munition beladen. Ohne Zeit zu verlieren, bombardierten die Russen das Eisenbahngelände von Białystok. Unter den ersten Toten befand sich auch Chavas Ehemann.

»Ich werde diesen Schmerz nie vergessen«, sagte Esther leise. »Ich fühlte nicht nur meinen Schmerz, sondern auch den meiner Schwester und meiner Eltern. Ich wußte – wir alle wußten es –, daß das Leben für die ganze Familie nie mehr so sein würde, wie es bis dahin gewesen war. Aber das Seltsame ist, daß man glaubt, man könne nicht mehr weiterleben, dennoch geht es weiter.«

Esther konnte ihre Angst nicht vor ihren beiden christlichen Schulfreundinnen verbergen. Nach dem tragischen Tod ihres Schwagers fragte Esther ihre Freundin Kasia Czibulski, ob sie sich bei ihren Eltern verstecken dürfe, bis die Deutschen aufhörten, die Juden zu verfolgen. Die Czibulskis hatten nichts dagegen, der jüdischen Freundin ihrer Tochter Obdach zu gewähren. Mit ihrem blonden Haar, den blauen Augen und der hellen Haut käme niemand auf die Idee, sie für eine Jüdin zu halten. Auch die Schumachers hielten es für klug, daß Esther bei einer christlichen Familie untertauchen wollte.

Alles in allem war Esther erleichtert, als sie bei der Familie ihrer Freundin, die sie herzlich und verständnisvoll empfing, einziehen konnte. Doch auch diese hielt ein paar Vorsichtsmaßnahmen für erforderlich. Eine bestand darin, daß Esther die Wohnung so wenig wie möglich verlassen sollte. Es war nicht nötig, die ohnehin schon überkochende Gerüchteküche auch noch anzuheizen. Außerdem gaben die Polen – ängstlich und verbittert über die Unterdrückung durch die Deutschen – den Juden die Schuld für die Anwesenheit der Deutschen. Die Polen waren, gestützt durch alte Vorurteile, Mythen und Dummheit, den Juden nicht weniger feindlich gesonnen als die Deutschen. Aber trotz ihrer Wut über die Unwägbarkeiten der Besatzung versicherten ihr ihre Gastgeber, daß sie bei ihnen bleiben könne, so lange es nötig war. Doch sie konnten ihr nicht oft genug sagen, daß sie sich von Polen fernhalten solle, denn die Zahl der Spione wuchs mit jedem Tag.

»Wenn ich nicht darauf bestanden hätte, Polnisch zu lernen, wäre es diesen Menschen unmöglich gewesen, mich zu verstecken«, erklärt Esther. »Wer hätte je gedacht, daß meine Dickköpfigkeit mir einmal das Leben retten würde? Es war absolut richtig, Polnisch zu lernen. Als ich bei meiner Freundin einzog, beherrschte ich die Sprache bereits fließend und ohne eine Spur von Akzent. Später stellte sich dann heraus, daß ich irgendwie immer ein Gefühl dafür hatte, das Richtige zu tun. Erst Jahre später, als ich mich mit einem Verlust nach dem anderen auseinandersetzen mußte, fragte ich mich des öfteren, warum ich mich so schuldig fühlte, wenn ich doch meistens das Richtige getan hatte.«

Trotz der Freundlichkeit und des Verständnisses der Czibulskis fühlte sich Esther nicht wohl. Sie war sehr schüchtern und unbeholfen. Hinzu kamen die christlichen Gewohnheiten und Rituale dieser Menschen. Esther mußte lernen, sich wie sie zu verhalten. Sie mußte alle Gebete auswendig lernen, und man brachte ihr bei, das Kreuz zu schlagen. Jeden Sonntag mußte Esther mit ihren Gastgebern in die Kirche gehen; es war unbedingt notwendig, daß man sie zusammen mit ihren »Verwandten« in der Messe sah. Die Nachbarn und übrigen Einheimischen wären sonst mißtrauisch geworden. Jedesmal, wenn Esther mit der Familie aß, mußte sie das Tischgebet sprechen und hatte dabei stets das Gefühl, eine Lügnerin zu sein. Wie konnte sie diese christlichen Worte nur über die Lippen bringen, obwohl sie wußte, daß sie Jüdin war? Verriet sie damit nicht den Gott Israels und ihre geliebte Familie?

Neben dem Problem des Betens gab es auch noch das des nicht koscheren Essens. Sie, die aus einem strenggläubigen Elternhaus kam, sollte Schweinefleisch essen? Aber weil sie schließlich essen mußte, schloß man einen Kompromiß: Sie würde Suppen und Gemüse essen, obwohl sie mit Schweinespeck zubereitet waren, aber das Fleisch würde sie stehenlassen.

Die Mahlzeiten waren für Esther auch aus einem anderen Grund eine Qual, denn bei Tisch pflegte sich die Familie angeregt zu unterhalten. Nur Esther brachte kaum ein Wort heraus, was selbst ihre gute Freundin Kasia befremdete.

»Esther ist ein jüdischer Name«, sagte Herr Czibulski eines Abends. »Mit diesem Namen hält dich niemand für eine Christin. Von jetzt an werden wir dich Elzunia nennen.« Jetzt kann ich mein wahres Ich einmotten, ging es Esther durch den Kopf.

Viele versteckten Kinder mußten akzeptieren, daß man ihnen eine falsche Identität aufdrängte, was sie später in religiöse und emotionale Konflikte ihrem Glauben und ihrer Familie gegenüber stürzte. Diejenigen, die während ihrer Zeit im Untergrund eine Person hatten, die freundlich und fürsorglich zu ihnen war, schlossen letzten Endes doch Frieden mit dem Chaos in ihrer Seele und gingen als gefestigte Persönlichkeiten aus diesen

Erfahrungen hervor. Für manche war eine neue Lösung eine jüdische Identität, für andere wiederum war es eine bestimmte kulturelle und gesellschaftliche Identität. In diesem Fall spielte das Judentum nur in besonderen Fällen eine Rolle – wenn sie sich beispielsweise einsam fühlten.

Doch für die fünfzehnjährige Esther war es eine schlimme Erfahrung, als man sie bat, Christin zu werden. Ihr Alltagsleben als eifrige Christin vermittelte ihr in höchstem Maße ein Gefühl von Entfremdung und Einsamkeit – was sich in ihrem weiteren Leben fortsetzen sollte. »Als es nicht mehr nötig war, mit der christlichen Lüge fortzufahren«, erklärt Esther, »verschwendete ich keinen Gedanken mehr daran. Ich hatte andere, dringendere Sorgen. Jede Art des Untertauchens stellt andere Anforderungen, und jede verlangt, daß man sich nur dem widmet, was gerade ansteht – man darf nicht dem nachhängen, was einen zuvor bedrückte. Das gleiche gilt für die Angst.«

Sie hatte ständig Angst. Seit sie untergetaucht war, lebte sie ständig in der Furcht, von den Deutschen aufgegriffen zu werden. Hinzu kam, daß sie sich sorgte, von Nachbarn als Betrügerin entlarvt zu werden. Ihren Gastgebern war es gelungen, sie davon zu überzeugen, daß ihre Anwesenheit in ihrer Mitte ein Drahtseilakt war. Mit dieser namenlosen Bedrohung rund um sich und der am Nachthimmel in Gestalt von Bombern hatte Esther das Gefühl, sich nirgendwo verstecken zu können. Anstatt die Angst einzudämmen, indem sie sich mit ihr vertraut machte, um ihr so das Dämonische zu nehmen, fühlte sie sich immer mehr von ihr beherrscht.

Esther war seit zwei Monaten bei den Czibulskis untergetaucht, als Hitler und Stalin ein Abkommen unterzeichneten, das die Teilung Polens besiegelte. Die Einwohner von Białystok sahen die Wehrmacht abziehen und die Rote Armee eintreffen. Für die christliche Einwohnerschaft war das eine schlechte Nachricht, aber die Juden jubilierten. Sie wußten zwar, daß die Russen nicht gerade judenfreundlich waren, aber sie hatten wenigstens nicht vor, die Juden zu vernichten.

Esther kehrte zu ihrer Familie zurück, das Leben zeigte sich wieder von einer freundlicheren Seite. Als man ihr mitteilte, daß sie wieder in die Schule gehen könnte, glaubte sie sogar, daß alles wieder seinen normalen Gang nehmen würde. Die kommunistische Indoktrination, der die Kinder unter dem neuen sowjetischen Regime ausgesetzt waren, bereitete ihr keine Probleme.

Im Sommer 1940 strömten viele jüdische Flüchtlinge aus Warschau, das immer noch von den Deutschen besetzt war, nach Białystok. Es blieb den jüdischen Einwohnern überlassen, sie aufzunehmen; die Schumachers beherbergten jedenfalls fünf Flüchtlinge in ihrer Wohnung.

Esther kümmerte sich hingebungsvoll um das Wohlergehen ihrer Gäste, ihre mißliche Lage weckte ihr Mitleid. Und sie freundete sich mit dem Brüdern Leon und Mistislav an, obwohl sie sehr viel älter waren als sie.

Das Schwerste war, für alle genug zu essen aufzutreiben. Leon und sein Bruder stammten aus einer wohlhabenden Familie und hatten genug Geld, um hohe Preise für die schwierig aufzutreibenden Lebensmittel zu bezahlen. Nicht allzuoft kam Michal mit einem Stück Fleisch oder Fisch zurück. Die ganze Familie, selbst Esthers zehnjähriger Bruder, beteiligte sich an der Jagd nach Nahrung. »Als junges Mädchen konnte ich das ziemlich gut«, erinnert sich Esther stolz, »und brachte bei jeder Gelegenheit etwas mit, ob es nun Zucker, Öl, Mehl oder sonst was war.«

Als es Winter wurde, ging in der jüdischen Gemeinde von Białystok das Gerücht um, die Deutschen würden wiederkommen. Die Schumachers und ihre Gäste suchten fieberhaft nach einer Fluchtmöglichkeit. Esthers Eltern waren der Meinung, daß das unbemerkte Entkommen einer Familie von acht Personen, zu der auch die junge Witwe Chava gehörte, sehr unwahrscheinlich wäre. Sie beschlossen deshalb, daß eine Flucht aus Polen für sie nicht in Frage käme. Doch Leon, Mistislav und deren Freunde waren entschlossen, sich zu einem baltischen Hafen durchzuschlagen und von dort mit einem Schiff nach Südamerika zu gelangen.

Bei der Vorbereitung auf das große Abenteuer schlich sich Leon heimlich zurück nach Warschau, um soviel Geld und Gold zu holen, wie er tragen konnte. Die Jungen würden schließlich Führer anheuern müssen, die sie über die Grenze bringen sollten. Die Sowjets hatten strikt verboten, das Land zu verlassen. Jeder, der dabei erwischt wurde, wurde hart bestraft.

Als die beiden Brüder den Schumachers mitteilten, daß sie gehen wollten, bot ihnen Leon zu ihrer großen Überraschung an, Esther mitzunehmen. Jeder war von dem Gedanken, Esther außer Landes zu schaffen, begeistert. Die Erinnerung daran, wie groß ihre Angst bei der ersten Besetzung durch die Deutschen gewesen war, überzeugte ihre Eltern. Wenn sie erst in Südamerika wäre, könnte sie außerdem dafür sorgen, daß der Rest der Familie in die USA oder nach Kanada gelangte, wo sie Verwandte hatten.

Esther war unentschlossen. Einerseits wollte sie alles hinter sich lassen, anstatt in Angst und Schrecken vor der drohenden Gefahr der Deutschen zu leben, andererseits barg das bevorstehende Abenteuer auch viele Risiken. Schließlich war es ein großes Wagnis, nur nachts unterwegs, von Fremden abhängig zu sein und sich von einem Versteck zum anderen durchzuschlagen, die Grenze illegal zu überschreiten und dabei vielleicht Wachen in die Hände zu laufen. Hinzu kam – durfte sie ihre Familie überhaupt verlassen? Mußte sie nicht ihr Schicksal mit ihr teilen, egal was passierte? Andererseits – hatte sie nicht ein Anrecht darauf, ihr eigenes Leben zu führen? Sie war zwar gerade erst fünfzehn, dazu unerfahren und behütet, aber sie war zum ersten Mal verliebt – in den erfahrenen, gebildeten Mistislav, der dreizehn Jahre älter war als sie.

»Schließlich sagte mir eine innere Stimme, daß ich gehen und mich retten sollte«, erinnert sich Esther. »Ich bat also um den Segen meiner Eltern. Aber ich begreife bis heute nicht, wie ich das fertigbrachte. Und wie sehr müssen meine Eltern mich geliebt haben, daß sie mich, ein Mädchen von fünfzehn Jahren, allein in die Welt hinausgehen ließen, mit Menschen, die sie kaum kannten. Bis jetzt frage ich mich, was sowohl sie als auch mich dazu veranlaßt hat, diesen entscheidenden Schritt zu tun. Aber wenn man heute zurückdenkt, muß es die richtige Entscheidung gewesen sein, obwohl ich teuer dafür bezahlt habe.«

Am Abend vor ihrer Abreise versammelten sich viele Verwandte und Freunde, unter ihnen auch Esthers christliche Freundinnen Kasia und Kristina, in der Wohnung der Schumachers. Jeder wünschte Esther Glück, und die Tränen strömten.

Am nächsten Abend fuhr die siebenköpfige Reisegruppe – Freunde der Brüder hatten sich ihnen noch angeschlossen – mit dem Zug zu ihrem ersten Ziel, der kleinen Stadt Bielobirsk, etwa fünfundzwanzig Kilometer von Białystok entfernt. Den Tag verbrachten sie in der Scheune eines Bauern. »Das war nicht direkt auf seine Großzügigkeit zurückzuführen«, fügt Esther ein, »denn er wurde für seine Gastfreundschaft fürstlich bezahlt. Aber wenn man bedenkt, was für Zeiten damals in Polen herrschten, war es wirklich sehr anständig von einem Polen, einem Juden sogar für Geld die Tür zu öffnen. Viele Polen haben uns bei den Behörden angezeigt und sahen lieber zu, wenn wir zusammengeschlagen oder getötet wurden, anstatt uns zu helfen.«

Die nächste Nacht war die schlimmste. Die kleine Gruppe folgte schweigend einem Führer, den sie ebenfalls für seine Dienste gut bezahlt hatten. Weil es viel zu gefährlich war, die Straße zu benutzen, gingen sie durch Felder und Wälder. Nur manchmal legten sie eine kurze Verschnaufpause ein, denn Esther hatte große Schwierigkeiten mitzuhalten. Aber Mistislav blieb immer bei ihr. Esthers Herz schlug bis zum Hals, als sie in der Ferne das Heulen von Wölfen und Hunden hörte.

Im Morgengrauen, bevor die ersten Sonnenstrahlen den Nebel durchbrachen, mußten sie sich wieder verbergen. Der Führer hatte ein Abkommen mit einem Bauern getroffen, sie durften sich in seiner Scheune verstecken. Esther war so erschöpft, daß sie sofort einschlief.

Nach ein paar Tagen gelangten sie in eine kleine Stadt, in der

Leon und Mistislav Verwandte hatten. Es war ein fast vergessener Luxus, den Tag in einem Gebäude zu verbringen, das für Menschen errichtet worden war. Ihr Verwandter fand einen Mann, der sie bis zur Grenze und noch weiter führen sollte, bis sie außer Reichweite der Polen waren.

Kurz nachdem sie gegessen hatten, klopfte es an der Tür. Die jungen Leute erstarrten vor Angst. Wer konnte das sein? Hatte man sie verraten? Zögernd und kampfbereit öffnete Leon die Tür.

Esther bekam den Schock ihres Lebens. Es war ihr Vater Michal. Ohne ihr Wissen hatten Leon und Mistislav ihm die Adresse des Verwandten gegeben.

Esther und ihr Vater machten einen Spaziergang. Was Schumacher seiner Tochter zu sagen hatte, war zweifellos das Schwerste, was er je über die Lippen gebracht hatte: »Deine Mutter hat deinetwegen Alpträume. Sie sieht dauernd das Bild vor sich, wie du von Soldaten erschossen wirst. Sie ist am Ende ihrer Kraft. Ich bin gekommen, um dich heimzuholen.«

Esther sah ihren Vater ernst an und schlug ihm zum ersten Mal im Leben etwas ab. »Nein, Papa, ich bleibe bei diesen Leuten. Ich liebe Mistislav und werde ihm überallhin folgen.«

»Ich verstehe.« Er schwieg ein paar Sekunden lang. »Ich habe erwartet, daß du dich weigern würdest zurückzukommen. Als Vater hat man ein Gefühl dafür, was im Herzen seiner Kinder vorgeht. Geh, mein Kind, ich verstehe dich. Folge deinem Herzen. Vielleicht rettet es dir das Leben. Vielleicht wirst du das gelobte Land jenseits des Ozeans erreichen. Geh mit meinem Segen.«

»Ich habe zwanzig Jahre gebraucht, um über das Bild hinwegzukommen, wie er mir den Rücken zukehrte und gebeugt fortging«, gesteht Esther mit leiser Stimme. »Dann drehte er sich noch einmal um, aber ich hatte nicht die Kraft, in seine Augen zu sehen. Bis heute kann ich keinem Menschen beim Abschied in die Augen sehen.«

Als sie sich weigerte, mit Michal zu gehen, dachte Esther

nicht daran, daß sie ihren Vater vielleicht nie wiedersehen oder daß man alle umgebracht haben würde, ehe sie etwas für sie tun konnte. Nein, sie setzte großes Vertrauen in Leon, Mistislav und ihren Plan. Sie war davon überzeugt, daß sie zurückkehren und ihrer Familie aus Polen heraushelfen würde.

»Vater ging weg, und ich blieb allein auf der Straße stehen«, berichtet Esther unter Tränen. »Zum ersten Mal seit unserer Abreise fühlte ich mich allein, verängstigt und hoffnungslos. Aber nicht nur das – ich spürte auch Schuld auf mir lasten. Ich hatte meine Familie im Stich gelassen. Meine Mutter hatte meinetwegen schwere Alpträume, und ich hatte keinen Finger gerührt, um sie davon zu befreien. Wie sollte ich mich da nicht schuldig fühlen? Ich war bisher eine fürsorgliche, verantwortungsbewußte Tochter gewesen, doch jetzt war ich ein selbstsüchtiges Gör geworden. Ich fühlte mich zwischen dem Verlangen, mein Leben zu leben, und der Verpflichtung, bei meinen geliebten Eltern zu bleiben, hin und her gerissen. Das tat schrecklich weh. Zweifellos wurde an diesem Abend das Schuldgefühl in mir geboren, das mich seitdem beständig begleitet.«

Schließlich ging Esther langsam zurück zu ihrem Versteck. Die anderen sahen sofort, daß sie sehr traurig war. Sie versuchten sie zu trösten – ohne Erfolg. Sie saß lange wie betäubt in einer Ecke, als Mistislav den Raum betrat. Sein Lächeln verkündete allen, daß er gute Nachrichten hatte.

»Alles klar«, verkündete er. »Für unsere sichere Reise zur Grenze ist alles abgemacht. Wir haben einen hervorragenden und äußerst zuverlässigen Führer. Ein Pferdewagen wird uns in der Abenddämmerung zu ihm bringen. Morgen früh sollten wir dort sein.«

Die gute Nachricht und die Zuversicht Mistislavs rissen Esther aus ihrer Lethargie. Sie verabschiedeten sich von ihrem Gastgeber und zogen hoffnungsvoll los. Im Morgengrauen erreichten sie das Haus des Führers, der sie zu seiner Scheune brachte und ihnen etwas zu essen und zu trinken gab. Wieder einmal schliefen sie im Heu.

Als der Abend dämmerte, machten sie sich zu Fuß auf den Weg. Die ersten Strahlen der kraftlosen Wintersonne wiesen ihnen den Weg in einen kleinen Ort, wo sie in der Scheune eines Bauern den Tag verbrachten. Esther träumte, daß sie auf einem Ozeandampfer in die Neue Welt fuhr.

Auf der nächsten Etappe verschärfte ihr Führer das Tempo. Sie waren schon eine lange Strecke gegangen, als er die Gruppe anwies zu warten, weil er etwas zu erledigen hätte. Alle freuten sich über diese unverhoffte Rast. Schon kurze Zeit später kam er zurück, und sie marschierten weiter. Plötzlich hörte Esther ein Geräusch und teilte es Mistislav mit, der vor ihr ging. Beide hörten das Geräusch erneut, achteten aber nicht weiter darauf.

Dann wurden sie plötzlich vom grellen Licht großer Scheinwerfer geblendet. Als sich ihre Augen an die Helligkeit gewöhnt hatten, sahen sie sich von bewaffneten Soldaten mit gezücktem Bajonett umzingelt. Sie brüllten ihnen auf russisch Befehle zu.

»Als sie unseren Führer fragten, wohin wir wollten, und er ihnen antwortete, daß wir gerade versuchten, das Land zu verlassen, begriffen wir, daß dieser tolle, völlig überbezahlte Mann ein Informant in russischen Diensten war.« In Esthers Stimme schwingt Zorn mit. »Er hatte uns deshalb mitten in der Nacht allein zurückgelassen, um den Soldaten genau mitteilen zu können, wo und wann genau sie auf uns warten mußten.«

Was die Russen betraf, so war jeder, der versuchte, sich mitten in der Nacht aus dem Land zu schleichen, ein Spion. Sie waren also glücklich darüber, gleich sieben feindliche Agenten geschnappt zu haben.

Esther und ihre Gefährten wurden festgenommen und durch die Nacht getrieben. Nach einem schier endlosen Marsch kamen sie zu der Wache, wo sie verhört werden sollten; und zwar getrennt, damit sie sich nicht absprechen konnten.

»Wohin wollten Sie?« wiederholte der Russe ständig.

»Nach Amerika«, lautete stets Esthers Antwort.

»Dann müssen Sie eine Spionin sein«, erklärt er.

»Nein, wir flüchten vor den Deutschen«, erwiderte sie.

»Was haben Sie getan, um Angst vor ihnen zu haben?«
»Nichts. Unser Verbrechen ist, daß wir Juden sind.«

Das ging stundenlang so weiter, die gleichen Fragen, die gleichen Antworten. Esther wurde immer müder und die Beamten frustrierter, bis man sie plötzlich zu schlagen begann. Esther geriet in Panik und war in ihrem Schmerz mehr tot als lebendig. »Ihr seid also doch Spione«, rief einer der Beamten, nachdem er bei einer Leibesvisitation die Adressen ihrer Verwandten in den Vereinigten Staaten und Kanada gefunden hatte.

Es war fast Tag, als sie das Verhör beendeten. Die Russen warfen sie zusammen mit den anderen in eine Zelle. Drei Tage blieben sie dort. Mit jedem Tag wuchs die Zahl derer, die man auf der Flucht verhaftet und eingesperrt hatte.

Esther war verbittert, außerdem hatte sie Angst. Aber das Schlimmste war, daß es nur noch ein paar Tage bis zum Passahfest waren. Sie mußte ständig an ihr Zuhause denken, an die Sedorim, an denen sie alle am Tisch gesessen und sich an diesen tragischen Augenblick der jüdischen Geschichte erinnert hatten. Die Juden hatten nur dank der Macht der Hoffnung überlebt. Auf was aber sollte sie in diesem Gefängnis und weit weg von all ihren Lieben noch hoffen?

Schließlich wurden sie auf die Ladefläche von Lastwagen gepfercht, die eigentlich zum Viehtransport bestimmt waren. Sie fuhren zwei Tage und zwei Nächte, bis sie vor dem Bezirksgefängnis in Białystok anhielten. Esther war wieder am Ausgangspunkt, ihrem Heimatort, angelangt. Nun hatte sie nur noch einen Gedanken: Sie wollte schnellsten ihren Eltern die Nachricht zukommen lassen, daß sie lebte und wohlauf im Stadtgefängnis saß.

Das Glück schien ihr wohlgesonnen. Als sie in der Schlange stand, um ihre Gefangenennummer zu empfangen, ging ein Mann aus der Mietskaserne, in der auch ihre Eltern wohnten, den Flur hinunter. Esther begann wild zu gestikulieren, sagte aber keinen Ton, um nicht die Aufmerksamkeit der Wachen zu erregen. »Hat er mich gesehen? Hat er meinen Eltern die

Nachricht übermittelt?« fragt sich Esther heute noch. »Ich werde es nie erfahren.«

Im Gefängnis von Białystok trennte man die Männer von den Frauen, und Esther litt sehr darunter. Sie war schließlich noch eine Jugendliche und war jetzt nicht nur von ihren Eltern, sondern auch von ihrer ersten Liebe getrennt, ohne zu wissen, ob sie sie je wiedersehen würde. Esther sollte nie erfahren, was aus Leon und Mistislav geworden war.

Unterdessen wurden die Verhöre fortgesetzt. Immer wieder die gleichen Fragen: Wohin wollten Sie? Warum? Wer sind Ihre Kontaktleute? Was ist mit den amerikanischen und kanadischen Adressen? Am Ende jedes Verhörs stand fest: Sie war eine Spionin.

Dann, nach fast einem Monat Haft, wurde Esther nach draußen gerufen. Zusammen mit anderen Frauen mußte sie einen Viehwaggon besteigen, der mit unbekanntem Ziel losfuhr. Nach drei Tagen ohne Essen, Wasser und sanitären Einrichtungen befanden sie sich in der Ukraine. Vom Zug aus wurden sie gleich wieder in ein Gefängnis geführt.

Esther merkte bald, daß nicht nur ein Gefängnis wie das andere war, auch die Tage verliefen so gleichmäßig, daß ihr jeder Zeitbegriff abhanden kam. Es machte ihr nur wenig aus, als sie nach ein paar Monaten in ein anderes Gefängnis verlegt wurde. Die Behörden waren darauf bedacht, Freundschaften unter den Gefangenen zu verhindern. Diesmal ging es in einem Viehwaggon zu einem Gefängnis in Weißrußland, nicht weit entfernt von Minsk.

Nachdem abermals ein paar Monate vergangen waren, brachte man sie zum Büro des Gefängnisdirektors. Dort wurde ihr mitgeteilt, daß ihr Prozeß stattgefunden hätte, sie aber wieder der Spionage für schuldig befunden worden sei. Das Urteil lautete: fünf Jahre Zwangsarbeit in Sibirien. Von diesem Augenblick an schwand die Hoffnung, daß ihre Familie je erfahren würde, daß sie ans andere Ende der Welt, an den Rand der Zivilisation verbannt worden ist. Und warum das alles? Weil sie Jüdin war, ein verstecktes Kind, das sich entschlossen hatte, sich nicht mehr zu verstecken.

Esther und ihre Leidensgenossinnen durchquerten in einem Viehwaggon zwei Wochen lang die Weite der sowjetischen Landschaft. Der Hunger, die Kälte und das monotone Rattern der Räder betäubten schnell Esthers Sinne. Sie hatte das Gefühl, über ihrem Körper zu schweben, und nahm das gleichgültig hin. Es war schwer, unter diesen Bedingungen noch Mensch zu bleiben. Trotzdem – indem sie ihr Selbst von ihrem Körper abspaltete, gelang es Esther, ihren Gegnern zu trotzen. Sie hatte sich geschworen, schlau und gehorsam zu sein, um ihren Häschern keine Gelegenheit zu geben, sie zu mißhandeln oder zu foltern. »In dem Augenblick, als wir in Nowosibirsk in Sibirien ankamen, zog ich mich tief in mich zurück. Niemand sollte erfahren, wer ich wirklich war, was ich dachte oder fühlte. So konnte mich niemand brechen. Sie konnten mich töten, aber nicht brechen«, erzählt Esther entschieden.

Nach zweiwöchigen Qualen in der transsibirischen Eisenbahn mußte Esthers Gruppe noch einen Marsch von sieben Kilometern ertragen, ehe sie die Baracken in Marinsk erreichte. Am nächsten Tag fand um sechs Uhr früh der Appell statt. Danach mußte sie zwölf Stunden Schwerarbeit fast ohne Nahrungsaufnahme überstehen. Esther war zwar jung und gesund, doch es wäre nur eine Frage der Zeit gewesen, bis sie verhungert zusammengebrochen wäre, wenn sie nicht das Glück gehabt hätte, nach ein paar Monaten der Küche zugeteilt zu werden. Dort war es warm, und sie bekam viel mehr zu essen. »Die Küche rettete mich davor, nicht nur ein Opfer des Hungers, sondern auch der Kälte zu werden.« Die Baracken waren nicht geheizt, und eine dünne Decke war der einzige Schutz vor dem Erfrieren. Bald waren ihre Füße mit Frostbeulen übersät.

Die Wachen behandelten die Gefangenen so brutal, wie es sich Esther in ihren schlimmsten Träumen nicht vorgestellt hatte. Es gab keinen Ort, an dem man sich hätte verstecken können. Trotzdem fand Esther die Möglichkeit, sich hinter einer gehorsamen und unscheinbaren Fassade zu verbergen. Alles, was man ihr befahl, tat sie schweigend und ohne zu zögern. Manchmal hatte sie das Gefühl, mit dem schmutzigen Schnee und dem allgegenwärtigen grauen Himmel zu verschmelzen.

Bald entdeckte sie, daß sie auch noch auf einer anderen Ebene unsichtbar werden mußte. Außer dem Personal gab es keine Männer auf dem Lagergelände. Aber einige Frauen hatten – obwohl sie unterernährt und erschöpft waren – das Verlangen nach Zärtlichkeit, Zuneigung und körperlicher Liebe. Mit irgendwelchen Mitteln gelang es einigen von ihnen dennoch, männliche Partner zu finden, oder sie wurden von den Wachen vergewaltigt, denn es gab ein paar Schwangerschaften im Lager. Und andere bedienten sich der Körper ihrer Mitgefangenen, wenn sie erregt und verzweifelt waren. Esther hatte bis dahin nie gehört, daß Frauen auch Frauen lieben können, und das Wort »lesbisch« fehlte ganz in ihrem Wortschatz. Als Frauen ihr Avancen machten, bekam sie Angst und sah keine Alternative, als sich zurückzuziehen. Es blieben ihr nur wenige Freundinnen.

Jüdin zu sein war zwar jetzt nicht mehr lebensbedrohlich für sie, aber trotzdem mußte sie das vor den Polinnen verbergen, die bis dorthin – bis ans Ende der Welt – ihren tiefsitzenden Haß gegen Juden mitgebracht hatten.

Eines Morgens durchbrach ein Lichtstrahl das Dunkel. Der Aufseher verkündete, daß die Gefangenen, die im sowjetisch besetzten Polen noch Familie hätten, nach Hause schreiben dürften. Esther beschaffte sich noch am gleichen Tag Papier und Bleistift und schrieb ihren Eltern. »Ich kann mich immer noch an diesen Augenblick erinnern«, erzählt Esther. »Die ersten beiden Seiten waren tränenverschmiert. Aber langsam beruhigte ich mich. Mein größtes Bedürfnis bestand darin, sie wissen zu lassen, daß ich lebte, wo ich steckte und daß ich gesund war. Es hatte keinen Zweck, sie mit den nackten Tatsachen meines Lebens zu belasten – abgesehen davon, daß unsere Briefe zensiert wurden, ehe man sie abschickte. Es hätte mich bestimmt sehr getröstet, wenn ich ihnen meine Geschichte hätte erzählen können, aber welches Recht hatte ich, ihnen von meinen Leiden zu erzählen? Sie hätten sowieso nichts tun können, und mein Schmerz hätte sie nur unnötig belastet. Ich mußte mich also auch vor ihnen verstecken, mußte Rücksicht nehmen.«

Doch Esther ließ sie wissen, daß sie Lebensmittel – besonders Knoblauch und Zwiebeln – und Kleidungsstücke gut brauchen könnte. Zu diesem Zeitpunkt besaß sie nämlich so gut wie nichts mehr. Von da an lebte Esther nur noch für den Tag, an dem sie eine Antwort auf ihren Brief erhalten würde.

Der folgende Monat schien eine Ewigkeit zu dauern. Aber endlich kam ein Brief von zu Hause, in dem jedes Familienmitglied über die neuesten Nachrichten schrieb. Sie las den Brief immer wieder, als ob er Zauberkraft besäße. So gelang es Esther, Tausende von Kilometern zu überbrücken. »Ich besitze den Brief immer noch«, sagt Esther. »Ich habe ihn all die Jahre aufbewahrt, ganz gleich, wohin ich ging. Dieser Brief war mein kostbarster Besitz. Unbezahlbar.« Jeden Abend pflegte sie den Brief zu lesen, so wie religiöse Menschen die Heilige Schrift lesen. Er gab ihr Mut und Kraft.

Ein paar Wochen später erhielt Esther ein Paket, in dem sich Kleidungsstücke und Lebensmittel befanden – auch Knoblauch und Zwiebeln. »Zwiebeln und Knoblauch waren für unser Überleben unerläßlich«, erklärt Esther. »Uns allen schwand aufgrund des Vitaminmangels bereits das Augenlicht. Schon bald nach dem Verzehr von Knoblauch besserte sich meine Sehkraft.«

Wie vermutet, kehrten die Deutschen nach Białystok zurück, trieben alle Juden zusammen und deportierten sie in verschiedene Todeslager. Esther sollte nie wieder etwas von ihrer Familie hören.

Gegen Ende 1941 wütete in ganz Europa der Krieg. Eine große Anzahl von Polen – meist einflußreiche Leute – flohen nach England. Darunter befand sich auch Wanda Waszilewska, eine tapfere Frau, die entschlossen war, den Polen zu helfen, die in sowjetischen Straflagern in Sibirien schmachteten. Sie setzte sich für sie ein und trug ihr Gesuch direkt Stalin vor. Nach ein paar Verhandlungsrunden einigte man sich darauf, die Polen in Lager zu schicken, die auf landwirtschaftliche Produktion spezialisiert waren und in denen bessere Bedingungen herrschten.

Als sie diese Nachricht hörte, geriet Esther in Panik. Da die Behörden Gefangene mit Vorliebe trennten, fürchtete sie, von dem Rettungsring abgeschnitten zu werden, der für sie lebenswichtig war – ihren Freundinnen. Sie bat darum, bleiben zu dürfen. Nachdem sie ihrer Familie, den Freunden und vor allem Mistislav schon hatte Lebewohl sagen müssen, glaubte sie, eine weitere Trennung nicht mehr ertragen zu können. Der Kommandant war verblüfft. In Sibirien war tiefer Winter, und dieses dumme Mädchen wollte nicht in ein wärmeres Klima? Er zerstreute ihre Sorgen – in dem neuen Lager würde es nicht nur einfacher sein, sondern sieben ihrer Freundinnen würden mit ihr fahren.

Die acht Frauen jubilierten. Sie wußten zwar nicht, wohin es ging – aber bestimmt würde jeder Ort besser sein als Sibirien. Esther hatte das Gefühl, als würde sie regelrecht zum Ausgang des Straflagers Marinsk fliegen.

»Ich sehe immer noch das Tor vor mir«, erinnert sich Esther. »Der Weg von den Baracken zum Tor war der längste meines Lebens. Ich hatte über ein Jahr in Sibirien zugebracht. Ich war noch nicht einmal sechzehn, als ich in dieser eisigen Hölle auf Erden landete, von der Familie und der ganzen Welt abgeschnitten. Man hatte mir meine Jugend geraubt, als sich mein ganzes Sein auf das Überleben in diesem schrecklichen Lager konzentrierte. Und trotzdem fühlte ich mich an jenem Morgen über alles erhaben, weil ich das alles nur aufgrund meiner Jugend überlebt hatte. Ich hatte ihnen bewiesen, daß es nicht so einfach ist, ein Kind zu brechen.«

Im Bahnhof von Nowosibirsk mußten sie vierundzwanzig Stunden warten. Ein letztes Mal ertrugen sie den eisigen Wind und die Gemeinheiten der Soldaten. »Kommt mit uns, dann habt ihr ein Dach über dem Kopf«, sagten sie zu den jungen Frauen. Nach ein paar Stunden wurden ein paar von ihnen unsicher, Esther war nicht darunter. Sie konzentrierte sich darauf, die Schmerzen auszuhalten, und kämpfte die Versuchung nieder, diesen Angeboten nachzugeben, denn sie wollte die erwartete Gegenleistung nicht erbringen.

Esther war voller Optimismus, als sie den Viehwaggon bestieg. Sie war jung, hatte das Schlimmste überlebt und war nun überzeugt davon, daß man sie eines Tages freilassen würde. Es kümmerte sie nicht, daß sie Nacht für Nacht auf dem blanken Boden des Waggons schlafen mußte oder daß ihre einzige Nahrung aus Kipjatok (heißes Wasser), sechshundert Gramm Brot und einer winzigen Portion Suppe bestand. Wenn sie über ein Jahr Sibirien überlebt hatte, würde sie auch diese Zugfahrt überleben.

Nach vier Wochen im Viehwaggon erreichten sie Taschkent, die Hauptstadt von Usbekistan. Von dort fuhren sie fünfhundert Kilometer den Fluß Amudarja auf einem Floß hinunter, ehe sie endlich ihren Bestimmungsort erreichten: Urgentsch. Sie wurden einer Kolchose zugeteilt, wo die acht Freundinnen auf den Baumwollfeldern arbeiten mußten. In Urgentsch wurde das Leben für sie tatsächlich erträglicher. Sie hatten ein Zimmer für sich allein, es gab keine Appelle mehr, und es war auch leichter, sich in diesem warmen Klima Essen zu beschaffen. Dennoch, sieben Tage in der Woche Baumwolle pflücken war Knochenarbeit. Wegen des tropischen Klimas begann die Arbeit bereits um fünf Uhr morgens.

Im Sommer 1943 wurde Esther Opfer des gemeinsten Feindes in den Tropen – der Malaria. Zwei Monate drohte das Fieber sie bei lebendigem Leib zu verbrennen. Selbst nachdem man ihr endlich erlaubt hatte, das Bett zu verlassen, hatte sie alle zwei Monate Fieberanfälle. Hätte es kein Chinin gegeben und sie nicht eine so kräftige Konstitution gehabt, wäre sie vermutlich gestorben. »Ich habe die Malaria überlebt«, erklärt Esther, »aber sie hat in meiner Leber dauerhafte Spuren hinterlassen. So ist es meinen Feinden doch noch gelungen, mir Schaden zuzufügen.«

Während ihrer Krankheit und der anschließenden Rekonvaleszenz lernte Esther wieder einmal den fast lebensrettenden Wert einer Freundschaft kennen. Die liebevolle Fürsorge ihrer Freundinnen half ihr zu überleben. Sie besorgten ihr nach Möglichkeit alles, wonach es sie verlangte, und es gelang ihnen sogar, noch Extrarationen Essen aufzutreiben. »Nach allem, was ich erlitten hatte, bedeutete die Fürsorge und Zuneigung meiner Freundinnen mir mehr als alles andere. Sie lehrten mich, daß Freundschaft – wenn einem vieles im Leben genommen wurde, Leben und Hoffnung eingeschlossen – den Unterschied zwischen Verzweiflung und dem Willen weiterzuleben ausmacht.«

Dann kam 1944 der Tag, an dem man Esther mitteilte, daß sie nach Europa zurückkehren könnte. Sie mußte zwar wieder Wochen mit Kipjatok und Brot in einem Viehwaggon überstehen, aber schließlich kam sie doch in Saporoschje in der Ukraine an. Erst da erfuhr sie, daß in Europa noch immer der Krieg wütete.

Esther wurde in eine Kolchose geschickt, die nur von Frauen geführt wurde; die Männer kämpften im Krieg gegen die Nazis. Für die meisten Menschen wäre die landwirtschaftliche Arbeit, die sie dort erwartete, kaum erträglich gewesen, aber nach Urgentsch hielt sie die weiter aus. Nachdem die Ernte eingeholt war, hatte sie das Glück, im Büro eingesetzt zu werden. Dank der Großzügigkeit einiger Bauern konnte sie ihre magere Essensration aufbessern. Obwohl ihre Befreiung noch in weiter Ferne lag, schätzte Esther einige grundlegende Freiheiten. Dazu gehörte auch, daß sie sich selbst etwas zu essen beschaffen konnte, statt weiterhin von den Launen ihrer Wärter abhängig zu sein.

Am 8. Mai 1945 erlebte Esther endlich die Freude der Befreiung. Die Menschen sangen und tanzten auf den Feldern, küßten, umarmten einander und eilten herbei, um auf das Ende des Krieges anzustoßen.

Aber Esther betrat 1946 wieder polnischen Boden, als man sie repatriierte, zuerst in die niederschlesische Stadt Wałbrzych, danach nach Głuszyca. »Als man mir ein Zimmer zuwies, das ich nur mit einer Freundin teilen mußte, und ein Bett mit richtigen weißen Leinenlaken und einem weißbezogenen Kissen bekam, wußte ich ganz sicher, daß ich frei war«, erinnert sich Esther. »Stroh – in einem Sack auf dem blanken Boden – und Maishülsen als Bett waren die Symbole meiner Sklaverei.«

In Gluszyca gab man ihr eine Wohnung, die einem »Volksdeutschen« gehört hatte. Als das Enteignungsgesetz, das jene als Feinde Polens einstufte, proklamiert wurde, mußten sie das Land verlassen und durften nichts mitnehmen, weil sie vieles von den Polen gestohlen hatten.

Kurz nach ihrer Ankunft in Gluszyca lernte Esther Leon Mainemer kennen, einen erst kürzlich wiedereingebürgerten polnischen Juden, der ebensoviel mitgemacht hatte wie sie. Die beiden jungen Menschen, die so lange ohne Wärme und Liebe gelebt hatten, verloren keine Zeit und heirateten bald.

Nach dem Krieg machte es sich der neugegründete jüdische Kongreß von Gluszyca zur Aufgabe herauszufinden, was aus den Verwandten seiner Mitglieder geworden war. Nur nach und nach sickerten die Nachrichten aus Warschau bis in die kleineren Städte durch. Esther erinnert sich: »Eines Tages lernte ich in Gluszyca einen Mann kennen, der mir erzählte, daß er einen Bruder in Toronto hätte. Ich erzählte ihm von meiner Schwester Hanna, die auch in Toronto lebte. Er sagte: »Gut, ich werde meinem Bruder auftragen, Ihre Schwester zu suchen.« In der Welt, in der ich lebte, bedeutete das nicht viel, denn wie sollte der Bruder dieses Mannes eine Fremde finden, von der er nur den Namen kannte? Ich kannte keine Telefonbücher und wußte auch nicht, daß in Amerika jedermann Telefon hatte.«

Im Frühling 1947 bekamen die Mainemers Post vom jüdischen Kongreß. Dort wartete ein Brief auf sie. Er war von Hanna. Der Bruder des Mannes hatte ihren Namen tatsächlich im Telefonbuch von Toronto gefunden und ihr mitgeteilt, daß Esther in Gluszyca lebte und mit einem Mann namens Mainemer verheiratet wäre. Ein Jahr später waren Esther und ihr Mann auf dem Weg nach Kanada. Da war ihre Tochter Chava bereits geboren, und Esther war mit ihrem Sohn Nathan schwanger.

In der Neuen Welt sollte Esther dann aus verschiedenen Quellen erfahren, was mit ihrer Familie geschehen war: Alle waren in Lagern umgekommen. Sie erfuhr auch, daß ein bestialischer Deutscher Chavas Baby direkt vor den Augen der Mutter erschossen hatte.

Obwohl sie immer noch von den schrecklichen Nachrichten über das Schicksal ihrer Familie wie betäubt war, richtete Esther wie die meisten Überlebenden ihre ganze Kraft auf den Aufbau eines neuen Lebens. »Wir lebten alle eine Lüge«, erklärt sie. »Wir mußten den Ereignissen der Vergangenheit entfliehen, um uns auf die Gegenwart konzentrieren zu können, sonst hätte uns dieser Schmerz erstickt. Erst später, als ich bereits wieder ein Zuhause besaß, meine Kinder großzog und mein Mann genug verdiente, begann es mir zu dämmern: Ich war eine Waise. Und damals begann auch für mich neues Leid: Ich stand dem Schuldgefühl gegenüber. Es gab kaum einen Augenblick, in dem mich nicht der letzte Abschied von meinem Vater quälte. Wie hatte ich nur so kalt, so unsensibel sein und sie alle verlassen können? Wer hätte gedacht, daß ich sie nie wiedersehen würde? Obwohl ich aus Polen flüchtete, weil ich um mein Leben fürchtete, habe ich irgendwie nie geglaubt, daß so etwas einem normalen Menschen wir mir zustoßen könnte.«

Als das Wissen um ihre Verluste Esther jeden Tag mehr zu quälen begann, verdüsterte sich wieder einmal alles um sie. Sie fühlte sich zunehmend einsamer und verzweifelter. Hanna war ihr zwar genau wie früher eine liebevolle Schwester, aber sie hatten sich auseinandergelebt. Da sie nicht die Qualen der Verbannung erlebt hatte, konnte sie Esthers Erinnerungen nicht nachvollziehen. Sie waren sich fremd geworden. Wieder ein Verlust mehr.

Durch harte Arbeit waren Leon und Esther finanziell gutgestellt, aber sie fanden ineinander nie den Partner, den sie brauchten. Esther sehnte sich nach seelischem Gleichklang, während Leon, ein stiller, zurückgezogen lebender Mann, seine ganze Energie in seine Baufirma steckte, um der Familie finanzielle Sicherheit zu bieten. Esther, die bislang in ihrem Leben immer nur ums Überleben gekämpft hatte, zog den Schluß, daß sie ihre Träume nur allein verwirklichen konnte. Deshalb trennte sich das Paar 1978 in aller Freundschaft; zumal ihre Tochter Chava Kanada bereits verlassen und sich in Israel niedergelassen hatte und Nathan, ihr Sohn, kurz vor der Doktorprüfung in klinischer Psychologie stand. Esther war nun bereit, jetzt endlich auch einmal an sich zu denken.

Aber die Vergangenheit setzte ihr immer noch zu. Immer wenn ihre Kinder krank waren, pflegte sie sich an ihren Vater zu wenden. »Ich habe dich nie um etwas für mich gebeten, aber laß bitte nicht zu, Vater, daß meinem Kind etwas Schlimmes zustößt.« Esther merkte, daß diese Beziehung zu ihrem toten Vater ein Signal war. Sie brauchte Hilfe. In der Therapie machte sie eine ganz wichtige Entdeckung: Sie hatte aus einem ganz bestimmten Grund überlebt, sich aber jeden Tag mit Schuldgefühlen herumgequält. Sie hätte bei ihren Eltern, den Brüdern und Schwestern bleiben und ihnen in ihren letzten Stunden Trost spenden sollen oder mit ihnen zusammen umkommen müssen. Dann kam ihr der Gedanke wie eine Offenbarung: Wenn auch sie in einem Lager umgekommen wäre, hätte es niemanden mehr gegeben, der vom Verschwinden ihrer Familie Zeugnis hätte ablegen können. Doch sie lebte, um den Namen weiterzutragen, sie konnte der Welt berichten, was mit einer einstmals intakten Familie in Polen geschehen war. Diese Erkenntnis schenkte ihr den Frieden, ihrem Vater zu »erzählen«, was sie daraus gelernt hatte. »Vergib mir, Vater, weil ich nicht mit dir gestorben bin. Ich habe aus einem bestimmten Grund überlebt, habe überlebt, um deinen Namen weiterzugeben. Deine Enkel werden darauf achten, daß er für Generationen weiterlebt. Ich habe überlebt, Vater, um das Überleben unserer Familie zu garantieren.«

Seitdem schwand Esthers Bedürfnis, mit dem Geist ihres

Vaters in Kontakt zu bleiben, und sie wurde fähig, ohne Vorbehalte eine Bindung zu einem Mann einzugehen. Zum ersten Mal erlebte Esther, was es heißt, von jemandem uneingeschränkt geliebt zu werden. Sie war für Bill der wichtigste und wertvollste Mensch auf der Welt.

Trotz Esthers Versöhnung mit der Vergangenheit barg die Zukunft Verluste für sie. Als ihr Sohn Nathan eine Christin heiratete, raubte ihr die Tatsache, daß ihre Enkelkinder keine Juden sein würden, den Trost, den sie aus der Fortführung ihres Familiennamens gezogen hatte. Dann verlor Nathan im Jahr 1990 nach zweijährigem Leiden den Kampf gegen einen bösartigen Gehirntumor. Esther hatte sich noch nie so verraten gefühlt. Der Verlust ihres Sohnes nahm ihr das felsenfeste Vertrauen in ihren Vater. Auch er hatte sie also verlassen. Sie »sprach« ein letztes Mal mit ihm: »Ich habe dich nie um etwas gebeten, nicht einmal während meiner schlimmsten Leidenszeit in Sibirien. Ich habe dich gebeten, meinen Sohn zu retten, und du hast ihn sterben lassen. Was für ein Vater bist du nur?« Seitdem hat Esther nie mehr mit ihrem Vater »gesprochen«.

Doch trotz ihrer schmerzlichen Vergangenheit oder vielleicht gerade deshalb fand sie die Kraft weiterzuleben. Sie erinnerte sich daran, daß sie in den schlimmsten Stunden ihres Exils von ihren Feundinnen gerettet worden war. Also hielt sie nach sinnvoller Gesellschaft Ausschau. Sie entschied sich für den Verein »Trauernde Familien in Ontario«. In einer Gruppe von Eltern, die ebenfalls ihre Kinder verloren hatten, fand Esther Trost und Hoffnung. Sie fand auch heraus, daß dieser Verlust ihr den Weg zu einem neuen Ziel wies, die Bürde anderer zu erleichtern. Sie tat das mit so großer Hingabe und großem Eifer, daß sie öffentlich geehrt wurde. »Hier ist mein Diplom«, sagt Esther und zeigt ihre Plakette vor. »Mein Doktorat. Ich habe die Kunst der Trauerarbeit mit Erfolg abgeschlossen.«

Jetzt, nach dem Tod ihrer Schwester Hanna und ihres geliebten Bill, steigt Esther in ein Flugzeug, das sie in eine andere Welt bringen soll, eine Welt, in der sie hofft, das Ziel ihres Lebens –

die Fortführung der Familie – zu erleben. Ihre zwölfjährige Enkelin Mihal wird sie bei ihrer Ankunft in Tel Aviv erwarten.

»Ich muß weiterleben«, erklärte sie mir kurz vor ihrem Abflug. »Selbst wenn ich nicht mehr sehe, wie meine Mühe Frucht trägt. Ich möchte meine Enkel darauf hinweisen, daß auch sie zu einem bestimmten Zweck geboren wurden. Ich muß dafür sorgen, daß sie sich eines Tages daran erinnern, daß sie Juden sind. Ich habe mich immer wieder gefragt, ob es trotz all dieser Schmerzen wert ist weiterzuleben. Und jetzt kenne ich die Antwort: Ich lebe für meine Enkelkinder, meine Eltern und deren Eltern und für Nathan. Es lohnt sich nicht nur, sondern es ist meine Pflicht weiterzuleben. Deshalb wurde ich geboren.«

VIII

Der Krieg kam ins Haus
Die Geschichte der Maya Schwartz

»Der Augenblick, in dem wir untertauchten, war ein Wendepunkt in meinem Leben. Von diesem Moment an lebte ich bis zum Ende des Krieges ständig in Angst; ich konnte nichts dagegen tun, hatte keine andere Wahl.«

Maya, das einzige Kind von Samuel Mendel und Rachel Leah Finkel, kam in Clichy zur Welt, einem Vorort von Paris, in dem vorwiegend Arbeiter wohnten. Ihre polnischen Eltern hatten sich auf der Fahrt nach Palästina auf einem Schiff kennengelernt. Samuel, der in seiner Jugend Linksradikaler gewesen war, hatte im Gefängnis gesessen, weil er sich für Sacco und Vanzetti eingesetzt hatte. Trotz der Bedenken von Rachels Mutter heirateten die beiden in Palästina. Aufgrund seiner Geschichtskenntnisse glaubte Samuel, daß Frankreich das Land der Menschenrechte und unbegrenzten Möglichkeiten wäre. Also ließen sich die Frischvermählten in Paris nieder.

Mayas Eltern arbeiteten von Sonnenaufgang bis Sonnenuntergang, um durchzukommen. Samuel arbeitete in einer Brauerei, und Rachel hatte bis 1938 einen Job in einer Papiermühle. »Wir waren arm«, berichtet Maya. »Es fiel meinen Eltern immer sehr schwer, uns durchzubringen, was zum Teil auch darauf zurückzuführen war, daß sie Ausländer waren. Wir führten ein bescheidenes, aber normales Leben, und obwohl meine Eltern schlichte Menschen waren, schufen sie mir ein glückliches Heim.« Alle ihre Freunde waren polnische Textilarbeiter, die in winzigen Einzimmerwohnungen lebten. Jeden Sonntag pflegten Maya und ihre Eltern sie nacheinander zu besuchen.

Im Sommer 1939 wurde Maya in ein Ferienlager geschickt. Die Siebenjährige wollte sich nicht von ihren Eltern trennen, und auf der Fahrt dorthin übergab sie sich im Zug. Seitdem waren Ferien für sie der reinste Alptraum. Während die anderen Kinder viel Spaß hatten, kultivierte Maya ihre Traurigkeit, bis ihr Vater zu Besuch kam.

»Ich war weder körperlich noch emotional in der Lage, getrennt von meinen Eltern zu sein«, erinnert sich Maya. »Ich war ein kleines Mädchen, das seine Eltern ständig um sich haben mußte. Weil ich schnell vor etwas Angst bekam, brauchte ich die Gewißheit, sofort auf Mamas oder Papas Schoß klettern zu können, damit alles wieder gut war.«

Obwohl es nichts Normaleres gibt, als Angst vor dem zu haben, was man nicht kennt, kommen manche Kinder besser damit zurecht. Maya war sehr behütet aufgewachsen. Außerhalb ihres kleinen Zuhauses und der wenigen Menschen, zu denen ihre Eltern freundschaftliche Beziehungen unterhielten, konnte alles zu einer Quelle der Bedrohung werden. Noch bevor sie mit dem Naziterror konfrontiert wurde, war Mayas Welt von häufigen Angstanfällen geprägt.

Alle Kinder, die Erfahrungen mit Krieg machen, entwickeln in gewissem Maße Furcht, Zorn und vielleicht sogar Wut, ohne deshalb ständig in Angst und Schrecken zu leben. Aber wenn Kinder, deren Sein nur um einen Fixpunkt, ihre Eltern, kreist, von ihnen getrennt werden, neigen sie dazu, schon früher als andere das Bedrohliche auszumachen.

Als Samuel sein verzweifeltes Kind im Ferienlager besuchte, verschwanden ihre Ängste sofort. »Er nahm mich und eine Freundin mit auf einen Spaziergang. Mir war, als ob die Sonne plötzlich wieder scheinen würde«, berichtet sie. »Und dann ging er, ohne ein Wort zu sagen. Als ich Ende des Sommers wieder nach Hause kam, erfuhr ich, daß er in Wirklichkeit nur gekommen war, um sich zu verabschieden. Er hatte sich freiwillig zur Armee gemeldet. Ich war tief enttäuscht, denn er hatte mir nicht auf Wiedersehen gesagt.«

Mayas Vater war ein Opfer der Arbeitslosigkeit geworden, die das Land kurz vor dem Krieg heimgesucht hatte. Er meldete sich als Freiwilliger. Mit seiner Abreise endete für Maya das normale Familienleben.

Etwa um diese Zeit hörte Maya auch zum ersten Mal das Wort *Krieg*. Sie wußte nicht, was es bedeutete, aber sie konnte an dem Gesicht ihrer Mutter erkennen, daß es etwas Schreckliches war. Ihre Mutter sang nicht mehr, statt dessen zitterte sie ständig. »Ab diesem Zeitpunkt«, erinnert sich Maya, »war alles anders. Die Normalität kehrte nie mehr zurück.«

Nach Samuels Abreise suchte Rachel Arbeit. Sie war jetzt die Ernährerin der Familie. Schließlich wurde sie Putzfrau bei reichen Juden und nahm sich Näh- und Flickarbeiten mit nach Hause. Maya vergrub sich in ihren Schularbeiten. Sie war böse auf ihre Mutter, denn sie hatte erwartet, daß sie mehr Zeit mit ihr verbringen würde, seit ihr Vater fort war. Statt dessen hatte sie immer nur zu tun. Maya wollte es daher Rachel heimzahlen. »Bis heute hängt mir nach, daß ich so gemein zu meiner Mutter war«, gesteht sie. »Ich wußte einfach nicht, wie ich mit diesen beängstigenden Veränderungen fertig werden sollte. Dann kam mein Vater zu einem kurzen Besuch heim. Als er hörte, wie gemein ich zu meiner Mutter gewesen war, verprügelte er mich. Das war schrecklich. Aber nachdem er wieder weg war, behandelte ich meine Mutter genau wie vorher.«

Lebensmittel wurden knapp. Maya stand wie alle anderen zweimal am Tag um Brot Schlange. Als es Zeit wurde, sich warme Kleidung für den Winter zu besorgen, nahm Rachel ihre Tochter mit zum Sozialamt, wo sie mit gebrauchter Kleidung und Schuhen ausgestattet wurden.

Schon zu Beginn des Krieges fiel Samuel dem Feind in die Hände und wurde in ein Kriegsgefangenenlager geschickt. Nicht lange danach klopfte ein Mann an der Tür, der von Kopf bis Fuß mit Kohlenstaub bedeckt war.

»Mama, ein Mann, der schrecklich aussieht, ist an der Tür«, schrie das Kind entsetzt.

»Ich bin's doch, Maya, dein Papa.« Er war aus dem Lager geflohen und nach Paris zurückgekehrt, ohne sich bei seiner Einheit zu melden.

Eine Weile wohnte wieder das Glück im Heim der Finkels. Es war wieder so wie früher. Maya fiel aber auf, daß ihre Eltern nicht mehr ganz so glücklich wirkten.

Bis Mitte 1941 verlief ihr Leben ohne jeden weiteren Zwischenfall. Doch eines Abends trafen sich in ihrer Wohnung zahlreiche Männer. Sie waren sehr besorgt, denn sie hatten alle die Aufforderung bekommen, sich auf der Polizeipräfektur zu melden. Sie gaben Samuel den Rat, der Aufforderung nicht nachzukommen, weil er ein Deserteur war. Sie wollten, daß er untertauchte. Aber er war ein starrsinniger Mann, er achtete das Gesetz und wollte ihm gehorchen.

»Geh heute nicht in die Schule«, bat Rachel ihre Tochter. »Ich mache mir Sorgen um deinen Papa.« Aber Maya war genauso dickköpfig wie ihr Vater – sie hatte sich entschlossen, zur Schule zu gehen, also ging sie in die Schule.

Samuel meldete sich in Rachels Begleitung bei der Polizei. Während Maya in der Schule war, wurde ihr Vater verhaftet.

Ein paar Wochen später nahm Rachel Maya nach Beaune-la-Rollande mit, einem Konzentrationslager in der Nähe von Paris, um ihren Vater zu besuchen. Maya war schockiert, als sie ihren einst so stämmigen Vater so traurig und abgezehrt sah. »Ich erinnere mich an diesen letzten Besuch bei Papa«, erzählt Maya. »Wir mußten ein paarmal umsteigen und endlose Feldwege entlanggehen. Ich war müde und jammerte viel. Meine Mutter trug ein großes Paket. Sie hatte ihm einen Pullover und eine Mütze gestrickt, und wir hatten außerdem noch etwas zu essen dabei, das sie für ihn gekocht und gebacken hatte. Ich erinnere mich an den Stacheldraht und daß überall Soldaten mit Gewehren standen. Ich wollte nur noch so schnell wie möglich weglaufen, aber wir mußten warten, bis eine Sirene ertönte. Dann liefen wir durch das Tor. Als ich meinen Papa sah, umarmten wir uns nur schweigend. Schon bald ertönte die Sirene wieder, der

Besuch war vorbei. Damals habe ich meinen Vater das letzte Mal gesehen.«

Die neunjährige Maya konnte nicht verstehen, warum man ihr den Vater genommen hatte. Was konnte er Schlimmes getan haben?

»Dein Vater ist ein guter Mensch«, erklärte Rachel ihrer Tochter. »Er hat niemandem etwas getan und wurde trotzdem verhaftet. Und jetzt leiden wir alle. Weil wir Juden sind. Du bist noch zu klein, um zu verstehen, was das bedeutet, aber wenn du groß bist, wirst du es begreifen.«

Sie war nur ein kleines Mädchen, alt genug, um die Fabeln von La Fontaine oder Arithmetik zu begreifen, aber nicht alt genug, um zu verstehen, was es hieß, Jüdin zu sein, oder was so schlimm daran war. Obwohl Rachel aus einer religiösen Familie stammte, spielte der Glaube in Mayas Leben keine Rolle. Das, was ein Kind sich nicht erklären kann, macht ihm angst, es fühlt sich wahrscheinlich desorientiert und panisch.

Als im Jahr 1941 der Krieg in Paris Einzug hielt, entschieden sich viele Menschen dafür, die Stadt zu verlassen, anstatt darauf zu warten, daß die Bomben fielen. Menschen mit Koffern eilten, so schnell ihre Füße sie trugen, durch die Straßen.

Eines Tages, nachdem sie durch die Gänge der Pariser Metro gelaufen waren, mußte Maya atemlos stehenbleiben.

»Mama, wohin laufen wir denn?« fragte sie ihre Mutter.

»Ich weiß es nicht, ma petite«, erwiderte Rachel.

Rachel nähte einen gelben Stern auf Mayas Jacke – ganz gleich, was war, sie durfte nie ohne ihn aus dem Haus gehen. »Ich war einmal ein glückliches kleines Mädchen«, sagt sie. »Ich war verspielt und ein Clown. Am stolzesten war ich aber auf das, was ich war – das Kind meiner Eltern. Aber mit diesem Stern auf der Brust ging ich nur noch mit gesenktem Kopf herum. Ich schämte mich. Ich tat mein Bestes, um den Stern mit meinem Arm zu verdecken. Er brannte richtig auf meiner Brust.«

Eines Tages erhielt Rachel eine Postkarte. Nachdem sie sie gelesen hatte, fing sie an zu weinen. Samuel war ins Ausland geschafft worden. Sie werden bald von ihm hören, stand auf deutsch darauf. Aber sie hörten nie wieder etwas von ihm.

Trauer breitete sich in Mayas Herz aus, und sie widmete ihre ganze Aufmerksamkeit der Schule. Sie versuchte eine Art normales Leben zu führen, obwohl Samuel nicht mehr da war, um ihr Glück und ihre Ängste zu teilen.

Doch immer mehr Einschränkungen bestimmten das Leben der Pariser Juden und ganz besonders das von Maya. Ein Dekret nach dem anderen engte ihre Bewegungsfreiheit ein. Sie durften nicht mehr einfach hinausgehen wie andere Leute, auch waren ihnen die meisten öffentlichen Orte und Veranstaltungen verwehrt. Maya und Rachel durften nur zu Zeiten einkaufen gehen, in denen die Läden schon von Nicht-Juden leergekauft worden waren. Mit jedem neuen Dekret bekam Maya größere Angst und schämte sich noch mehr, Jüdin zu sein.

Obwohl sie ohnehin schon in ständiger Furcht lebte, geriet sie jedesmal, wenn sie hinausging, in Panik. Wenn sie nun nicht rechtzeitig vor der Ausgangssperre wieder daheim war? Bombenangriffe gehörten inzwischen in Paris zum Alltag. Ihr war, als hätten Luft und Himmel Mauern gebildet, die sie einschlossen. »Wenn ich an all diese ›Experten‹ denke, die behaupten, daß Kinder den Bombenangriffen und der Bedrohung ihres Lebens mit Gelassenheit begegneten, wenn sie nur mit ihren Eltern zusammen waren und ausreichend beruhigt wurden, packt mich kalte Wut. Wir hatten Todesangst! Wenn das eigene Leben auf dem Spiel steht und einem die Bomben auf den Kopf fallen, wie soll man da noch ›gelassen‹ bleiben? Auch wenn man überlebt, stirbt man bei jeder Explosion ein bißchen, setzt mitunter der Herzschlag aus. Dann stöhnt man erleichtert auf, weil man diesmal wieder nicht getroffen wurde. Aber man hat nicht die Kraft, sich darüber zu freuen, weil die Wahrscheinlichkeit, erwischt zu werden, mit jedem Mal größer wird. Mit jeder Bombe wächst das Gefühl, daß man beim nächsten Mal dran sein wird.«

Sobald sie die Sirene hörten, rannten Maya und Rachel zum nächsten Luftschutzraum. Schlaf wurde zu einer Erinnerung. Im flackernden Schein der Gaslampe bemerkte Maya in einer Ecke ein Baby, das gestillt wurde, daneben saß eine alte Frau und strickte. In einer anderen Ecke rauchte ein Mann seine Pfeife, als würde er auf der Terrasse eines Cafés sitzen. Er versuchte trotz des diffusen Lichts seine Zeitung – von wer weiß wann – zu lesen. Kinder spielten leise, als wäre es Mittag und nicht mitten in der Nacht, sonst gab niemand einen Laut von sich.

Die Lebensmittelknappheit wurde so schlimm, daß es kaum noch Zweck hatte, zum Brotkaufen zu gehen, denn meistens waren die Regale leer. Sie hüteten jede Scheibe Brot wie einen Schatz: Soll ich sie jetzt sofort essen oder lieber später, wenn ich hungriger bin, war die Frage. Sie lebten von einer Scheibe Brot zur nächsten und glaubten, daß jede Mahlzeit die letzte sein konnte, bevor man sie entweder abholte oder sie verhungerten. Jeder Gang zum Laden mit leeren Regalen verstärkte Mayas Ängste, daß sie verhungern würden.

Im März 1942 kehrte Rachel eines Tages mit einer Hiobsbotschaft von einer jüdischen Frau zurück, bei der sie gelegentlich putzte.

»Es geht das Gerücht um, daß man vorhat, jetzt auch die Frauen und Kinder zu holen«, erzählte sie Maya. »Wir müssen untertauchen.«

Aber wo sollten sie sich verstecken? In ihrer Nachbarschaft kannten sie nur Juden. Und bei Fremden kann man schließlich nicht einfach anklopfen und sie bitten, einen zu verstecken. Mangels anderer Möglichkeiten versteckten sie sich in einem Schrank. »Sie werden vermutlich an die Tür klopfen, unsere Namen rufen, aber wir sagen keinen Ton«, erklärte Rachel ihrer Tochter.

Sie versteckten sich unter allerlei Krimskrams, und ein paar Tage später klopfte es tatsächlich an der Tür. Sie hörten deutsche und französische Stimmen. Maya und Rachel unterdrückten einen Aufschrei und klammerten sich aneinander. Schauder überliefen sie. Dann war es still. »In diesem Augenblick der Stille hat mir meine Mutter das Leben gerettet«, bekennt Maya mit bebender Stimme und den Tränen nah. »Sie umgab mich mit all ihrer Liebe und Fürsorge. Obwohl sie selbst Todesangst hatte, dachte sie nur daran, mich zu retten. Meine Mutter hat mir zweimal das Leben geschenkt.«

Rachel wußte, daß sie das nächste Mal vielleicht nicht so viel Glück haben würden. Sie mußten ein richtiges Versteck finden – zumindest für Maya. Sie konnten nicht länger in der Wohnung bleiben. Das nächste Mal, wenn die Polizei kam, würde die Concierge ihnen die Tür aufschließen.

Eine Weile blieben sie bei Nachbarn. Aber auch dort wiederholte sich diese Szene immer wieder, irgendwann klopfte es an der Tür. Maya verging jedesmal vor Angst. »Was wäre, wenn man uns aufspüren würde? Als ob wir etwas Schlimmes getan hätten und Kriminelle wären! Wir waren anständige Menschen, und ich war eine gute Schülerin. Was gab es also bei uns zu ermitteln? Und trotzdem wurden wir gejagt.«

Rachel konnte ihr Kind nur mit Hilfe einiger Wohltätigkeitsorganisationen ernähren. Selbst die geringe Hilfe, die ihnen zuteil wurde, machte es erforderlich, daß sie viel in der Stadt unterwegs waren. Überall, wo sie hinkamen, mußten sie stundenlang warten, und Maya schlief während der Zeit oft ein. Meistens gingen sie zu Fuß, denn Rachel hatte für die Metro oder den Bus nicht genug Geld. Die Entfernungen waren für das ständig hungrige Kind riesig, auch verstand es oftmals nicht den Sinn dieser Expeditionen. Erst später begriff Maya, daß dies die einzige Möglichkeit war, um zu überleben.

Da sie fürchtete, daß sie ein weiteres Klopfen an der Tür nicht überstehen würde, bat Maya ihre Mutter, für sie ein Versteck bei Christen zu finden. Sie war zwar erst zehn Jahre alt, aber alles, was sie seit dem Verschwinden ihres Vaters hatte erdulden müssen, hatte sie reifer werden lassen. Ihre früheren Wutanfälle waren vergessen. Jetzt fühlte sie sich für ihre Mutter verantwortlich, denn ihr Vater hatte ihr beim letzten Zusammentreffen gesagt: »Kümmere dich um deine Mama. Du bist jetzt ein großes Mädchen.«

»Du solltest mich eine Weile bei Madame Hurtebise lassen, Mama«, schlug sie vor. »Ich bin eine zu große Last für dich.«

Madame Hurtebise lebte in dem Städtchen Draveil in der Nähe von Paris. Sie war eine harte alte Frau und lebte allein. Maya hatte sie bereits einmal mit ihrer Mutter besucht. »Finde heraus, ob sie mich für ein paar Wochen oder Monate aufnimmt«, sagte Maya. »In dieser Zeit organisierst du etwas für dich und vielleicht auch für mich.« Die alte Dame willigte ein. Rachel packte ein paar Sachen zusammen und brachte ihr Kind zum Bahnhof. Während Maya neben ihrer Mutter herging, bemerkte sie zum ersten Mal, wie klein und zierlich Rachel war. Maya war mit ihren zehn Jahren bereits größer als sie, schon fast so groß wie ihr Vater. Sie gingen schweigend nebeneinander her. Gelegentlich warf Maya ihrer Mutter einen verstohlenen Blick zu – in ihrem rotweißschwarz geblümten Kleid und mit den Stöckelschuhen sah sie sehr hübsch aus. Auf dem Bahnhof verabschiedeten sich Maya und Rachel mit einer Umarmung und Küssen auf beide Wangen voneinander – so, wie man sich in Frankreich voneinander verabschiedet, wenn man sich bald wiedersieht.

Maya machte sich bei Madame Hurtebise dauernd Sorgen um ihre Mutter. Doch als sie einen Brief von Rachel bekam, beantwortete sie ihn nicht sofort; sie hatte noch keinen Zeitbegriff wie ein Erwachsener. Und niemand wies sie an, sich hinzusetzen und ihrer Mutter zu schreiben.

»Nachdem ich erfahren hatte, daß meine Mutter nicht zurückkehren würde«, erzählt Maya, »lastete dieses Versäumnis schwer auf meinem Gewissen. Ich kann mir vorstellen, wie sehr sie darauf wartete, von mir zu hören. Wie grausam von mir! Aber ich konnte ja nicht wissen, daß es ein Abschied für immer sein würde«, rechtfertigt sich Maya. »Ich habe meine Mutter nie wiedergesehen. Als ich erfuhr, daß man sie festgenommen hatte, gab ich mir die Schuld. Ich hatte sie allein gelassen, hätte bei ihr bleiben sollen!«

Wie Ada und die anderen untergetauchten Kinder machte

Maya sich für etwas Vorwürfe, das sie nicht hätte ändern können. Diese Kinder hatten das Gefühl, sie hätten für ihre Eltern sorgen müssen. Hatten ihnen ihre Väter – auch Samuel – nicht befohlen, sich um ihre Mütter zu kümmern? Die Abwesenheit ihrer Väter brachte diese kleinen hilflosen Kinder dazu, sich zumindest im Kopf wie erwachsene Wesen zu fühlen. Aber sie besaßen nicht die Kraftreserven von Erwachsenen. Verlassene und mißhandelte Kinder werden oft Opfer dieser aussichtslosen Situation.

Obgleich es natürlich ist, daß Eltern vor ihren Kindern sterben, hätten viele dieser Kinder freudig ihr Leben für das ihrer Mütter geopfert. Aber was noch schlimmer war: Sie hatten das Gefühl, daß sie sich für ihre Mütter hätten opfern müssen – als ob dieser Tauschhandel im Bereich ihrer Möglichkeiten gelegen hätte. Das Schuldgefühl, das daraus entstand, vergiftete das Leben dieser Kinder und verfolgte sie oft noch, als sie längst erwachsen waren. Seit dem Augenblick, als sie vom tragischen Schicksal ihrer Mütter erfuhren, wurden ihre gesamten Lebenserfahrungen von diesem Schuldgefühl geprägt. Bis heute fühlt sich Maya schuldig, weil sie Rachel allein gelassen hatte.

Mayas Erlebnisse in der Illegalität waren der reinste Alptraum. Laut Vereinbarung sollte Madame Hurtebise jeden Monat eine Geldsumme dafür erhalten, daß sie Maya Obdach gewährte. Zuerst schickte Rachel auch das Geld, und nach ihrer Verhaftung kam das Œuvre de Secours aux Enfants (= das Kinderhilfswerk) dafür auf. Wenn es sich einmal verspätete, wurde Madame Hurtebise gewalttätig und drohte Maya damit, zur Gestapo zu gehen.

Madame Hurtebise überprüfte auch sehr genau, wieviel das Kind aß. Sie schaute Maya sogar in den Mund, um nachzuprüfen, daß sie nichts in die Backen stopfte. Sie gab Maya nur eine oder zwei Scheiben Brot zu essen. Als sie sah, daß Maya die Krümel vom Tisch aufpickte, befahl sie ihr, sie wieder auszuspucken. Und dann schlug sie sie entweder mit der bloßen Hand oder einem Stock, den sie just für diesen Zweck immer in ihrer Nähe stehen hatte. »Wenn ich vom Tisch aufstand, war ich noch genauso hungrig wie vorher. Obwohl wir uns auf einem Bauernhof befanden, hatte ich nie das Recht auf ein Glas Milch, einen Apfel oder ein Stück Fleisch. Wenn ich etwas anderes als das, was sie vor mich hinstellte, bloß sehnsüchtig anschaute, bekam ich eine ordentliche Tracht Prügel.«

Madame ließ keine Gelegenheit aus, Maya zu verprügeln, auch wenn das Kind nur nieste oder hustete. Als Maya die Grippe hatte, litt sie unter Hustenanfällen. Madame Hurtebise geriet außer sich vor Wut: »Noch ein Huster, und du wirst den Rest der Nacht in der Hundehütte verbringen!« Was sollte Maya tun? Ganz gleich wie sehr sie der Hustenreiz auch plagte, sie hielt die Luft an, denn sie hatte wahnsinnige Angst davor, die Nacht in der Hundehütte verbringen zu müssen.

Kurz nachdem sie nach Draveil gekommen war, bekam Maya das erste und einzige Paket, das Rachel ihrer Tochter schicken konnte. Sie war aufgeregt und konnte sich kaum beherrschen, es zu öffnen. Welche Süßigkeiten wären wohl darin? Lag ein Brief bei? Sie hatte das Verlangen, das Paket an sich zu drücken, weil es von ihrer Mutter kam und sie wußte, wie schwer es ihr fiel, überhaupt etwas zu schicken. Sie fühlte sich geliebt.

Aber Madame Hurtebise nahm Maya die Freude, das Paket ihrer Mutter selbst zu öffnen; statt dessen machte sie es auf. Als sie sah, daß es einen Laib Brot, einen verfaulten Pfirsich und ein bißchen geschmolzene Schokolade enthielt, lachte die alte Frau hysterisch auf. Maya spürte, daß es Ärger geben würde, und kaum hatte die Frau sich etwas beruhigt, gab es auch Schläge. »Deine Mutter muß wirklich verrückt sein, dir ein solches Paket zu schicken!«

Maya stand schweigend da und ließ alles über sich ergehen. Sie wußte, die Frau konnte sich in einen Wutanfall hineinsteigern und Maya bis zur Bewußtlosigkeit prügeln.

Doch diesmal nahm sie nur das Paket und warf es ins Feuer. Dann fiel ihr etwas ein. »Selbst deine Mutter kann nicht so verrückt sein. Vielleicht hat sie etwas in diesem Paket versteckt.« Sie holte das angesengte Paket aus dem Kamin und durchwühlte es. Im Brot fand sie etwas Geld, das sie triumphierend in die Tasche steckte. Der Rest wanderte zurück ins Feuer. Maya hat nie erfahren, ob nicht noch ein Brief für sie dabeigewesen war.

»Meine Mutter hat mir ihr letztes Geld geschickt«, sagt Maya. »Ich habe danach nie wieder etwas von ihr gehört.«

Madame Hurtebise befahl Maya, die Gartenarbeit zu machen. Da sie aber aus der Stadt kam, hatte Maya davon keine Ahnung. Obgleich sie ihr Bestes tat, war es immer das Falsche. Maya sehnte sich nach den Tagen zurück, als sie nur in Geschäfte laufen mußte, um einen Laib Brot und eine Flasche Milch zu holen, und sich nur ihren Hausaufgaben zu widmen brauchte. Neben der Gartenarbeit spülte Maya das Geschirr ab, polierte die Möbel und hielt auch sonst alles in Ordnung, doch zur Belohnung wurde sie stets von Madame Hurtebise geschlagen, weil sie nicht besser gearbeitet hatte.

Eine Schikane machte Madame Hurtebise besondere Freude. Ihr Gemüsegarten benötigte ständig Dünger. Um sich ein etwas reichhaltigeres Essen zu verdienen, mußte Maya mit zwei Taschen hinter Esel und Pferd herrennen, mit bloßen Händen die Pferdeäpfel aufheben und sie dann über die Gemüsebeete streuen. Erfreut über die Fügsamkeit des Kindes, ging die alte Frau mit Maya zur Belohnung in den Wald. Dort mußte sie den Handwagen mit Reisig beladen. Das war eine fürchterliche Arbeit, denn Maya litt Todesängste im dunklen Wald. Dort war es feucht und kalt, auch erwartete sie jeden Augenblick, daß der böse Wolf aus dem Märchen kommen und sie fressen würde.

Maya besuchte eine Dorfschule im Nachbarort, zu der sie mit einem anderen kleinen Mädchen ging. Maya war froh, wenigstens zu einem anderen Kind Kontakt zu haben, und die Lehrer, ein freundliches junges Paar, verblüffte es, wie schnell Maya lernte. Sie errang sogar ein Diplom, ein *certificat d'étude* (Abgangszeugnis).

Für Maya und Kinder, die unter ähnlichen Bedingungen lebten, waren Lernen und ausgezeichnete Schulnoten der

Rettungsanker. Wenn Maya in der Schule war oder die Nase in ein Buch steckte, war sie nicht nur von Madame Hurtebise befreit, sondern auch von ihrem nagenden Hunger. Sie konzentrierte sich lieber auf Arithmetik oder Geschichte, anstatt an ihr Elend oder an ihre Sehnsucht nach ihren Eltern zu denken. Auf diese Art und Weise wurde ihr Leben etwas erträglich, denn wenn sie lernte, war alles fast wie früher. Auch ließ sie damit nicht zu, daß der Feind sie besiegte oder sie ihrer Menschlichkeit beraubte. Ein Kind, das lernt und auf das Erreichte stolz ist, ist kein hilfloses Opfer.

Und wirklich, Maya faßte den Entschluß, sich nicht länger von Madame Hurtebise mißhandeln zu lassen. Als sie eines Tages von der Schule nach Hause ging, kam sie am Büro des Roten Kreuzes vorbei und hatte eine Idee. Sie wußte, daß das Rote Kreuz Menschen half, die Schwierigkeiten hatten – und die hatte sie. Sie ging also hinein und erzählte dem Mann hinter dem Schreibtisch, daß sie eine Waise wäre und bei Madame Hurtebise lebte, die sie schlagen würde. Um ihre Worte zu bekräftigen, rollte sie ihre Ärmel hoch und zeigte ihm die blauen Flecken auf beiden Armen. Das beeindruckte den Mann überhaupt nicht: Kinder müßte man prügeln, meinte er achselzuckend. Aber Maya gab nicht auf. Also erzählte sie, was die alte Frau ihr über sich berichtet hatte. Unter anderem hatte sie ihr erzählt, daß sie als junge Frau einen großen Busen gehabt hätte, nach dem die Männer verrückt gewesen wären.

Das ließ den Mann hellhörig werden. Er sprang auf und befahl dem Kind, heimzugehen und auf diesen Unsinn nicht zu achten. Maja dachte, damit wäre die Sache erledigt. Sie war traurig, daß ihr Aufbegehren nichts gebracht hatte, aber zumindest hatte sie es versucht.

Doch ein paar Tage später, als sie gerade die Schule verlassen wollte, sagte ihr einer ihrer Lehrer, daß sie heimgehen und ihre Tasche packen sollte. Der Mann vom Roten Kreuz hatte die Lehrer benachrichtigt, die wiederum hatten Kontakt zum Untergrund aufgenommen und zusammen einen Plan entwickelt, um Maya aus ihrem scheußlichen Versteck zu erlösen. Aber das Mädchen freute sich nicht. Im Gegenteil – es hatte Angst davor, Madame Hurtebise zu verlassen. Was, wenn die Mutter nun zurückkehren und Maya nicht vorfinden würde? Wie sollten sie sich da je wiedersehen?

Aber die Vorbereitungen waren angelaufen, und sie mußte gehen. Nach einem Jahr der Hölle in Draveil wurde sie in ein Versteck in Montmorency, einer Kleinstadt in der Nähe von Paris, gebracht. Es war ein großes Haus, das bereits einige untergetauchte jüdische Kinder beherbergte. Obwohl sie am liebsten mit ihnen herumgetollt hätte, wurde sie ermahnt, sich still zu verhalten. Auf jeden Fall war sie nicht mehr Madame Hurtebises Leibeigene und hatte auch keinen Grund mehr, in permanenter Angst zu leben. Nur etwas kam ihr doch komisch vor, es gab, außer den Hauseigentümern, keine Aufsichtspersonen.

Nachdem sie sich in Montmorency ein wenig eingelebt hatte, bekam Maya auch wieder Zivilcourage. Eines Tages wurde Maya von den Hausbesitzern belauscht, als sie damit prahlte, daß ihr Vater, der Revolutionär, sie gelehrt hatte, sich zu widersetzen, wenn etwas nicht nach ihrem Kopf ging. »Benutze in diesem Haus nie wieder solche Worte!« wurde sie angehalten. »Wenn du es doch tust, zwingst du uns, dich der Gestapo zu übergeben.«

Maya faßte den Entschluß, wieder zu Madame Hurtebise zurückzukehren. »Warum wollte ich eigentlich wieder zu dieser Hexe, die mich schlug und mich hungern ließ?« wundert sich Maya heute. »Dafür konnte es nur einen Grund geben: Ich lebte ständig in Angst davor, daß meine Mutter, wenn sie wiederkam, mich nicht wiederfinden würde an dem Ort, an den sie mich gebracht hatte.«

Aber an dem Tag, als sie das Heim in Montmorency verlassen wollte, wurde sie verraten. Wieder bekam sie eine Rüge, und nun verpflichtete sich Maya zu bleiben.

Zwei Tage später erschienen zwei jüdische Sozialarbeiter und nahmen Maya und noch zwei andere Mädchen mit. Die Sozialarbeiter fuhren ständig zwischen Paris und Grenoble hin und her und brachten jüdische Kinder zu Familien, die gewillt waren, sie vor den Nazis zu verstecken.

»Ihr geht in ein Kloster«, erklärte einer von ihnen. »Ihr dürft niemandem sagen, daß ihr Juden seid. Ihr geltet als Kriegswaisen. Es sind bereits andere Kinder dort. Haltet euch an sie, dann wird es euch gutgehen.«

Zuerst blieben sie ein paar Tage bei den Schwestern Zions in Paris. Maya wurde schnell klar, daß es sich hier um ein Internat für Kinder reicher Familien handelte – die Kinder waren alle vornehm gekleidet, und das Gebäude sah einem Schloß ähnlicher als einem Nonnenkloster. Maya gefiel es dort, aber noch ehe sie sich einleben konnte, saß sie schon wieder in Begleitung der beiden Sozialarbeiter im Zug.

In Grenoble lebte sie zuerst wieder bei den Schwestern Zions und wurde dann in ein anderes Kloster gebracht, wo sie bis zur Befreiung blieb. Ein Teil des Klosters diente als Erziehungsanstalt für jugendliche Verbrecher und die Kinder Krimineller und Prostituierter, der andere Teil war Waisen und von ihren Eltern verlassenen Kindern vorbehalten. Die ersteren standen unter staatlicher Aufsicht, weshalb sie mehr zu essen bekamen, Maya aber gehörte zu den Waisen, gemeinsam mit drei weiteren Juden. Da sich die Regierung nicht um sie kümmerte, hatten die Nonnen kein Interesse an ihnen. »Die jugendlichen Straftäter bekamen drei große Mahlzeiten am Tag und wir keine einzige. Das ließ uns schnell begreifen, wieviel wir ihnen wert waren«, berichtet Maya verbittert.

Das Klosterleben war schwer. Diese Region der Alpen wurde stark bombardiert, denn sie beherbergte nicht nur das Hauptquartier der französischen Résistance, sondern auch einen wichtigen deutschen Militärstützpunkt. Der Himmel war oft schwarz von amerikanischen, britischen und australischen Bombern, die versuchten, das Gebiet zu erobern. Maya lebte in ständiger Angst. Sie glaubte, daß der Hunger sie umbringen würde, wenn die Bomben es nicht schafften. Schon auf Madame Hurtebises

Hof war sie ständig hungrig gewesen, aber der Hunger im Kloster war noch schlimmer. Frühstück gab es nie. Zum Mittagessen servierte man ihnen eine wäßrige Suppe aus Kartoffelschalen. Sie war so ekelerregend, daß die Kinder sie trotz ihres Hungers nicht aßen. Das Abendessen bestand aus einer Scheibe Brot, zwei gekochten Kartoffeln oder ein paar Nudeln oder einer kleinen Schüssel Bohnen und zwei Teelöffeln Marmelade pro Tag. Nur Kinder, die krank waren, bekamen die doppelte Ration. An den meisten Tagen drängelten sich die Kinder in die Krankenstube und behaupteten, unpäßlich zu sein, weil sie an die Extraportionen kommen wollten. Auch seelisch waren Maya und ihre Gefährten halb verhungert. Die Nonnen hatten kein gutes Wort für sie, sondern brüllten der Kinderschar nur Befehle zu.

Ein harter Winter kam, und das Kloster war ungeheizt. Sobald die Kinder ihre Handschuhe oder Socken auszogen, rissen sie Haut und mitunter das erfrorene Fleisch mit ab. Mayas Finger waren blau und so geschwollen, daß sie keinen Bleistift mehr halten konnte. Abends badeten die Kinder Hände und Füße in heißem Wasser, aber die wunden Stellen blieben. Trotz der bitteren Kälte mußte Maya barfuß gehen, denn ihre Schuhe waren ihr inzwischen zu klein geworden. Anfangs konnte sie noch hineinschlüpfen, weil sie vorn aufgeschnitten waren, aber bald ging auch das nicht mehr.

Statt daß die Nonnen ihre Schützlinge anständig ernährten und für sie einheizten, brachten sie es fertig, ihnen eine Uniform für Wochentage und eine noch prächtigere für die kirchlichen Feiertage und die Sonntage zu verpassen. Schon um vier Uhr morgens wurden Maya und die anderen Kinder aus dem Schlaf gerissen. Sie mußten sich in einer Reihe aufstellen und in die Kapelle gehen. Maya störte dieser grobe Drill nicht, denn die Kapelle war der einzige geheizte Raum im Kloster. Außerdem ließ sie ihre Blicke gern durch den Kirchenraum schweifen – er bildete mit seinem Schmuck einen starken Gegensatz zu ihrem sonst so tristen Leben. Sie trat sogar in den Chor ein, denn wie ihre Mutter besaß auch sie eine schöne Stimme. Sie sang gern und lauschte aufmerksam den Predigten, die sie in eine Welt versetzten, die meilenweit von ihrem traurigen Alltag entfernt war.

»Als ich später in einem jüdischen Haus lebte und dort von der Zeit im Kloster erzählte, nannte man mich eine Verräterin, weil ich mich dem Katholizismus zugewandt hatte. Aber für mich ging es nur darum, die Wärme und Schönheit der Kapelle zu genießen. Die Zeit in der Kapelle war eine Erholung von dem reglementierten Leben, das wir alle haßten. Ich war ja nicht an dieser Religion interessiert, zumal die Nonnen uns Juden ständig vorwarfen, Christus umgebracht zu haben. ›Die Juden verdienen es, zweitausend Jahre für die Kreuzigung unseres Herrn Jesus Christus zu leiden‹, waren ihre Worte. Trotzdem sagte ich den Nonnen, daß ich eine von ihnen werden wollte. Zu ihren Gunsten muß man erwähnen, daß sie mir erwiderten, ich solle mit meinem Entschluß doch warten, bis ich älter und gefestigter wäre. Am Leben einer Nonne zog mich lediglich an, daß ich dann vor der Verfolgung als Jüdin sicher sein würde.«

Während ihres Aufenthalts im Kloster entdeckte Maya eine neue Quelle der Angst. Sie sah oft Menschen – Nonnen und Kinder – sterben, weshalb ihr die eigene Sterblichkeit zu Bewußtsein kam. Sie glaubte ständig, daß sie die Nächste wäre. Obwohl ihr die Nonnen versicherten, daß es nicht weh täte und alle Kinder in den Himmel kämen, war sie stets entsetzt, wenn sie die aufgebahrten Leichen sah.

Alle paar Wochen kamen die Sozialarbeiter vorbei, um nach Maya zu sehen. Das war eine seltene Freude für sie. Sie nahmen sie mit auf einen Spaziergang, als ob sie ein Familienmitglied wäre. Dabei ermunterten sie das Kind, im Kloster auszuharren – das Ende wäre absehbar. Wenn sie wieder abfuhren, fühlte sich Maya in der kalten Welt der Nonnen noch unglücklicher.

Dann kam endlich der Tag, auf den sie so gewartet hatte: Die Sozialarbeiter holten Maya und zwei andere Mädchen ab und übernachteten im Kloster der Schwestern Zions in Grenoble. Am nächsten Morgen wimmelte es auf den Straßen von amerikanischen Soldaten – Maya war soeben befreit worden.

Kinder erlebten diesen Moment ganz unterschiedlich. Für manche war es eine Zeit des Jubels, für andere ein trauriges Ereignis, das abermals eine Trennung und den Beginn eines neuen Lebens – vielleicht mit den fremd gewordenen Eltern – brachte. Für Maya bedeutete die Befreiung nur eine neue Umstellung. Seit sie sich von ihrer Mutter am Bahnhof verabschiedet hatte, hatten sich bei jedem neuen Ortswechsel nur die Einzelheiten verändert. Niemand zeigte auch nur das geringste Interesse an ihrem Wohlergehen, man hielt lediglich ihren Körper am Leben. Aber die Befreiung bedeutete, daß Mayas Leben nicht mehr bedroht war. Für sie hieß die neue Situation, daß sie sich wieder an einem neuen Ort und bei anderen Fremden einleben mußte.

Wie viele andere Kinder verfiel auch Maya einer Depression, die durch Vertrauensverlust gegenüber den Menschen und der Zukunft hervorgerufen worden war. Es war unwahrscheinlich, daß sich für sie etwas besserte, warum sollte sie also glücklich sein? Doch diese Art von Depression erfüllte bei Maya und anderen einen bestimmten Zweck – sie bewahrte sie davor, daß aufkeimende Hoffnung oder Freude sich vielleicht in bittere Enttäuschung wandeln könnten. Bei den meisten Kindern, die nach dem Krieg depressiv wurden, war die Depression ganz klar reaktiv, denn wenn sie Fürsorge und echte Güte erlebten, reagierten sie mit der Offenheit und dem Optimismus, der für die meisten Kinder typisch ist.

Kurz nach dem Krieg wurden die drei Mädchen getrennt. Maya kam zu einem Bauern, der gerade erst aus der Kriegsgefangenschaft zurückgekehrt war. Die Wiedersehensfreude der Familie schuf eine fröhliche Atmosphäre. Maya genoß zwar, von glücklichen Menschen umgeben zu sein, aber sie selbst hatte keinen Grund zum Feiern – sie hatte keine Familie mehr. Je mehr ihre Pflegeeltern lachten, desto öfter weinte Maya. Konnte sie noch hoffen, ihre Eltern jemals wiederzusehen? Ihre Pflegeeltern waren so sehr mit ihrer eigenen Freude beschäftigt, daß ihnen die Traurigkeit des Kindes nicht auffiel.

Schon bald brachte man Maya auf einen anderen Bauernhof in La Bourgeade, im Département Isère. Der Ort war so klein, daß es nur einen einzigen Brunnen für alle Einwohner gab. Madame Marie, ihre neue Pflegemutter, war eine warmherzige Frau und Mutter von zwei kleinen Mädchen. Endlich wurde Maya die liebevolle Fürsorge zuteil, die sie so dringend brauchte.

Die wenigen Monate, die Maya in Madame Maries Haus lebte, waren eine glückliche Zeit. Der Krieg war vorbei. Die Dorfbewohner waren nett und freundlich. Es fanden Hochzeiten statt, zu denen alle eingeladen waren. Es herrschte ständig Feststimmung. Alle erzählten, wie sie überlebt hatten, und feierten lieber das Leben, anstatt die Toten zu betrauern. Madame Marie und ihr Mann versuchten alles, um Maya aufzuheitern. Und meistens hatte sie das Gefühl, wieder ein Kind zu sein.

Aber der Schmerz um all das, was sie verloren hatte, saß so tief, daß sie beim geringsten Anlaß in Tränen ausbrach. Trauer und Angst herrschten in ihrem Innern vor. Madame Marie nähte für ihre kleinen Mädchen hübsche Kleider und schöne Unterwäsche. Wenn sie diese speziellen Handarbeiten dann an den beiden kleinen Mädchen sah, hatte Maya das Gefühl, übergangen worden zu sein. Als sie über ihre kurzes Leben, das so voller Tragödien und Enttäuschungen gewesen war, nachdachte, kam sie zu dem Schluß, daß es wohl ihr Schicksal war, übergangen zu werden.

Von La Bourgeade aus wurde Maya in ein jüdisches Waisenhaus am Stadtrand von Grenoble gebracht. Nachdem man sie fast während ihrer ganzen Kindheit verfolgt hatte, weil sie Jüdin war, lernte Maya nun endlich die schöneren Seiten des Judentums kennen. In der Illegalität hatte sie keine Möglichkeit gehabt, das Judentum mit seinem ganzen kulturellen Reichtum und dem Trost, den es ihr bieten konnte, kennenzulernen. Auch wußte sie nichts über die jüdische Geschichte. Statt dessen hatte man ihr die Eltern genommen, weil sie Jüdin war. Aber das junge Paar, das das Waisenhaus leitete, sorgte dafür, daß seine Schützlinge viele hebräische Geschichten und Lieder lernten. Man feierte alle jüdischen Feste möglichst aufwendig, das Haus wurde zu diesem Zweck mit vielfarbigen Girlanden geschmückt. Man führte auch Theaterstücke auf von jüdischen Autoren mit jüdischen Themen, aber am meisten redete man von Palästina. Man ermunterte die Kinder, sobald wie möglich in das Gelobte Land zu ziehen.

Maya wäre in dieser lebhaften Umgebung vollkommen glücklich gewesen, wenn es da nicht einen Störfaktor gegeben hätte. Ab und an kamen Fremde – eine Mutter oder ein Vater, die zurückkehrten. Die erschütternden Wiedersehensszenen erfüllten alle mit Wärme und Hoffnung. Schon beim nächsten Klingeln konnte es vielleicht ihre Mutter oder ihr Vater sein, die kamen, um sie nach Hause zu holen.

Aber Maya glaubte nicht mehr an solche Wunder. Jedesmal, wenn sie darauf vertraut hatte, daß sich alles für sie zum Guten wenden würde, hatte sie sich geirrt. Daher machte sie jede dieser tränenreichen, aber glücklichen Szenen eines Wiedersehens immer trauriger und einsamer. Das war das Dilemma, dem sich Maya und viele andere gegenübersahen – es war ihnen unmöglich, auf die Zukunft zu bauen, und doch mußten sie es unbedingt tun.

Und dann verschwand eines Tages das Paar und ließ ein Waisenhaus voller enttäuschter Kinder zurück. Die Leute, die sie ersetzten, waren wahre Monster, gemein und geizig. Das ehemals glückliche jüdische Heim, in dem Liebe, Zuneigung und Großzügigkeit geherrscht hatten, gehörte plötzlich der Vergangenheit an. Doch schon kurze Zeit später wurde das Paar verhaftet, weil es Gelder der Einrichtung veruntreut und die Kleidung und vieles andere mehr, was aus den USA gekommen war, verkauft hatte. Maya überaschte diese Verhaftung nicht, sie war deswegen auch nicht unglücklich, sie schämte sich nur, daß Juden es fertiggebracht hatten, Waisenkinder zu bestehlen.

In einem Augenblick stiller Verzweiflung entschloß sich Maya, einen Brief an einen guten, wohlhabenden Freund ihres Vaters zu schreiben. Sie hoffte, daß er ihr antworten würde, denn sie sehnte sich nach einer Verbindung zur Welt ihrer Eltern. Zu ihrer großen Überraschung antwortete Monsieur Herstritt ihr nicht nur, sondern kam sie auch besuchen. Im geheimen betete sie darum, daß dieser Mann Mitleid mit ihr haben und sie retten würde. Das tat er jedoch nicht, auch keine anderen Freunde ihrer Eltern. »Niemand war an mir interessiert«, erzählte Maya unter Tränen. »Niemand fragte mich, ob ich gern bei ihnen leben wollte. Ich fühlte mich wie eine Aussätzige.«

Monsieur Herstritt setzte sich aber immerhin dafür ein, daß Maya nach Paris zurückkehrte – einer ihrer größten Wünsche – in ein anderes Waisenhaus. Es hieß Champfleur und lag in der Nähe von Paris. Jetzt konnten sich das Kind und Monsieur Hertritt häufiger gegenseitig besuchen, und Maya konnte Paris entdecken, in Büchereien gehen oder sich einen Kinofilm ansehen.

In Champfleur lernte Maya Dorothée Solominitis kennen, eine griechisch-römische Jüdin. Sie war Kulturattachée der Schweiz in Paris und hatte während des Kriegs in Genf gelebt, wo sie den Doktorgrad in Literatur und Sozialwissenschaften erwarb. Weil sie die Kriegszeit so wohlbehalten überstanden hatte, kümmerte sie sich aus Dankbarkeit um Waisenkinder.

Dorothée war eine liebevolle Frau. Sie hörte gern zu, wenn ein Waisenkind ihr sein Herz ausschüttete. An ihrer Schulter konnte man sich immer ausweinen. Eines Tages, Maya war krank und ziemlich niedergeschlagen, kam Dorothée zufällig zu einem Besuch vorbei. Aus unbekannten Gründen war Dorothée an diesem Tag jedoch ungehalten und sagte Maya gegenüber, daß es nicht zu ihrer Rolle als Kulturattachée gehöre, sich um die Schmerzen und Leiden der Menschen zu kümmern. Zuerst war Maya über diese Reaktion verblüfft und dann verwirrt. Dorothées Weigerung, sich mit Mayas Traurigkeit auseinanderzusetzen, spiegelte die Reaktion eines Großteils der Bevölkerung wider, die Verwandten versteckter Kinder miteingeschlossen. Niemand wollte hören, was diese Kinder zu sagen hatten, was letzten Endes wieder zu einem neuen Gefühl der Verlassenheit führte. Anstatt das Leiden solcher Kinder zu ergründen, leugneten die Erwachsenen einfach deren Schmerz und deren Leidensgeschichte.

Viele nahmen die Haltung ein, daß das Leben weitergehen müßte, denn der Krieg wäre ja vorbei, daß die Kinder sich sowieso nicht richtig erinnern könnten, weil sie noch zu klein gewesen wären, und daß sie es so schlecht nicht gehabt haben konnten.

»Nach Aussage eines Psychologen«, stellt Maya aufgebracht fest, »ziehen es überlebende Kinder vor zu schweigen. Das ist blanker Unsinn! Erstens: Wir haben immer geredet, wenn jemand da war, der uns zuhörte. Zweitens: Wir haben uns untereinander immer über all das unterhalten. Die Kinder hatten keine Angst davor, die Tatsachen beim rechten Namen zu nennen. Wir alle wußten, was wir sagen wollten, hatten es nicht nötig, um den heißen Brei herumzureden. Wenn also irgendein Erwachsener – sei er oder sie nun Psychologe oder nicht – behauptet, daß die Kinder nichts über diese Vergangenheit zu sagen hatten oder nicht darüber sprechen wollten, dann ist gerade diese Person der lebendige Beweis dafür, daß man entweder nicht in der Lage oder nicht gewillt ist, uns zuzuhören.«

Während sie in Champfleur war, besuchte Maya ihre früheren Nachbarn in Clichy. Zuerst schaute sie bei Freunden ihrer Eltern, den Tailleuls, vorbei. Monsieur Tailleul war ein bekannter Schneider. Von ihm erfuhr sie etwas über das Schicksal ihrer Eltern. Monsieur Tailleul und ihr Vater waren zusammen in Beaune-la-Rollande gewesen. Obwohl Samuels Mut gereicht hatte, um aus dem Kriegsgefangenenlager zu fliehen, reichte er nicht für einen zweiten Fluchtversuch aus. Er dachte ständig daran, was ihm blühen würde, wenn man ihn wieder schnappte – er würde seine Maya nie wiedersehen. Er half Tailleul zu fliehen, er selbst aber blieb. In der Folge wurde er zusammen mit etwa tausend anderen Juden nach Auschwitz gebracht, wo sie gleich nach der Ankunft vergast wurden. Rachel hingegen wollte zusammen mit Madame Tailleul in den unbesetzten Teil Frankreichs entkommen. Am Tag ihrer Abreise hatte Madame Tailleul eine böse Vorahnung und beschloß, noch einen Tag zu warten. Da Rachel das Risiko eines Aufschubs aber nicht eingehen wollte, fuhr sie wie geplant ab. Sie überschritt die Maginot-Linie auf eigene Faust und wurde gefaßt. Zusammen mit 850 anderen wurde sie nach Auschwitz verschleppt und ebenfalls sofort vergast. »In *Mémorial de la Déportation* von Serge und Beate Klarsfeld las ich, daß meine Mutter zwei Wochen nach meinem Vater ermordet wurde.«

Maya hoffte, daß diese alten Freunde ihrer Eltern sie aufnehmen würden, aber es kam kein solches Angebot. Maya war unbegreiflich, wie all diese Menschen so gleichgültig sein konnten. Sie fing an, sich Sorgen zu machen, daß es vielleicht an ihr liegen könnte, daß mit ihr irgend etwas nicht stimmte. Sie ahnte nicht, daß der Kampf ums Überleben die Menschen so abgestumpft hatte. Sie wollten und konnten keine Geschichte, so berührend sie auch sein mochte, mehr hören.

1945 kamen eines Tages zwei Amerikaner in Mayas Waisenhaus. Sie waren mit Rachels Schwester Miriam verwandt, die in Los Angeles lebte. Während eines üppigen Essens in ihrem Hotel boten die beiden Besucher, Charles und Benjamin, zwei Selfmade-Millionäre, Maya an, für sie eine Einwanderung zu arrangieren. Ihre Tante würde sie nur zu gern aufnehmen.

Maya war zuerst von dieser Idee nicht begeistert. Seit die Nazis weg waren und sie genug zu essen hatte, war sie froh, Französin zu sein und in Frankreich zu leben. Aber als die ersten Briefe der Tante kamen, in denen sie versprach, ihr ein Klavier zu kaufen und Gesangsstunden zu bezahlen, wurde Maya weich. Auf einmal sollten nicht nur all ihre Wünsche erfüllt werden, sondern zum ersten Mal seit Jahren gab es jemanden, der sich um Maya kümmern wollte. Sie war bereit, das erstbeste Schiff nach Amerika zu nehmen.

Doch es dauerte noch zwei Jahre, ehe sie an Bord eines Frachters ging, der nach New Orleans fuhr. Von dort nahm sie den Zug nach Los Angeles. Sie war nun fünfzehn Jahre alt und bereit, ein neues Leben anzufangen.

Charles holte sie am Bahnhof ab. Er sagte ihr gleich, daß sie von ihm nichts mehr zu erwarten hätte. Maya war zunächst verblüfft, aber als sie bei ihrer Tante ankamen, dämmerte es ihr – die Tante, ihr Onkel und deren Baby lebten in Armut. In der winzigen Zweizimmerwohnung war kein Platz für ein Akkordeon, ganz zu schweigen von einem Klavier, und Maya mußte auf einem Klappbett im Wohnzimmer schlafen. Ihr Onkel, ein Spieler und Trinker, versuchte oft, Maya zu vergewaltigen.

Schließlich begriff sie, was da passiert war: Ihre Tante hatte erwartet, daß Charles, der reiche Verwandte, regelmäßig für Mayas Unterhalt sorgen würde und daß sie sich dann nehmen könnte, was sie brauchte. Doch Charles hatte ihr lediglich eine einmalige Summe geschenkt.

Ihre Aussichten waren mehr als düster. Sie hatte kein Geld, sprach kein Wort Englisch und kannte niemanden, auch war Los Angeles 1947 noch eine verschlafene Stadt. Sie konnte also nichts anderes tun, sie mußte bei den Verwandten bleiben. Wieder einmal verfiel Maya in eine tiefe Depression.

Die Tante gab Maya auch so wenig wie möglich zu essen, so daß sie das Gefühl hatte, wieder bei Madam Hurtebise zu leben. Vor und nach der Schule mußte sie die Wohnung putzen, doch es war nie gut genug. An den Wochenenden mußte sie obendrein auf ihren zweijährigen Vetter aufpassen – das alles für fünfunddreißig Cent die Woche.

»Sie haßten mich«, erzählt Maya mit wutbebender Stimme. »Es hatte ihnen nichts gebracht, mich aufzunehmen, also sorgten sie dafür, daß ich meinen Aufenthalt abarbeitete. Und mein Onkel hatte seinen Spaß, wenn er versuchte, mit mir zu schlafen.«

Als sie es nicht mehr ertragen konnte, beschloß Maya davonzulaufen und sich in Hollywood Hills zu verstecken. Sie enthüllte den Plan jemandem, der Mitleid mit ihr hatte und sie mit einer wohlhabenden jüdischen Familie im Westen von Los Angeles bekannt machte. Diese suchte nach einem Kindermädchen für ihre achtjährige Tochter. Maya griff sofort nach diesem Strohhalm. Sie war gerade sechzehn geworden, als sie ihre Stelle antrat. Doch schon bald stellte sich heraus, daß man von ihr erwartete, für die gesamte Familie die Hausarbeit zu erledigen. Wieder einmal war Maya in einem Haushalt gelandet, wo man sie nur auszubeuten gedachte.

»Manchmal wußte ich nicht, ob ich lachen oder weinen sollte«, berichtet Maya mit einem bitteren Lächeln. »Wenn ich durch sie nicht so viel gelitten und man mich nicht so tief gedemütigt hätte, dann würde ich sagen, daß sie einem Klischee entsprochen haben – diese Menschen waren wirklich das Abbild des stereotypen häßlichen Juden. Sie können sich nicht vorstellen, wie weh es mir tut, diese Worte zu benutzen. Aber es gibt keine anderen. Sie ließen mich hungern und machten mir dann eine Riesenszene, als ich versuchte, mein Essen mit einer kleinen Büchse Bohnen aus ihrer Vorratskammer aufzubessern. Sie wurden hysterisch, weil ich ein Stück Schokolade aufaß, das nach einer Bridgeparty übriggeblieben war. Kann ich da etwas anderes denken, als daß diese Leute monströs und lächerlich zugleich waren?«

Viele versteckte Kinder, die zu Waisen wurden, berichten von ähnlichen Widerwärtigkeiten. Ihre »Wohltäter« wußten, daß diese jungen Menschen keine Fürsprecher hatten, die von denjenigen, die sie mißhandelten, Rechenschaft fordern würden. Sie traten als Altruisten auf, aber in Wirklichkeit waren sie Ausbeuter der schlimmsten Sorte. Ihr Betrug an diesen verletzlichen Jugendlichen führte oft zu einer neuen Art des Versteckens, die jungen Menschen behielten ihren Schmerz für sich. Daher hörte für Waisen wie Maya das Verstecken und die Angst, daß das Leben ihr immer wieder Schmerzen bereiten würde, nie auf.

Und trotzdem vertraute Maya auf den Tag, an dem sich alles bessern würde, an dem jemand auftauchen würde, dem ihre Interessen am Herzen lagen – ein wirklicher Wohltäter also. Manchmal lernte Maya auch tatsächlich Menschen kennen, die von ihrer offensichtlichen Einsamkeit gerührt wurden. In der John-Marshall-High-School in Los Angeles reagierten Eltern und Lehrer sehr großzügig: Sie schenkten ihr kartonweise modische Kleidung. »Ich besaß das erste Mal hübsche Kleider. Das machte mich wirklich glücklich«, erzählt Maya lächelnd. »Ich weiß nicht, was schöner war – in den Spiegel zu schauen und das Bild einer attraktiv gekleideten jungen Frau zu betrachten oder in ein paar liebevolle Gesichter zu sehen.«

Eines Tages, als sie noch Schülerin der John-Marshall-High-School war, besuchte eine Sozialarbeiterin aus Frankreich die Schule. Maya schüttete ihr ihr Herz aus, und die Besucherin war eine geduldige und liebevolle Zuhörerin. Schließlich ermutigte sie Maya, sich im Studium auszuzeichnen und sich eine eigene Nische zu schaffen: Bau dir eine eigene Familie auf, schaff dir einen Freundeskreis, sorge selbst für all das, was das Leben und andere Menschen dir bisher versagten.

Maya fiel es nicht schwer, diesen Rat zu befolgen. Die einzige Freude in ihrem Leben war sowieso das Studium. Ihre Lehrer waren liebevolle, fürsorgliche Menschen und wurden die gütigen Wohltäter, die Maya so sehr brauchte, um ihrem Leben einen Sinn zu geben. »Ich hatte das Glück, diesen guten Menschen zu begegnen. Deshalb habe ich auch diesen Beruf gewählt, weil ich zu meinen Lehrern aufsehen konnte.«

Intuitiv hat Maya den Grund dafür erkannt, warum so viele ehemals versteckte Kinder als Lehrer, bei der Fürsorge, in Pflegeberufen und in der Medizin tätig sind. Die anderen jedoch, denen nie ein gütiger Wohltäter begegnete, imitierten schließlich sogar ihre Peiniger. Maya hingegen wurde so wie einige ihrer Lehrer – liebevoll, gütig und feinfühlig.

Mit achtzehn machte Maya ihren Abschluß an der John-Marshall-High-School. Am Tag danach heiratete sie Eugene. Bald bekam sie einen Sohn, Michael, aber die Ehe war eine Katastrophe. Eugene war ein gewalttätiger Mann, der seine junge Frau regelmäßig schlug. Nachdem er sie vier Jahre lang mißhandelt hatte, ließ Maya sich von ihm scheiden. »Sechsunddreißig Jahre später erfuhr ich, daß er heimlicher Alkoholiker war«, berichtet Maya. »Das war wohl verantwortlich für seine Brutalität.«

1954 erwarb Maya ihren Bachelor of Arts in Französisch an der Universität in Berkeley. Ihr Referendariat leistete sie in einer Junior High-School in Berkeley bei einer Frau ab, deren Mann der Vorsitzende einer Nazipartei am Ort war. Die Frau selbst war eine eingeschworene Antisemitin und ließ keine Gelegenheit aus, Maya vor den Schülern zu demütigen: »Würden Sie bitte die Vorhänge zuziehen? ... Ach, das haben Sie aber schlampig gemacht, aber schließlich sind Juden immer schlampig ... O je, da haben Sie bei diesem Wort den Akzent vergessen. Haben Sie denn überhaupt von etwas Ahnung? Ich dachte immer, Juden wären schlau, aber Sie sind mit Sicherheit dumm.«

Als Maya ihr Referendariat beendete, stellte ihre Nazi-Ausbilderin ihr ein schlechtes Zeugnis aus, was bei der Suche nach einer Stelle als Französischlehrerin äußerst nachteilig war. Nachdem sie mit ihrem Sohn die schlimmste Armut in Los Angeles erlebt hatte, fand sie eine Stelle an der Westchester High-School im Süden von Los Angeles.

Nach fünfjähriger Lehrtätigkeit entdeckte Maya eines Tages auf ihrer Tafel und an ihrer Tür Hakenkreuze. Auf ihrem Schreibtisch lag ein Brief, der mit einer Briefmarke frankiert war, auf der Hitler zu sehen war. Das Schreiben war eine einzige Haßtirade, die darin gipfelte, daß man sie schon vor langer Zeit hätte umbringen sollen.

Zuerst war Maya wie betäubt. Sicherlich passierte das doch nicht ihr, nicht schon wieder. Sie holte tief Luft und beschloß, mit der Angelegenheit professionell umzugehen. Sie ließ die Tafel abwischen und begann mit ihrem Unterricht.

Aber ein paar Minuten später wurde ihr übel, und bevor sie ohnmächtig wurde, mußten ihre Schüler sie aus dem Klassenzimmer führen. Sie war für ein paar Tage krank.

Was sollte sie tun? Lähmende Angst überkam sie, denn dieses Gefühl der Machtlosigkeit angesichts von Gefahr war ihr nur allzu vertraut. Sollte sie wieder untertauchen? Mußte sie erneut hinnehmen, wegen ihres Judentums gedemütigt und gefährdet zu leben? Würde diese Verfolgung je enden? Die Schule zu verlassen war keine Lösung. Es gab keine Jobs, und sie erinnerte sich noch gut daran, wie es war, Hunger zu haben. Sie konnte nirgendwohin flüchten – die äußeren Feinde hatten sich mit den Feinden in ihr zusammengetan.

Als sie wieder in die Schule zurückkehrte, erfuhr Maya, daß der einzige andere jüdische Lehrer ebenfalls einen solchen Brief erhalten hatte. Sie trugen die Angelegenheit dem Direktor vor.

»Sie übertreiben wie gewöhnlich«, lautete seine Antwort. »Fassen Sie es doch als das auf, was es ist – ein Scherz, ein grober Streich.«

Maya ging zur Anti-Diffamierungs-Liga, um sich Rat und eventuell Rückendeckung zu holen. Sie reichte eine Beschwerde ein.

»Es ist eine bekannte Tatsache, daß Ihre Behörde antisemitisch eingestellt ist«, teilte ihr der Beamte von der ADL mit. »Aber wenn Sie Ihren Job behalten wollen, gebe ich Ihnen den Rat, keinen zu großen Aufstand zu machen.« Trotzdem gab er die Beschwerde weiter.

In der Schule beruhigte sich alles wieder. Maya tat ihr Bestes, um die unerfreuliche Episode zu vergessen. Ein paar Jahre später legte jemand um die Weihnachtszeit in ihrem Klassenzimmer Feuer. Als sie mit dem Direktor sprach, beschuldigte er sie, ihre Schüler während der Schulstunde aufgehetzt zu haben. »Anstatt nach dem Schuldigen zu suchen, verhörten sie mich und suchten nach einer Möglichkeit, mich für den Vorfall verantwortlich zu machen«, erinnert sich Maya aufgebracht.

Weitere Brandanschläge folgten. Einmal wurde dabei ihre große Sammlung französischer Bücher und Schallplatten zerstört, ein anderes Mal fiel ihr Notenbuch »zufällig« den Flammen zum Opfer. Die Schule betrachtete die Sammlung als Privatbesitz, und sie bekam keine Entschädigung. Auch daß ihr Tisch, an dem sie gewöhnlich das Mittagessen einnahm, einmal mit Fäkalien beschmiert war, wurde nicht zur Kenntnis genommen.

Maya mußte sich also innerlich wieder verstecken, ob es ihr

nun gefiel oder nicht. Sie wußte nicht mehr, wem sie noch trauen konnte, und plante statt langfristiger nur noch kurzfristige Termine ein. Sie mußte sich aus der Schußlinie zurückziehen, es gab keine andere Lösung.

Wenn ein Erwachsener, der als Kind mißhandelt und betrogen wurde, sich wieder Grausamkeit und Folter gegenübersieht, kehren die Erinnerungen ungewöhnlich stark zurück und tun vor allem noch mehr weh. Die schlimmste Folter war folgende: »Ich brenne dein Zimmer nieder und mache jedem klar, daß ich das nur getan habe, weil du Jüdin bist. Ich weiß, daß ich dich damit wieder in dein früheres Versteck schicke, so daß du alle Schmerzen der Welt erleidest. Leide an dieser Asche und an jener, die über deiner Kindheit verstreut wurde. So groß ist meine Macht über dich, so sehr verabscheue ich dich!« Diese Macht schwächt besonders die, denen man – wie Maya – nie ernsthaft genug versicherte, daß die Welt ein sicherer Ort ist und daß man wirklich vor seinen Feinden davonlaufen kann. Maya wurde so sehr betrogen, daß es für sie sowieso nie einen sicheren Hafen gab. Die einzige Hoffnung bestand darin, daß ihre Verfolger sie eines Tages in Ruhe lassen würden, so daß ihr Leben einen sicheren und verläßlichen Verlauf nehmen konnte.

Um sich in dem ständig wachsenden Streß helfen zu lassen, suchte Maya einen Therapeuten auf. Endlich gab es jemanden, der ihr dabei half, die Bruchstücke der Vergangenheit mit der Gegenwart in Verbindung zu bringen. Sie war inzwischen wieder verheiratet, und ihr Mann unterstützte sie in ihrem Kampf.

Die Konflikte in der Schule wiederholten sich – ihre Schüler griffen sie immer wieder an, manchmal persönlich, manchmal in Form von Schmähbriefen. Die Reaktionen der Schulverwaltung blieben stets die gleichen. »Nur keine Überreaktion!« Als sie einmal bei ihren jüdischen Kollegen Unterstützung suchte, wies man sie mit den Worten ab: »Wenn Sie die Hitze nicht ertragen können, halten Sie sich von der Küche fern.« Sie waren durchwegs in Amerika geborene Juden, deren Leben nicht von der Verfolgung durch die Nazis überschattet worden war.

Die Situation spitzte sich dermaßen zu, daß Maya krank wurde und nach neunundzwanzig Jahren ihren Beruf als Lehrerin aufgeben mußte. Ihr Therapeut gab ihr den Rat, sich einen Anwalt zu nehmen, und mit dessen Hilfe zog Maya gegen ihre Widersacher zu Felde. Sie trat gegen einen Psychiater an, der die Schulbehörde repräsentierte. Sie ließ ihren Emotionen freien Lauf und erzählte ihm ihre ganze Geschichte. Seine Reaktion bestand darin, daß er sie beschuldigte, zu emotional und übersensibel zu sein. »Solche Dinge sind wie Kreidestaub«, meinte er. »Man schüttelt sie einfach ab.« Maya war wütend. »Wagen Sie es nicht, den Wert meiner Leiden oder deren Schwere zu leugnen!«

Fünf Jahre später gewann sie ihre Schlacht gegen eine selbstgerechte Schulbehörde, eine gewalttätige Schülerschaft und die allgemeine Apathie. Die Klage ihres Anwalts lautete folgendermaßen: Aufgrund der diskriminierenden Behandlung, die Maya von ihrem Direktor zuteil wurde, wurde ihre körperliche und geistige Gesundheit schwer geschädigt. Die Verfolgung, die sie durch ihn erlitt, hatte Maya dazu gezwungen, den Alptraum des Holocaust erneut zu durchleben.

Ende Januar 1984 verließ Maya die Schule endgültig. Absolut rehabilitiert ging sie in allen Ehren in den Ruhestand; das Verstecken war ein für allemal vorbei.

Kurz darauf las Maya einen Artikel in der *Los Angeles Times* über eine Selbsthilfegruppe für Menschen, die als Kinder den Holocaust überlebt hatten. Sie wurde von Dr. Sarah Moskovitz und Dr. Flo Kunstler geleitet. Für Maya gab es kein Überlegen – sie wollte dieser Gruppe beitreten. Es war kein Tag vergangen, an dem sie nicht an diese schreckliche Zeit in der Illegalität hatte denken müssen. Wo auch immer sie hinging, der Holocaust begleitete sie.

Eines ihrer Lebensziele bestand darin, den Schmerz, den Zorn und die Angst zu überwinden, die damit verbunden waren. Ein anderes war, die Namen ihrer Eltern auf dem *Monument pour les Victimes de la Guerre et de la Déportation* in ihrem Heimatort

Clichy eingravieren zu lassen. Ermutigt von Sarah, Flo und ihrem Mann, Jay Schwartz, verfaßte Maya eine Bittschrift an die französischen Behörden. Es dauerte vier Jahre, aber schließlich gelang Maya wieder einmal trotz scheinbar unüberwindlicher Hindernisse, was sie sich vorgenommen hatte – sie erreichte ihr Ziel.

Als Sarah Moskovitz und ihr Mann nach Paris reisten, machten sie einen Abstecher nach Clichy, um Fotos von dem Monument und der Inschrift »Samuel Mendel und Rachel Leah Finkel, verschollen in Auschwitz« zu machen. »Jetzt habe ich meinen Frieden«, sagt Maya. »Ich habe meine Schlachten geschlagen. Manche habe ich verloren, aber die wichtigsten habe ich gewonnen. Ich bin für meine Rechte eingetreten. Ich habe meine Würde verteidigt und die Selbstgerechten besiegt. Meine Eltern sind nicht im Schweigen der Geschichte untergegangen. Ihre Namen werden für alle Zeit in Clichy, in dieser Schachtel mit Fotografien, nah an meinem Herzen, und in meinem Sohn Michael weiterleben. Die Nazis haben meine Kindheit zerstört, und nichts und niemand wird das je ändern. Aber die letzten Jahre waren gute Jahre, und ich freue mich schon jetzt auf viele solche Jahre. Und man wird mich nie wieder verfolgen. Halleluja!«

IX

Loyalität im Konflikt
Die Geschichte des Abraham Foxman

Die Familie Fucksman war recht wohlhabend. Bis zum Ausbruch des Krieges lebten Hela – später Helen – und Joseph glücklich in Warschau. Sie hatten ihr eigenes Heim, aber die junge Frau verbrachte die meiste Zeit in ihrem Elternhaus, in dem auch noch zwei Brüder und ihre Schwester lebten. Sie waren eine streng orthodoxe Familie. Weil Helas Vater sehr jung gestorben war, führten seine Kinder die Garnfabrik der Familie.

Eine Woche vor Kriegsausbruch kehrte Joseph nach Baranoviči zu seiner Familie zurück. Hela, die mit ihrem ersten Kind schwanger war, blieb bei ihrer Familie. Als die Luftwaffe mit ihren schweren Bombenangriffen auf Warschau begann, bestand Helas Mutter darauf, daß ihre Tochter zu ihrem Mann nach Baranoviči fuhr, das zu dieser Zeit zu Polen gehörte und zirka vierhundert Kilometer von der Hauptstadt, die noch unter sowjetischer Kontrolle stand, entfernt war.

Nach vierwöchigem unaufhörlichem Bombardement gab es endlich eine Ruhepause, und die Schwangere machte sich auf die Reise. Sie brauchte für die kurze Fahrt Wochen. Sie zog zu Josephs Familie. Nach der Geburt ihres Sohnes Henouch Abraham nahm sich die junge Familie eine eigene Wohnung. Aber die Behörden verweigerten ihr das Aufenthaltsrecht, und so zogen sie in die Nachbarstadt Slonim. Joseph arbeitete als Buchhalter, während Hela daheimblieb und sich um ihr Baby kümmerte.

In Slonim litten Hela und Joseph zum ersten Mal wirkliche Not. Öl zum Kochen war knapp, und oft gelang es der jungen

Frau nur mit Mühe, etwas zu essen auf den Tisch zu stellen. An Markttagen, wenn christliche Bauern Milch, Käse und Eier in die Stadt brachten, ließ sie ihren Sohn bei Nachbarn und kaufte für die Familie ein. In ihrem winzigen Zimmer gab es weder fließendes Wasser noch eine Heizung, und das Baby war ständig krank.

Zum Wohle des Kindes zog Hela nach Wilna, wo zwei ihrer sechs Brüder wohnten. Joseph mußte in Slonim bleiben. Da sie Flüchling war, war es Hela nicht gestattet, in der Stadt zu wohnen. Deshalb mietete sie eine Wohnung auf dem Land, die etwa acht Kilometer von ihrer Arbeitsstelle in einer Buchbinderei entfernt lag. Während sie ihrer Arbeit nachging, paßten christliche Nachbarn auf das Kind auf.

Als der Junge elf Monate alt war, stellte Hela die Polin Bronislava Kurpi als Kindermädchen und Haushälterin ein. Bronislava sorgte für das Kind, als wär es ihr eigenes, und die beiden Frauen lebten in vollkommener Harmonie unter einem Dach. Joseph fand endlich einen Weg, um zu seiner Familie zu ziehen, aber nach seiner Ankunft änderte sich Bronislavas Verhalten dramatisch. Sie beschimpfte Joseph bei jeder Gelegenheit und nannte ihn einen dummen, dickköpfigen Juden. Hela erfuhr später, daß ihr Kindermädchen Lesbierin war und in Joseph einen Feind sah.

An dem Tag, als bekannt gemacht wurde, daß alle Juden in das Ghetto von Wilna zu ziehen hätten, standen Hela und Joseph vor einem Dilemma. Ihre christlichen Nachbarn ermunterten sie, den Befehl zu ignorieren und zu bleiben. Doch Joseph hatte seine Zweifel – er hatte Angst davor, daß die Nachbarn sie erpressen könnten. Wenn sie dann herausfinden würden, daß bei ihnen kein Geld zu holen war, würden sie vielleicht die Familie umbringen. Er beschloß, daß sie im Ghetto sicherer wären. »Später fanden wir dann heraus, daß ›diese netten polnischen Nachbarn‹ die reichen Juden, die ihrem Rat gefolgt waren, tatsächlich umgebracht hatten«, erzählt Hela.

Aber ihr Entschluß stellte sie vor ein weiteres Dilemma: Was sollten sie mit ihrem Sohn machen? Gab es eine Alternative dazu, ihn mit ins Ghetto zu nehmen, wo er ihr Schicksal teilen würde? Da bot ihnen Bronislava an, für das Kind zu sorgen. Zuerst wollten die jungen Eltern sich nicht von ihm trennen, besonders nicht unter so bedenklichen Umständen, aber schließlich mußten sie zugeben, daß Bronislavas Angebot die beste Lösung war. Außerdem vertrauten sie dem Kindermädchen völlig, denn es hatte stets ausgezeichnet für das Kind gesorgt. Sie packten die Kindersachen zusammen und überließen der Frau noch einen Großteil ihrer eigenen Habe, Lebensmittel und – außer 180 Rubel – ihr gesamtes Geld. Mit nur wenigen persönlichen Sachen gingen sie in das größere der beiden Ghettos von Wilna, das man mit Galgenhumor S. S. S. R. nannte, nach den Anfangsbuchstaben der vier Straßen, die das Ghetto begrenzten: die Szavelska, Szpitalna, Straszuna und Rudnicka (die Anfangsbuchstaben stehen im Russischen auch für »Union der Sozialistischen Sowjetrepubliken«).

»Ich mußte mein zwölf Monate altes Kind verlassen, als es gerade laufen gelernt hatte«, berichtet Hela. »»Das ganze Geld, das wir verdienen, wirst du bekommen‹, versprachen wir Bronislava, als wir gingen. Das taten wir auch, und sie bekam auch noch einiges mehr.«

Im Ghetto fanden sie kein Zimmer. Schließlich bot ihnen ein Bekannter die Theke in seinem Laden auf der Szpitalna-Straße an – seine Zweizimmerwohnung beherbergte bereits vierundzwanzig Menschen.

Die Lebensbedingungen waren unerträglich. Die Behörden ließen keine Lebensmittel ins Ghetto. Joseph arbeitete zwar außerhalb, aber es war verboten, Lebensmittel ins Ghetto zu schmuggeln. Diejenigen, die man dabei erwischte, mußten zusehen, wie ihre Waren konfisziert wurden. Es lag im Ermessen der Wachen, ob man sie »nur« verprügelte oder sie in die nahegelegenen Wälder von Ponary schleppte und erschoß. Helas und Josephs Elend wurde noch dadurch verstärkt, daß Menschen, die sie von früher kannten, jetzt mit dem Finger auf sie zeigten: Schaut euch diese schamlosen Menschen an – sie haben ihr Kind verlassen, um ihr Leben zu retten.

Einmal im Monat stahl sich Hela aus dem Ghetto, um ihr Kind zu besuchen. Wie versprochen gab sie Bronislava jedesmal fünftausend Rubel. Wenn Joseph es einmal nicht schaffte, diese Summe zusammenzukratzen, wurde das Kindermädchen laut und gemein und drohte mit einer Anzeige.

Hela und Joseph hielten sich erst kurz im Ghetto auf, als ihnen die Behörden einen »Lebensschein« ausstellten, der gestattete, daß sie noch eine Weile leben durften. Es gab nur ein Problem: Die Erlaubnis galt für eine Frau, einen Mann und ein Kind, aber ihr Kind befand sich ja nicht im Ghetto. So hielten sie Ausschau nach einem Kind, das sie im Falle einer Kontrolle als ihr eigenes ausgeben konnten. Sie boten einer Witwe mit sechs Kindern an, ihr eines abzunehmen, aber sie konnte sich nicht entscheiden, welches sie auswählen sollte. Schließlich fanden sie ein achtzehnjähriges Mädchen, das so unterernährt war, daß man es für ein Kind halten konnte. Als sie überprüft wurden, konnte die Wache zwar nicht sagen, wer die Mutter oder die Tochter war, behelligte sie aber nicht weiter. Das gehörte zu den Wundern, die Josephs Glauben an den Gott Israels festigten – trotz der Grausamkeiten, die sie heimsuchten.

»Aber dadurch bekommt man einen Eindruck davon, vor welchem moralischen Dilemma Eltern, auch meine Eltern, in jener Zeit standen«, stellt Abe Foxman heute in seinem Büro in Manhattan fest. Er ist der Landesvorsitzende der Anti-Diffamierungs-Liga von B'nai B'rith und einer der geachtetsten und einflußreichsten Juden in Nordamerika. »Zumindest mußten meine Eltern mich nicht bei einer fremden Person zurücklassen. Sie kannten Bronislava, und meine Mutter besuchte mich einmal im Monat. Ich hielt meine Mutter für eine Tante.«

Obwohl Joseph und Hela der Retterin ihres Sohnes vertrauten, wurde dieses Gefühl von ihr nicht erwidert. Sie verlangte von ihnen eine schriftliche Erklärung, daß sie das Kind freiwillig aufgegeben hätten. Als Joseph dem nachkam, Bronislava aber bemerkte, daß Helas Unterschrift auf dem Dokument fehlte, beschuldigte sie sie, daß sie versuche, sie zu hintergehen.

Und wirklich, Bronsilava Kurpi kümmerte sich so eifrig um das Kind, als wäre sie selbst die Mutter. Sie war wachsam, liebevoll und besorgt. Wenn sie aber auf den Jungen böse war, verprügelte sie ihn. Doch der Junge glaubte, daß das zur Mutterliebe dazugehöre. Als er sprechen konnte, nannte er sie gleich Momma. Selbst als er älter wurde, durfte der Junge nie draußen mit anderen Kindern spielen, weil sie Angst davor hatte, daß er vielleicht einmal pinkeln müßte und man dann herausbekommen würde, daß er beschnitten war.

Das polnische Kindermädchen war eine fromme Katholikin und ließ den Jungen bei der ersten Gelegenheit auf den Namen Henryk Stanisłav Kurpi taufen. Sie hatte den Wunsch, daß er später Priester werden sollte. Dem Jungen gefielen die Lieder, der Kirchenschmuck und die Rituale. »Viele ehemals versteckte Kinder hegen einen Groll gegen ihre Retter, weil sie sie taufen ließen«, sagt Abe. »Ich nicht. Sie zog mich gläubig auf, tat es aus reinem Herzen und zur Rettung meiner Seele. Indem sie mich regelmäßig in die Kirche mitnahm, riskierte sie die Denunziation durch böswillige Nachbarn, die den Verdacht hatten, daß ich Jude sein könnte. Warum sollte ich sie wegen eines solchen Aktes spiritueller Demut und Großzügigkeit verurteilen? Solange ich mich erinnern kann, haben mir die Gebete, die Lieder und alle Rituale der Kirche stets Freude bereitet, und zwar nur deshalb, weil ich von klein auf mit den katholischen Riten aufwuchs. Doch das Wichtigste an ihrer Glaubenserziehung war, daß es meinem Vater später nicht schwerfiel, mich vom Katholizismus wegzuführen und unserem Glauben anzunähern. Seine Aufgabe wurde ihm sicherlich dadurch erleichtert, daß er nur ein christliches Ritual nach dem andern durch ein jüdisches ersetzen mußte – zum Beispiel das Kruzifix durch einen Talis (Gebetsschal). Und im Gegensatz zu vielen konvertierten versteckten Kindern habe ich später nie wegen meiner christlichen Erziehung als Kleinkind unter einer Identitätskrise gelitten.«

Bronislava ging wirklich ein großes Risiko ein, als sie einem jüdischen Jungen Obdach gewährte. Dreimal wurde sie »wegen der Beherbergung eines jüdischen Kindes« an die Gestapo verraten und denunziert. Jedesmal mußte sie wegen des Jungen zur Polizei gehen und gestand unter Tränen, daß der Junge Jude war. Sie erzählte ihnen, daß sie bei Juden gearbeitet hätte und daß eines Tages, während sie mit dem Kind einen Spaziergang gemacht hätte, die Eltern bei einer Razzia aufgegriffen worden wären. Sie wären nie zurückgekehrt, um ihr Kind zu holen. Sie hätte die Absicht, ihn zu einem guten Katholiken zu erziehen, er sollte sogar Priester werden. Nach diesen Aussagen wurde sie stets wieder freigelassen, mehr noch, die deutschen Polizisten gaben ihr obendrein Bonbons für den Jungen mit, ehe man sie gehen ließ. Das Kind wußte natürlich nicht, daß sein Leben von feindseligen und niederträchtigen Erwachsenen bedroht war.

1941 wurden die Behörden – diesmal die litauische Gestapo – wieder einmal darauf aufmerksam gemacht, daß Bronislava Kurpi ein jüdisches Kind versteckte. An diesem Abend wurde Joseph, der nach zweiundsiebzig Stunden Knochenarbeit völlig erschöpft war, Julian Boyka, einem litauischen Polen, vorgeführt, der den Ruf hatte, ein rücksichtsloser Ermittler zu sein. Boyka war in Begleitung des Anklägers des jüdischen Ghettogerichts und eines Ghettopolizisten. Er legte seinen Revolver auf den Tisch und teilte dem Juden Fucksman mit, daß er ja die Wahrheit sagen solle, sonst würde er ihn auf der Stelle erschießen. Er wollte die Wahrheit über »Henyusy«, das Kind in der Obhut Bronislava Kurpis, erfahren.

Wie sich herausstellte, war Boyka Bronislavas Bruder. Er kannte das Kind nicht nur – er hatte es sogar gern. Bronislava hatte ihm erzählt, daß sie einen Polen geheiratet hätte, der gleich zu Beginn des Krieges eingezogen worden wäre und von dem sie seitdem nichts mehr gehört hätte. Aber Boyka war ein Profi, die Geschichte schien ihm verdächtig. Zuerst vermutete er, daß sie ihn anlog, um die Tatsache zu verbergen, daß der Junge ein uneheliches Kind war. Aber als er zufällig entdeckte, daß der Junge Jude war, wurde ihm alles klar. Boyka betrachtete diese Sache als Affront gegen sich selbst und seine gesamte Familie.

Wie konnte seine Schwester, eine gute Katholikin, einen Juden aufnehmen und sich damit gegen das Gesetz wenden? Er fühlte sich betrogen, da er doch den Jungen in seinem Haus empfangen hatte, als wäre er sein eigen Fleisch und Blut. Aber dadurch war er angreifbarer geworden, besonders in seiner heiklen Position als Ermittler bei Gericht. Sein Informant hatte behauptet, das Kind würde Fucksman gehören.

»Glaub mir, Fucksman, wenn ich diesen Jungen nicht wirklich gern hätte, hätte ich ihn schon vor einiger Zeit selbst umgebracht«, zitiert Joseph Boyka in seinen Memoiren.

Boyka war in einem Punkt unnachgiebig: Der Junge mußte innerhalb von vierundzwanzig Stunden bei seinen Eltern im Ghetto sein, sonst würde er, Boyka, ihn erschießen. Wenn er diesem Befehl nicht gehorchte, würden Fucksman, seine Frau und sogar Bronislava erschossen, weil sie das Verbrechen begangen hatte, einen Juden zu verstecken. Boyka wies Joseph an, den Jungen am nächsten Abend in das Polizeihauptquartier zu bringen. Als Entschädigung für das Risiko, das er auf sich nahm, wollte Boyka zweihundert Goldrubel und eine goldene Uhr haben. Nachdem er das verkündet hatte, zündete er sich eine Zigarette an und forderte Joseph auf, etwas zu sagen.

Ruhig gestand Joseph, daß er den Jungen wirklich kennen und daß alles, was Boyka gesagt hatte, stimmen würde. Außer einem – er wäre nicht der Vater des Jungen, sondern sein Onkel. Diese Version stimmte mit der überein, die Bronislava bereits der Gestapo erzählt hatte: Das Kindermädchen, in Begleitung des Kindes, hätte beim Amt etwas zu erledigen gehabt, als die Mutter, Helas Schwester, und ihr Mann verhaftet und deportiert worden wären. Sehr oft hätten Joseph und seine Frau Bronislava Kurpi angefleht, ihnen doch ihren Neffen zu überlassen, aber die Frau hätte sich immer kategorisch geweigert und gesagt, sie würde den Jungen nur seinen Eltern geben. Wenn sie nicht wiederkämen, würde sie ihn im katholischen Glauben erziehen. Und um ihren Argumenten mehr Gewicht zu verleihen, hätte sie Joseph ein Dokument der katholischen Kirche gezeigt – einen

Taufschein von Henryk Stanislav Kurpi, Sohn der Bronislava. Das ließ die Vermutung zu, daß das Kind eher zu ihr als zu Tante und Onkel gehörte. Nachdem er das erzählt hatte, stellte er klar, daß er nur zu gern seinen Neffen aufnehmen würde. Und was das Geld anginge, so meinte Joseph, hätte er noch nie in seinem Leben so viel Geld gesehen, ganz zu schweigen von einer goldenen Uhr.

Josephs Geschichte rührte Boyka ganz und gar nicht, im Gegenteil – er wurde wütend. Er wollte den Jungen im Ghetto haben – und seine Belohnung, sonst würden sie alle morgen abend sterben.

Joseph und Hela wandten sich an Abraham Dimitrowski, den Sekretär des Kommandanten der Ghettopolizei. Er war ein bekannter Anwalt aus Kovno. Er versprach, ihnen zu helfen. Bronislava und das Kind mußten sofort verschwinden. Wenn die Gestapo an ihre Tür klopfte, müßte es so aussehen, als wäre sie aus Angst, das Kind zu verlieren, mit ihm geflohen. Dieser Plan brachte zwar die Eltern in Lebensgefahr, aber es gab keinen anderen Weg, den Jungen zu retten. Denn den Jungen ins Ghetto zu bringen würde für sie alle drei den sicheren Tod bedeuten. Der Plan war gut. Also versteckten sich das Kindermädchen und ihr Schützling in einem Sommerhaus, das acht Kilometer von Wilna entfernt war.

Am nächsten Abend ging Joseph zur Polizeiwache des Ghettos. Boyko war in Begleitung von Dimitrowski gekommen und hörte schweigend zu, während der Anwalt die Untersuchung durchführte. Der Anwalt berichtete, daß er in Begleitung eines Ghettopolizisten zur Wohnung der Frau Kurpi gegangen wäre, aber die Tür wäre verschlossen gewesen. Nach Aussage einer Nachbarin hätte Frau Kurpi die Stadt verlassen. Dimitrowski ließ Joseph eine Aussage unterschreiben. Darin wurde bestätigt, daß Hela und Joseph Fucksman ein kinderloses Ehepaar waren und nicht wußten, wo sich das Kind der Koimorowskis – der Name von Helas fiktiver Schwester –, dessen Eltern von den Bolschewiken verschleppt worden seien, aufhielt.

Nach kurzem Zögern unterschrieb Joseph die Aussage. Zu seiner großen Überraschung und Erleichterung wies Boyka ihm wortlos die Tür. Joseph war frei. Wenigstens für eine gewisse Zeit waren sie alle in Sicherheit.

Die Einwohnerzahl des Ghettos schrumpfte ständig. Nach ein paar Jahren waren von den vierundzwanzig Bewohnern der Wohnung in der Szpitalna-Straße, in der auch Joseph und Hela lebten, noch fünf übrig. Hela blickte immer ängstlicher in die Zukunft. Joseph schlug vor, sie sollte doch Bronislava Kurpi um Hilfe bitten. Hela war sich sicher, daß die Frau nichts für sie tun würde, aber sie versuchte es trotzdem. Und sie behielt recht: Bronislava stand ihnen gleichgültig gegenüber.

Sie hatten nicht viel Zeit, um über ihre Enttäuschung nachzugrübeln. Es wurde nämlich ein Befehl erlassen, der alle Männer im Ghetto anwies, sich auf dem Bahnhof zur Reinigung der Eisenbahnwaggons zu melden. Sie erfuhren auch, daß sie nach dem Reinigen nach Kolga, einem Konzentrationslager in der Nähe, gebracht werden sollten. Hela war außer sich. Joseph versprach ihr, er würde sein Bestes tun, um zu fliehen. Und wenn es ihm gelänge, würde er nicht wieder ins Ghetto zurückkehren.

Hela schlief bereits fest, als es am folgenden Abend an ihrer Tür klopfte. Es war ein Bote, der ihr mitteilte, daß es Joseph gelungen war zu entkommen. Wohin, wußte der Bote jedoch nicht. Joseph versteckte sich in der Fabrik, in der er früher gearbeitet hatte. Der Mann, der ihn unterbrachte, war der größte Antisemit in der Fabrik, und Joseph hatte sich immer vor ihm gefürchtet.

Am nächsten Morgen entdeckte der Nachtwächter, ein bekannter Trinker, Joseph in einer Kiste mit Sägespänen. Er versprach, in der Abenddämmerung zurückzukehren und Joseph in ein Versteck zu bringen. Und tatsächlich, er führte Joseph zu einem Verschlag, in dem er aber nicht aufrecht stehen konnte.

In der Zwischenzeit war auch Hela entschlossen, aus dem Ghetto zu fliehen. Ohne daß sie wußte, wo sie Joseph suchen sollte, ging sie zur Fabrik, setzte sich auf die gleiche Kiste, auf der ihr Mann schon vor ein paar Tagen gesessen hatte, und wartete, bis schließlich der Wächter vorbeikam und sie erkannte. Verstohlen steckte er ihr einen Zettel zu, auf dem stand: »In der Dämmerung bringe ich Sie zu Ihrem Mann.«

Während Hela auf das Hereinbrechen der Dämmerung wartete, kam Bronislava vorbei und sah Hela niedergeschlagen und erschöpft in der Ecke sitzen. »Kommen Sie mit zu mir«, sagte sie. »Sie sehen aus, als könnten Sie etwas zu essen brauchen.« Während sie Suppe und eine Schnitte Brot aß, konnte Hela ihren Blick nicht abwenden von ihrem hübschen Sohn, der nicht wußte, wer sie war. Gegen Abend brachte der Wächter sie zu Josephs Versteck, aber dort war kein Platz mehr für sie, ein anderer Mann hatte auch Unterschlupf gesucht.

Zu Helas großer Erleichterung gestattete Bronislava ihr zu bleiben. Abends brachte sie ihrem Mann etwas zu essen und kehrte mit seiner Schmutzwäsche zurück. Dabei riskierte sie jedesmal, geschnappt zu werden, denn sie hatte keine Papiere.

»Glücklicherweise hat mich nie jemand angehalten«, erzählt Helen Foxman. »Ich war blond, blauäugig und kräftig – das entsprach nicht gerade der Vorstellung, die sich die meisten Menschen von Juden machten.«

Tagsüber beschäftigte sie sich mit ihrem Sohn, der zu diesem Zeitpunkt schon zwei Jahre alt war. Man hatte ihm gesagt, Hela wäre seine Tante. Es war für Hela beglückend zu sehen, wie ihr Sohn heranwuchs und zu einem klugen kleinen Kerl gedieh. Es störte sie nicht, ihn dabei zu beobachten, wie er sich hinkniete und auf Lateinisch betete, oder daß er ein goldenes Kruzifix trug. Er lebte, war in Sicherheit und wurde gleich von zwei Müttern geliebt.

»Das war bestimmt schön für mich«, sagt Abe. »Ich habe zwar keine speziellen Erinnerungen an meine frühe Kindheit, aber wenn ich zurückdenke, habe ich das Gefühl, daß es eine gute Zeit war. Ich wünschte, ich könnte mich besser daran erinnern.«

Diese schattenhaften Erinnerungen, in denen das Gefühl

allgemeinen Wohlbefindens vorherrscht, bestätigten Robert Krells Annahme, daß wir in erster Linie Außergewöhnliches – Traumata und Augenblicke ungewöhnlich großer Freude – im Gedächtnis bewahren. Da Abes Leben anscheinend aber alltäglich verlief, gab es nichts, was er sich besonders merken mußte.

Helas Situation war nicht so unkompliziert. Ihrer Wirtin paßte nicht, daß Hela quasi »von« ihr lebte (obgleich sie immer noch monatlich fünftausend Rubel für die Versorgung des Kindes bekam). Auch war sie sehr aufgebracht darüber, Helas nichtsnutzigen Ehemann mit durchfüttern zu müssen. Um sie zu versöhnen, gab Hela ihr sämtliche Ersparnisse, die sie noch versteckt hatte.

Nach ein paar Monaten Leben im Verschlag bekam Joseph die Erlaubnis, im Haus auf dem blanken Boden zu schlafen, wofür er dem Wächter jeden Monat zehntausend Rubel bezahlte.

Schließlich bekam Hela von einer polnischen Freundin Bronislavas falsche Papiere auf dem Namen Stefania Winezelaitis. So konnte sie eine Arbeit als Buchbinderin annehmen und sich eine Lebensmittelkarte ausstellen lassen. Aber jedesmal, wenn sie im Freien war, litt sie unter Verfolgungswahn.

Hela entwickelte bald eine bestimmte Routine. Morgens, auf dem Weg zur Arbeit, kaufte sie Brot, brachte es mittags zu Joseph, wobei sie auf ihr eigenes Mittagessen verzichtete, und arbeitete dann weiter. Das ging zirka zwei Jahre so. Alle paar Monate drehte Bronislava durch, fand die Situation unerträglich, warf Hela samt dem Kind aus ihrer Wohnung, um sie gleich darauf wieder aufzunehmen. Sie war nervlich am Ende, denn immer öfter ohrfeigte sie das Kind, wenn es nach seiner Tante fragte. Sie fürchtete, die Zuneigung des Kindes zu verlieren. Schließlich verbot sie Hela strikt, das Kind anzufassen.

Als sich der Krieg seinem Ende näherte, begannen die Bombenangriffe. Bei den ersten Anzeichen eines Angriffs suchten Bronislava, Hela und Abe Schutz im Keller. Einmal landete eine Bombe auf Abes Kopfkissen und durchschlug den Fußboden.

»Wieder ein Wunder, wie mein Vater zu sagen pflegte«, erinnert sich Abe. »Er war davon überzeugt, daß alles Böse Menschenwerk war, aber jede Hilfe ein Geschenk Gottes. Das war seine Methode, in einer Zeit, in der viele mit Gott haderten, nie in seinem Glauben zu schwanken. Vielleicht war das Schweigen Gottes Methode, mit all der Zerstörung auf der Erde fertig zu werden. Mein Vater hätte dieser These wahrscheinlich beigepflichtet.«

Ein paar Tage lang fanden grausame Straßenkämpfe statt, bei denen die geschlagenen Deutschen alles niederbrannten und demolierten. Ohne nach Papieren zu fragen, töteten sie jeden, der sich auf der Straße aufhielt, was Hela nicht mehr erlaubte, ihrem Mann Essen zu bringen.

Selbst nach der Befreiung blieben Abe und seine beiden Mütter vorsichtshalber noch einige Tage in dem Keller.

Kaum war Josephs Straße befreit, eilte er zu seiner Frau und dem Sohn. Da sah er, daß das Haus von einer Bombe zerstört worden war. Er brach zusammen. Wie hatte es passieren können, daß seine Familie nach allem, was sie bisher überlebt hatte, in den letzten Kriegstagen doch noch umgekommen war? Aber bald schon entdeckte er sie in ihrem Versteck, die Familie war wieder vereint.

Als Abe seinen Vater erblickte, bekam er Angst. Joseph bot wirklich einen furchterregenden Anblick, nachdem er tagelang durch die Ruinen der Stadt geirrt war. »Pan Pietrowski kommt!« schrie das Kind entsetzt. (Pan Pietrowski ist eine Märchenfigur.)

Ehe er seine Frau und seinen Sohn umarmte, begrüßte Joseph die Frau, die das Leben seiner Lieben gerettet hatte. Aber diese Geste brachte ihm keine Dankbarkeit von Bronislava ein. Sie teilte Joseph und Hela mit, daß sie wohl zusammenleben könnten, daß sie aber »ihr« Kind behalten würde.

Abes Eltern fügten sich und beschlossen, zu viert zusammenzuleben und das Kind weiter gemeinsam aufzuziehen. Als Joseph sogar noch eine passende Wohnung für seine vierköpfige Familie fand, schien alles sich zum Besten zu wenden. Geld würde auch nie wieder ein Problem sein, denn Joseph war jetzt Direktor der Fabrik, in der er früher gearbeitet hatte.

Aber Bronislava hatte andere Pläne. Sie brachte zu diesem Zweck stichhaltige, dokumentierte, aber erpreßte Beweise vor: Der Junge gehört mir, ich habe ihn taufen lassen, er trägt meinen Namen, und außerdem habe ich es schriftlich, daß Sie ihn freiwillig aufgegeben haben.

»Sie war verzweifelt«, erklärt Abe, »aber ihre Handlungen entsprangen nicht der Grausamkeit. Im Gegenteil, sie liebte mich so sehr, daß sie mich einfach nicht aufgeben konnte, ganz gleich, was sie dafür tun mußte. Sie hatte mich gerettet und außerdem meine Seele bereits der Kirche versprochen. Wie konnte sie da ihren heiligen Schwur brechen? Abgesehen von der großen Liebe, die ich für sie empfinde, gräme ich mich wegen ihr, um meine Eltern, und auch um mich. Denn keiner von uns hatte es verdient, leiden zu müssen. Und das, was folgte, zerstörte unser aller Leben. Ich brauchte lange, um mich meinen Gefühlen offen stellen zu können, aber schließlich spürte ich, daß ich meinen Eltern gegenüber meinen Zorn laut werden lassen müßte. Schließlich hatten sie mich mitten aus einem schönen Leben gerissen. Ich wußte nur, daß ich bei der Frau, die ich als meine Mutter kannte, ein gutes Leben gehabt hatte, bis sie auftauchten und behaupteten, sie wären meine Eltern. Ich saß also zwischen zwei Stühlen. Heute weiß ich, daß das nicht ihre Schuld war. Das alles geschah nur, weil die Nazis Familien mit Kleinkindern in ihrem »tausendjährigen Reich« als hinderlich ansahen. Wir waren die Statisten in einem Drama, das sich auf einer unmenschlichen Ebene abspielte. Aber wir bezahlten dafür mit unserem Blut, dem Seelenfrieden, mit unseren Familien und unseren Traditionen.

Meiner »anderen« Mutter gegenüber habe ich nie Zorn empfunden. Sie folgte ihrem Herzen, sogar als es ihr befahl, wider alle Vernunft zu handeln und sich gegen das Gesetz zu wenden. Als sie mich quasi entführte, empfand ich nur Kummer. Es war eine richtige Tragödie. Ihre große Liebe war in Haß umgeschlagen. Es hätte alles so ganz anders sein können. Mein Vater hat mich gelehrt, daß es nicht gut ist, etwas exzessiv zu empfinden. Er hatte recht. Sie liebte mich zu sehr – das zerstörte schließlich das, was uns miteinander verband und weiter hätte verbinden können. Sie verlor mich, und ich verlor sie samt all der Liebe, die sie mir hätte geben können. Sie hatte eine Mutter, die auch weiter meine Großmutter hätte bleiben können. Durch sie hätte ich eine Familie haben können, wenn nicht alles anders gekommen wäre. So bleibt mir ein weiterer Verlust, und ich bin nur traurig, wenn ich an sie denke.«

Eine Reihe von Denunziationen folgte. Anfangs lebten sie alle vier unter einem Dach, aber nach einer Weile wurde das wegen der offenen Feindschaft unerträglich. Einmal zeigte Bronislava Joseph an, weil er angeblich die Fabrik bestohlen hatte. Joseph wurde verhaftet, aber mangels Beweisen bald wieder freigelassen. Dann behauptete sie, daß er mit den Nazis kollaboriert hätte, um zu überleben. Diesmal brachte ihm diese Denunziation Gefängnis ein, aber nicht lange. Das gleiche geschah bei der Behauptung, daß Joseph Gold verstecken würde oder daß sein Vater ein Kapitalist wäre, der seine Arbeiter ausbeutete. Insgesamt dreizehnmal hat sie ihn beschuldigt, Verbrechen gegen den Staat begangen zu haben, bis man ihr schließlich nahelegte, die Polizei nicht mehr länger mit falschen Anschuldigungen zu belästigen.

Aber Bronislava gab nicht auf, sondern dachte sich einen Plan aus, der fast funktioniert hätte. Zu dieser Zeit lebte Kozlov, der später als internationaler Spion entlarvt werden sollte, in Wilna. Sie war kurze Zeit Hausangestellte bei ihm, und weil er in jenen Tagen ein einflußreicher Mann im Ort war, bat sie ihn um Hilfe. Als Hela erfuhr, wer Bronislavas neuer Verbündeter war, geriet sie in Panik. Ziellos lief sie durch die Straßen und fürchtete das Schlimmste. Sie hatten zwar den Krieg überlebt, aber sie kämpfte jetzt, ein Jahr nach Beendigung der offenen Feindseligkeiten, immer noch um ihr Kind, während andere längst damit beschäftigt waren, sich ein neues Leben aufzubauen. Auf einem ihrer Spaziergänge begegnete sie einer Frau, die sie im Ghetto kennengelernt hatte. Hela erzählte ihr von ihrem Kummer.

»Verlier nicht die Hoffnung«, sagte sie. »Geh zu Dr. Belt ins Krankenhaus. Er ist ein einflußreicher Mann und ein guter Mensch. Wenn er deine Geschichte hört, wird er dir sicherlich helfen.«

Hela befolgte den Rat. Und wirklich – nachdem der Arzt aufmerksam zugehört hatte, war er der Meinung, daß Bronislava Kurpi geistig nicht ganz gesund wäre. Er sagte ihr seine Hilfe zu, obwohl Kozlov und er nicht gerade Freunde waren.

Aber Bronislava gab nicht auf. Sie ging vor Gericht und behauptete, der Junge wäre ihr Kind. Dort wies man ihre Klage ab. Bei einer zweiten Verhandlung gab sie vor, das Kind wäre unehelich, weshalb sie es nie hätte registrieren lassen. Wieder wurde die Klage abgewiesen. Das dritte Verfahren vor einem Berufungsgericht erregte Aufmerksamkeit, denn es war das erste seiner Art. Abe war das einzige Kind, das das Ghetto überlebt hatte. Aus Moskau reisten fünfzig Anwälte an, um das Verfahren zu überwachen. Bronislava Kurpi erklärte, sie habe den Jungen taufen lassen und könne den Taufschein als Beweis vorlegen. Es sei für das Kind von größter Bedeutung, weiterhin in einer gläubig katholischen Umgebung zu leben, schließlich wolle sie seine Seele für die katholische Kirche retten.

Der Richter wies abermals ihre Klage ab und rief die aufgebrachten, aber glücklichen Eltern ins Richterzimmer. »Diese Frau wird nie aufgeben«, sagte er, »deshalb gebe ich Ihnen den Rat zu verschwinden. Sie sind polnische Staatsbürger. Kehren Sie in Ihr Heimatland zurück und sorgen Sie dafür, daß Bronislava Kurpi nicht erfährt, wohin Sie gehen.«

»Ich habe keine Erinnerung an 1946, das Jahr der Gerichtsverfahren, wie sehr ich auch versuche, mich zu entsinnen«, gesteht Abe. »Damals war ich fünf Jahre alt, also ganz sicher alt genug, um bestimmte Ereignisse im Gedächtnis zu behalten. Doch ich weiß noch, daß ich zum erstenmal in meinem Leben sehr niedergeschlagen war, denn meine Eltern stritten sich um mich. Es muß schrecklich gewesen sein, und deshalb habe ich es vollständig verdrängt. Ich vermute, so war es leichter.«

»Stritten um mich« ist nur ein Schritt vom »stritten meinetwegen« entfernt. Die meisten Kinder haben das Gefühl, daß sie an den Streitigkeiten ihrer Eltern schuld sind. Aber Abe konnte es beweisen, er lebte mit deren Wut und Zorn. Anstatt das Gefühl zu vermittelt bekommen, etwas Besonderes zu sein, weil er gleich von drei Elternteilen geliebt wurde, hatte er das Gefühl, ein Objekt zu sein. Kinder, die sich mitten in einer Schlacht ums Sorgerecht befinden, berichten oft, daß sie sich wie ein Möbelstück fühlen.

Eine Weile blieb Abe ein gläubiger Katholik. Seine Eltern waren klug genug, ihn von den Ritualen und Symbolen der Kirche nicht mit Gewalt zu entfernen. Joseph ließ seinen Sohn sowohl Christ als auch Jude sein. Seine Eltern waren Bronislava dankbar dafür, ihn den Wert des Glaubens gelehrt zu haben. Der Rest war nur noch eine Frage von Einzelheiten. Er tauschte das Kruzifix des Kindes gegen den Gebetsschal aus. Es machte ihm nichts aus, daß er während der Gebete nun stand, während er früher gekniet hatte. Obwohl der Junge immer noch zur Messe ging, nahm Joseph seinen Sohn mit in die Synagoge, das erste Mal zu Simchat Thora – einem fröhlichen Fest, bei dem die Thora gefeiert wird. Es wurde gesungen und getanzt. Auch Abe holte man zum Tanzen, was der Junge genoß. Als er sechs war, ging Abe nur noch in die Synagoge.

»Das war für mich eine Art Reifeprozeß«, erzählt Abe. »So, wie mein Vater es machte, bereitete es mir keinen Schmerz, mich vom Katholizismus zu lösen. Bisher pflegte ich auf Latein zu beten, nun betete ich auf hebräisch – aber beides waren böhmische Dörfer für mich.«

Noch ehe sich das Kind wieder an ein gleichmäßiges Leben gewöhnen konnte, mußte die dreiköpfige Familie wieder fliehen – diesmal nicht vor den Nazis, sondern vor der uneinsichtigen Bronislava Kurpi.

Nachdem alle Versöhnungsversuche gescheitert waren, befolgten Joseph und Hela den Rat des Richters. Als polnische Staatsbürger hatten sie das Recht, nach Polen zurückzukehren. Sie ließen sich in Lódź nieder und hofften, daß Bronislava sie nicht aufspüren würde. Sie besaßen nichts, aber Hela genoß es, ihr Kind zu umarmen, ohne sich umsehen zu müssen, ob die andere in der Nähe war. Sie war sogar gewillt, sich mit dem ganz unverhüllten Antisemitismus in Lódź abzufinden. Wenn sie zum Beispiel mit Abe auf den Markt ging, zeigte man mit den Fingern auf sie und rief: »Schaut euch dieses Pack an – sie kriechen wie Ungeziefer aus den Mauerritzen!« Dann spürte Hela immer, wie ihr Sohn sich an ihre Hand klammerte. Er hatte Angst. Sie auch, aber sie sagte es ihm nicht. Sie versprach ihm, daß es nicht wieder passieren würde, aber es geschah immer wieder. Es war klar, daß die Familie nicht mehr lange in Lódź bleiben konnte. Und wie um das Maß voll zu machen, tauchte Bronislava wieder auf der Bildfläche auf.

Sie hatte herausgefunden, daß Mitglieder der AK-Partei, einer polnischen pronazistischen Extremistenorganisation, Juden aufspürten und umbrachten. Sie versuchte, dieser Organisation beizutreten, und als das fehlschlug, ließ sie den Jungen entführen. Doch innerhalb kürzester Zeit gelang es Abes Eltern, sie zu finden und wiederum ihr eigenes Kind zu entführen. Dieser Kleinkrieg verunsicherte das Kind noch mehr. Abe wußte nicht mehr, auf wessen Seite er sich in dieser Auseinandersetzung schlagen sollte.

Die Fucksmans mußten also weiterziehen, obwohl sie endlich genug Geld verdienten, um sich ein Heim aufzubauen und bequem zu leben. Hela schlug Joseph vor, daß er zurückbleiben könne, wenn er es wünsche, aber Joseph wollte von einer erneuten Trennung nichts hören. Es ging schließlich auch darum, daß Abe dringend die Geborgenheit eines Zuhauses brauchte. Der Junge sollte die Gewißheit haben, daß er am Morgen auch wieder unter dem Dach aufwachte, unter dem er abends von seinen Eltern ins Bett gebracht worden war.

Doch es folgte eine Irrfahrt durch Mitteleuropa. Die Familie reist nachts, überquerte jede Grenze illegal und hielt sich kurz in Budapest und Wien auf. Abe fand das Abenteuer aufregend. Man hatte ihn angewiesen, kein Wort zu sagen – er sprach zwar Polnisch und Russisch, doch das waren sicherlich nicht die günstigsten Sprachen für einen staatenlosen Flüchtling. Ein Wort von ihm während der Kontrollen, und die Soldaten, die ihm eben noch Schokoladenriegel geschenkt hatten, hätten sie alle lebenslänglich ins Gefängnis gesteckt.

»Immer wieder spielte das Schweigen in meiner Kindheit eine lebenswichtige Rolle«, erinnert sich Abe. »Der Unterschied zwischen Überleben und Vernichtung bestand in der Fähigkeit zu verstummen. Plötzlich wurde ich eine wichtige Person. Unser aller Leben hing davon ab, daß ich mich stumm stellte. Welche Macht für ein so kleines Kind! Es war so aufregend, daß ich sogar vergaß, an meine andere Mutter zu denken.«

Auf die eine oder andere Art zollen die meisten versteckten Kinder dem Schweigen Tribut, das so eine große Rolle bei ihrem Untertauchen – das für die meisten nicht mit ihrer Befreiung endete – spielte. Das war wirklich das einzige, was Abe zum Gelingen dieser Operation beitragen konnte, denn alles andere lag außerhalb seiner Kontrolle. In den meisten Fällen mußten versteckte Kinder nur zwei absolut wichtige Regeln beachten: schweigen und – in vielen Fällen – sich unsichtbar machen. Ersteres konnte jedes Kind, letzteres die meisten. Sie konnten ihr Weinen, Lachen, Sprechen kontrollieren, und genau das rettete sie. Es ist äußerst wichtig, sich dieser Variante des Schweigens zu widmen, denn sie beweist, daß die Kinder ungeheuer viel zu ihrem Überleben beitrugen, sie waren nicht nur Marionetten. Diejenigen, die sich auf Kosten ihres Kindseins entschlossen zu schweigen, vergrößerten ihre Chance, die Freiheit zu erleben. Natürlich wurden auch viele Kinder umgebracht, ganz gleich, ob sie still waren oder sich unsichtbar machten.

Diese Art von Schweigen darf allerdings nicht mit der Sprachlosigkeit verwechselt werden, zu der sich diese überlebenden Kinder nach der Befreiung verdammt sahen. Denn diese Sprachlosigkeit raubte ihnen den Mut, den sie während des Untertauchens so sorgfältig gehegt hatten. Sie verdammte sie zu einsamem Leiden und nahm ihnen die Möglichkeit, daß ihr Elend und ihre Verluste entsprechend gewürdigt wurden. Sie raubte ihnen ihren Platz in der Geschichte – sowohl der allgemeinen als auch persönlichen – und errichtete zwischen ihnen und der Hilfe, die sie dringend brauchten, eine Mauer.

In Österreich wurden die Fucksmans in eine Reihe von Lagern für staatenlose Flüchtlinge geschickt. Das erste, in der Nähe von Wien, war das schlimmste. Sie wurden in einer Kaserne der Briten untergebracht und verächtlich und grausam behandelt. »Sie behandelten ihre Hunde besser als uns«, erinnert sich Helen Foxman. »Mitten in der Nacht kam die Militärpolizei und leuchtete uns ins Gesicht, um uns Angst zu machen. Wir lebten mit über hundert Personen in einem Raum. Wir mußten uns auf einem schlammigen Acker in einer Reihe aufstellen, um einen Schöpfer wäßriger Suppe zu erhalten.«

Als General Eisenhower das Lager besuchte, war er entsetzt. Er befahl, das Lager sofort aufzulösen. Joseph, Hela und Abe waren unter den ersten, die gehen durften.

Ein paar Jahre später, im Jahr 1950, reisten sie in die Vereinigten Staaten ein. Gleich nachdem sie sich in New York niedergelassen hatten, besuchte Abe eine jüdische Schule. Anfangs fühlte er sich wie ein Hochstapler. Hatte er als getaufter Katholik wirklich das Recht, zusammen mit diesen jüdischen Kindern eine jüdische Schule zu besuchen? Was dachten sie von ihm?

Für ein Kind, dem man aus Angst um sein Leben nie erlaubt hatte, mit anderen Kindern zu spielen, war nichts wichtiger, als dazuzugehören, ein richtiger Junge zu sein. Was machte es, verglichen damit, für einen Unterschied, wenn er nicht mehr in die Kirche ging?

Auch seine Eltern entdeckten schnell, wie nötig es war, ihren Namen von Fucksman in Foxman zu ändern. »Das war in der Schule kein besonders schöner Name«, erinnert sich Abe.

Zuerst war alles ein wenig verwirrend. Abe hatte schließlich nie die Gelegenheit gehabt zu lernen, wie man ein richtiger Junge wird. Als er zehn war, behauptete sein Vater gern, daß Abe bereits so viel an Erfahrungen hatte wie ein Alter. Aber er wollte ein Kind sein, er wollte ein richtiger Kerl sein. Außerdem verwirrte ihn wieder einmal seine Affinität zum katholischen Glauben. Er fühlte sich wie ein Betrüger, weil er als getaufter Katholik eine Jeschiwa besuchte. Dauernd beschäftigte er sich mit der Frage, ob er in den Augen seiner Schulkameraden wirklich ein richtiger Jude war.

Abe schämte sich außerdem dafür, keine Familie zu haben. Seine Klassenkameraden waren ohne Ausnahme Mitglieder von großen Familien, die sämtliche Feste zusammen feierten. Alle Mitglieder von Abes Familie, väterlicher- und mütterlicherseits, waren von den Nazis umgebracht worden. Er hatte nur noch seine Eltern, die kein Englisch sprachen. Auch dafür schämte er sich ein wenig. Je älter Abe wurde, desto mehr verwirrten ihn diese Probleme.

In der High-School wurde es noch schlimmer. Jugendliche neigen dazu, über sich und andere hart zu urteilen: zu dünn, zu dick, zu klein, zu groß, zu häßlich, zu dumm, zu schlau. Abe schämte sich wegen ganz gewöhnlicher Dinge und litt zudem noch unter seiner Vergangenheit und deren Konsequenzen. Lange Zeit lud er keine Freunde zu sich nach Hause ein, weil seine Familie so arm war. Er konnte sich viele der Luxusartikel, die ihn umgaben, nicht leisten. Und im Hintergrund lauerte eine Tatsache, die nicht zu ändern war: Er hatte keine Familie.

»Eines Tages, wenn man alt und klug genug ist, merkt man, daß man daran nicht schuld ist«, erklärt Abe. »Man hat nichts falsch gemacht. Außerdem fühlt man sich, wenn man alt genug ist, nicht mehr so schrecklich unsicher. Also zieht man den Schluß, daß man sich für nichts schämen muß.«

Je mehr Wissen Abe erwarb, desto mehr erfuhr er über die Tragödien anderer Menschen. Dabei wurde ihm immer stärker bewußt, daß er, verglichen mit der Mehrheit der überlebenden

Kinder, Glück gehabt hatte. Die meisten Kinder hatten nicht überlebt. Diejenigen aber, die nicht umgekommen waren, hatten oft einen oder beide Elternteile verloren. Die meisten Kinder, die im Versteck gelebt hatten, waren lange Zeit von ihren Eltern getrennt gewesen. Er dagegen hatte zwei Mütter gehabt, die ihn geliebt hatten.

Abe entdeckte bei seinen Nachforschungen noch etwas anderes: Er lernte die Überlebenden in zwei Gruppen einzuteilen – einerseits gab es jene, die sich noch nicht aus dem Schweigen gelöst hatten, andererseits jene, die überall von ihren Erfahrungen sprachen. Die erste Gruppe verdrängte den Holocaust und versteckte sich weiter davor, als wäre alles nie passiert. Die andere, zu der auch die Foxmans gehörten, betrachtete den Holocaust als Bestandteil ihrer Geschichte und lebte damit. In ihren Bücherregalen standen viele Bücher über den Holocaust. Abe und seine Eltern konnten nicht begreifen, wieso sich manche Menschen weigerten, einen Film, ein Buch oder ein Bild über den Holocaust anzusehen. Sie pflegten zu sagen: Wenn ich es überlebt habe, kann ich es mir auch ansehen. Das war ihre Version von Katharsis.

Als Abe seine zukünftige Frau mit nach Hause brachte, damit sie seine Eltern kennenlernte, fragt sie höchst erstaunt: »Was ist nur mit euch los?« Überall, wo sie hinschaute, erblickte sie Erinnerungen an den Holocaust. Seine Examensarbeit an der CCNY hatte er über Wilna geschrieben. Er studierte alles, was sich mit jüdischem Widerstand beschäftigte. Er brauchte einfach das Wissen, daß die Juden das Menschenmögliche getan hatten und darüber hinaus sogar vieles mehr, was niemand für möglich gehalten hätte. Aber obwohl er so viel wußte, ließ er keine Gefühle an sich heran. Alle seine Erlebnisse berichtete er in der dritten Person, so, als ob ihm das alles nicht passiert wäre. Manche Dinge verdrängte er, zu anderen hielt er Distanz, und wiederum andere beschönigte er. Zu mehr war er nicht imstande. Aus diesem Grund hatte er auch nie den Mut, seinem Vater Fragen zu stellen, die seine Erlebnisse und sein Überleben näher beleuchtet hätten. Später, als ihm nach dem Tod seines Vaters bewußt wurde, welch schrecklichen Verlust das für ihn bedeutete, wußte er, daß er nicht auch noch auf die Erinnerungen seiner Mutter verzichten durfte. Er wußte aber auch, daß er Helen nicht interviewen konnte, und er bat jemand anderen, das für ihn zu tun.

Abe mußte viele Jahre mit seiner Wut und seiner Traurigkeit ringen, ehe er zu dem Schluß kam, daß Distanz nur eine andere Form des Schweigens ist. Anstatt einen Bindungsprozeß in Gang zu setzen, zersplittert sie Familien und Gemeinden in Individuen, die sprachlos und für sich allein über ihren Schmerz nachgrübeln. »Die Wut und der Kummer waren immer da«, bekennt Abe. »Sie waren kontrolliert, unterdrückt und gehemmt – auch als Gefühle. Ja, ich schämte mich dafür, sie zu erleben und zu zeigen. Ich glaubte, sie wären zu beklemmend. Ich hatte nie Probleme zu weinen. Ich schämte mich nie meiner Tränen. Ich habe immer bei jüdischen Hochzeiten geweint, weil diese für mich die jüdische Familie repräsentieren – mit allen Freuden und Tragödien. Aber man kann sich nicht traurig und wütend ein Leben aufbauen. Man kann nicht lieben, wenn man voller Zorn und Schwermut ist. Man kann nicht mit Wut, Kummer oder Schweigen Kinder großziehen. Also verdrängt und verbirgt man es. Außerdem wollte ich, daß meine Frau mich liebt, und nicht, daß sie Mitleid mit mir hat. Ich wollte ihr ganz sicher nicht meine Wut zeigen, also versteckte ich sie. Und meine Kinder wollte ich beschützen, also zeigte ich auch ihnen nicht meine wahren Gefühle. Und die Traurigkeit? Es gab keine richtige Möglichkeit, Traurigkeit zu empfinden und zu zeigen, denn es ist unamerikanisch, sich traurig zu fühlen.«

Abes Kinder sind inzwischen erwachsen. Sie sind stark, und sie wollen Bescheid wissen. Abe hat sich auch gestattet, seine eigene Kraft zu fühlen. Als Bundesvorsitzender der ADL (Anti-Diffamierungs-Liga) hat er oft Gelegenheit, Wut und Trauer bei Verlusten und Tragödien zu erleben. »Früher habe ich meine Wut größtenteils im Kampf gegen Antisemiten abreagiert«, berichtet er. »Das entsprach meinem Auftrag, und als Überlebender des Holocaust tat es mir gut. Auch war es ganz sicher der zivilisierte Weg. Aber dann kam ein Moment, in dem mir das nicht mehr genügte. Das Kind in mir mußte unbedingt noch etwas verarbeiten. Doch wie ein Wunder – mein Vater scheint recht gehabt zu haben: Wunder passieren immer dann, wenn man sie am meisten braucht – ergab sich dieses Treffen der versteckten Kinder. Als die Organisatoren in mein Büro kamen und mich um Unterstützung für eine Konferenz über die versteckten Kinder baten, war meine erste Reaktion darauf: »Genau das, was wir am wenigsten benötigen – noch eine Konferenz über den Holocaust! Gehen Sie, bitte.« Aber sie beharrten darauf. Sie wußten, daß ich eines dieser Kinder war. Am liebsten wäre ich weggelaufen und hätte mich versteckt.

Heute weiß ich natürlich, daß es nicht irgendeine Konferenz war, weil ich selbst mitgearbeitet habe. Ich wußte auch, daß ich mich nur sehr zögerlich an meine Kindheit heranwagte – und daß mir Forschung oder Öffentlichkeitsarbeit auch nicht wirklich bei deren Verarbeitung halfen.«

Abe sah sich einem Dilemma gegenüber: Er wollte sich vor seinen Erinnerungen einfach verstecken, doch es war ihm nicht möglich. Zumal er sich nicht sicher war, was wirklich seiner Erinnerung entsprang und was er sich ausgedacht hatte, um sich eine schöne Kindheit zu erfinden, und was ihm aus Geschichten, die seine Eltern ihm erzählt hatten, im Gedächtnis geblieben war. Trotzdem spürte Abe, wie die meisten ehemals versteckten Kinder bei dem Treffen, in sich das Bedürfnis, Tatsachen und Erinnerung miteinander zu vergleichen. Es war an der Zeit, das Skelett seiner Erinnerungen mit Fleisch zu versehen. Doch die Foxmans haben gegenüber dem Wert ihrer Erinnerungen ein ambivalentes Gefühl. Wie weit stimmten die Details ihrer Geschichte? Hatte er wirklich immer in der Kirche gebetet, die er seit Jahren vor sich sah? Hatte er für seine beiden Mütter besondere Gefühle, oder spielte ihm seine unzureichende Erinnerung Streiche?

Und dann gab es noch die Gefühle – den unterdrückten Zorn und die Traurigkeit. Nicht zuletzt durch Unterstützung der ADL beschloß Abe, mit dem Verstecken aufzuhören – auch mit dem privaten und emotionalen Versteckspiel. »Ja, die Wahrheit ist sehr wichtig«, erklärt er, »aber sie ist nicht historisch wichtig, sondern für mich persönlich. Wir sprechen hier nicht darüber, ob zu einer bestimmten Zeit ein Konzentrationslager in einer bestimmten Gegend existierte oder nicht. Wir haben es hier mit persönlichen Berichten zu tun. Und sogar wenn uns die Wahrheit verklärt angeboten wird, um die Bürde der Lüge und des Verrats abzuschwächen, so ist sie doch im Kern nicht weniger wahr. Es macht keinen Unterschied, ob ich etwas für wahr halte, weil ich mich daran erinnere oder weil meine Eltern es mir erzählten. Das einzige, was zählt, ist die Geschichte.« Schließlich blieben die Überlebenden nur aufgrund ihrer Geschichte Menschen. Durch ihre Erinnerungen gewinnt ihre totgeschwiegene Vergangenheit und ihre oft beklemmende Gegenwart an Individualität.

Abes Feuerprobe war die Begrüßungsansprache vor den 1.600 ehemals versteckten Kindern, die sich 1991 am Gedenktag in New York versammelt hatten. Dabei mußte er sich seiner Wut und seiner Trauer stellen – und das auch noch vor Publikum, in dem unter anderem auch seine Mutter, seine Frau und seine beiden Kinder saßen. Zum ersten Mal mußte er intime, emotionale Wahrheiten äußern, die er sich sonst nicht zu sagen getraut hätte.

»Diese Ansprache war die schwierigste, die ich je vorzubereiten hatte«, gesteht Abe. »Erst später fiel mir auf, daß ich bis dahin immer über meine Geschichte gesprochen hatte, als wäre sie einem anderen passiert. Und aus irgendeinem seltsamen Grund wirkten meine Worte, als ich sie vor diesen ehemals versteckten Kindern sprach, nicht nur real, sondern auch persönlich. Zuerst hatte ich Probleme damit, meine Familie dabeizuhaben, aber sie bestand darauf. Später war ich erleichtert, daß ich endlich meine wahren Gefühle nicht nur gezeigt, sondern es gerade auch dort getan hatte.

Seit diesem Tag bin ich viel zorniger und viel trauriger gewesen als bis dahin, weil ich mich nun endlich meinen unterdrückten Gefühlen stelle.«

Zuerst war sein Zorn noch distanziert und drückte sich in Form von sozialer Betroffenheit aus. Er war wütend, daß immer noch so viele Menschen unter den Folgen des Holocaust litten. Erst seit kurzem ist er endlich auch dabei, den Zorn zuzulassen, den er gegenüber seinen Eltern empfindet, weil sie ihm den Frieden und die Geborgenheit in Bronislavas Haus genommen haben. »Sie machten alles kaputt, was ich hatte«, sagt er heute.

Nach dem Treffen hörte sich Abe seine Ansprache an und merkte, welchen Eindruck seine elende Kindheit auf seine Frau und seine Kinder gemacht hatte. »Ich bin froh, daß ich endlich geredet habe«, meint er im nachhinein. »Ich habe, wie so viele andere, mein Dasein in einem Bunker gefristet. Aber wir haben uns nicht umsonst vorgewagt. Keiner von uns, der hinter der Mauer hervorkam, hat es je bedauert. Wir haben die Einbahnstraße verlassen. Wenn man einmal draußen ist, kann man nicht wieder ins Versteck zurück.«

Seit dem Treffen stößt Abe immer wieder auf Menschen, die die Einsamkeit und das Betrogensein um ihre Kindheit nicht verarbeitet haben. Viele Menschen haben ihm von der Mutter, dem Vater oder einem anderen Verwandten berichtet, die die gleiche Bürde stumm tragen und nicht stark genug sind, sie endlich abzuschütteln. »Da werde ich einfach wütend! Noch immer treffe ich auf eine große Zahl von Menschen, deren Leben von den Gemeinheiten geprägt wird, die die Nazis ihnen vor fünfzig Jahren antaten! Jawohl, ich bin zorniger denn je zuvor! Ich spüre es deutlicher, und das ist gut so. Es ist an der Zeit, sich den Tatsachen zu stellen!«

Deshalb kehrte Abe Foxman auch an die Stätten seiner Kindheit zurück, um die Verbindung zu den Orten herzustellen, wo alles geschehen ist. Er fand heraus, daß es in Wilna keine Spur von der Vergangenheit mehr gibt. Dort, wo früher das jüdische Viertel und der jüdische Friedhof waren, hat man etwas anderes hingebaut. Es gibt kein Fleckchen mehr, wo sich ein Kind, das überlebt hat, hinstellen und sagen könnte: »Daran erinnere ich mich.«

Abe fuhr nach Baranoviči, wo die große Familie seines Vaters herstammte. Er wollte dort Kaddisch sprechen. Auf dem Friedhof gab es lediglich zehn Prozent jüdische Gräber.

»Zu meiner Verwunderung empfand ich keine Trauer, dafür eine ungeheure Wut auf den Ort, wo zwanzigtausend Juden umgekommen waren. Deshalb betete ich zum ersten Mal in meinem Leben voller Zorn das Kaddisch – aber die Trauer kam später doch noch.«

Da er noch ein wenig Zeit hatte, fuhr Abe nach Kiew, um sich Babi Jar anzusehen. Sein Vater war 1945 dort hingefahren, um zu erkunden, wer das Massaker überlebt hatte. Er fand niemanden mehr. Mit zwei Gefäßen kehrte er zurück. In dem einen befand sich Erde, in dem anderen Knochen. Als Abe alt genug war, um es zu verstehen, bat Joseph seinen Sohn, ihn später zusammen mit diesen beiden Gefäßen zu begraben. Er erzählte Abe auch, daß er nach einer grünen Brücke bei Babi Jar Ausschau halten sollte, dort lägen Zehntausende von Juden, die von den Ukrainern und Deutschen ermordet worden waren.

Mit Hilfe von ein paar ortsansässigen Juden, die Angst davor hatten, als solche identifiziert zu werden, fand Abe den heiligen Boden von Babi Jar. Dort, gegenüber der Brücke, hatte das Sowjetregime ein Ehrenmal für die Soldaten errichtet, die ihr Leben für ihr Land gelassen hatten.

Abes Fahrer versicherte ihm, daß sie sich ganz in der Nähe der Massengräber befänden, denn er erinnerte sich, als Kind in der Gegend gespielt und des öfteren Schädel und Knochen gefunden zu haben. Schließlich brachte er Abe zu einer alten Frau, die ihm den Ort noch zeigen konnte, wo Juden begraben waren.

Dort endlich betete Abe Foxman das Kaddisch.

X

Zwei Stimmen gegen das Schweigen und die Einsamkeit

Die Geschichte von Agi Stein-Carlton und André Stein

»Ich frage mich oft, wie unser Leben ausgesehen hätte, wenn man uns nicht unsere Eltern, sondern unsere Kindheit überhaupt genommen hätte«, meinte meine fünf Jahre ältere Schwester Agi, als wir um meinen Eßtisch in Toronto saßen. Es sollte ihre letzte Reise aus Südkalifornien zu uns sein. Ein Jahr später starb sie an einer besonders bösartigen Form der Leukämie.

Gewöhnlich wühlten wir nicht in unserer gemeinsamen Vergangenheit herum, aber an diesem strahlenden Wintertag war es ihr zu kalt, um den Unbilden des Februars zu trotzen.

»Das ist ein guter Tag, um sich mit dem Tonband hinzusetzen und zu reden«, schlug ich vor. Sie zuckte die Achseln und stimmte mit einem ängstlichen Lächeln zu. Wir haben dieser Aufnahme den Titel gegeben: Agis Reise durch die Bezirke der Dunkelheit. Für mich war es durch die düstere Perspektive ihrer Krankheit ein brandeiliges Unterfangen. Es war unsere letzte Chance, ihre Zeugenaussage festzuhalten.

Wir verbrachten den Großteil des Nachmittags gemeinsam mit dem Tonbandgerät. Alles, was sie erzählte, war mir zwar bekannt, aber die ungeheuren Tragödien, die ihre Jugend geprägt und damit ihr weiteres Leben überschattet hatten, sah ich jetzt mehr als Außenstehender.

»In meinen Gedanken begann mein Leben erst 1957, als ich aus Ungarn flüchtete und meine fluchbeladene Vergangenheit hinter mir ließ. Aber unglücklicherweise begleitet mich die Geißel meiner Erinnerung überall hin«, beginnt sie zu erzählen.

»Die ersten fünf Jahre meines Lebens waren schön. Ich hatte Mutter und Vater (Piroschka und Scindor Stein) ganz für mich allein. Sie waren jung, und sie waren arm, aber sie waren sehr liebevoll zu mir. Ich hatte keine Freunde außer den nächsten Nachbarn, den Kleins. Ihre Wohnung bestand auch nur aus einer Küche und einem Zimmer, in dem sie mit ihrer Tochter Vera lebten. Sonntags gingen wir regelmäßig in den Városliger, einen großen Park am Rande des siebten Bezirks von Pest, unserer Wohngegend.

Als ich geboren wurde, waren meinen Eltern bereits fünf Kinder gestorben. Sie waren dadurch überängstlich geworden. Ich durfte nicht Fahrrad fahren oder schwimmen lernen und mich auch nicht auf dem Klettergerüst austoben. Manchmal betete ich um die Geburt eines kleinen Bruders oder einer Schwester, damit ihre Aufmerksamkeit nicht mehr ausschließlich mir galt. Doch manchmal fühlte ich mich ungeheuer sicher, wenn ich zwischen ihnen an der Hand ging. Ich sah jedes Kind an, als wollte ich prahlen: ›Schau nur, wie sehr ich geliebt werde, wie sicher ich zwischen meinen Eltern bin.‹

Meinen Vater sah ich nur an Sonntagen. Er arbeitete schwer in einem Lederwarengeschäft auf dem Teleki-Platz, das nur wenige Schritte von der Stelle entfernt war, wo früher seine Eltern, bescheidene Geflügelhändler, ihren Laden gehabt hatten. Mutter arbeitete daheim als Näherin und hatte Zeit, mit mir spazierenzugehen. Wir landeten stets auf der Andrássy-Avenue, der feinsten Einkaufsstraße der Stadt. Wenn ich an den eleganten Paaren, den würdevollen Diplomaten und den schönen Damen, die ihre Hunde ausführten, vorbeischlenderte, fühlte ich mich reich und bedeutend. Wir pflegten uns in ein Café zu setzen und den vorbeiflanierenden Reichen zuzusehen. Bei einer heißen Schokolade unterhielten wir uns über Mode, Kochen und andere Frauenthemen. In diesen Augenblicken hatte ich das Gefühl, das glücklichste Mädchen der Welt zu sein.

Als mein Bruder André geboren wurde, wurde mein Leben ganz gegen meine Erwartungen schwerer, denn meine Eltern fingen an, mich ebenfalls wie ein Neugeborenes zu behandeln. Mutter war nun ständig müde und oft krank – wie auch André. Sie schleppten ihn von einem Arzt zum anderen.

Die Eltern hatten ein schweres Leben, und sie machten es uns auch nicht gerade leicht. Wir waren Musterkinder, denn meistens waren wir ausgesprochen brav. Alles andere wäre als Zeichen von ›Verdorbenheit‹ gewertet worden. Mutter drohte uns beiden regelmäßig: ›Das ist die letzte Warnung. Das nächste Mal hole ich die Polizei und lasse dich in eine Erziehungsanstalt bringen.‹ Unser Verbrechen bestand größtenteils nur darin, daß wir etwas lauter gesprochen oder uns um ein Spielzeug gezankt hatten. André kann nicht viel älter als fünf gewesen sein, als Mutter uns eines Tages zum Einkaufen in das Geschäft nebenan mitnahm. Wieder zu Hause, verkündete André voller Stolz, daß er das Essen für diesen Abend besorgt hätte. Er öffnete seine Faust – darin lagen getrocknete Linsen, die er aus dem offenen Sack, der neben der Ladentheke stand, genommen hatte. Mutter war rasend vor Zorn. Sie nannte ihn einen gemeinen Dieb und behauptete, dieser Vorfall wäre nur der Anfang des Weges ins Verbrechen und er würde bestimmt am Galgen enden. ›Du hast noch eine Chance, der Verhaftung zu entgehen‹, sagte sie. ›Geh hinunter in den Laden, gib dein Diebesgut zurück und entschuldige dich beim Händler.‹ Starr vor Angst tat er, wie ihm befohlen wurde, der Geschäftsinhaber jedoch lachte nur, tätschelte seinen Kopf und schenkte ihm ein Bonbon, weil er so tapfer und ehrlich gewesen war. Wütend befahl Mutter André, das Bonbon auszuspucken; wir durften von niemandem Süßes annehmen – nicht einmal von Familienmitgliedern. Am folgenden Sonntag führten die Eltern uns zu einem nüchtern aussehenden Gebäude mit Eisentoren und vergitterten Fenstern. ›Dort werden wir euch hinbringen und lassen, wenn ihr euch nicht bessert‹, sagte Vater. Es war das Heim für schwererziehbare Kinder, der von Kindern am meisten gefürchtete Ort von Budapest.

Wie konnten sie nur glauben, daß es Kindern guttäte, wenn man ihnen drohte, sie zu verlassen? Was hatte ihnen solche

Angst eingejagt, daß sie ihre Kinder so unterdrücken mußten? Es war ja nicht so, daß sie uns nicht geliebt hätten. Ich bin mir sicher, daß sie ihre Seelen an den Teufel verkauft hätten, nur um uns zu retten – und vielleicht taten sie das auch. Trotz dieser Augenblicke, in denen ich mich völlig allein und verlassen fühlte, habe ich nie daran gezweifelt, daß sie uns so sehr liebten, wie Eltern ihre Kinder nur lieben können.

Aber sogar wenn sie uns ihre Liebe zeigen wollten, wurde das oft ein Akt der Grausamkeit. Wie die meisten Ungarn warteten auch wir Juden darauf, daß der Nikolaus am 6. Dezember den ungezogenen Kindern eine Rute, den braven Kindern aber Geschenke brachte. Die Geschenke lagen schon lange vor dem Nikolaustag zwischen den Scheiben der Doppelfenster. Jedes Jahr fand das gleiche erniedrigende Ritual statt: Wir wachten auf, und zwischen den Fenstern lag eine Rute. Wir beide waren dann immer zutiefst enttäuscht und schämten uns sehr, obwohl ich als Ältere die Situation doch schon öfter erlebt hatte und es eigentlich besser wissen mußte. Allein die Tatsache, daß die Eltern ihren Sinn für schwarzen Humor so auslebten oder daß sie glaubten, diese Geste würde uns etwas anderes lehren als das Gefühl, machtlos zu sein, verursachte mir Übelkeit. Wenn sie dann unsere enttäuschten Gesichter sahen, zogen sie die Geschenke heraus und lachten herzlich – auf unsere Kosten. Um uns das Vorspiel dieses Rituals bis zum darauffolgenden Jahr zu merken, dafür waren wir dann zu glücklich und zu erleichtert.

Trotzdem, wenn es hart auf hart ging, konnte es keine liebevolleren, verantwortungsbewußteren Eltern geben als unsere. Mit sechs Jahren bekam André Scharlach und mußte ins Krankenhaus. Sie suchten daraufhin in der ganzen Stadt nach Geschenken für ihn, was mich ungeheuer eifersüchtig machte, und ich wünschte mir die Lepra, damit sie sich auch wieder um mich kümmerten. Einmal brachten sie ihm eine Orange ins Krankenhaus – die erste und letzte Orange in unserer winzigen Wohnung in der Elemér-Straße, im Herzen von ›Chicago‹, dem Armenviertel von Pest, das wegen seiner hohen

Verbrechensrate diesen Spitznamen bekommen hatte. Sie brachten ihm die Orange, ohne auch nur daran zu denken, mir ebenso eine zu kaufen.«

Agi wußte nicht, daß mir die erste und letzte Orange meiner Kindheit dann gleich von antisemitischen Kindern auf der Station gestohlen wurde. Sie machten sich dauernd über mich lustig und beschimpften mich als Juden mit lädiertem Penis. Während wir im Zimmer nebenan Weihnachtslieder sangen, entwendete mir jemand meinen Schatz. Als ich mich bei der Schwester beklagte, meinte sie nur: »Juden brauchen keine Orangen. Sie brauchen einen Tritt in den Hintern.« Das war das Stichwort, denn von da an traten die Kinder mir bei jeder Gelegenheit in den Hintern und rechtfertigten sich mit der Bemerkung: »Wir tun ja nur, was du nach Meinung der Schwester brauchst.«

»Im nächsten Sommer, dem Sommer des Jahres 1942«, setzte Agi ihre Erzählung fort, »fuhren wir auf den Landsitz des Vetters unserer Mutter, der ein wohlhabender Tierarzt war. Der Anlaß war ein Fest für meinen elften und Andrés sechsten Geburtstag und den unseres Vetters Tomi und unserer Kusine Vera. André und ich waren im siebten Himmel, denn wir waren noch nie über die Stadtgrenze von Budapest hinausgekommen. Bei der Ankunft schenkte Onkel Alex, der Gastgeber, jedem der vier Geburtstagskinder eine große Schachtel Schokolade. So etwas hatte ich noch nie gesehen. Meine Schachtel war rund, groß, mit einem glitzernden roten Geschenkband. Die Andrés war rechteckig und purpurfarben. Doch ehe wir noch die Chance hatten, unsere Präsente näher in Augenschein zu nehmen, erinnerte uns Vater an die eiserne Regel, Süßigkeiten erst nach dem Abendessen zu essen. Das bedeutete, die Schokolade mußte noch ein paar Stunden warten. André versteckte die Schachtel in seinem Bett.

Später, als wir von einer Rundfahrt über den Besitz zurückkehrten, entdeckte er, daß seine Schokolade gestohlen worden war! Außer Großmutter waren alle draußen auf dem Feld gewesen. Als einzige Verdächtige kam Teri in Frage, eine Bauernmagd, die seit Jahren in Onkel Alex' Diensten stand. Da es keine anderen Verdächtigen gab, wurde sie beschuldigt, die Schokolade gestohlen zu haben, und sofort entlassen. Während sie zur Tür hinausstürmte, schwor sie Rache.

Als wir uns am nächsten Tag gerade zu einem üppigen Festmahl an den Tisch setzten, kamen zwei Gendarmen und führten meine beiden Tanten, ihre Männer, Tomi und Vera ab. Ihr ›Verbrechen‹ war, daß die Ehemänner polnische Juden waren, und damals gab es ein Gesetz, das die Anzahl der polnischen Juden in Ungarn beschränkte. Großmutter schluchzte. Als sie ihr Taschentuch aus der Tasche zog, fiel ein purpurrotes Schokoladenpapier zu Boden. Außer mir hatte es wohl keiner gesehen. Großmutter war also die Schuldige und hatte damit unabsichtlich ihre Kinder und Enkel in den Tod geschickt.«

Doch außer meiner Schwester Agi hatte auch ich es gesehen. Aber was sollte ich tun? Der Haß auf meine Großmutter wurde jedenfalls unerträglich. Ich brauchte viele Jahre, bis ich ihr das verzeihen konnte. Doch es tat mir gut, sie mit ihrer Gier zu hassen. Ich gab ihr an allem, was unserer Familie noch zustoßen sollte, die Schuld. Heute weiß ich, daß mein Haß ihr zwar nichts ausmachte, weil sie nichts davon wußte, aber daß er mich am Leben hielt – ich hatte ein präzises Ziel für meine bösen Phantasien, als die Schikanen schlimmer wurden. Es bedeutete keine Gefahr, sie zu hassen.

»Ich war auch böse auf Großmutter«, fuhr Agi fort, »aber mein Mitleid überwog. Sie war ein gebrechlicher Mensch, der wahrscheinlich in seinem Leben nie viel Freude erfahren hatte.

Nach dieser auf so tragische Weise geplatzten Geburtstagsfeier wurde das Leben nie wieder so wie früher. Meine Freundinnen und ich wurden oft beschimpft, weil wir Juden waren. Eines Tages stampften zwei Jungen unsere Hausaufgabenhefte in den Morast und sagten, daß wir uns keine Gedanken mehr über Hausaufgaben machen müßten, weil sowieso alle Juden umgebracht würden. Wir zeigten unsere zerrissenen Hefte der Lehrerin. ›Ihr Juden habt auch immer eine Entschuldigung‹, sagte sie. Als ich meinem Vater den Vorfall erzählte, befahl er mir, keine Szene zu machen. ›Mach dich unsichtbar‹, sagte er. ›Wenn sie dich nicht sehen, werden sie dich auch nicht finden.‹«

Ein Jahr später riet auch mir Vater das gleiche wie Agi. Ein Rüpel aus meiner Klasse ließ keine Gelegenheit aus, mich zu beschimpfen, weil ich Jude war. Eines Tages beklagte ich mich deshalb bei der Lehrerin. »Aber du bist doch Jude, oder?« war ihre einzige Reaktion. Als ich Vater davon erzählte, riet er mir, dem Rüpel aus dem Weg zu gehen. »Wenn er dich nicht sieht, wird er dich nicht suchen. Mach doch daraus kein solches Geschrei.«

»Wenn er bloß gewußt hätte, wie sehr er sich irrte«, erzählte meine Schwester weiter. »Dann hätte er vielleicht etwas unternommen, um uns da herauszubringen – aus dem Land, aus der Stadt. Irgend etwas hätte er sicherlich getan, als nur einfach dazusitzen und darauf zu warten, daß sie uns fanden. Aber wie die meisten Menschen wollte auch er die kritische Situation einfach nicht wahrhaben. Statt dessen brachte er uns als Überlebensstrategie bei, uns zu verstecken, das jedoch gründlich!«

Wir erfuhren später, daß er seinen ganzen Mut benötigte, um am Leben zu bleiben. Er kämpfte verbissen, trotz aller Verluste, bis zum bitteren Ende und starb schließlich allein, aber ungeschlagen. Ich beziehe heute noch Kraft aus diesem Wissen. Wenn mein Vater aufstehen und weitermachen konnte, konnte ich es auch. Aber ich brauchte lange, um ihn in diesem Licht zu sehen. Als Kind und Jugendlicher hatten mich die Verluste, die Alpträume und meine zerstörten Träume blind dafür gemacht.

»Bald brannte die Flamme des Hasses noch wütender. Obwohl unsere Bewegungsfreiheit noch nicht eingeschränkt war, ging ich immer seltener hinaus. Jedesmal, wenn ich mich ins Freie wagte, bedrohten uns Rowdys aus der Nachbarschaft, die anscheinend jeden Juden kannten. Glücklicherweise wurde ich nie körperlich verletzt, aber ihre gemeinen Beschimpfungen und wilden Drohungen waren so quälend für meine Freundinnen und mich, daß wir nach Möglichkeit im Haus blieben. Ich hatte das Gefühl, mir selbst Hausarrest auferlegt zu haben, um mich vor ihrem Haß zu schützen. Unsere Verwandten sahen wir kaum noch. Bisweilen trafen wir mit Mutters Schwester Sári und ihrem Mann Lali zusammen, die ich sehr gern mochte. Sie waren nicht nur ein sehr gutaussehendes und freundliches Paar, sondern sie beteten auch ihren kleinen Sohn Tibi an, was mich oft neidisch machte. Wie können zwei Schwestern nur so verschieden sein? fragte ich mich ständig. Wieso war unsere Mutter nicht so wie ihre jüngere Schwester? Ich nahm mir vor, so wie Sári zu werden.

Das noch einigermaßen sichere Leben fand ein abruptes Ende. Onkel Lali wurde zur Zwangsarbeit einberufen, bald darauf mußte auch mein Vater gehen. Aber während mein Vater ein paar Wochen später zurückkehrte, blieb Lali verschollen. Nach dem Verschwinden ihres Mannes und nach dem, was mit ihren beiden Schwestern und ihren Familien 1942 passiert war, bekam Sári Angst um die Sicherheit ihres Jungen. Sie war entschlossen, ihn zu retten.

Am 19. März 1944 marschierte die deutsche Armee mit schweren Stiefeln in Budapest ein. Mit dreizehn begriff ich sofort, daß unsere Sicherheit nur noch eine Frage der Zeit war. Ich hatte Angst, sah, daß meine Mutter sich fürchtete, und wandte mich an meinen Vater. ›Alles wird gutgehen, wenn du dich ruhig verhältst. Niemand wird sich an einem Kind vergreifen‹, sagte er. Ich ahnte, daß er sich wahrscheinlich schrecklich irrte, ich wußte nur noch nicht, wie sehr. Zu meiner Tante Sári sagte ich:

›Was wird mit uns geschehen, Tante?‹

›Wenn ich es verhindern kann, nichts.‹

›Was kannst du allein schon ausrichten?‹

›Ich habe einen Plan, mach dir keine Sorgen.‹ Ab diesem Tag ließ ich mich immer wieder von Sári aufmuntern.

Innerhalb weniger Wochen wurde der Druck auf unser Leben immer größer. Selbst in der Schule hatten wir keine Sicherheit mehr, weshalb unsere Eltern beschlossen, uns daheim zu lassen. Das Lernen hatte mir zwar nie sonderlich viel Spaß gemacht, aber ich war doch gern in die Schule gegangen und war nun beleidigt, weil ich sie nicht mehr besuchen durfte. Wieder wurde Vater zur Zwangsarbeit eingezogen, und wir begleiteten ihn zum Südbahnhof in Buda. Mit seinem Rucksack sah er so unbedeutend und klein aus, daß ich mir nicht vorstellen konnte, wie er die Strapazen überleben sollte. Ich wollte ihn in die Arme nehmen und die Wachtposten anbrüllen: ›Laßt ihn in Ruhe! Seht ihr denn nicht, wie klein er ist? Er ist doch noch ein Kind!‹ Ich weiß, daß das Unsinn war, aber ich fühlte mich schuldig, weil ich nicht in der Lage war, ihm zu helfen. Dieses Gefühl der Hilflosigkeit mochte ich überhaupt nicht, ich hätte lieber die resolute Art unserer Tante gehabt statt die Fügsamkeit unserer Eltern.

Als Vater in dem Eisenbahnwaggon verschwand, war ich mir sicher, daß ich ihn nie wiedersehen würde. Wie sollte ich mit der Gewißheit weiterleben?

Bald schon mußten wir uns mit dem gelben Stern kennzeichnen; ein Grund mehr, Angst zu haben, sich zu schämen. ›Der Stern Davids ist das Kennzeichen jedes Juden‹, klärte unsere Nachbarin Frau Klein mich und ihre Tochter auf. ›Es ist nicht beschämend, etwas öffentlich zu zeigen, was man privat schon lange weiß. Ich trage stolz den Stern als Unterscheidungsmerkmal.‹ Vielleicht war das mein Problem: Ich wußte zwar, daß ich Jüdin war, hatte aber keinen Grund, stolz darauf zu sein. Wir lebten völlig assimiliert, beteten nicht und befolgten auch keine rituellen Vorschriften. Bestenfalls war es eine unabänderliche Tatsache, Jüdin zu sein. Heute schäme ich mich nicht mehr zuzugeben, daß es schwer und beängstigend für mich war, der Welt meinen Judenstern zu zeigen, denn ich fühlte mich als eine schlechte Jüdin, die ihren Gott verraten hatte.

Als ich erfuhr, daß wir zusammen mit Sári und Tibi in Großmutters Wohnung in der Vörösmarty-Straße ziehen mußten, lebte ich auf. Ich freute mich, daß ich jetzt ständig mit Sári zusammensein konnte. Großmutters Wohnung befand sich in einem der ›Judenhäuser‹, die einen großen gelben Stern auf dem Eingangstor hatten. Mit Ausnahme des Hausmeisters und seines

Gehilfen hatten alle christlichen Bewohner das sechsunddreißig Wohnungen umfassende Gebäude verlassen, das im Herzen des überwiegend von Juden bewohnten siebten Bezirks lag. Die meiste Zeit verbrachte ich entweder auf dem Speicher oder im Keller, wo wir Kinder uns am sichersten und glücklichsten fühlten und genau das taten, was Vater uns immer gepredigt hatte – uns vor aller Augen zu verbergen.

Mutter klügelte mehrere Pläne für einen Fluchtweg aus diesem Käfig aus, denn die Pfeilkreuz-Miliz und ihre Sympathisanten wurden immer dreister und ekelhafter. Sie gaben allein den Juden die Schuld für die jahrhundertelange Unterdrückung, das wirtschaftliche Elend und für die wachsenden Unruhen in der Bevölkerung. Eines Tages hörte ich im Radio eine Ansprache von Szálasi, dem Vorsitzenden der Pfeilkreuzpartei: ›Hütet euch vor den Juden, denn sie werden in jedes christliche Heim eindringen. Sie werden Gewinn aus der harmlosen Freundlichkeit ihrer Hauswirte schlagen und früher oder später alles übernehmen. Irgendwann werden sie dann das ganze Land beherrschen. Wir müssen uns dieser Pest auf die gleiche Art und Weise entledigen, wie wir es mit anderem Ungeziefer machen – indem wir sie ausrotten!‹

Am 15. Oktober verkündete der Reichsverweser von Ungarn, Admiral Horthy, Ungarns Neutralität. Wir waren begeistert und frei – für einen Tag. Am 16. Oktober kamen die Pfeilkreuzler an die Macht, Szálasi regierte das Land und konnte nun seine Vorstellung vom Schicksal der Juden in die Tat umsetzen. Dieser Umschwung war unerträglich. Ich hatte alle Hoffnung verloren – alles schien vergeblich zu sein. Die Deutschen und die Pfeilkreuzler hatten die Juden vollends in der Hand.

Mutter stand vor einem Dilemma. Zu meiner großen Erleichterung entschied sie sich für einen Übertritt zum Katholizismus. Sári, der man mittlerweile ansehen konnte, daß sie ein Baby erwartete, blieb der Kirche fern. In ihrem Zustand wäre das auch für keinen von uns gut gewesen. Ihre Schwangerschaft hätte unweigerlich Verhöre für die gesamte Familie bedeutet.

Sáris Schwangerschaft brachte mich ziemlich durcheinander. Obgleich ich in sexuellen Dingen noch sehr naiv und unwissend war, wußte ich doch, daß ihr Mann bereits länger als neun Monate fort war. Wer war also dann der Vater ihres Kindes? Ich konnte mir nicht vorstellen, daß meine Tante eine Affäre hatte. Damals hatten Frauen wie sie einfach keine Affären. Über ihren Zustand wurde oft ärgerlich geflüstert.

›Du hast Schande über mich gebracht‹, hörte ich eines Abends Großmutter leise sagen. ›Jeder hält dich für ein Flittchen.‹

›Ich habe uns allen das Leben gerettet‹, erwiderte sie.

›Ach ja? Ich habe nicht das Kind eines Pfeilkreuzlers in meinem Bauch‹, schaltete sich meine Mutter in das Gespräch ein.

›Wir tun alle, was wir können‹, entgegnete Sári. ›Und glaube nicht, daß es mir leichtgefallen ist.‹

›Was willst du deinem Mann sagen, wenn er zurückkommt?‹ fragte Großmutter anklagend.

›Weder ich noch dein Sohn wären noch hier, wenn ich mir nicht einen Beschützer gesucht hätte, werde ich ihm sagen.‹

›Vielleicht wäre ihm lieber, wenn ihr nicht mehr da wärt. Ich weiß, daß ich das vorziehen würde‹, zischte Großmutter empört.

›Sag mir das noch einmal, wenn sie auch alte Frauen wie dich holen.‹

›Wenn man dich so hört, bin ich bereits eine tote Frau.‹ Mutter klang ängstlich. ›Was wird mit meinen beiden Kindern geschehen?‹

›Ich werde mich um sie kümmern, als wären es meine eigenen‹, sagte Sári. ›Und vielleicht können wir dich ja verstecken. Vielleicht rettet dich die Kirche.‹

Wir gingen in eine improvisierte Kirche, die man gegenüber in einem Keller eingerichtet hatte. So sehr ich auch den Priester haßte, ich liebte das, was er uns anzubieten hatte. Sein Glaube klang so beruhigend, so sicher. Ich glaubte alles, was er über Gottes Liebe, den Vater und den Sohn Gottes erzählte, aber ich hatte Schwierigkeiten zu verstehen, daß Er seinen Sohn verlassen und dessen Tod geduldet hatte. In unseren Lebensumständen klang das unfaßbar. Glaubten die Katholiken etwa daran? Eilten sie nicht auch zur Rettung ihres Kindes herbei, wenn sein Leben in Gefahr war? Das war für die jüdischen Eltern der damaligen Zeit keine schöne Lehre. Und was war mit Maria? Hatte sie alles getan, um ihren Sohn zu retten? Und wo war der Vater? Die Sache mit dem Heiligen Geist verwirrte mich noch mehr. Die ganze Geschichte erinnerte mich an das, was vielleicht Sári zugestoßen war: Sie war schwanger, hatte keinen Vater für ihr Kind, das uns aber alle retten sollte. Eine Woge der Dankbarkeit gegenüber Maria und Sári überkam mich. Ich wollte, daß Mutter irgend etwas Geheimnisvolles tat, um uns zu retten. Vielleicht war die Idee mit der Konvertierung ihre Methode, Gott als Verbündeten zu bekommen. Ich hatte jedes Vertrauen in den Gott Israels verloren. Es hatte sich erwiesen, daß er entweder machtlos war oder die Juden grausam verlassen hatte. Jetzt war der Christengott an der Macht. Ich hätte mich in religiösen Eifer hineingesteigert, wenn dieser Priester nicht so miserabel gewesen wäre. Er machte aus seiner Verachtung für die Juden kein Hehl. Er drohte uns dauernd mit den Nazis, weil André sich weiter mit der linken Hand bekreuzigte. Ich haßte den Priester, ich haßte aber auch meinen Bruder, weil er im Alter von acht Jahren noch nicht gelernt hatte, rechts und links auseinanderzuhalten. Ich wußte nicht, wie schwer es einem Linkshänder fällt, sich so etwas Einfaches zu merken. Als ich ihn anbrüllte, daß er sich keine Mühe gäbe, befahl mir Mutter, einen Tag lang alles mit der linken Hand zu erledigen. Das half, aber ich grollte ihm weiter für seine Linkshändigkeit. ›Du klingst keinen Deut besser als die Nazis‹, tadelte mich Mutter. ›Du grollst deinem Bruder wegen etwas, das ihm angeboren ist. Als Linkshänder geboren zu sein ist nichts anderes, als als Jude geboren zu sein.‹

Schließlich konvertierten wir. Aber das half uns auch nicht mehr. Ende November wurde Mutter deportiert. Zu diesem Zeitpunkt waren ihre jüngere Schwester Boriska und ihr Mann bereits fort, während die zweijährige Tochter Zsuzsi bei uns lebte. Ich kann nicht sagen, daß es eine Überraschung war, als sie an jenem Morgen gegen Ende November Mutter abholten. Und trotzdem – als allen Frauen zwischen sechzehn und sechzig befohlen wurde, sich im Hof aufzustellen, war ich verblüfft. Es geschah nicht so, wie ich es mir vorgestellt hatte. Sie gaben den Frauen zwei Möglichkeiten: Die Gesunden sollten sich links, die Kranken rechts aufstellen. Mutter war immer kränklich, und trotzdem ging sie auf die linke Seite. Alle jüngeren Frauen stellten sich zu den Kranken. Das brachte mich völlig durcheinander. In einem Anfall von Panik entschloß ich mich, zu ihr zu gehen. Sie sah so durchscheinend aus, als wäre sie nackt. Jemand mußte auf sie aufpassen. Aber auf dem Weg zu ihr riß mich die uralte Dame aus dem Erdgeschoß am Arm und zog mich, ohne daß es jemand bemerkte, in ihre Wohnung. Ich war wütend auf sie, doch sie hat mir wohl das Leben gerettet. Und demzufolge auch das meines Bruders.

Nach diesem Morgen schimpfte Großmutter noch mehr als sonst mit Sári. ›Warum bist du noch da und deine ältere Schwester nicht?‹ geiferte sie immer wieder ihre Tochter an. Sári bewies die Geduld einer Heiligen.

Eines Tages war es dann mit meiner Geduld zu Ende. ›Hättest du es lieber, wenn man sie auch mitgenommen hätte? Was würde dann aus dir und uns?‹

›Hüte deine Zunge, kleine Göre! Ich bin deine Großmutter. Du darfst so nicht mit mir sprechen.‹

Sie hatte recht. Ich hätte nicht so frech mit ihr reden dürfen. Aber auch ich war mit meinen Nerven am Ende. Ich war erst dreizehn und mußte nicht nur dauernd mit meiner eigenen Angst um mein Leben fertig werden, sondern auch mit den Ängsten der Erwachsenen. Als Großmutter mir sagte, daß ich nicht das Recht hätte zu sprechen, versprach ich mir, nie wieder meinen Mund aufzumachen. Ich würde mich hinter dem Schweigen verstecken. Und so wurde ich eine Expertin im Verstecken. Mein Vater wäre stolz auf mich gewesen.

Ein paar Wochen später mußten wir in das neuerrichtete

Ghetto marschieren. Der Marsch durch die Straßen war schrecklich. Ich wollte mich unsichtbar machen, aber die Blicke der Menge, die beide Seiten der Wesselényi-Straße säumte, durchbohrten mich. Jedesmal wenn ich aufblickte, sah ich in diesen harten Gesichtern Haß und Bosheit. Eine alte Frau spuckte mich an. Andere meinten, daß es an der Zeit wäre, die Juden aus ihrem Luxusleben zu reißen. ›Christusmörder!‹ kreischte eine andere Frau, während sie einem alten Mann in der Reihe etwas Hartes an den Kopf warf. Er krümmte sich zusammen, als das Ding ihn mitten ins Gesicht traf. Er wollte gerade einen Schritt auf seine Peinigerin zugehen, als eine Gewehrkugel ihn niederstreckte. Wir mußten über seine Leiche steigen. ›Mach dich unsichtbar, mach dich unsichtbar‹, sagte ich mir immer wieder. Andrés Fingernägel bohrten sich in meine Hand, als würde sein Leben von mir abhängen. Und in gewisser Weise tat es das auch. Ich wußte es, und ich wollte dieser Verpflichtung nachkommen, obgleich es mir widerstrebte. Ich war doch bloß ein Kind, verdammt noch mal! Es war nicht recht, daß ich die Verantwortung für mein eigenes Leben auf mich nehmen sollte – ganz zu schweigen von seinem.

Auf dem Klauzál-Platz, mitten im Bezirk der orthodoxen Juden, marschierten wir an großen Holzkisten vorbei. Wir sollten unsere ganzen Wertsachen dort hineinwerfen. Ich wollte gerade an einer Kiste vorbeigehen, als ein Milizionär den kleinen Ring bemerkte, den ich an der rechten Hand trug. Er packte mich und riß ihn mir brutal vom Finger. Ich glaubte, der Finger würde auch abreißen, so grob war er. Er nannte mich eine ›kleine jüdische Hure‹. Ich wußte zwar nicht genau, was das bedeutete, aber ich fühlte mich sowieso gedemütigt. ›Mach dich unsichtbar, mach dich unsichtbar‹, wiederholte ich wie ein Gebet.

Wir waren gerade dabei, den Platz zu verlassen, als ich Sári sah. Sie sprach mit zwei Männern. Der eine war ein Fremder, der andere aber schien mein Großvater zu sein, den ich seit Monaten nicht mehr gesehen hatte. So sehr ich auch den exzentrischen alten Drucker mochte, so selten sahen wir ihn, denn mein Vater hatte ständig etwas an ihm herumzunörgeln. Außerdem hatte er die Angewohnheit, von Zeit zu Zeit zu verschwinden. Sári haßte ihren Vater, wie ich später erfuhr. Früher pflegte er sich zu betrinken und dann Großmutter zu schlagen. Als wir an ihnen vorbeigingen, sah er mich zwar an, schien mich aber nicht zu erkennen. Zuerst war ich enttäuscht. Doch dann atmete ich erleichtert auf. Es funktioniert, dachte ich. Ich bin unsichtbar.

Später erfuhr ich auch, daß der andere Mann der Pfeilkreuzler war, der Sáris Kind gezeugt hatte. Großvater kannte ihn, weil er der Sohn des Hausmeisters in seiner Mietskaserne war.

Wir wurden in die Dob-Straße gebracht, in der früher nur Ultrareligiöse gelebt hatten. Ich hatte immer Angst vor diesen würdigen, bärtigen Männern gehabt, die nur Schwarz trugen. Jetzt wurde die Straße von einer Prozession verängstigter Frauen, von Alten und Kindern beherrscht, die von Pfeilkreuzlern wie Vieh getrieben wurden. Wir landeten in einer Zweizimmerwohnung Ecke Rumbach-/Dob-Straße. In unserem Zimmer lebten mindestens fünfzig Menschen. Ich konnte mich noch nicht einmal hinsetzen. André, Tibi und Zsuzsi bekamen den Tisch. Es war verblüffend, wie still wir alle waren. Irgendwie hatten sich alle von ihrer Kindheit verabschiedet, ohne daß es ihnen jemand befohlen hatte.

Ich schlief an die Wand gelehnt. Sári saß zu meinen Füßen. Großmutter war die einzige, die jammerte, so daß Fremde ihr befahlen, den Mund zu halten, sonst würden sie sie aus dem Fenster werfen. Ich glaubte ihnen das nicht, denn sie hätten mindestens vier Leute gebraucht, um sie nur hochzuheben, aber allein die Vorstellung davon zauberte ein Lächeln auf meine Lippen. Ich war erleichtert, ich konnte immer noch lächeln.

Am nächsten Morgen kamen Sáris Beschützer und unser Großvater in die Wohnung. Großmutter wollte nichts mit ihrem Mann zu tun haben. Ich war enttäuscht, denn ich hatte gehofft, er würde zu uns kommen. In meinen Gedanken war er ein liebevoller Mensch, der voller Späße steckte. Sári ging hinaus auf die Feuertreppe, um mit ihnen zu sprechen. Anfangs sah ich, wie sie heftig gestikulierte. Schließlich hob er resigniert die Hände und ging niedergeschlagen davon. Als sie ins Zimmer zurückkam, sagte sie uns, daß wir uns bereitmachen sollten, denn ihr Freund würde uns zu ihrer früheren Wohnung in der Akácfa-Straße führen. Von dort war es nicht weit zur Grenze des Ghettos.

›Was ist mit Großvater?‹ fragte ich sie.

›Er wird uns nicht mehr belästigen‹, erwiderte sie schroff.«

Es ist mir ziemlich klar, daß sie ihren Vater in den Tod geschickt hat, als sie Großvater zwang, in seine Straße zurückzukehren. Ich habe schöne Erinnerungen an ihn, ich liebte seine Abenteuergeschichten, wenn auch manche, vielleicht sogar alle, geflunkert waren. Ich saß gern auf seinem Schoß oder ging mit ihm in den Keller, wo er seine Druckerei hatte. Er gab mir dann immer Reiseprospekte und übriggebliebene Flugblätter vom Sommerjahrmarkt. Und Agi erinnert sich weiter:

»In der Akácfa-Straße war das Leben entschieden leichter. Wir hatten eine ganze Wohnung für uns allein. Doch nach den ersten paar Tagen im Ghetto hielten wir uns nur noch selten in der Wohnung auf, denn die Belagerung der Stadt machte es zu gefährlich, oben zu bleiben. Meistens waren wir im Keller. Dort war es dunkel und feucht, was mir nur recht war, denn dort war ich im wahrsten Sinn des Wortes unsichtbar. Aber der Hausmeister, ein frommer Katholik, nutzte die Dunkelheit aus, um herunterzukommen und die Frauen zu befingern – auch mich. Niemand sagte einen Ton. Sári gefiel ihm besonders gut. Sie hatte ziemlich volle Brüste und mollige Hüften. Ich dagegen hatte nichts von alldem. Und trotzdem spürte ich gelegentlich seine Hand meinen Körper hinaufwandern. Ich war zu Tode erschrocken. Zuerst glaubte ich, es wäre eine Ratte und schrie auf. Er erklärte sofort, daß er nur zufällig so eng an mich gedrückt worden wäre.

Hunger wurde unsere größte Sorge. Wir bekamen nur minimale Lebensmittelrationen: zweihundert Gramm Brot aus Sägespähnen, einhundert Gramm Melasse und ein oder zwei Möhren oder Zwiebeln pro Tag. Mitunter bekamen wir auch ein winziges

Stück Speck. ›Erstickt an dem Schweinefleisch, ihr jüdischen Schweine!‹ brüllte einmal ein Milizionär. ›Ihr sollt dran ersticken, denn es ist Kannibalismus, wenn ein Schwein Schweinefleisch frißt.‹ Seine Schläue freute ihn sehr. Als er merkte, daß die Juden um ihn herum schwiegen, legte er sein Gewehr an und verlangte, daß wir mit ihm lachten. Um dieser Aufforderung Gewicht zu verleihen, feuerte er einen Schuß in die Luft ab.

Dann wurde die Bäckerei an der Ecke Wesselényi-/Kisfuvaros-Straße wieder aufgemacht. Das bedeutete, daß wir jeden Tag stundenlang Schlange stehen mußten. An manchen Tagen hatten sie Brot, an anderen nichts. Weil es unmöglich war zu wissen, wann man warten mußte, mußte einer ständig dort sein. Großmutter hatte Angst vorm Schlangestehen, Sári war hochschwanger, und Tibi war noch zu klein. Blieben nur André und ich. Anfangs warteten wir noch zusammen, aber als es zu kalt wurde, wollten wir uns abwechseln. Ich konnte gut allein in der Schlange stehen, aber ich fürchtete um Andrés Sicherheit.

Eines Montagmorgens war er dran mit dem Schlangestehen. Es war bitterkalt, weshalb ich gehen wollte. Aber André blieb stur und ging um acht Uhr. Als er nachmittags noch nicht zurückgekommen war, fing ich an, mir Sorgen zu machen. Auch Sári war beunruhigt und sagte es dem Hausmeister. Er erzählte, daß es am Morgen vor der Bäckerei zu einem höchst unerfreulichen Zwischenfall gekommen wäre. Wir wollten André sofort suchen, aber der Hausmeister meinte, es wäre zu gefährlich, es würde noch immer geschossen und viele wären verwundet. Er schien es zu genießen, uns Angst zu machen. Sári flehte ihn an, André zu suchen.

›Wenn er noch lebt, versteckt er sich wahrscheinlich‹, meinte er. ›Aber wenn er bis zur Abenddämmerung nicht zurück ist, würde ich keinen Pfifferling mehr für ihn geben.‹

Während des Wartens war ich mehr tot als lebendig. Ich sah dauernd Mutters vorwurfsvollen Blick vor mir, der sagte: ›Wir haben dich nicht einmal in Friedenszeiten allein hinausgehen lassen. Wie konntest du ein achtjähriges Kind bei all dem

Morden und Schießen allein gehen lassen? Wenn ihm irgend etwas zugestoßen ist, bist ganz allein du schuld!‹ Ich hatte noch nie gesehen, daß Sári die Fassung verlor. Aber an diesem Tag raufte sie sich die Haare. Sogar Großmutter klang ängstlich. ›Warum sollte jemand einem kleinen Jungen etwas antun? Das kann einfach nicht passieren. Wenn er zurückkommt, werde ich ihn durchhauen.‹ Aber ich spürte die Todesangst in ihren Worten.

Dann kam André. Ich konnte ihm ansehen, daß er etwas Fürchterliches erlebt hatte. Er sah aus wie ein Schlafwandler. Sein Gesicht war mit etwas überkrustet, das wie Dreck aussah, auch seine Sachen waren zerrissen und schmutzig. Mein erster Gedanke war, daß er in eine Prügelei geraten war. Ich ging zu ihm, um ihn in die Arme zu nehmen. Er zitterte am ganzen Körper wie Espenlaub.

›Was habe ich euch gesagt?‹ rief Großmutter triumphierend.

›Gott sei Dank, daß du wieder da bist‹, sagte Sári erleichtert. ›Komm, umarme deine Tante, du ungezogener Junge. Weil ich mich so um dich geängstigt habe, hätten bei mir fast die Wehen eingesetzt. Komm her und erzähl mir, was dir zugestoßen ist.‹

Aber er wollte nicht zu ihr. Statt dessen eilte er in die dunkelste Ecke des Kellers. Als ich meine Arme um ihn legte, fühlte sich sein Körper wie ein Eisklotz an. Sein Gesicht war mit einer dicken Kruste überzogen. Als ich an meinen Fingern roch, merkte ich entsetzt, daß sein Gesicht mit geronnenem Blut bedeckt war. Ich wollte seinen Körper abtasten und nach einer offenen Wunde suchen, aber er stieß mich weg.

›Was ist dir zugestoßen?‹ flüsterte ich in sein Ohr. ›Ich schwöre bei Mutters Leben, daß ich es keinem erzählen werde. Sag es mir.‹

›Ich weiß es nicht‹, erwiderte er ebenfalls im Flüsterton. ›Ich dachte, ich wäre tot.‹

Nach und nach erfuhr ich es. Nachdem ich alles gehört hatte, wünschte ich mir, ich hätte nie gefragt. Mit dieser Art von Wahnsinn konnte ich nicht fertig werden. Ohne daß einer von uns beiden es voll erfassen konnte, was das bedeutete, kam heraus, daß er offensichtlich vergewaltigt worden war. ›Dafür werde ich sterben müssen‹, dachte ich.

Er fiel in der dunklen Ecke in tiefen Schlaf. Das war das Beste, was er tun konnte, denn Großmutter und Sári wollten unbedingt wissen, was geschehen war. Aber bevor er einschlief, hatte ich ihm geschworen, keinem zu erzählen, was passiert war – und ich habe mein Wort gehalten.

›Er ist verletzt worden, aber er wird wieder in Ordnung kommen‹, flüsterte ich Sári zu. ›Bitte, kümmere du dich um Großmutter. Er hat Angst, daß sie ihn verprügeln wird.‹ Als sie darauf bestand, Einzelheiten zu erfahren, behauptete ich, daß man ihn zusammengeschlagen hätte.

Er schlief unruhig. Gelegentlich kam es zu Anfällen von Panik und Schmerz. Ich machte die ganze Nacht kein Auge zu, sondern weinte. Ich war doch bloß ein junges Mädchen, das bisher nichts von menschlicher Grausamkeit gewußt hatte. Wie konnten Menschen so etwas überhaupt einem anderen Menschen antun, obendrein noch einem Kind? Irgendwie fühlte auch ich mich vergewaltigt. Von diesem Augenblick an, mit diesem Wissen hatte ich das Gefühl, nicht mehr das Recht zu haben, mich als Kind zu betrachten. Ich sehnte mich nach der Dunkelheit genauso wie wer. Ich war mir sicher, daß man mir im Licht ansehen würde, daß ich mehr wußte.

Plötzlich schrie André im Schlaf auf, und alle schreckten hoch. Ein paar Leute beklagten sich. Ich versuchte, ihn zu beruhigen, aber er ließ nicht zu, daß ich ihn berührte. Jedesmal, wenn er meinen Körper an sich spürte, schrie er so voller Abscheu und Haß auf, daß ich immer verwirrter wurde und mir schmutzig vorkam.

Seit diesem Tag haben wir uns nur noch selten berührt. Ein flüchtiger Kuß auf die Wange an Geburtstagen, das war alles. Wenn er nur gewußt hätte, wie sehr ich es manchmal gebraucht hätte, seine Hand oder seine Umarmung zu spüren, wenn ich einmal schwach war und beschützt werden wollte.«

Ein paar Jahre vor dem Tod meiner Schwester trafen Vicki, meine Frau, und ich uns mit Agi und ihrem Mann Paul in Santa Barbara zum Frühstück. Aufgrund ihrer Krankheit war sie oft beleidigt, unvernünftig und streitsüchtig. Nachdem sie mir eine Szene gemacht hatte, stürmte sie aus dem Restaurant. Ich ging ihr nach, weil zwischen uns noch einiges gesagt werden mußte. Ich holte sie bald ein. »Du bist kalt wie ein Fisch!« rief sie mit funkelnden Augen. Ihre Worte trafen mich wie Peitschenhiebe. »Genau wie Vater!« Ich sah sie verwirrt an, als sie fortfuhr: »Wann hast du mich das letzte Mal in den Arm genommen?« Ohne nachzudenken erwiderte ich: »Ich bin nicht kalt wie ein Fisch, aber du bist nicht ein Mensch, den man umarmt.« Ich konnte zwar sehen, wie tief ich sie getroffen hatte, mir aber nicht vorstellen, warum ich meiner Schwester so wehgetan haben sollte. ›Das ist alles deine Schuld‹, flüsterte sie. »Das ist alles auf die Nacht im Keller zurückzuführen, als ich versuchte, dich zu trösten, nachdem du ... du weißt schon, was ich meine ... Ich versuchte dauernd, dich in den Arm zu nehmen, aber du hast mich jedesmal weggestoßen, als hätte ich Aussatz. Seitdem habe ich mein Verlangen, dich zu umarmen, dir eine Schwester und keine Fremde zu sein, unterdrückt. Du hast die Zärtlichkeit nicht nur aus deinem, sondern auch aus meinem Leben verbannt.«

Ich habe nie erfahren, was während meines damaligen Deliriums geschehen war. An jenem Tag auf der sonnigen Strandpromenade von Santa Barbara hatte ich jedenfalls nicht den Mut, sie nach Einzelheiten zu fragen. Eine unüberwindliche Mauer schien sich zwischen uns aufgebaut zu haben, als wir uns trennten. An jenem Tag in Santa Barbara hatte ich das Gefühl, als ob wir in die dunkle Ecke im Keller zurückgezwungen worden wären. Agi fuhr ohne ihre Umarmung nach Los Angeles zurück. Ich hatte entdeckt, daß der Stacheldraht, der unsere Leben voneinander trennte, uns weiterhin im Versteck hielt. Es war aber noch Zeit, den Weg heraus zu finden. Doch Agi sollte nie den Bruder wiedersehen, den sie an einen gesichtslosen, bösen Mann verloren hatte.

Ich hörte den Bericht über das, was damals in jener Dezembernacht 1944 in der dunklen Ecke des Kellers passiert war, erst als meine Schwester und ich uns zum letzten Mal sahen, bevor die Krankheit vollends von ihr Besitz ergriff. Trauer und Schuld überwältigten mich. Seit ich der Meinung war, das Böse aus meinem Leben vertrieben zu haben, fühlte ich mich mehr in der Welt der Lebenden als in der grablosen Vergangenheit verwurzelt. Nachdem meine Schwester mir enthüllt hatte, worin die emotionale Mauer zwischen uns begründet lag, spürte ich plötzlich, wie die Wut aus einer fernen Vergangenheit wieder an die Oberfläche kam.

»André kam tagelang nicht aus dieser Ecke heraus«, fuhr Agi fort. »Ich brachte ihm saubere Kleidung. Er säuberte sich, so gut es ihm seine Scham erlaubte. Großmutter fragte dauernd nach ihm, aber Sári hielt sie hin. Unsere Tante fragte mich zwar nie wieder, was geschehen war, aber sie wollte ein paarmal am Tag ›Krankenberichte‹ hören. André schlief unruhig und litt unter solch entsetzlichen Alpträumen, daß ich nicht wußte, ob er nicht dem Wahnsinn verfallen war. Die Last seiner stillen Wut und der wortlosen Bitte um eine andere Welt waren eine schwere Bürde für mich.«

Ich weiß nur wenig. Ich erinnere mich noch an den Schmerz, aber nicht daran, welches Gefühl das war. Ich erinnere mich, daß ich glaubte, ich wäre tot, als ich das Bewußtsein wiedererlangte, und trotzdem betete ich darum, am Leben bleiben zu dürfen. Aber als mir klar wurde, daß leben bedeutete, anderen Menschen zu erzählen, was geschehen war, wollte ich sterben. Ich suchte noch nicht einmal nach Worten, mit denen man eine solche Geschichte erzählen konnte – ich brauchte das Schweigen, um mich vor dem Irrsinn zu schützen. Die Angst, wahnsinnig zu werden, war riesengroß. Ich sah dauernd das nüchterne Gebäude vor mir, zu dem Mutter uns immer geführt hatte, wenn wir uns schlecht benommen hatten, das Heim für schwererziehbare Kinder. Um mich selbst also vor allem zu schützen, verbannte ich die Erinnerung an jenen Tag aus meinen Gedanken.

»Zur Jahreswende rückte der Krieg immer näher«, erzählte Agi weiter. »Detonationen und Maschinengewehrfeuer wechselten einander ab. Wir saßen im dunklen Keller und wußten weder, was uns erwartete, noch was wir erhoffen durften. Wir freuten uns darauf, die sich herankämpfenden Russen willkommen zu heißen. Wir erwarteten sie voller Ungeduld, denn in der Zwischenzeit hätte uns ein blutrünstiger Pfeilkreuzler oder ein verzweifelter Deutscher einfach umbringen können.

Jedesmal wenn wir eine Explosion hörten, hielten wir den Atem an. Sogar die Kinder verhielten sich still; zwei Monate Verharren unter der Erde hatte sie zu Experten im Überleben werden lassen.

In der dritten Januarwoche setzten bei Sári die Wehen ein. Es war schrecklich für mich, ihr schmerzverzerrtes Gesicht zu sehen, ihr lautes Stöhnen zu hören, das bald in Schreie überging. Aus Rücksicht auf die anderen trug der Hausmeister sie zum Notausgang, der durch eine Ziegelmauer vom nächsten Gebäude getrennt war. Die Zeit verging quälend langsam. Alle paar Minuten sah ich nach Sári. ›Es scheint ihr gutzugehen‹, sagte ich den anderen jedesmal zur Beruhigung, aber ich war mir dessen überhaupt nicht sicher. War es möglich, in einem Keller ein gesundes Kind zu entbinden? Ich hatte davon keine Ahnung und deshalb große Angst. Stunden vergingen. Als Sáris Schmerzen immer schlimmer wurden, war ich einer Panik nahe. Ich hätte auch gern geschrien, hatte aber nicht das Recht, lästig zu werden. Während meine Tante in den Wehen lag, wurden über unseren Köpfen Menschen umgebracht.

Plötzlich machte ich zwischen Sáris Wimmern einen rhythmischen, hämmernden Laut aus, bis mit einem ohrenbetäubenden Krachen die Trennmauer einstürzte und ein Lichtstrahl durch den aufwirbelnden Staub in den Keller fiel. Gleich darauf tauchte ein sowjetischer Soldat auf, ein zweiter und ein dritter folgten. Sie suchten offensichtlich nach versteckten Nazis und brüllten sich dauernd etwas auf russisch zu. Da wir sie nicht verstanden, hielten wir den Atem an und saßen wie angenagelt da.

Plötzlich erschien ein weiterer Soldat mit einem Baby in den Armen. ›*Dewuschka, dewuschka* (ein Mädchen, ein Mädchen)‹, rief er und lachte. Er sah so glücklich aus, als wäre er der Vater. Er war unser Befreier und sie, die kleine Kusine, unsere Retterin.

Spontan wurde Beifall laut, nach dem monatelangen Schweigen eine Erlösung. Die Ankunft dieser kleinen neuen Erdenbürgerin löste einen wahre Freudentaumel aus und gab uns Höhlenmenschen neuen Mut.

Ich eilte nach oben, hinaus auf die Straße, wo mich zuerst das helle Licht des Januartages blendete, aber ich lief einfach weiter, mit André fest an der Hand. Außer Schutt und Ruinen überall, Toten und Pferdekadavern sahen wir erschöpfte und ausgezehrte Juden, die einander glücklich umarmten und ihren Befreiern um den Hals fielen. Ich vergaß, wie hungrig ich war.

Später, am Abend, fuhr ein russischer Laster vorbei, und zwei Soldaten verteilten Brot und Speck. Ich hatte Tränen der Dankbarkeit in den Augen, war ich doch eher daran gewöhnt, daß die Obrigkeit uns immer alles wegnahm. Die Russen waren gekommen, um die Deutschen zu besiegen, und keineswegs verpflichtet, Lebensmittel zu verteilen. Das war einzig und allein eine Herzenssache. Aber diese finster dreinblickenden Soldaten schenkten mir mehr als Lebensmittel – sie gaben mir den Glauben an die Menschen wieder. In dieser Nacht schliefen wir zum ersten Mal seit Wochen in einem Bett. Ab und zu war noch Kanonendonner zu hören, aber ich hatte keine Angst mehr, wir waren frei. Ich hatte volles Vertrauen in unsere Befreier.

Am nächsten Morgen stand István, Sáris Schwager, auf unserer Türschwelle. Niemand konnte begreifen, wie dieser kräftige junge Mann den Fahndungen nach versteckten Juden entkommen war. Seine Mutter, Frau Weisz, hatte eine Weile bei uns gewohnt, aber nicht überlebt, obwohl sie ihre Seele dafür dem Teufel verkauft hätte. An sie hatte ich keine guten Erinnerungen, denn sie besaß einen großen Koffer voller Süßigkeiten, von denen sie niemandem, nicht einmal Tibi, ihrem Enkel, etwas abgab. Manchmal haßte ich sie sogar für ihren Geiz.

Mitunter fällt es einem schwer, Menschen nicht zu verurteilen. Wenn ich an sie und ihren gefüllten Koffer denke, fallen mir auch immer ihre traurigen Augen ein. Wir waren Kinder, die Schreckliches durchgemacht hatten und doch dazu angehalten wurden, Mitleid zu haben, selbst mit den Menschen, die uns verraten hatten. Warum sollte mir Frau Weisz leid tun, wenn ihr Herz nicht einmal von vier hungernden Kindern erweicht wurde? Ich weiß keine Antwort auf diese Frage. Ich dachte nur oft, daß wir, die Kinder, bessere Menschen werden mußten, als die Eltern es manchmal waren. Andererseits – wie kann man es wagen zu erwarten, daß die Opfer aus ihrem Elend lernen? Besonders seit die Täter alles daransetzen, um die Verantwortung für ihre Untaten zu leugnen? Wieso sollen wir bessere Eltern für unsere Kinder sein? Wo steht geschrieben, daß wir auf Verrat mit Liebe und Mitleid reagieren müssen? Mir scheint, als ob die überlebenden Kinder die Last des Schweigens ganz allein aufgebürdet bekommen hätten. Wir mußten damals schon stark genug sein, um die Last zu tragen. Wir opferten unsere Kindheit für das Überleben, und nichts wird diese Tatsache je ungeschehen machen.

›Es wird Zeit, uns etwas zu essen zu besorgen‹, verkündete István. ›Und ich nehme mir als Gehilfen diesen jungen Mann hier mit.‹ Noch ehe ich protestieren konnte, hob er André hoch und nahm ihn huckepack.

›Sei sehr vorsichtig‹, konnte ich István gerade noch zuflüstern. ›Er ist doch noch so ein kleiner Junge.‹«

Ich führe die Geschichte da weiter, wo meine Schwester sie abgebrochen hat.

Als wir auf der Straße waren, sagte István: »Wir müssen hinter die Ghettomauern gehen. Hier drin finden wir keinen Krümel mehr.«

Obwohl wir befreit worden waren, klopfte mein Herz wie rasend, denn niemand hatte uns gesagt, daß wir das Ghetto auch wirklich verlassen durften. Was war, wenn die Hatz auf Juden noch nicht beendet war?

»Ich habe meinen Stern nicht mehr«, sagte ich verlegen.

»Den wirst du nicht mehr brauchen, kleiner Mann«, erwiderte er, und in seiner Stimme schwang Zorn. »Heute nicht mehr und niemals wieder. Das ist vorbei. Wir sind Menschen wie alle anderen. Hörst du? Wenn du mitten auf der Straße gehst, dann nur, weil du es so willst, und nicht, weil du es mußt!«

Als wir an der Ghettomauer vorbeigingen, wurden mir die Knie weich. An jeder Ecke lagen Leichen, aufgestapelt wie Feuerholz. Tod und Zerstörung beherrschten die Stadt. Zum erstenmal seit Wochen spürte ich keinen Hunger mehr.

Wir betraten ein Tabakgeschäft auf der Dohány-Straße. Der Besitzer schlief mit dem Kopf auf der Theke. Da er das für eine gute Gelegenheit hielt, an etwas Tabak oder sogar ein paar Zigaretten zu kommen, schlich sich István hinter die Ladentheke.

»Schau dir das an!« schrie er plötzlich sichtlich erschüttert.

Ich schaute hin, als sich mir schon der Magen umdrehte. Der Unterkörper des Mannes war durch Granatsplitter vom Oberkörper abgetrennt und lag in einer Lache geronnenen Blutes. Wir verließen fluchtartig die grausige Stätte.

Mir war noch schwindlig, als wir das jüdische Badehaus betraten. Doch kaum drinnen angekommen, stürzten wir auch schon wieder hinaus – das große Becken war statt mit Wasser mit Hunderten von nackten Leichen gefüllt.

»Onkel István«, flehte ich, »laß uns heimgehen, oder geh du allein hinein. Ich kann das nicht mehr sehen. Ich bin doch noch klein.«

»Ich kann es auch nicht ertragen, mein lieber Junge«, erwiderte er. »Und ich bin ein Mann. Ich frage mich immer noch, ob das alles wahr ist, obwohl wir es gerade mit eigenen Augen gesehen haben.«

Nachdem wir stundenlang die Stadt durchkämmt hatten, fanden wir endlich einen Schatz. Im Kühlraum eines kleinen Restaurants entdeckten wir Gläser mit in Essig eingelegten weißen Bohnen und Zwiebeln. Wir trugen unsere Beute heim, als hätten wir einen Bären erlegt, und aßen gleich eines von den Zweilitergläsern leer.

Agi führt die Geschichte weiter: »Diese verdammten Bohnen hätten uns aber beinahe umgebracht! Nach zwei Monaten Hungersnot konnte unser Verdauungstrakt so schwere Geschütze nicht mehr verarbeiten. Außer Sári, die davon nichts gegessen hatte, weil sie fürchtete, der Salat würde sich schlecht auf ihre Milch auswirken, litten wir ein paar Tage lang unter fürchterlichen Darmkrämpfen. Es war ein Wunder, daß wir daran nicht starben.

Hunger läßt Menschen verantwortungslos werden. Ich bin mir sicher, daß die Erwachsenen unter normalen Umständen vorsichtiger gewesen wären. Aber offensichtlich gibt es einen Punkt, wo bei Hunger der Verstand aussetzt.

Sobald wir die Erlaubnis erhalten hatten, zogen wir in Großmutters Wohnung, die größer war als unsere Bleibe in der Akácfa-Straße. Ich war erleichtert, diese Hölle hinter mir lassen zu können, in der ich für alle Ewigkeit meine Vorstellungen über Reinheit, Unschuld und die besondere Stellung von Kindern verloren hatte.

Der Hunger quälte uns weiter. Da in der Hauptstadt nichts Eßbares mehr aufzutreiben war, sah unsere Tante nur noch eine Chance: Sie mußte das Baby bei Großmutter lassen und aufs Land zum Hamstern fahren. Weil die öffentlichen Verkehrsmittel noch nicht wieder fuhren, blieb sie oft tagelang weg, kehrte aber mit Maismehl, Kartoffeln, Dörrerbsen, etwas Speck, Würstchen oder sogar einem Huhn zurück.

Schon bald schlug das Schicksal wieder zu. Gerade sechs Wochen alt, starb unsere kleine Kusine Judit. Sári fiel in Ohnmacht, als Großmutter ihr das leblose Kind zeigte, und André und ich waren davon überzeugt, daß Großmutter das Baby umgebracht hatte. Wir hatten noch gut den Fluch vor der Geburt des Kindes in den Ohren: ›Dieser Nazi-Bastard!‹ Erst viele Jahre später fand ich heraus, daß damals unzählige Neugeborene gestorben waren, weil die Milch ihrer Mütter nicht nahrhaft genug war. Aufgrund des Chaos nach der Befreiung waren weder Geburt noch Tod registriert, geschweige nach der Todesursache gesucht worden. Sie kam zur Welt, rettete uns das Leben und entschwand ins Jenseits.

Als Sári wieder zu sich kam, beschuldigte sie ihre Mutter, das Kind umgebracht zu haben, und drohte ihr, sie hinauszuwerfen. Ich versuchte, sie zu beruhigen, und ich hatte Angst um Großmutter. Aber Sári mußte ihre Trauer und Verbitterung über die letzten Monate herauslassen. Sie mußte ihre Schuldgefühle und die Scham loswerden, das Kind eines Nazis empfangen und ausgetragen zu haben, das aber die Familie gerettet hatte.

›Ich werde nie wieder von diesem Kind sprechen‹, sagte Sári, als sie von der Beerdigung kam. ›Es hat nie existiert, und in dieser Tragödie liegt Gerechtigkeit. Aber ich bete, daß der Allmächtige mich nicht bestraft.‹

Abends jedoch hörten wir sie leise mit ihrem toten Baby reden, Wiegenlieder singen und dann weinen. Die Trauer nistete sich fest in unserem kleinen Zuhause ein.

André und ich hungerten ständig – nach Essen und liebevoller Zuwendung. Uns verlangte nach der Wärme einer Schüssel Hühnerbrühe, dem Klang eines lieben Worts, dem Druck einer ermutigenden Umarmung, nach irgendeinem Zeichen dafür, daß unser Überleben jemandem etwas bedeutete. Mütterlicherseits hatten wir außer Großmutter und Sári keine Verwandten mehr, und über das Schicksal von Vaters Familie wußten wir nichts, sie galt als verschollen.

Schließlich fanden wir Tante Szidi, die Frau meines Onkels Jakob, und Tante Irén, die mit Rezsö, dem jüngeren Bruder meines Vaters, verheiratet gewesen war. Als wir auf Tante Szidis Schwelle standen, glaubte sie, zwei Geister zu sehen. Während sie unaufhörlich plapperte, wurde unsere Aufmerksamkeit von dem Duft abgelenkt, der aus der Küche kam. Schmorkohl. Und das, obwohl sie steif und fest behauptet hatte, nichts zu essen im Haus zu haben.

André und ich sahen einander an. Ich sah Wut in seinen

Augen aufglimmen. Als sich Szidi für ein paar Minuten entschuldigte und auf die Toilette ging, eilten wir in die Küche, stopften unsere Mäuler voll und nahmen uns nicht einmal die Zeit, zu kauen – es mußte ja schnell gehen. Rechtzeitig saßen wir wieder auf unseren Stühlen, als wäre nichts geschehen.

Als wir an der Tür von Tante Irén klingelten, empfing sie uns mit offenen Armen und einer Tasse Kräutertee. Vergeblich suchten wir in der Stadt nach Tante Lina, Vaters älterer Schwester, aber ihre älteste Tochter Loli machten wir ausfindig. Sie und ihr christlicher Ehemann Tihamér lebten am Kalvarienplatz, Budapests berühmt-berüchtigter Ort der Unterwelt.

Tihamér öffnete uns, machte uns aber schnell klar, daß wir nicht lange geduldet wären. Doch wir bekamen immerhin etwas zu essen, und für die Nacht wurde uns eine Matratze im geheizten Wohnzimmer angeboten. Loli bat uns, als Gegenleistung so wenig Lärm wie möglich zu machen, ihr Mann war nicht gerade ein Kinderfreund. Wir versprachen es, schließlich waren wir in dieser Beziehung Experten.

Auch die Erziehung unserer Eltern, die Regel, nur zu reden, wenn wir angesprochen wurden, kam uns zugute. Sie wären wirklich stolz auf unsere Zurückhaltung gewesen, bis auf die Tatsache, daß wir Essen von unseren Verwandten erbettelten. Obwohl wir nie ausdrücklich um etwas zu essen baten, reichte unser Anblick aus, Mitleid zu erregen. André wog mit achteinhalb Jahren nur zwanzig Kilo und ich trotz meiner dreizehn Jahre nicht viel mehr. Unsere ausgemergelten Körper sprachen für sich.

In unserer ersten Nacht bei Loli wachte André auf und mußte auf die Toilette. Er ertastete sich in der Dunkelheit den Weg, erleichterte sich und schlief neben mir wieder ein.

Doch am nächsten Morgen warf uns Tihamér mit wüsten Beschimpfungen hinaus. Loli stand schweigend daneben – typisch für die Steins. Was war geschehen? André hatte in seiner Schlaftrunkenheit das Spülbecken in der Küche für die Toilette gehalten.

Niedergeschlagen und beschämt machten wir uns auf den Rückweg zu Großmutters Wohnung. Wie sollte es weitergehen? Ich war so mit meinen Gedanken für eine Lösung beschäftigt, daß mir der sowjetische Laster mit einem Soldaten auf dem Trittbrett nicht auffiel. Wir waren noch etwa fünfzig Meter von ihm entfernt, da sprang er ab und winkte uns heran. Wir blieben geschockt stehen, sowjetische Soldaten hatten nämlich den Ruf, junge Mädchen zu mißbrauchen. Was sollten wir tun? Weglaufen? Wir hatten keine Wahl.

Zögernd näherten wir uns ihm, als ich Tränen auf seinen Wangen bemerkte. Er umarmte uns – die erste Umarmung seit zwei Monaten. Dann schenkte er uns eine dicke Scheibe Speck und einen Kanten Brot, umarmte uns noch einmal und ließ uns unseres Wegs gehen. Unterwegs aßen wir, soviel wir konnten, von den Köstlichkeiten, wohl wissend, daß uns Großmutter den Rest abnehmen würde. Ich versteckte ein Stück Brot unter meiner Bluse, André übernahm den Speck, aber Großmutter roch ihn sofort und verlangte, daß wir ihn abgeben sollten. Nachdem sie alles aufgegessen hatte, teilte sie uns mit, daß wir ins Waisenhaus kommen sollten.

Der Gedanke in einem Waisenhaus, in einer völlig unbekannten Welt leben zu müssen und der Gnade Fremder ausgeliefert zu sein, war uns schrecklich. Aber noch wichtiger war, daß wir uns nicht als Waisen betrachteten. Unsere Eltern würden zurückkehren, sagten wir einander und auch den anderen immer wieder. Doch alles Weigern nützte nichts, und da Sári gerade wieder einmal auf Hamstertour war, hatte Großmutter das Sagen und schob uns ab.

Das Waisenhaus in Zugló, einem Villenviertel von Pest, war bereits überfüllt mit verlassenen Kindern. Die Atmosphäre war beängstigend, denn noch nie hatten wir so viele Kinder auf engstem Raum gesehen. Um jeden Zentimeter wurde gekämpft, wobei ihre Augen unruhig hin und her blickten.

Eine Frau schickte uns in ein Zimmer im Erdgeschoß und befahl uns, dort zu bleiben, bis man uns rief. André klammerte sich fest an meine Hand. Ich erwiderte den Händedruck. Auch ich hatte Angst. Mochte er sich auch erschreckt an mich klammern, ohne ihn wäre ich in der feindlichen Umgebung ebenso verloren gewesen. Aber hatte ich nicht eine Bestimmung, hatte ich Mutter nicht versprochen, mich immer um ihn zu kümmern?

Stundenlang warteten wir geduldig. Als es Nacht wurde, schlich ich hinaus auf den Flur und hörte zufällig, daß die Erwachsenen vorhatten, Jungen und Mädchen zu trennen. Wir durften keine Zeit mehr verlieren, wir mußten dort weg, ehe es zu spät war. Ich konnte den Gedanken, daß wir getrennt werden sollten, nicht ertragen.«

Ich erinnere mich daran, daß Agis Gesicht kreidebleich war, als sie zurückkehrte. Ohne ein Wort zu sagen, packte sie meine Hand und legte ihren Zeigefinger an die Lippen, um mir zu signalisieren, daß ich schweigen sollte.

Sie führte mich in ein Badezimmer, hob mich auf die Fensterbank und befahl mir zu springen. Mit klopfendem Herzen sprang ich. Sekunden später landete sie neben mir auf dem gefrorenen Boden. Dann rannten wir, so schnell wir konnten, los. Erst als wir uns in Sicherheit glaubten, blieben wir außer Atem stehen.

»Bis Tagesanbruch streiften wir durch die Straßen«, beendete Agi ihre Geschichte. »Da wir keine Alternative hatten, kehrten wir zu Großmutter zurück und sagten ihr, daß man im Waisenhaus keinen Platz für uns gehabt hätte.

In dieser Nacht kam Sári mit vielen Lebensmitteln vom Land zurück. Ich erzählte ihr, was im Waisenhaus passiert war. Sie war wütend auf ihre Mutter, weil sie versucht hatte, uns loszuwerden. ›Niemand wird euch wegschicken. Ich habe eurer Mutter versprochen, für euch zu sorgen, und ich werde mein Versprechen halten.‹

Zwei Tage später kehrte Mutters jüngste Schwester Boriska aus dem Lager zurück. Wir waren glücklich, sie wiederzusehen, aber ihre Rückkehr erinnerte uns daran, daß wir nichts über das Schicksal unserer Mutter wußten.

Ein paar Abende später, kurz nach Beginn der Ausgangssperre

um zehn Uhr, klingelte es wieder an der Tür. Wir sprangen aus dem Bett und drängten uns alle im dunklen Vorraum, um zu sehen, wer es war. Statt unserer Mutter sahen wir unseren Vater, der unter einem großen Rucksack wie ein Skelett aussah. Wir standen nur ein paar Schritte von ihm entfernt, und trotzdem schien er uns nicht zu erkennen.

›Piroschka, mein Weib, wo bist du?‹ rief er mit schriller Stimme. ›Komm zu mir, ich bin soeben aus der Hölle zurückgekehrt.‹

Als er herausfand, daß Mutter noch nicht heimgekommen war, schwankte er unter seiner Last. Wie konnte das möglich sein? Der Hausmeister hatte ihm doch erzählt, er hätte sie kürzlich gesehen, aber anscheinend hatte er Mutter mit Boriska verwechselt. Sári und ich nahmen Vater den Rucksack ab und führten ihn ins Wohnzimmer. Merkwürdig war, daß er immer noch nicht nach uns gefragt, uns nicht einmal begrüßt hatte.

›Wo sind meine Kinder? Wo sind sie? Ich kann sie nicht sehen. Ich bin fast blind. Gott sei Dank, sie leben! Ein Kamerad hat mich fast den ganzen Weg bis zum Haustor geführt.‹

Darum also, dachte ich und war erleichtert. Ich konnte mich damit abfinden, daß er blind war, aber der Gedanke, daß er mich nicht begrüßen wollte, war mir unerträglich. Später, als ich erwachsen und auf traurige Art klüger geworden war, schämte ich mich für diesen egoistischen Gedanken.

Nach einer verlegenen Umarmung vergrub er sein Gesicht in die Hände und weinte. ›All diese vielen Monate lang habe ich Schläge, Hunger, harte Arbeit und sonstige Grausamkeiten ertragen, alles nur, weil ich wußte, daß ich eines Tages zurückkehren und das Leben wieder glücklich und normal verlaufen würde. Ich hörte dauernd Piroschkas leise Stimme in mir, die mir sagte, daß alles wieder gut wird, ja, alles wird wieder gut. Aber nicht ohne sie. Ich kann nicht ohne sie weiterleben.‹

Plötzlich drehte er sich um und streckte die Arme nach uns aus. Er hielt uns schweigend fest. Ich konnte spüren, daß er nur noch Haut und Knochen war. Aber das störte mich nicht. Er war da und hielt mich fest. Er hatte mich noch nie so im Arm gehalten, und ich spürte Dankbarkeit in mir. Nur zu gern hätte ich ihn mit Küssen überschüttet, aber ich wußte, daß ihm das nicht gefallen hätte. An diesem Abend wurde mir bewußt, daß er unsere Fürsorge ebensosehr brauchte wie wir die seine.

Seit diesem Tag verfiel Vater in eine düstere Lethargie. Es dauerte Jahre, ehe wir ihm Bruchstücke seiner Geschichte entlocken konnten. Man hatte ihn zur Zwangsarbeit in die Kupferminen von Bor in Jugoslawien geschickt. Als die Deutschen das Lager räumten, brachten sie Hunderte von Gefangenen im nahegelegenen Wald um. Vater entkam mit drei Kameraden, sie stießen jedoch auf eine Gruppe serbischer Partisanen, die, als sie erfuhren, daß sie Juden waren, in einen Blutrausch gerieten. Zwei Kameraden starben, einer war schwerverletzt, und Vater erlitt eine Augenverletzung, die ihn langsam erblinden ließ.

Doch keine dieser Qualen hätte ihm etwas ausgemacht, wenn seine Frau dagewesen wäre und seine Wunden gepflegt hätte. Er fragte uns nie, wie wir überlebt hatten, wie es uns ging, sondern bat uns nur, ihm keinen Ärger zu machen. Und wir taten nichts, was ihm Sorgen bereitet hätte, wir stahlen nicht, gerieten nicht in Straßenkämpfe und hielten uns möglichst von Fremden fern. Doch er merkte nicht, daß seine Gleichgültigkeit uns Probleme bereitete. Wir machten ihm gern Zugeständnisse, aber das ging nicht ewig so weiter. Als wir sahen, daß das Leben wieder aus den Ruinen erblühte, wurde uns bewußt, daß es noch etwas anderes als Schmerz und Trauer gab. In der Zwischenzeit war auch Onkel Zoli, Boriskas Mann, zurückgekehrt. Sie zogen wieder in ihre frühere Wohnung. Dort besuchte ich sie jeden Tag. Sie lachten, sangen und waren glücklich, wieder zusammenzusein.

Weder Sáris Mann noch ein anderes Familienmitglied kehrte zurück, auch nicht unsere Mutter. Jede Familie trug schwer an ihren Verlusten. Aber in jeder Familie schien man dem Überleben an sich mehr Bedeutung beizumessen als der Trauer – außer unser Vater, dessen Seele anscheinend in einem Meer von Dunkelheit versunken war.

Im Sommer 1946 wurde nach ein paar Operationen die Sehkraft meines Vaters so weit wiederhergestellt, daß er eine Arbeit als Verkäufer in einem Lederwarengeschäft ausüben konnte. Vor den Operationen war ich sein Augenlicht gewesen. Das hatte bedeutet, daß ich nicht weiter ins Gymnasium gehen konnte und mit ihm in einer Welt des Schweigens leben mußte, während andere Kinder nun wieder Kinder sein durften. Und als er mich nicht mehr brauchte, mußte ich kochen und putzen. Ich wurde langsam verbittert, da ich kaum einen Augenblick frei hatte, um mit Jugendlichen meines Alters zusammen zu sein, und auch keinen Pfennig Belohnung bekam. Es kam eine Zeit, in der ich mich dagegen aufzulehnen begann, Sachen aus der Wohnung stahl und sie an einen Trödler in der Nachbarschaft verkaufte. Ich ging sogar soweit, eine von Vaters Anzugjacken zu veräußern und mir dafür ein Kleid und obendrein ein paar Süßigkeiten zu kaufen, die ich dann mit André teilte. Gelegentlich schlich ich mich weg und ging mit Erszi, dem Mädchen von nebenan, ins Kino. Ich würde nicht behaupten, daß ich auf diese Weise meine Kindheit wieder reparierte, aber ich befriedigte einige meiner Bedürfnisse.

Ich schämte mich und fühlte ich mich ausgestoßen, weil ich nicht wieder zur Schule gehen konnte. Später, als schon fast alle meiner Bekannten auf die Universität gingen, hatte ich noch nicht einmal die achte Klasse beendet! Ich versteckte meinen Mangel an Bildung hinter einer Lüge und behauptete, die Oberschule abgeschlossen zu haben. In jedem freien Augenblick las ich alles, was mir in die Finger kam, die Klassiker ebenso wie zeitgenössische Literatur. Ich ging in Konzerte, ins Theater, zu Vorträgen, und letztendlich habe ich sicherlich eine viel umfassendere Bildung erworben als durch einen Abschluß der Oberschule. Aber das verringerte meine Scham keineswegs, ich fühlte mich als Versagerin, als Hochstaplerin. Und all das nur, weil Vater meine Augen brauchte? Ich habe ihm deswegen zwar oft gegrollt, andererseits hätte ich ihm freudig mein Augenlicht geopfert, wenn ihn das davor bewahrt hätte, in seiner blinden Trauer zu versinken.

Er verließ nur selten den Schutz seiner Mauer aus Schweigen. Wenn er jedoch seinen Mund aufmachte, war es stets eine Reaktion auf etwas, was wir Kinder seiner Meinung nach verbrochen hatten. Und am Ende beklagte er immer den Tod seiner Frau – unserer Mutter. Oft sagte er verbittert: ›Ich hätte sterben sollen, eure Mutter aber hätte zurückkommen müssen. Was soll ich mit euch beiden nur anfangen? Ich kann ja noch nicht einmal für mich selbst sorgen. Ich hätte sterben sollen, euch ist es doch sowieso egal, ob ich hier bin oder nicht.‹

Ich haßte ihn, wenn er so etwas Schreckliches sagte. Vielleicht auch deshalb, weil ich selbst manchmal so dachte? Immer dann, wenn ich so dachte, empfand ich das, was er auch gefühlt haben muß: Ich war von Trauer zerrissen und hatte deswegen Schuldgefühle. Aber je öfter ich ihm zuhörte, wenn er sich verfluchte, desto wütender wurde ich auf ihn. Er merkte nie, wie glücklich wir darüber waren, daß er wieder da war. Oft stand ich kurz davor, ihn anzuschreien: ›Reicht denn als Grund zum Weiterleben nicht aus, daß wir da sind – deine Kinder? Willst du, daß wir verschwinden, damit du endlich frei bist, um an gebrochenem Herzen zu sterben? Wenn das so ist, dann tu's doch! So bedeutest du uns sowieso nichts!‹

Von all meinem inneren Aufruhr schien er nichts zu spüren, statt dessen wuchs die Mauer des Schweigens. Auf seiner Seite war sie auf dem Schuldgefühl, überlebt zu haben, aufgebaut, auf meiner Seite war es die immense Wut darüber, daß er uns jedesmal allein ließ, wenn ihm etwas an uns mißfiel.«

Ich erinnerte Agi daran, daß wir uns damals auch wehrten. War das nun Rache oder Selbstschutz? Wahrscheinlich eine Mischung aus beidem. Wir verbrachten immer weniger Zeit mit Vater. So oft wie möglich gingen wir zu Freunden. Als er bemerkte, was wir taten, wurde er sehr besorgt. Schließlich wußte er nicht, was für Menschen die Eltern unserer Freunde waren. Ich lernte jedoch in diesen Familien, wie man als Vater oder Mutter sein muß. Was Kinder brauchen und womit man sie nicht belasten sollte. Auch zeigten mir diese einfachen, oft sehr armen Menschen, wie wertvoll es ist, Kinder zu haben, und wie sorgfältig man sich um sie kümmern muß, um sie so gut wie möglich auf das Leben vorzubereiten. Wenn ich nicht diese Erfahrung gemacht hätte, wäre mir nie der Wunsch nach Kindern gekommen, da bin ich mir ganz sicher. Ich hätte ihnen nicht diese Kindheit gewünscht, die ich erlebt habe.

»Auch ich wollte Kinder«, sagte meine Schwester Agi in diesem Zusammenhang.. »Aber ich konnte keine bekommen und mußte mich deshalb im Licht deiner Kinder sonnen. Ihr Lachen ließ mich hoffen. Ich brauchte einfach das Wissen, daß unsere Familie weiterbesteht. Was sage ich da – ›weiter‹? Ich glaube, diese Kinder werden die ersten sein, die das Leben in seiner Fülle genießen und so sind, wie Kinder sein sollen.«

Hier endet die Tonbandaufnahme meiner Schwester. Wir hatten keine Gelegenheit mehr, gemeinsam den Bericht zu beenden. Als ich sie das nächste Mal sah, lag sie in einem Krankenhaus in Los Angeles. In ihren Augen lag ein fremdes Leuchten, und ihre Berührung hatte eine Wärme, wie ich sie nie zuvor erlebt hatte. Sie erinnerte mich an meine Töchter im Alter von vier Jahren, aber auch daran, wie ich meine Schwester als Kind erlebt hatte. Die Krankheit hatte alle Schleier zerrissen. Es kümmerte sie nicht, was richtig oder falsch war, ob sie nun bescheiden oder frech war. Sie griff nach meiner Hand. Ihr Griff war seidenweich, vertrauensvoll und trotzdem so fordernd wie der eines kleinen Mädchens, das weiß, es bekommt, was es will.

»Du ahnst nicht, wie schön es ist, dich streicheln zu dürfen«, sagte sie und sah mir dabei direkt in die Augen. Ich versank in diesem feuchten Glitzern, hinter dem ich bereits einen dunklen Schatten entdeckte. Ich mußte meinen Blick abwenden, weil mir Tränen in die Augen stiegen und ich sie nicht aufregen wollte.

»Es ist schon gut, du kannst ruhig bei mir weinen. Ich mag deine Tränen. Es erinnert mich an alte Zeiten, als ich die einzige war, die sie dir abwischte.«

Wir waren in diesem Moment wirklich wie zwei Kinder, es gab für uns keine Zeit und auch kein Leiden mehr.

Wir waren in der Lage, uns in der fernen Vergangenheit zu verlieren, aber diesmal war alles so, wie es sein soll – wir waren nicht allein.

Am 13. April 1985 starb Agi. Es war ihr gelungen, das Unausweichliche noch fünf Jahre länger von sich fernzuhalten, als es die Ärzte ihr prophezeit hatten. Zu diesem Aufschub hat entschieden beigetragen, daß sie es sich gestattete, ihrer Wut und ihrem Haß mehr Ausdruck zu verleihen.

Der Preis für diesen Augenblick wiederentdeckter Jugend war jedoch ihr Leben, und daran muß ich seitdem immer denken. Es blieben uns noch vier Tage, in denen es uns gelang, die Erinnerungen wie Blumen zweier Kindheiten zusammenzutragen.

Was jetzt folgt, sind meine Erinnerungen an eine Kindheit, die allerdings niemand mehr bezeugen kann – Agi ist seit acht Jahren tot. Es sind einsame Jahre gewesen, und trotzdem glaube ich, daß ich meiner Schwester niemals so nahe gewesen bin, wie in dieser Zeit. Das Schreiben dieses Buches hat mir wieder die Gelegenheit gegeben, unseren auf Tonband festgehaltenen Erinnerungen zu lauschen, ihre teils schüchterne, teils neckische Stimme zu hören, die durch ihren unleugbaren ungarischen Akzent erst ihre Würze bekam. Nachdem wir gemeinsam unsere Vergangenheit haben Revue passieren lassen, werde ich nie wieder mit meiner Einsamkeit allein sein.

Ich verbrachte nach dem Krieg einige Zeit in einem Jugendheim, das von einer Gruppe Juden geleitet wurde, die aus Amerika Spenden bekamen. Auf dem schmutzigen Hof entdeckte ich, wieviel Freude gemeinsames Leben, Kameradschaft und menschliche Wärme bereiten. Wir bekamen täglich drei schmackhafte, reichhaltige Mahlzeiten, die uns stets mit guter Laune und liebevoll serviert wurden. Dort lernte ich zu lachen und zu tanzen und war erstmals überhaupt mit fröhlichen Juden zusammen. Für die Freitagnachmittage waren wir eingeteilt, das Haus makellos sauber zu putzen und für den Sabbat zu schmücken. Dr. Glück, ein Zahnarzt, leitete samstags unseren

Gottesdienst. Wir beteten wenig, aßen herzhaft und sangen jüdische Volkslieder, aber am häufigsten hörten wir den Geschichten zu, die unsere Betreuer zu erzählen wußten. Manche Erlebnisse waren den unseren sehr ähnlich.

Onkel Zoli, Boriskas Mann, machte Vater mit seiner ledigen Kusine Lili bekannt, die unbedingt heiraten wollte. Für sie machte es keinen Unterschied, wer sie heiratete, wenn sie nur die Einsamkeit und das Stigma einer alternden Jungfer loswurde. Deshalb hatte sie auch nichts gegen einen Mann einzuwenden, der nicht sehen konnte und zwei Kinder hatte, die sich verzweifelt danach sehnten, geliebt zu werden. Vater und Lili heirateten im Sommer 1946. Wie es oftmals bei hastig arrangierten Ehen zwischen Überlebenden vorkam, empfand auch dieses Paar wenig füreinander, bestenfalls Dankbarkeit und Freundschaft.

Meine Gefühle für die zukünftige Stiefmutter waren gemischt. Mir gefiel zwar der Gedanke, daß sich eine Frau um uns kümmern und mich davon erlösen würde, Vater weiterhin Gesellschaft leisten zu müssen, wenn ich viel lieber mit anderen Kindern zusammengewesen wäre. Sie war eine sehr verstörte Frau, seit man sie in Mauthausen sexuell mißbraucht hatte. Sie fühlte nur noch Schmerz und Wut. Zunächst machte sie Agi das Leben daheim mehr als schwer, so daß dieser als Ausweg nur eine überstürzte Heirat mit siebzehn blieb. Danach nahm Lili mich aufs Korn, indem sie mich hungern ließ und Vater gegen mich aufhetzte. Am 21. Dezember 1953 ging sie sogar mit einem Schlachtermesser auf mich los.

Es war ein schreckliches Erlebnis, stellte sich aber als befreiend heraus. Die aufgestaute Wut all der Jahre des Schweigens explodierte in mir, als ich sie mit blutunterlaufenen Augen und mit der Absicht, mich umzubringen, auf mich zukommen sah. Ich schlug ihr die Waffe mit einem Hieb aus der Hand und ohrfeigte sie. Zum ersten Mal in meinem Leben spürte ich meine Macht. Ich war nicht mehr länger das Opfer der Gewalt von Erwachsenen. Diese wahnsinnige Frau bekam meine ganze Wut für alle die Wunden, die andere mir in meinem jungen Leben zugefügt hatten, zu spüren. Erstmals verteidigte ich mich, ließ mich nicht mehr mißhandeln, und das war ganz sicher der Wendepunkt in meinem Leben. Vater ließ sich sechs Wochen später von Lili scheiden.

Eine neue Ära begann. Ich tat meistens nur noch das, was ich wollte, und scherte mich nicht darum, was von mir erwartet wurde. Ich hörte auf, Opfer zu sein, und wurde eine Persönlichkeit.

Meine Lehrer bemerkten bald meine Veränderung und nahmen verständnisvoll Anteil an dem Kampf, den nicht nur ich gegen eine kaputte Kindheit führen mußte. Von den zweiundzwanzig Schülern in meiner Klasse hatte nur ein Junge das Glück gehabt, daß seine Eltern aus der Deportation zurückgekehrt waren. Wir waren nicht nur ein intelligenter und lebhafter Haufen, sondern waren auch böse und grausam. Oft ließen wir unsere Frustration in Form von gemeinen Streichen an den Lehrern aus. Sie tolerierten uns, auch wenn wir unerträglich waren, und gaben uns zu verstehen, daß sie uns nie allein lassen würden, ganz gleich, welche Krisen wir durchmachen mußten. Sie unterstützten uns bei unserem täglichen Kampf gegen die Absurditäten des Stalinismus wie auch bei der Verarbeitung der Erinnerungen an die Zeit in der Hölle. Dank dieser stillen Helden – nicht einer von ihnen war Jude – wußte ich am Ende meiner Jugend, was Gemeinschaft, Vertrauen, Hingabe und Verantwortung bedeuten.

Auch Agi fand solche Begleiter, als sie der zionistischen Organisation der Habonim beitrat. Man lehrte sie, daß sie ein wertvoller Mensch war, daß sie dazugehörte und für das, was sie anstrebte, kämpfen sollte und auch konnte. Diese Zionistenführer – obgleich nicht viel älter als sie – behandelten meine Schwester liebevoll, gutmütig und herzlich. Kurz gesagt: wie liebevolle Eltern. Wenn sie sie nicht kennengelernt hätte, wäre ihr Leben viel trauriger verlaufen.

Agis Ehe konnte man bestenfalls eine Freundschaft nennen. Niemand hatte ihr je gesagt, wie man als junge Ehefrau zu sein hatte. Im Grunde blieb sie immer das zu oft verlassene Kind, das niemandem mehr vertraute. Trotz all dieser offensichtlichen Einschränkungen brachte ihr die Ehe ein hohes Maß an Sicherheit: Sie war blond und blauäugig und atmete freier, seit sie keinen jüdisch klingenden Namen mehr trug.

Im Verlauf des ungarischen Aufstands von 1956 flüchteten Agi und ihr Mann in den Westen. Sie ließen sich in Kalifornien nieder, wo Agi ein paradoxes Leben führte. Sie umgab sich mit einem Kreis ungarischer Christen und tat so, als wäre sie eine von ihnen – sie schrieb sich ihre eigene Geschichte. Solange sie ihre jüdische Geburt vor aller Welt verstecken konnte, fühlte sie sich wohl. Agi und ihr Mann hatten noch ein paar gute Jahre zusammen, ehe er sie – materiell abgesichert – wegen ihrer besten Freundin verließ.

Es folgten schwere und einsame Jahre, bis sie Laci, einen Ungarn, heiratete, der in Australien gelebt hatte. Er war ein wohlhabender, gebildeter, liebevoller Mann. Doch diese Beziehung endete in einer Tragödie. Mit einem sehr schmerzhaften Rückenleiden geschlagen und von der Bürde eines plötzlichen Bankrotts schwer bedrückt, verübte Laci während eines Besuchs in Ungarn Selbstmord.

Wieder einmal war Agi in den Weiten Kaliforniens, wo sie als Einkäuferin in der Modeabteilung eines Kaufhauses arbeitete, allein. Doch liebevolle Freunde und Kollegen standen ihr bei.

Trotz der bitteren Erfahrung sehnte sie sich nach beruhigendem Trost, liebevoller Zuwendung und materieller Sicherheit, beides hatte ihr meist in ihrem Leben gefehlt. Auch wenn sie eine elegante Schönheit mit unleugbarem europäischem Charme war, sie blieb ihr Leben lang innerlich einsam. Die Männer, die in ihr Leben traten, waren entweder frauenfeindliche Verführer, die nur ein Abenteuer suchten, oder Männer, die eine Familie haben wollten. Sobald sie erfuhren, daß Agi unfruchtbar war, wies man sie, ohne mit der Wimper zu zucken, ab. Ein weiterer Fluch in ihrem Leben.

Schließlich lernte sie einen Mann kennen, der sie mit der

Zuneigung überschüttete, nach der sie sich immer gesehnt hatte. Er war gebildet, lebte in guten Verhältnissen, sah gut aus und war kein Ungar. Mit Tony fing Agi an, sich von der Last ihrer ungarischen Herkunft zu befreien. Sie erlebte die Erfüllung ihrer Wünsche – bis auf den Traum, eigene Kinder zu haben. Bei einer Routineuntersuchung stellte man eines Tages einen bösartigen Lymphdrüsenkrebs fest. Niemand hatte diese Form bisher länger als ein Jahr überlebt.

»Keinem Menschen ist es bisher gelungen, mich kleinzukriegen«, verkündete sie entschlossen. »Ich werde nicht zulassen, daß eine Armee winziger Feinde Erfolg hat, wo bisher Menschen scheiterten.« Sie lebte noch fünf Jahre, ehe sie 1985 starb, ein paar Monate vor ihrem vierundfünfzigsten Geburtstag.

Ihr Tod hinterließ in meinem Leben eine entsetzliche Lücke. Jetzt, acht Jahre später, habe ich diesen Verlust noch immer nicht überwunden. Unsere sonntäglichen Telefonate garantierten unserer Kindheit einen Platz in einer Welt, in der sonst wenig Verständnis für unsere Erfahrungen von Einsamkeit und Überleben war. Wir wußten Dinge voneinander, die wir nie einem anderen erzählten – zum einen aus Angst vor Bloßstellung und Scham, aber auch als Beweis für die Einzigartigkeit unserer Beziehung. Obwohl wir uns jeden Sonntag zankten, hätten wir diese Anrufe nie missen mögen. Niemand in unserer Umgebung begriff das – wie denn auch? –, aber unsere Auseinandersetzungen richteten sich in Wirklichkeit nicht gegen unsere Beziehung, sondern nur gegen das, was wir verloren und überlebt hatten – die sicherste Möglichkeit, unsere Wut abzubauen. Als Agi starb, nahm sie nicht nur das Ende ihrer Geschichte mit ins Grab, sondern auch den Bericht meines schrecklichen Erlebnisses. Jetzt kann ich mir nie mehr sicher sein, ob wirklich geschehen ist, was ich lieber ungeschehen machen würde.

Tante Sári und ihr zweiter Mann Lajos flüchteten mit Tibi und dem dreijährigen gemeinsamen Sohn Tomi nach Österreich. Sie verbrachten fünfzehn angsterfüllte Monate in einem Flüchtlingslager und warteten auf eine Einreiseerlaubnis nach Kanada oder die Vereinigten Staaten. Schließlich bot ihnen Australien die Einreise an. Obwohl sie eigentlich nicht vorgehabt hatten, ans andere Ende der Welt auszuwandern, nutzten sie die Gelegenheit, dem Lager zu entkommen und ein neues Leben anzufangen. Heute verbringt die Tante einen ruhigen, erfüllten Lebensabend in einem schönen Vorort von Melbourne. Ihre drei Söhne Tibi – heute Ted –, Tomi und ihr Jüngster, Rob, haben längst ihre eigenen Familien gegründet. Sie ist stolz auf ihre drei Jungs, die beruflich Erfolg haben und ihre Frauen und Kinder lieben. Jeden Montag trifft sich die große Familie in Sáris Haus, um den Anfang einer neuen Woche zu feiern. Ab und zu setzt sich Ted, der einzige Augenzeuge dieser dunklen Zeit, zu seiner alten Mutter, um ihr ein weiteres Stück dieser geheimnisumwitterten Vergangenheit zu entlocken, die ihn immer noch nicht losgelassen hat. Für ihn geht der Kampf weiter, und bis ans Ende ihrer Tage wird ihm seine Mutter Sári zur Seite stehen.

Und ich? Auch ich habe Ungarn im Jahr 1956 verlassen. Ich entdeckte in Paris, wie Freiheit schmeckt. Ein völlig neues Universum mit unendlich vielen Möglichkeiten tat sich vor mir auf. Mir wurde die Gunst eines Wohltäters zuteil, der mir allerdings bis heute unbekannt ist. Ich bekam das Studium an der Universität finanziert, hatte Zimmer und Verpflegung umsonst, durfte Gratisurlaube an der Riviera machen und entwickelte mich zu dem jungen Mann, dem die Welt offenzustehen schien.

Aber der Antisemitismus verfolgte mich überallhin, sogar bis in meinen intimsten Bereich. Ich verliebte mich in eine junge Frau aus Perpignan, deren großbürgerliche Familie keinen Juden und Flüchtling in ihrer Mitte duldete. Damit wir unsere Beziehung fortsetzen konnten, mußte ich »verschwinden«: Wir lebten zusammen in einer romantischen Mansarde im Zentrum von Paris, ohne die Familie im tausend Kilometer entfernten Perpignan in Kenntnis zu setzen. Diese Geheimnistuerei entfremdete uns merklich voneinander, bis wir uns schließlich trennten. Trotz der Enttäuschung blickte ich hoffnungsvoll in die Zukunft, fuhr zu meiner Schwester nach Kalifornien und schrieb mich dort zum Medizinstudium an der Universität ein. Wieder tat sich eine neue Welt für mich auf, die mir eine Weile ziemlich fremd blieb. Ich war von selbstbewußten jungen amerikanischen Juden umgeben. Ihre Identität war ihnen genauso selbstverständlich wie ihre Haut. Selbst als ich sie Stück für Stück mit meiner Geschichte vertraut machte, konnten sie sie nicht nachvollziehen, sie fühlten sich nur in ihrem Judentum zu Hause.

Trotzdem lernte ich von meinen Freunden, wie stark man als Jude sein kann. Als ich 1965 die amerikanische Staatsbürgerschaft bekam und meine Schwester mir eine große Summe anbot, um meinen Namen in einen nichtjüdischen umzuändern, lehnte ich, ohne zu zögern, ab. Was meine Vergangenheit anging, versteckte ich mich zwar immer noch – aber meine Gegenwart und die Zukunft waren frei von Scham und Furcht; meistens zumindest.

Ich heiratete eine christliche Frau in einer katholischen Kirche, »aus Rücksicht auf ihre Familie«. Das kam jedem außer mir zupaß, denn, indem ich einwilligte, auf die anderen Rücksicht zu nehmen, nahm ich schweigend hin, daß es etwas Unanständiges ist, Jude zu sein. Für eine Weile »versteckte« ich mich, was logischerweise wieder zu Scham, Angst, Schuldgefühlen und mühsam verhohlener Wut führte. Aber »der Jude in der Neuen Welt« in mir rebellierte. Ich vergiftete meine Ehe, indem ich meiner Frau Zuneigung und Loyalität entzog. Unser erstes Kind wurde noch in einer katholischen Kirche getauft, das zweite nicht mehr.

Kurz bevor ich mein Doktorat abschloß, litt ich unter Anfällen von Panik und Angst – ich wurde ein Hypochonder. Trotz meiner robusten Gesundheit war ich plötzlich der Meinung, den Anforderungen des Lebens nicht gewachsen zu sein. Bei den Notärzten war ich bald bekannt wie ein bunter Hund. Ich brauchte Jahre, um die Verbindung zwischen diesem Aufgeben meiner eigenen Kräfte und meiner Vergangenheit als verstecktes und verlassenes Kind zu entdecken. Es dauerte sogar noch länger, ehe ich lernte, daß ich mit meinen Zweifeln an meiner Fähigkeit, die alltäglichen Kämpfe zu überstehen, nicht allein war. Wie viele andere, die als Kind überlebt hatten, erlebte auch ich, als ich den schützenden Kokon der Uni verlassen und mich beruflich und privat selbständig machen mußte, Verlassenheit und Einsamkeit. Wieder einmal mußte ich mich der alles entscheidenden Frage stellen: Wie soll ich es allein schaffen? Ich war nicht bereit dazu.

Ein Doktorat gab mir die Erlaubnis, meinen Beruf auszuüben, aber es verschaffte mir weder Selbstvertrauen noch fühlte ich mich kompetent. Um alles noch schlimmer zu machen, starb mein Professor und Förderer zehn Tage, nachdem ich den Doktorgrad erworben hatte. Die Angst steigerte sich zu lähmender Panik, ich hatte niemanden mehr, an den ich mich halten, der mir den Weg weisen konnte, um weiterzumachen. Aber ich mußte weitermachen, und tat es auch. Dort, wo sich Angst und Entschlossenheit überschnitten, stolperte ich allerdings öfters.

Meine zweijährige Assistenzarztzeit in Toronto, Ontario, nach der ich die Forschungs- und Lehrstelle meines verstorbenen Professors übernehmen sollte, entwickelte sich zu einem Exil ohne Ende. Es wäre auch ein Exil geblieben, wenn ich nicht in der Lage gewesen wäre, mir ein neues Leben aufzubauen.

Schon einige Zeit davor hatte ich mich von meiner Frau getrennt, als plötzlich das Glück mich mit Vicki zusammenbrachte, einer jungen Frau aus New York. Sie trat mit dem Selbstbewußtsein, das für Juden aus New York so typisch ist, in mein Leben. Ihr Judentum war nicht eine Frage des Tuns, sondern eine Frage des Seins. Ihr überwältigender persönlicher Charme, ihr Intellekt und ihre Identität als Jüdin fegten meine Zweifel hinweg: drei Tage nachdem der Funke übergesprungen war, machte ich ihr bereits einen Antrag.

Unser Weg von jenem Oktobertag im Jahr 1973 bis heute ist für uns mühsam und voller überraschender Wendungen gewesen. 1979 stand ich plötzlich während einer Ausbildungssitzung im Institut für Gestalttherapie in Toronto dem gequälten Jungen gegenüber, den ich seit nahezu vier Jahrzehnten aus meinem Bewußtsein verbannt hatte. Er verlangte, daß seinem Schmerz und seiner Trauer über Verlassenheit und Verrat Aufmerksamkeit zuteil wurde. Weder ich noch Vicki, mit der ich zu der Zeit schon unseren Sohn Adrian hatte, hatten von seiner Existenz gewußt. Unser Leben war danach nie wieder so wie vorher. Das Kind in mir verschaffte sich in jeden Bereich meines Daseins Zugang – beruflich, gesellschaftlich, familiär und auch emotional. Jahrelang drohte seine Verbitterung meinen unsteten und manchmal sogar vorgetäuschten inneren Frieden zu erschüttern. Seine Wunden hinterließen überall Spuren, sogar in unserem Schlafzimmer. Es verlangte, daß ich mich zumindest um ihn kümmern sollte, als wäre es mein eigenes Kind, sogar wenn das emotionale Gleichgewicht unserer Kinder damit gefährdet war. Es legte mir die Verpflichtung auf, meine Bibliothek mit einer nicht enden wollenden Sammlung von Werken zu bestücken, die das »Schreckliche« – der Junge in mir weigerte sich, dem Leid einen Namen zu geben – dokumentierten. Es gab eine Zeit, in der es in unserem Haus mehr Nazisymbole gab als im deutschen Hauptquartier in Warschau. Ich wandelte meine therapeutische Praxis in einen Zufluchtsort für Überlebende um; ich machte meine Studenten an der Universität mit der Welt dieses kleinen Jungen bekannt.

Trotz allem konnte ich seinen unersättlichen Hunger nach Anerkennung, Würdigung und Wiedergutmachung nicht stillen. Es erwies sich als eine Aufgabe, die über menschliche Kräfte ging. Erst kürzlich wieder warf mich eine Krise, die drohte, mein Leben zu sprengen, zurück in seine Welt. Dabei bekam ich eine klarere Vorstellung davon, was ich tun mußte, um einerseits mit den gerade anstehenden Fragen fertig zu werden und andererseits dem achtjährigen Jungen, der ich einmal gewesen war, den angemessenen Platz in meinem Leben zuzuweisen. Ich wurde allmählich ein neuer Mensch, der keine Verbindung mehr zur Dunkelheit hat. Neben der Trauer der Opfer entdeckte ich auch Güte bei den Rettern. Allein ihre Existenz – auch wenn es sie in meinem Leben nicht gab – garantierte nicht nur das Überleben von ein paar tausend Menschen, sondern schenkte auch allen die

Aussicht auf eine Zukunft – in der wir jedoch niemals unser dunkles Erbe vergessen dürfen.

1949, als ich dreizehn wurde, weigerte ich mich, der Welt zu erklären, daß ich bereit war, ein jüdischer Mann zu werden. Das jagte mir Angst ein, und ich schämte mich zu sehr. Doch 1982, vor meiner ersten Reise nach Israel, tat ich den entscheidenden Schritt, denn ich hätte keinen Fuß auf diesen geheiligten Boden setzen können, ohne zu versprechen, daß ich eins mit meinem Volk war.

Die Scham war gebannt, die Angst besiegt und die Wut gebremst worden, aber die Einsamkeit und der Zorn sind mir noch geblieben. Keines von beiden Gefühlen wird mir das wiederbringen, was ich verloren habe, und in meiner Einsamkeit spreche ich mit all denen, die ihre Stimme in der Asche verloren haben. Und mein Zorn, der mich mit allem verbindet, was verloren ist, treibt mich heute an. Der Zorn ist auch das Feuer in der jetzt leisen Stimme des Achtjährigen, der mich aus dumpfer Erstarrung zu einem Leben voller Liebe und Lachen führte – zum Dienst am Nächsten. Zu einer Mission, die nicht mehr auf die Rolle eines Boten der Toten beschränkt ist – einer ausgesprochen zurückhaltenden Tätigkeit, von der ich nur zu gern behauptete, sie wäre meine einzige Verpflichtung als Überlebender.

Heute, mit vier Töchtern und einem Sohn, macht es mich oft rasend, daß es mir unmöglich scheint, ihnen den kleinen Jungen von einst nahezubringen – dabei wäre es so dringend nötig! Wie soll ich ihnen die paradoxe Erfahrung eines versteckten Kindes nahebringen? Wie soll ich das Porträt des kleinen Jungen zeichnen, der auf seine Mutter wartete und doch tief in seinem Innern wußte, daß sie nie mehr in sein Leben zurückkehren würde?

Gestern sah ich einen Film über eine Mutter, die man nach Ravensbrück verschleppt hatte. Ihre Tochter, die 1945 bei unserer Befreiung genauso alt war wie ich damals, ging jeden Morgen mit ihrem Großvater zum Bahnhof und hielt ein großes Foto ihrer Mutter hoch, in der Hoffnung, daß jemand vielleicht etwas von ihr wußte. Und jeden Abend ging das Kind nach Ankunft des letzten Zuges ein bißchen niedergeschlagener heim. In seinen Augen brannten der Verrat und das Mißtrauen gegenüber der Welt der Erwachsenen. Ich spürte die Beredtheit dieses Blicks, denn ich hatte einen Großteil meines Lebens damit verbracht, ihn zu enträtseln. Er blieb lebendig in der sturen Frage des Achtjährigen: »Wie soll ich jemals wieder einem Menschen vertrauen?« Wie kann ich es wagen, jemals wieder an eine Welt zu glauben, die mich mitten in einen Leichenberg geworfen hatte, einer Welt, die dem damals unschuldigen Jungen die Mutter geraubt hatte?

Auf der Suche nach einer akzeptablen Antwort darauf durchlebte ich weiter verschiedene Stadien des Versteckens. Als die Bürde von Trauer und Zorn zu schwer wurde, konzentrierte ich mich nur noch auf meinen Verstand und verriet somit meine Verzweiflung. Als meine Phantasien zu dunkel wurden, entfachte sich in mir eine Wut, die mich aufzufressen drohte. So oder so – ich habe mehr Zeit in der Gesellschaft der Toten verbracht als bei den Lebenden.

Dann gelangte ich eines Tages zu der schlichten Erkenntnis: Ich werde nie lernen, der Welt um mich herum zu trauen, wenn ich nicht die freigebe, die mich als Kind verraten haben. Es folgte eine Trauerperiode, in der ich lernte, die Schatten loszulassen, so daß auch sie in Frieden ruhen konnten. Neue Gesichter tauchten um mich herum auf, Gesichter, die die ganze Zeit in meiner Umgebung gelebt hatten, mir aber neu schienen. Sie forderten nicht, sie waren einfach da, auch sie waren Kinder, die versteckt überlebt hatten.

Wir begannen zu lernen, Zeugnis für unsere Vergangenheit abzulegen. Menschen, die als Kinder überlebt haben, brauchen nicht viele Worte, um ihre Erlebnisse glaubwürdig zu machen. Nachdem ich mich selbst in überlebenden Kindern wie Rob, Yaffa, Ervin und anderen entdeckt hatte, öffneten sich für mich die Tore des Vertrauens.

»Wenn man so darüber nachdenkt«, sagte Rob Krell zu mir

auf der Fahrt zu unserer Konferenz in Seattle am Pazifik, »sind wir glückliche Menschen. Wir befinden uns nur in Gesellschaft der Besten – der Elie Wiesels und der Yaffa Eliachs. Wir, die überlebenden Kinder, sind schon ein ganz besonderer Haufen.« Robs Worte nahmen mir eine große Last von der Seele. Sie machten mir bewußt, daß ich jetzt und hier auch irgendwohin gehörte. Und daß diese Zugehörigkeit wirklich mehr ein Privileg als ein Stigma war. Es war nicht mehr das unangenehme Gefühl, ausgespart worden zu sein, sondern die freudige Erleichterung darüber, daß ich zu einer Gruppe von Menschen gehörte, die genau wie ich verraten und mißhandelt worden war, die aber aus ihren Verletzungen ein kraftvolles Leben gestaltet hatte. Und ich gehörte zu ihnen. Dieser Satz, den Rob auf dem Washington State Freeway äußerte, riß mir den letzten Schleier von den Augen – ich war wirklich auf einem neuen Weg.

Und trotzdem befinde ich mich noch immer in einem Dilemma, wenn ich einen Film wie den von gestern abend sehe. »Es gibt zwei Realitäten, die ich immer noch auf Distanz halten muß«, vertraute ich Vicki nach Ende des Streifens an. »Erstens den Schmerz und die Verwirrung der Kinder, die auf die Rückkehr eines Elternteils warten, obwohl sie ahnen, daß das wahrscheinlich nie stattfinden wird, und zweitens die Tatsache, daß eines dieser Kinder ich bin.«

Nachdem ich diese Worte ausgesprochen hatte, fühlte ich mich eher traurig als zornig. Das war eine ermutigende Entdeckung. Ich empfinde zwar immer noch den Verlust, aber ich habe gelernt, ihn weit genug von mir fernzuhalten. Er nimmt mir nicht mehr die Luft zum Atmen. Jetzt fällt es mir viel leichter, mit meinen Kindern darüber zu sprechen, was sie und ich an die Nacht verloren haben. Ich muß sie nicht mehr an die dunklen Orte zerren, damit sie mir dort Gesellschaft leisten. Sie können über die Kindheit ihres Vaters von der Sonnenseite des Lebens aus nachdenken, denn dort gehören sie hin.

Nachwort

Alle Kinder, die den Holocaust erlebten und ihn überlebten, waren versteckte Kinder. Denn ein Gesetz verbot es jüdischen Kindern unter sechzehn Jahren, am Leben zu bleiben. Daher wurden wir an vielen Orten versteckt – in der Tiefe dunkler Ghettokeller, im Wald, unter den Leichen in den Todeslagern und wenige, sehr wenige, bei wahren Christen. Wir wußten alle, daß jeder Atemzug nur geborgt war. Wir lernten schnell, nicht über Krankheiten zu klagen. Es hätte sowieso keine Linderung gegeben – ohne Ärzte und oft auch ohne Eltern. Schon mit fünf oder sechs waren wir schlau und mißtrauisch zugleich. Kurz gesagt: Wir lernten, wie man überlebt.

Wir lernten auch, nichts und niemandem zu vertrauen, gleich ob es Juden oder Christen waren. Nachdem uns die Welt einmal verraten hatte, konnte selbst das freundlichste Gesicht plötzlich zu einer verzerrten Grimasse des Bösen werden. Wir lernten, Spiele und Freude zu vergessen, kurz, nicht mehr Kind zu sein. Noch ehe wir jung waren, waren wir schon alt.

Manche von uns wurden durch die schreckliche Last zweier Konfessionen in die Knie gezwungen – eine war früher einmal schön und beruhigend gewesen, die andere wurde uns von selbstsüchtigen Christen aufgedrängt, weil sie uns andere Namen gaben und den Schutz einer dunklen Ecke weit weg von den Todesfabriken boten.

Wir schliefen abends ein und wurden von Geistern, Leichen und Alpträumen heimgesucht. Wir hatten das Gefühl, daß das Leben an uns vorübergezogen war und wir uns wie runzlige Greise darauf vorbereiten mußten, jeden Augenblick zu sterben.

Und trotzdem überlebten wir.

Der heißersehnte Tag unserer Befreiung war für viele jedoch

kein strahlender Tag. Im Schatten der Ruinen warteten wir auf Trost und Wiedergeburt und merkten schließlich, daß man noch nicht soweit war, uns zuzuhören. Feindseligkeit und Wut schlug uns immer wieder entgegen. Jene, die in Osteuropa überlebt hatten, waren am wenigsten sicher, denn dort waren die Nazis nicht die einzigen Feinde der jüdischen Kinder. Es war lebenswichtig, immer wachsam zu sein, um den Verrat in seinen vielen Erscheinungsformen sofort zu entdecken (eine Bürde, die viele immer noch tragen).

Es gab auch Kinder, die den Glauben des Feindes annahmen, um sich dadurch der Gefahr fernzuhalten: Sie entschieden sich für Jesus Christus, den Beschützer und Erlöser der Christen. Weil der Gott der Christen sie – anders als der Gott Israels – in ihrer Not beschützt hatte, wollten sie Christen werden.

Und immer wieder mußten wir uns der Trauer weiterer Trennungen beugen. Wir mußten in leere Zimmer starren, in der früher einmal eine Familie harmonisch gelebt hatte. Wir verzweifelten, als wir kein Grab fanden, an dem wir den Tod einer vom Erdboden verschwundenen Mutter, eines Vaters oder beider Elternteile betrauern konnten.

Die zurückkehrenden Erwachsenen hatten die Fähigkeit verloren, den stillen Schmerz ihrer Kinder wahrzunehmen. Auch sie waren zu Waisen geworden. Ihre Augen und Ohren waren erblindet und ertaubt. Sie waren so erleichtert, ihre Kinder lebend vorzufinden, daß sie irrtümlich glaubten, daß die Zeit des Überlebens für die Kinder eine Art Sommerfrische gewesen wäre. Woher sollten sie es auch besser wissen? Die meisten waren von ihren Kindern weggegangen, ohne auch nur einen Blick zurückzuwerfen. Sie fürchteten sich, dem Entsetzen der Zurückgebliebenen nicht Standhalten zu können. Woher sollten sie wissen, was ihre Kinder erleiden mußten? Oft waren die Personen, die heimkehrten, nicht mehr die gleichen wie vorher. Und das Kind, das sie zurückgelassen hatten, wollte oder konnte in ihnen nicht mehr die Eltern erkennen, nach denen es sich gesehnt hatte.

Als der Wiederaufbau begann, kehrten die Kinder mit mäßiger Begeisterung in die Schule zurück. Die Kinder, die versteckt gewesen waren, verbargen sich jetzt auf andere Weise. Die aus feindseliger Verbannung zurückkehrenden Mädchen und Jungen beneideten alle, die in der Obhut von Christen gelebt hatten, weil sie sich vorstellten, daß sie dort Trost und Sicherheit erfahren hatten. Die Kinder von Christen wiederum waren den Überlebenden gegenüber oft feindselig eingestellt, weil sie das so von den Eltern gelernt hatten. Wir jüdischen Kinder waren anders als sie – wir hatten keine Eltern, keine Familie. Wir waren keine richtigen Kinder mehr.

Die meisten von uns lebten trotz der Gleichgültigkeit anderer Menschen einfach weiter. Wir merkten bald, daß es niemanden kümmerte, wie wir den Krieg gegen die Kinder überlebt hatten. Da wir überlebt hatten und davon berichten konnten, konnte es ja nicht so schlimm gewesen sein. Daher wurde einfach angenommen, daß unsere Geschichten es nicht wert waren, gehört zu werden. Wieder einmal schien Schweigen die einzige Alternative zu sein. Die Sprache, mit der wir groß geworden waren, leistete uns dabei keine guten Dienste, und so lernten wir schnell, alles zu beschönigen. Und wieder einmal schafften wir das Unmögliche: Wir lernten, uns zu benehmen wie die anderen, während wir über unsere geheimen Geschichten von Verlust und Überleben schwiegen. Nur so konnten wir unsere Erinnerungen, Träume, Hoffnungen und unseren Schmerz verschleiern.

Im Verlauf dieses Prozesses entdeckten die versteckten Kinder, daß sie einen neuen ständigen Begleiter hatten – die Scham. Trotz aller Leiden war es uns immer noch nicht möglich, wieder Juden zu sein. Für viele von uns war unsere jüdische Identität zu einem tragischen Makel geworden. Als die Liste der auf elendige Weise gestorbenen Kinder und ihrer Eltern in die Millionen wuchs, ließen uns Scham und Schuldgefühl fragen: Warum ich? Warum nicht sie? Warum wurde ich versteckt? Habe ich einen Platz besetzt, der eigentlich einem anderen zugestanden hätte? Viele zogen daraus den Schluß, daß es eine Last, ein Stigma war,

Jude zu sein. Schließlich mußten wir doch an »irgend etwas« schuld haben, wenn die ganze Welt sich zusammentat, um jüdische Kinder zu vernichten! Wir waren mit irgendeinem Makel behaftet.

Man sagte uns, daß wir Glück gehabt hätten. Und trotzdem erinnerten wir uns oft nur an die Trennungen, die Fahrten ohne Wiederkehr und die dauernde Angst. Manche von uns kamen in eine Welt zurück, die sich so verändert hatte, daß sie nicht mehr wiederzuerkennen war. Wir wußten, daß Überleben Verantwortung gegenüber den Verschwundenen mit sich bringt, daß es unsere Pflicht war, die Boten der Toten zu sein. Es lag an uns, dafür zu sorgen, daß sie nicht vergessen wurden – und das bedeutete, daß wir weiterhin Juden bleiben mußten. Auf die eine oder andere Art, früher oder später sahen sich die meisten von uns vor diesem Dilemma: Wir mußten dem Gott Israels gegenüber loyal sein. Aber nachdem wir wegen unseres Judentums so gelitten hatten, stellte sich die Frage, wie wir denn weiterhin dem Glauben unserer Toten anhängen könnten? Die älteren Kinder waren in der Lage, sich an ein solides jüdisches Zuhause zu erinnern, aber die Jüngeren waren verwirrt, denn das alles ging über ihren Verstand.

Für viele von uns tat sich noch eine andere Form der Trennung auf – wir verließen die Welt unserer verlorenen Kindheit. Neue Länder boten die Möglichkeit, zu vergesssen und neu zu hoffen. Manche verschlug es in der stillen Erwartung, mit offenen Armen aufgenommen zu werden, nach Israel. Dort wurden sie bitter enttäuscht. Die Israelis hatten weder Verständnis noch Mitleid mit etwas, das sie als Folge von Schwäche und Feigheit ansahen. Die Kinder schwiegen und legten ihre alte Identität ab.

Andere ließen sich in der Neuen Welt nieder, wo es ihnen oftmals nicht viel besser erging. Man leugnete, daß solche Grausamkeiten an Kindern verübt worden waren, die Erinnerungen konnten nur falsch sein.

Der Weg in die Zukunft war steinig. Wir gründeten Familien, machten Karriere, schufen uns finanzielle Sicherheit und traten in Vereine ein – kurz gesagt: Wir lernten, normal aufzutreten, und erreichten eine ganze Menge, aber im Inneren blieben wir ruhelos.

Normale Menschen? Wir idealisierten die Menschen, deren Seele keine Spuren einer Zerstörung trugen, und glaubten, daß ihr Leben vollkommen wäre. Wir suchten nach Lebenspartnern, um den Schrecken der Vergangenheit zu entfliehen. Manche wählten sogar absichtlich einen Partner anderen Glaubens. Andere wieder gingen eine Bindung mit einem Überlebenden ein, um die Richtigkeit ihrer Erinnerungen besser nachprüfen zu können. Das geschah oft ohne viel Aufhebens, denn jeder wußte ja Bescheid. Worte waren überflüssig, solange Auschwitz in der Seele lebte.

Viele kämpfen mit dem ohnmächtigen Schweigen noch heute, weil sie keine andere Alternative haben. Wir fühlen uns an vielen Orten daheim, aber kein Ort ist ein wirkliches Zuhause. Aus unserer Kindheit vertrieben und unfähig, woanders Wurzeln zu schlagen, pendeln wir ständig zwischen Exilen hin und her.

Ermutigt von unseren Siegen, bestärkt durch das Beispiel vieler älterer Überlebender, entschlossen wir uns, endlich zusammenzukommen, darüber zu sprechen und das Versteck zu verlassen. Wir brauchten fast fünfzig Jahre dazu.

Das erste internationale Treffen ehemals versteckter Kinder war für uns der Anfang einer Kindheit, die verlorengegangen war. Wir haben damit begonnen, Namen zu nennen, die eigenen und die unserer Retter, unserer stillen Helden, die uns das Leben neu geschenkt hatten – in einer anderen Form von Elternschaft. Danach machten wir uns daran, unsere Verluste zu erfassen. Die Liste hat ein offenes Ende. Heute sind wir stark, können beruhigt unser Leben leben. Wir sind keine »normalen« Menschen geworden. Wir sind, was wir sind, und den meisten von uns reicht das völlig aus.

Eine Auswahl:

Sally Perel
Ich war Hitlerjunge Salomon
19/2022

Jacqueline van Maarsen
Meine Freundin Anne Frank
19/2060

André Stein
Versteckt und vergessen
Kinder des Holocaust
19/635

Der Kampf ums Überleben

19/2022

HEYNE-TASCHENBÜCHER